BARENTS-
SEE

*EUROPÄISCHES
NORDMEER*

FINNMARK

Vadsø
Kirkenes

Tromsø

NORDNORWEGEN

TROMS

Bodø

NORDLAND

NORD-
TRØNDELAG

**NORDNORWEGEN
UND SVALBARD**
Seiten 196–215

TRØNDELAG
Seiten 182–195

OSTNORWEGEN
Seiten 120–137

AKERSHUS

VESTFOLD

ØSTFOLD

0 Kilometer 200

**UM DEN
OSLOFJORD**
Seiten 106–119

VIS À VIS
NORWEGEN

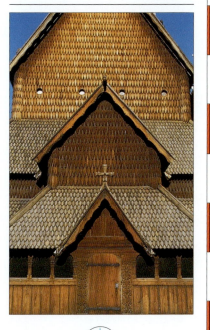

VIS À VIS

NORWEGEN

Hauptautor:
SNORRE EVENSBERGET

DORLING KINDERSLEY
www.dk.com

EIN DORLING KINDERSLEY BUCH

www.dk.com

PRODUKTION
Streiffert Förlag AB, Stockholm

CHEFREDAKTION & GRAFIK Bo Streiffert
REDAKTION Guy Engström

TEXTE Snorre Evensberget, Alf G. Andersen,
Hans-Erik Hansen, Tine Flinder-Nyquist, Annette Mürer

FOTOGRAFIEN Jørn Bøhmer-Olsen, Frits Solvang, Rolf Sørensen

KARTOGRAFIE Stig Söderlind

ILLUSTRATIONEN Richard Bonson, Gary Cross,
Claire Littlejohn, John Woodcock

•

© 2003 Dorling Kindersley Limited, London
Titel der Originalausgabe:
Eyewitness Travel Guide *Norway*
Zuerst erschienen 2003 in Großbritannien
bei Dorling Kindersley Limited
A Penguin Company

•

Für die deutsche Ausgabe:
© 2003 Dorling Kindersley Verlag GmbH, München
Aktualisierte Neuauflage 2007/2008

Alle Rechte vorbehalten. Reproduktionen, Speicherung in
Datenverarbeitungsanlagen oder Netzwerken, Wiedergabe auf
elektronischen, fotomechanischen oder ähnlichen Wegen, Funk
und Vortrag – auch auszugsweise – nur mit Genehmigung des
Copyright-Inhabers.

•

ÜBERSETZUNG Linde Wiesner, Pullach
REDAKTIONSLEITUNG Dr. Jörg Theilacker, Dorling Kindersley Verlag
REDAKTION Bernhard Lück, Augsburg;
Birgit Walter, Dorling Kindersley Verlag
SATZ UND PRODUKTION Dorling Kindersley Verlag
LITHOGRAFIE Colourscan, Singapur
DRUCK Toppan Printing Co. Ltd., Hongkong, China

ISBN-13: 978-3-8310-0423-2
ISBN-10: 3-8310-0423-4
4 5 6 7 10 09 08 07

Dieser Reiseführer wird regelmäßig aktualisiert. Angaben wie
Telefonnummern, Öffnungszeiten, Adressen, Preise und Fahr-
pläne können sich jedoch ändern. Der Verlag kann für fehler-
hafte oder veraltete Angaben nicht haftbar gemacht werden.
Für Hinweise, Verbesserungsvorschläge und Korrekturen ist der
Verlag dankbar. Bitte richten Sie Ihr Schreiben an:

Dorling Kindersley Verlag GmbH
Redaktion Reiseführer
Arnulfstraße 124
D-80636 München

Der Geirangerfjord

INHALT

BENUTZER-
HINWEISE 6

NORWEGEN
STELLT SICH VOR

NORWEGEN
AUF DER KARTE *10*

EIN PORTRÄT
NORWEGENS *12*

DAS JAHR
IN NORWEGEN *28*

DIE GESCHICHTE
NORWEGENS *32*

Das Gokstad-Schiff, ein 1000 Jahre
altes Wikingerboot *(siehe S. 84f)*

◁ Der Nærøyfjord, Seitenarm des Aurlandsfjords, ist von steilen Bergen umgeben

Oslo

OSLO IM ÜBERBLICK *44*

WESTLICHES ZENTRUM *46*

ÖSTLICHES ZENTRUM *62*

BYGDØY *76*

ABSTECHER *88*

STADTPLAN *98*

Brautkrone aus Hallingdal *(siehe S. 24f)*

DIE REGIONEN NORWEGENS

UM DEN OSLOFJORD *106*

OSTNORWEGEN *120*

SØRLANDET UND TELEMARK *138*

VESTLANDET *154*

TRØNDELAG *182*

NORDNORWEGEN UND SVALBARD *196*

ZU GAST IN NORWEGEN

ÜBERNACHTEN *218*

RESTAURANTS *228*

Kransekake, ein Mandelkuchen

LÄDEN UND MÄRKTE *240*

UNTERHALTUNG *246*

SPORT UND AKTIVURLAUB *250*

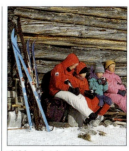

Skifahrer bei der Hüttenrast in Trysil, Ostnorwegen

GRUND-INFORMATIONEN

PRAKTISCHE HINWEISE *256*

REISEINFORMATIONEN *264*

TEXTREGISTER *272*

DANKSAGUNG *285*

SPRACHFÜHRER *287*

VERKEHRSNETZ OSLO *Hintere Umschlagklappe*

Die Borgund-Stabkirche *(siehe S. 176f)*

BENUTZERHINWEISE

DIESER REISEFÜHRER hilft Ihnen mit detaillierten Informationen und Empfehlungen, Ihren Aufenthalt in Norwegen so angenehm wie möglich zu gestalten. *Norwegen stellt sich vor* zeigt das Land im historischen und kulturellen Kontext. Die Kapitel über Oslo und die sechs Regionen beschreiben die Sehenswürdigkeiten anhand von Karten, Fotos, Illustrationen und Texten. Im Abschnitt *Zu Gast in Norwegen* erhalten Sie Hotel- und Restauranttipps, in den *Grundinformationen* finden Sie Hinweise z. B. zu Währung und öffentlichen Verkehrsmitteln.

OSLO
Das Zentrum der Hauptstadt wird in drei Bereiche gegliedert, jeweils mit eigenem Abschnitt. Ein viertes Kapitel, *Abstecher*, behandelt Bogstad, Frogner und Toyen. Alle Attraktionen sind nummeriert und auf der *Stadtteilkarte* verzeichnet. Die Reihenfolge der Einträge entspricht der Nummerierung.

Sehenswürdigkeiten auf einen Blick – die einzelnen Sehenswürdigkeiten sind in Kategorien (Kirchen, Museen und Sammlungen, Parks und Gärten, historische Gebäude) eingeteilt.

2 Detailkarte
Sie bietet einen Blick aus der Vogelperspektive auf die jeweilige Gegend.

Sterne markieren alles, was Sie auf keinen Fall versäumen sollten.

Rot markierte Seiten beziehen sich auf Oslo.

Die Orientierungskarte zeigt auf einen Blick, wo Sie sich befinden.

1 Stadtteilkarte
Auf den Karten sind die Sehenswürdigkeiten nummeriert. Auch im Stadtplan *von Oslo auf den Seiten 98–103 sind die Attraktionen eingetragen.*

Routenempfehlungen sind rot markiert.

3 Detailinformationen
Bei jeder Sehenswürdigkeit werden Adresse, Telefonnummer, Öffnungszeiten und Eintrittsgebühr sowie Informationen für behinderte Reisende, über Führungen und Transportmittel angegeben.

Textkästen vermitteln Hintergrundinformationen zur jeweiligen Attraktion.

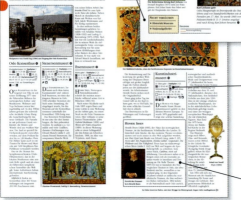

BENUTZERHINWEISE

1 **Einführungstext**
Ein Überblick über Landschaft, Geschichte und Eigenheiten jeder Region. Es wird erklärt, wie sich das Gebiet im Lauf der Zeit entwickelte und was es Besuchern heute bietet.

DIE REGIONEN NORWEGENS

Das gesamte Land Norwegen wird in sechs Kapiteln beschrieben. Die interessantesten Städte und Sehenswürdigkeiten haben wir für Sie jeweils am Anfang der Kapitel in einer *Erlebniskarte* verzeichnet.

Jede Region Norwegens ist an der Farbmarkierung zu erkennen, die jener in der vorderen Umschlagklappe entspricht.

2 **Erlebniskarte**
Sie gibt einen Überblick über das Straßennetz und die Charakteristika einer Region. Alle interessanten Orte tragen Nummern. Dazu gibt es Tipps, wie man sich in der Region am besten fortbewegt.

Sehenswürdigkeiten auf einen Blick – hier finden Sie alle Attraktionen der Region.

3 **Detaillierte Beschreibungen**
Alle wichtigen Orte werden ausführlich beschrieben. Die Texteinträge folgen der Nummerierung auf der Erlebniskarte. Bei jeder Stadt finden Sie detaillierte Informationen über Bauten und andere Attraktionen.

Die Infobox enthält alle praktischen Informationen, die Sie für die Planung eines Besuchs benötigen.

4 **Hauptsehenswürdigkeiten**
Auf Karten der Nationalparks sind interessante Orte eingezeichnet. Schnittzeichnungen zeigen historische Gebäude von innen. Museen und Sammlungen haben farbkodierte Grundrisspläne. Für Städte gibt es Karten mit den wichtigsten Sehenswürdigkeiten.

Norwegen stellt sich vor

Norwegen auf der Karte 10-11
Ein Porträt Norwegens 12-27
Das Jahr in Norwegen 28-31
Die Geschichte Norwegens 32-41

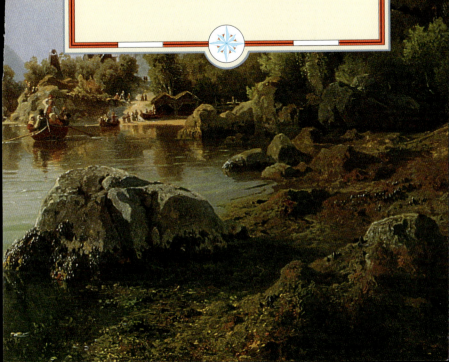

Norwegen auf der Karte

DAS KÖNIGREICH NORWEGEN ist mit 385 155 Quadratkilometern eines der flächenmäßig größten Länder Europas. Sein südlichster Punkt, Lindersnes, liegt fast auf demselben Breitengrad wie Aberdeen in Schottland, die nördliche Spitze nahe dem Nordkap auf 71°11'8" nördlicher Breite. Die 20 000 Kilometer lange Küste grenzt an Skagerrak, Nordsee, Europäisches Nordmeer und Nördliches Eismeer. Große Teile des Landes sind dank des warmen Golfstroms bewohnbar. Norwegen hat insgesamt etwa 4,6 Millionen Einwohner, von denen 550 000 in der Hauptstadt Oslo leben.

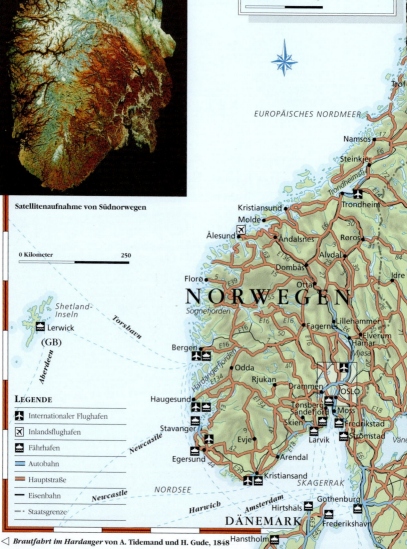

Satellitenaufnahme von Südnorwegen

LEGENDE
- Internationaler Flughafen
- Inlandsflughafen
- Fährhafen
- Autobahn
- Hauptstraße
- Eisenbahn
- Staatsgrenze

◁ *Brautfahrt im Hardanger* von A. Tidemand und H. Gude, 1848

NORWEGEN AUF DER KARTE

EIN PORTRÄT NORWEGENS

NORWEGENS HERRLICHE LANDSCHAFT *und ungezähmte Natur ziehen seit langem Besucher an. Die zerklüftete Küste ist von spektakulären Fjorden eingekerbt, hohe Berge erheben sich über beschaulichen Tälern. Zu Norwegen gehören Musik, Kunst und Literatur ebenso wie Skifahren und Fußball. In Oslo wird auch der Friedensnobelpreis verliehen.*

Norwegen, eines der landschaftlich reizvollsten Länder Europas, ist Nordwest-Skandinavien vorgelagert wie ein Schutzschild gegen die Nordsee. Es erstreckt sich unglaubliche 1752 Kilometer vom südlichsten Punkt, Lindesnes, über den Nördlichen Polarkreis bis zum Nordkap. Die Breite Norwegens beträgt höchstens 430 Kilometer, an der engsten Stelle nur sechs Kilometer.

Geologische Prozesse wie Landerhebung, die Eiszeit und Erosion schufen eine vielfältige Landschaft. Fjorde mit glasklarem, grünem Wasser dringen von der Küste tief ins Landesinnere. Vor der norwegischen Küste liegen mehr als 75 000 Inseln, die den vielen Fähren, Kreuzfahrtschiffen und Fischerbooten geschützte Häfen und sichere Fahrwege bieten.

Die Hauptstadt Oslo ist eine pulsierende Stadt um einen Hafen, bewacht von einer Festung. Hier findet man traditionelle Holzhäuser, stattliche klassizistische Gebäude und ultramoderne Bauten, im Sommer kann man das Leben in den Straßencafés genießen. Am Oslofjord – im Sommer Tummelplatz Hunderter Boote – ist Norwegens Wikinger-Vergangenheit zu spüren. Die Wikinger, ein nach neuerer Einschätzung gar nicht mal so kriegerisches Seefahrervolk, reisten bis nach Amerika in der einen und zum Kaspischen Meer in der anderen

Papageitaucher

Fischer beim alten Handelsposten von Sund in den Lofoten

◁ Eine Frau im traditionellen *bunad* spielt auf einer Hardanger-Fiedel

Bohrinsel im Ekofisk-Ölfeld

Richtung. Sie gründeten Siedlungen an den Küsten ganz Nordeuropas. Archäologische Funde aus jener Zeit, z. B. Segelboote aus dem 9. Jahrhundert, sind in Oslos Wikingerschiffsmuseum zu besichtigen.

Nordöstlich der Hauptstadt geht fruchtbares Acker- und Waldland in erhabene, bis zu 2500 Meter hohe Berge und lang gezogene, schmale Täler mit Seen und Flüssen über. Die Südküste säumen silbern glitzernde Sandstrände – vor dem Hintergrund des 1400 Meter hohen Bergplateaus Hardangervidda. Vestlandet an der Westküste, mit dem Fischerhafen Bergen und Norwegens Ölkapitale Stavanger, bietet malerische Fjorde.

NORDLICHTER

Wallfahrer von einst pilgerten über die tückischen Berge zur verehrten Nidaros-Kathedrale in Trondheim. Hier liegen die Reliquien des Nationalheiligen Olav Haraldsson. Ein Wallfahrtsort für heutige Reisende ist der nördlichste Punkt Norwegens, das Nordkap, dessen steile Klippen sich hoch über der Barentssee erheben.

Das nördliche Norwegen ist das Land der Mitternachtssonne und des flirrenden Nordlichts. Im Hochsommer kann diese Gegend sich rund um die Uhr im Tageslicht sonnen. Im Winter verschwindet die Sonne allerdings völlig – ihr Wiedererscheinen im Frühjahr wird mit ausgelassenen Festen begrüßt.

KLIMA

Das Leben so weit im Norden des Landes ermöglicht der warme Golfstrom. An der Westküste verursacht er warme Winter und kühle Sommer. Die höchsten Durchschnittstemperaturen werden im Süden und Westen verzeichnet: In Oslo sind es im Juli 22 °C. Am kältesten ist es in den Bergen, vor allem der Finnmark, wo im Dezember 1886 die Rekordtemperatur von -51,4 °C gemessen wurde.

REICHTÜMER VON LAND UND SEE

Die Fisch- (vor allem Hering wird gefangen) und Holzindustrie bilden das Rückgrat der norwegischen Wirtschaft. Die Region ist seit je für den Schiffsbau bekannt, der Handel mit dem Ausland spielte eine wichtige Rolle in der Entwicklung des Landes. Die Industrialisierung kam im 19. Jahrhundert in Schwung, als kleine Sägewerke und Fabriken von größeren, von Wasserkraft betriebenen Unternehmen abgelöst wurden. Im 20. Jahrhundert wurde Norwegen durch die Ölförderung vor der Küste zu einem der reichsten Länder der Welt. Wie die erwirtschafteten Gelder verwendet werden sollen, wird kontrovers diskutiert. Auch der

Staatswappen

Umweltschutz ist Gegenstand heftiger Debatten. Ganz oben auf der Liste der Streitpunkte rangieren die Verschmutzung der Wasserwege, der hohe Energieverbrauch und die Art von künftigen Kraftwerken.

KÖNIG UND REGIERUNG

Norwegen hat eine konstitutionelle Erbmonarchie. Der gegenwärtige König Harald V. bestieg 1991 den Thron.

Eine Samen-Hochzeit in Kautokeino, Finnmark

Seine Frau, Königin Sonja, ist eine Bürgerliche, und auch ihre beiden Kinder, Kronprinz Haakon Magnus und Prinzessin Märtha Louise, sind mit Bürgerlichen verheiratet. Die meisten Norweger sind entschieden stolz auf ihre Königsfamilie, die nahe am Volk ist und als modern und bodenständig gilt.

Laut Verfassung obliegt dem König die Exekutive, doch in der Praxis regiert der Staatsrat. Das norwegische Parlament (Storting) hat die Entscheidungsgewalt in Sachen Verwaltung. Alle vier Jahre werden die 165 Repräsentanten gewählt. Von den sechs größten Parteien, die um die Macht kämpfen, hatte 1945–61 die Arbeiterpartei die Mehrheit; seitdem gab es sowohl sozialistische als auch nichtsozialistische Regierungen.

Die wichtigsten politischen Ziele sind Wohlfahrt, soziale Stabilität und Gleichberechtigung. Das Gleichberechtigungsgesetz von 1978 führte eine Reihe von Prinzipien ein, um die Gleichheit von Mann und Frau am Arbeitsplatz sowie gleichen Lohn für gleiche Arbeit zu sichern. In der Folge betraten viele Frauen die politische Szene. Im Kabinett, das Präsidentin Gro Harlem Brundtland 1986 zusammenstellte, saßen auf 44,4 Prozent der Ministerstühle Frauen – ein absoluter Rekord.

DAS VOLK

Die Norweger sind gastfreundliche Leute, die gern Gäste zu Kaffee und Kuchen einladen. Diese Tradition hat ihre Wurzeln in den abgelegenen ländlichen Siedlungen von einst, als Besucher nach einer beschwerlichen Reise Stärkung brauchten. Heute sind nur noch wenige Gemeinden derart abgeschieden, da man viele Straßen, Tunnel und Brücken baute. Die alten Traditionen leben jedoch weiter.

Das norwegische Volk ist sehr patriotisch, was man am Nationalfeiertag (17. Mai) sieht, wenn Junge und Alte in Tracht (dem *bunad*, siehe S. 24f) durch die Straßen marschieren. Doch dieser Nationalstolz hält die Norweger keineswegs davon ab, Flüchtlinge und Immigranten aufzunehmen.

Einerseits gelten Norweger als liberal und tolerant, doch andererseits halten sie an Gesetzen fest, die auf eine vergangene Zeit zurückgehen.

2001 fand in Oslos Kathedrale die Hochzeit von Kronprinz Haakon Magnus und Mette-Marit statt

Der Verkauf von Alkohol etwa ist den Läden des Vinmonopolet (Weinmonopol), das sich in Regierungshand befindet, vorbehalten.

Norwegen war bis zur Reformation im Jahr 1537 ein katholisches Land, dann wurde auf königliches Geheiß die evangelisch-lutherische Konfession zur Staatskirche erklärt.

SPRACHE

In Norwegen gab es lebhafte, teils hitzige Diskussionen über den Status seiner zwei Sprachen, *bokmål* (»Buchsprache«), einer Ableitung des Dänischen, und *nynorsk*, einer Verschmelzung der vielen Dialekte des Landes.

Seit 1885 haben *bokmål* und *nynorsk* den gleichen öffentlichen Status. *Nynorsk* ist im Westen des Landes (Vestlandet) und in den zentralen Ebenen im Süden und Osten verbreitet. Die älteste Minderheitensprache Norwegens, Sami, wird noch von etwa 20 000 Menschen gesprochen *(siehe S. 209)*.

EINE NATION VON LESERATTEN

In Norwegen werden mehr Zeitungen gelesen als irgendwo sonst in der Welt. Im Durchschnitt kauft jeder norwegische Haushalt täglich 1,7 Zeitungen.

Auch die Verkaufszahlen von Büchern sind hoch. Das populärste Buch ist Thor Heyerdahls *Kon-Tiki*, das in nahezu 70 Sprachen veröffentlicht und weltweit millionenfach verkauft wurde. Jostein Gaarders *Sophies Welt* war der Welt-Bestseller im Jahr 1996, die *Tora-Trilogie* von Herbjørg Wassmo wurde in 22 Sprachen übersetzt. Mehrere moderne norwegische Kriminalromane sind in bis zu 30 Ländern der Erde erschienen.

Fans jubeln den Skispringern am Holmenkollen-Sonntag, dem Höhepunkt des Skifestivals, zu

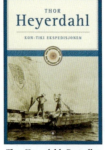

Thor Heyerdahls Bestseller in der Originalausgabe

KUNST, MUSIK UND THEATER

Die Leidenschaft für Volksromantik im Norwegen des 19. Jahrhunderts legte das Fundament für ein enormes Vermächtnis in bildender Kunst, Musik und Literatur. Künstler jener Zeit wie Adolf Tidemand und Hans Gude fingen in ihren Bildern die Landschaft und die Menschen ein. Edvard Munch folgte ihnen nach mit zutiefst emotionalen expressionistischen Werken. In der Musik ließen sich der Geiger Ole Bull und der Pianist und Komponist Edvard Grieg von norwegischen Volksliedern inspirieren. Auf der Schauspielbühne stellten die Dramatiker Bjørnstjerne Bjørnson und Henrik Ibsen norwegische Themen in den Mittelpunkt.

Die hohe Bedeutung der Tradition beweisen die vielen Freilichtmuseen des Landes. Jede Stadt hat ihre eigene Ansammlung rustikaler Holzhäuser, die hiesige Baustile und Handwerke wie Holzschnitzerei und dekorative Malerei (bekannt als *rosemaling*) repräsentieren.

Die Volksmusik ist in den alten Liedern und Sagen Norwegens verwurzelt, und oft kann man, besonders bei Festen, die Hardanger-Fiedel hören. Viele Schul-Blaskapellen marschieren bei der Kinderparade am

Nationalfeiertag (17. Mai) und bei anderen Anlässen mit.

Sport und die freie Natur

Norwegens Wintersportler gewannen bei den Olympischen Spielen 2006 in Turin 19 Medaillen, davon zwei goldene. 2002 belegten sie in Salt Lake City mit 13 Goldmedaillen sogar den ersten Platz in der Gesamtwertung. Das skandinavische Land, die Wiege des Skisports, richtete selbst bislang zweimal die Winterspiele aus: 1952 in Oslo und 1994 in Lillehammer.

Ski fahren ist ein beliebter Winterzeitvertreib bei Alt und Jung, und beim ersten Schnee werden Loipen und Pisten präpariert. Zu Veranstaltungen wie dem Holmenkollen-Skifestival kommen Tausende.

In Norwegen gibt es 1800 Fußballklubs. Die Damenmannschaften in Hand- und Fußball können große Erfolge verzeichnen, die das ganze Land vor dem Fernseher verfolgt.

Die Norweger lieben die Natur und verbringen viel Zeit draußen – auf See beim Segeln oder Fischen oder in den Wäldern und Bergen, wo viele Hütten *(hytter)* Unterkünfte bieten.

Norwegen und der Rest der Welt

Norwegen ist seit 1949 Mitglied der NATO, erhielt sich aber ein starkes Nationalbewusstsein. Die Referenden

Ein Skifahrer ruht sich vor einer Hütte im Rondane-Nationalpark aus

zum Beitritt zur Europäischen Union in den Jahren 1972 und 1994 resultierten jeweils in einem »Nein« (1994 stimmten 52,2 Prozent gegen den Beitritt). Laut Meinungsumfragen hat sich daran nichts geändert.

In Sachen internationaler Wohlfahrt und Frieden spielt Norwegen jedoch eine zentrale Rolle. In Relation zu seinem Bruttosozialprodukt ist Norwegen der freigiebigste Spender. Das Land stellte bisher fast 60 000 Soldaten für UN-Friedensmissionen ab und verleiht außerdem jedes Jahr den Friedensnobelpreis.

Nach und nach wird Norwegen abhängiger von der Außenwelt, und die Zukunft – wenn einmal die Ölvorräte zur Neige gehen – wird nicht ohne Sorge erwartet.

Es bleibt abzuwarten, ob sich Norwegen nach dem nächsten Referendum zum EU-Beitritt international mehr einbringen wird.

Jedes Jahr wird in Oslos Rathaus der Friedensnobelpreis verliehen

Die Fjorde

DIE NORWEGISCHEN FJORDE, lange, schmale Buchten, die sich tief in die Berge einkerben, gehören zu den spektakulärsten geologischen Formationen der Erde. In ihren Ausläufern im Landesinneren können sie so tief sein wie die angrenzenden Klippen hoch sind, während sie an der Küste seichter werden. Geschaffen wurden sie durch Gletschererosion während der letzten Eiszeit (ca. 110 000 bis 13 000 v.Chr.), als Gletscher durch die Täler krochen und steile Spalten in die Landschaft meißelten, häufig weit unterhalb der Meeresoberfläche. Als die Gletscher schmolzen, drang Meerwasser ein und füllte die Hohlräume.

Wasserfälle *sind dort zu sehen, wo Gletscher und Sturzbäche einst vertikale Abgründe in die Berge schnitten.*

Die Baumgrenze in Vestlandet liegt bei 500 bis 1000 Metern.

Wo die Fjorde *an der Westküste Norwegens ins Meer münden, erheben sich steile, von Fichten und Birken bewachsene Berge. Im Norden wächst auf den Klippen häufig gar nichts.*

Die Schwelle zwischen Fjord und Meer ist häufig nur ein Zehntel so tief wie der Fjord an seiner tiefsten Stelle.

Sediment
Sandstein
Granit- und Gneisgestein

Obst- und Gemüseanbau *ist an den inneren Ausläufern der südlichen Fjorde ein gewinnbringender Erwerb. Hier ist das Klima besser als an der Küste.*

AUFBAU EINES FJORDS
Diese Schnittzeichnung zeigt einen typischen Fjord mit einer seichten Schwelle an der Mündung, die zum Landesinneren hin jäh abfällt, und strahlenförmig angeordneten Buchten. Der Meeresboden besteht wie die umgebenden Berge aus Granit und Gneis mit Sedimenten obenauf.

DIE FJORDE

Gletscher *wie der Jostedalsbreen* (siehe S. 178) *schufen die Fjorde. Gegen Ende der letzten Eiszeit bedeckten Gletscher die gesamte Fläche des heutigen Sognefjords. Als das Eis schmolz, drang Meerwasser in die Höhlungen.*

Die Berge *sind gleich hinter der Küste bis zu 1500 Meter hoch; im inneren Sognefjord gibt es 2000 Meter hohe Gipfel.*

Die inneren Fjordausläufer *sind bis zu 200 Kilometer von der Mündung entfernt.*

Kleine Dörfer *entstanden in geschützten Buchten, in denen sich der Boden für Ackerbau und Viehzucht eignet.*

Die Buchten *teilen sich oft in Seitenarme und können sehr lang sein. Die Gletscher schnitten sich durchs Gestein, wo immer die Oberfläche nachgab.*

Die Tiefe *eines Fjords kann mehr als 1200 Meter betragen.*

STRASSENTUNNEL UNTER DEN FJORDEN

Verbindungswege entlang der norwegischen Atlantikküste stellten immer schon ein Problem dar, da Fjorde lange Spalten ins Land schneiden und die Lawinengefahr und die Berge selbst weitere Hindernisse darstellen. In den letzten Jahren ermöglichten Gelder aus der Ölförderung jedoch enorme Verbesserungen: Mit neuester Technik trieb man riesige Tunnel durch Bergketten und unterhalb von Fjorden hindurch. Dank dieser Verkehrswege kann man nun zwischen den kleinen Gemeinden hin und her fahren.

Autofähren *überqueren vielerorts die Fjorde. Sie bilden eine – zwar langsamere, aber landschaftlich sehr reizvolle – Alternative zu den Straßentunnels und Brücken.*

Der 24,5 Kilometer lange Lærdal-Tunnel *(siehe S. 176)*

Landschaft und Fauna

Norwegen besitzt eine abwechslungsreiche Landschaft. Die Ebenen und Hügel im Südwesten gehen in Berge über, die von Flüssen und Seen durchschnitten sind, in denen sich Seesaibling, Lachs und Forelle tummeln. Rentiere bewohnen die Hochebenen, Elch, Wolf und Rotwild die Wälder. Weiter im Norden wird das Terrain rauer – hier leben Bär, Luchs und Polarfuchs. Eisbären sieht man auf den Inseln von Svalbard *(siehe S. 214f)*. Die Küste ist durchsetzt von Fjorden, in denen man Robben und Wale findet. Schären und Inseln bieten ideale Brutbedingungen für einige der 250 Vogelarten Norwegens. Das Meer ist reich an Kabeljau, Seelachs, Makrele und Hering.

Den Braunbär *fand man einst im ganzen Land, heute leben nur noch wenige Exemplare im hohen Norden.*

ATLANTIKKÜSTE
An den Klippen von Troms, Runde, nahe Ålesund, der Lofoten, der Finnmark und der Svalbard-Inseln leben Hunderttausende von Vögeln. Zu den Arten gehören Trottellumme, Dreizehenmöwe, Alk und Papageitaucher. Eissturmvögel und Basstölpel sieht man auch, wenngleich in geringerer Anzahl.

WÄLDER
Norwegen ist zur Hälfte von Wald bedeckt, dem natürlichen Lebensraum von Elch und Rotwild, Hase, Fuchs und Eichkätzchen. Man kann dem Auerhahn bei der Brunft oder dem Zug der Waldschnepfe zusehen oder gar die Rufe von Birkhuhn und Kranich aus den Sümpfen hören.

Papageitaucher, *die »Papageien der Nistklippen«, findet man zuhauf in Nordnorwegen. Die Anzahl hängt jedoch vom Nahrungsangebot ab.*

Der Elch *ist Norwegens größter Hirsch, daneben gibt es Rentier, Rotwild und Rehbock. Elche gibt es im ganzen Land.*

Seeadler nisten in Klippensimsen. Zu den hiesigen Greifvögeln gehören auch Stein- und Fischadler, Hühnerhabicht, Bussard und Gerfalke.

Der Luchs *durchstreift das Gebiet nördlich von Trøndelag. Zu Norwegens großen Raubtieren gehören noch Bär und Bärenmarder. Der gefährdete Wolf lebt im Südosten.*

LANDSCAPE UND FAUNA

MEERESSÄUGETIERE

Der Killerwal ist an der Küste häufig zu erspähen, besonders bei Tysfjord im Norden. Auf einer Wal-und-Robben-Beobachtungstour vor Andøya *(siehe S. 201)* hat man die Chance, die bis zu 18 Meter langen Pottwale zu sehen. Der Grönlandwal taucht gelegentlich vor Spitzbergen auf, Tümmler und sechs Arten von Robben leben vor bzw. an der norwegischen Küste. Walrossherden kann man um Svalbard beobachten.

Die Kegelrobbe (fjordkobbe) *und der Seehund* (steinkobbe) *leben vor Norwegens Küste. Vier weitere Spezies sind auf den Inseln von Svalbard zu finden.*

Der Killerwal gehört zu den gefürchteten Raubtieren des Meeres. Er frisst riesige Mengen an Robben und Fischen, vor allem Hering, und greift andere Wale an.

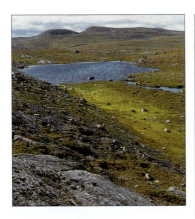

FJORDE UND GEBIRGE

Rotwild ist das größte Wild in den Küstengebieten um die Fjorde. Rentiere beherrschen die Hochebenen, wo im Dickicht das Moorschneehuhn lebt. Das Alpenschneehuhn findet man in noch höheren Lagen, und ganz hoch in den Bergen treibt sich der Bärenmarder (auch Vielfraß genannt) herum.

HOHER NORDEN

Tiere, die sich den Bedingungen im Hochgebirge und der Arktis angepasst haben, leben im hohen Norden Norwegens. Auf den Svalbard-Inseln konnten Svalbard-Rentier, Polarfuchs und Eisbär gut mit den unwirtlichen Gegebenheiten fertig werden. Das Vogelleben entlang der Nordküste ist ganz besonders vielfältig.

Wilde Rentiere leben in Hardangervidda, in den Bergen von Dovrefjell und Rondane sowie auf den Hügeln von Bykle und Setesdal. In Norwegen gibt es ca. 70 000 Exemplare.

Moschusochsen findet man vor allem in der Arktis, doch seit 1932 lebt eine Herde auf dem Dovrefjell-Plateau.

Der Polarfuchs war nahezu ausgestorben, als man ihn 1920 zur geschützten Spezies erklärte. Die Population wächst zwar, ist aber noch immer gefährdet.

Das Alpenschneehuhn hat im Winter rein weißes Federkleid, nur Augen und Schnabel stechen heraus. Es nistet in bis zu 1650 Metern Höhe.

Berühmte Norweger

Volksromantik hatte um 1850 – in einer Zeit der großen patriotischen Gefühle – viel Gewicht. Nach der Unterzeichnung der Verfassung in Eidsvoll und dem Ende der dänischen Herrschaft im Jahr 1814 *(siehe S. 38)* wurde alles Norwegische enthusiastisch begrüßt. Die Dichtung von Henrik Wergelands (1808–1845), einem Pionier der nationalen Romantik, die Bilder von Adolph Tidemann und Hans Gude, die Musik Edvard Griegs, die virtuosen Interpretationen des Geigers Ole Bull und die Dramen Henrik Ibsens gehörten zu dieser Suche nach einer nationalen Identität. Die Bewegung ließ sich von alten norwegischen Schriften wie Snorri Sturlusons (1179–1241) epischen Königssagen (*Heimskringla*) und von Ludvig Holberg, einem satirischen Autor des 18. Jahrhunderts, inspirieren.

Gustav Vigeland, Norwegens berühmtester Bildhauer

Knut Hamsun bekam 1920 den Nobelpreis für Literatur

LITERATUR

Das Goldene Zeitalter der norwegischen Literatur begann mit Nobelpreisträger Bjørnstjerne Bjørnson (1832–1910) und dem Dramatiker Henrik Ibsen *(siehe S. 59)*. Zu Ibsens bekanntesten Werken gehören *Peer Gynt*, *Nora oder: Ein Puppenheim*, *Die Wildente* und *Hedda Gabler*.

Der berühmteste Romanautor des Landes, Knut Hamsun (1859–1952), bekam für *Segen der Erde* (1917), worin er seine Liebe zur Natur bewies, den Nobelpreis. Er verfasste auch die psychologischen Romane *Hunger* und *Pan* sowie eine Serie über Nordnorwegen. Acht Jahre später wurde Sigrid Undset (1862–1949) für ihre Romane über die mittelalterliche Heldin Kristin Lavransdatter und für ihr psychologisches Meisterwerk *Olav Audunssøn* der Nobelpreis verliehen.

Populär ist auch Cora Sandel (1880–1974), die in ihrer *Alberta-Trilogie* die Reise einer jungen Frau zur Unabhängigkeit beschrieb.

In *nynorsk (siehe S. 16)* schrieben z. B. der Gesellschaftskritiker Arne Garborg (1851–1924) und Tarjei Vesaas (1897–1970), der in *Huset i Mørkret* das besetzte Norwegen des Zweiten Weltkriegs beschrieb. International anerkannt sind auch die Kinderbuchautoren Thorbjørn Egner *(Die Räuber von Kardemomme,* 1955) und Jostein Gaarder *(Sophies Welt,* 1995).

MALEREI UND BILDHAUERKUNST

Einer der ersten Künstler, welcher Nationalgefühl in sein Werk einfließen ließ, war J. C. Dahl (1788–1857), der »Vater der norwegischen Malerei«. Er ließ sich von seiner Heimat inspirieren, wie etwa für *Stugunøset pa Fillefjell* (Nationalgalerie, Oslo). Seinem Vorbild folgten Adolf Tidemann (1814–1876) und Hans Gude (1825–1903), deren *Brautfahrt im Hardanger (siehe S. 8f)* Volksromantik geradezu verströmt.

Zu den bekanntesten norwegischen Kunstmalern der 1880er und 1890er Jahre gehören Erik Werenskiold (1855–1938) und Harriet Backer (1845–1932), die beide in Oslos Nationalgalerie vertreten sind. Harald Sohlberg (1869–1935; *Winternacht in Rondane, siehe S. 53*) und Nikolai Astrup (1880–1928) waren Anfang des 20. Jahrhunderts tätig. Liebe und Tod erforschte der Expressionist Edvard Munch (1863–1944; *siehe S. 93)*, dessen Werk im Munch-Museum in Oslo zu sehen ist.

Der erste international bekannte Bildhauer Norwegens war Gustav Vigeland (1869–1943; *siehe S. 90–92)*, dessen Statuen Oslos Vigeland-Park dominieren.

MUSIK

Musiker der nationalen Romantik waren etwa Halfdan Kjerulf (1815–1868) und Ole Bull *(siehe S. 171 unter Lysøen)* mit ihren nationalistischen Zwischentönen. Rikard Nordraak (1842–1866), der die Musik zur Nationalhymne *Ja, vi elsker dette landet (Ja, wir lieben dieses Land)* von Bjørnstjerne Bjørnson schrieb, beeinflusste den Werdegang des Komponisten Edvard Grieg (1843–1907; *siehe S. 171)*. Grieg ist mit seiner Musik für Ibsens *Peer Gynt* und seinen Liedern und Tänzen anerkannter Deuter des norwegischen Nationalcharak-

Edvard Grieg, die wichtigste Figur in Norwegens Musikgeschichte

ters. Seine orchestralen Werke wie das *Klavierkonzert in a-Moll* und seine Balladen werden überall auf der Welt aufgeführt.

Agathe Backer Grøndahl (1847–1907) war Norwegens berühmteste weibliche Komponistin ihrer Zeit und eine hochtalentierte Pianistin. Der Komponist Harald Sæverud (1897–1992) erwarb sich Ruhm mit *Kjempeviseslåtten (Ballade vom Aufstand)*. Durch ein Cellokonzert und das Ballett *Stormen (Der Sturm)* gewann der Komponist Arne Nordheim (geboren 1932) das Gehör der Musikliebhaber in aller Welt.

Auf der Opernbühne war Kirsten Flagstad (1895–1962) eine der größten Wagner-Interpretinnen ihrer Zeit.

Zu den zeitgenössischen Virtuosen gehören der Violinist Arve Tellefsen (geboren 1936) und der Jazz-Tenor- und Sopransaxophonist Jan Garbarek (geboren 1947).

Heyerdahl überquert 1970 mit seinem Papyrusboot *Ra II* den Atlantik

erreichten 86°4', eine Rekordmarke zu jener Zeit, mussten jedoch umkehren, um zu überwintern, und kehrten schließlich nach drei Jahren im Eis in die Heimat zurück. Nansen spielte später eine wichtige Rolle im Staatenbund sowie als Leiter humanitärer Hilfsprojekte und bekam den Friedensnobelpreis verliehen.

Die Durchfahrung der Nord-West-Passage durch Roald Amundsen (1872–1928) im Jahr 1905, nach drei Wintern auf See, war eine beachtliche Heldentat. Sechs Jahre später brach er mit vier Kameraden gen Südpol auf. Er war die erste Person, die ihn – am 14. Dezember 1911 – erreichte, nach einem tragischen Rennen gegen den Engländer Robert Scott. Jener kam einen Monat später am Südpol an, doch auf dem Rückweg kam sein gesamtes Team ums Leben. 1926 flog Amundsen mit dem Luftschiff *Norge* über den Nordpol. Zwei Jahre später starb er bei einer Rettungsaktion im Nördlichen Eismeer.

Thor Heyerdahl (1914–2002) leitete 1947 die *Kon-Tiki*-Expedition auf dem Pazifik von Peru nach Polynesien. Später fuhr er in den Papyrusbooten *Ra I* und *Ra II* über den Atlantik. Heyerdahls Theorien brachten Erkenntnisse über die Besiedlungsgeschichte der Pazifikländer.

Helge Ingstad (1899–2001) bewies durch Forschungen an der Ostküste Kanadas und Ausgrabungen zusammen mit der Archäologin Anne Stine Ingstad (1918–1997), dass es 500 Jahre vor Kolumbus bereits norwegische Siedlungen in Amerika gab.

FRIEDENSPOLITIK

Norwegische Politiker spielen weltweit eine prominente Rolle in Friedens- und humanitären Bestrebungen. Der ehemalige Außenminister Trygve Lie war 1946–53 der erste UN-Generalsekretär.

Die frühere norwegische Ministerpräsidentin Gro Harlem Brundtland (geboren 1939) war bis 2003 Generaldirektorin der Weltgesundheitsorganisation (WHO). Der Politiker und Diplomat Thorvald Stoltenberg (geboren 1931), der 1990 zum UN-Hochkommissar für Flüchtlinge ernannt wurde, führte später Friedensverhandlungen auf dem Balkan. Terje Rød Larsen (geboren 1947) ist seit 1994 UN-Vizegeneralsekretär im Nahen Osten.

Fridtjof Nansen, Forscher und Gewinner des Friedensnobelpreises

FORSCHER

Fridtjof Nansen (1861–1930), Naturwissenschaftler, Diplomat und Forscher, durchquerte 1888 als Erster das eisige Landesinnere Grönlands. 1893 brach er auf, um mit seinem Schiff *Fram* den Nordpol zu erreichen, indem er sich mit dem Polareis von Sibirien bis Grönland treiben ließ *(siehe S. 80)*. Zwei Jahre später, bei 78°50' nördlicher Breite, verließ Nansen das Schiff und fuhr auf Skiern weiter, begleitet von Hjalmar Johansen. Sie

Gro Harlem Brundtland, frühere Generaldirektorin der WHO

Norwegische Trachten

Silberbrosche, Nordland

AM 17. MAI, DEM NATIONALFEIERTAG, versammeln sich die Norweger auf den Straßen und tragen die traditionellen Folkloregewänder oder die Nationaltracht *bunad*. Folklorekostüme haben lange Traditionen in den Regionen, während der *bunad* eine etwas modernere Version traditioneller Stile ist. Die Abwanderung der Landbevölkerung in die Städte machte den *bunad* zu einer Art Symbol ihrer Abstammung, einer Verbindung mit ihren Wurzeln. Immer mehr Menschen tragen zu Feierlichkeiten die Tracht.

VESTFOLD-BUNAD ①

Der Vestfold-*bunad* wurde nach alten Vorlagen rekonstruiert. In der jetzigen Form wurde er erstmals 1956 präsentiert. Vestfolds Auslandshandel führte dazu, dass er aus leichteren, importierten Materialien statt aus den dicken, selbst gesponnenen Stoffen gefertigt wurde, doch diese verschlissen auch schneller, weshalb keine komplette Tracht erhalten blieb. Es gibt zwei Versionen dieses *bunad* (links).

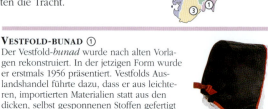

Wollgürtel mit Silberschnalle

Zum *bunad* getragene Haube

HALLINGDAL-BUNAD ②

Der traditionelle Hallingdal-*bunad* besteht aus einem schwarzen, manchmal mehrlagigen Rock, einer geblümten Schürze und einem schwarzen, bestickten Mieder. Er hat eine weiße Bluse mit weißer Stickerei an Kragen und Ärmeln, genau wie der kunstvolle Braut-*bunad* (links), der im Hallingdal-Museum in Nesbyen ausgestellt ist.

Hochzeitskrone aus rotem Wollstoff

Das Brautmieder aus luxuriösem Brokat

ÅMLI-BUNAD VON AUST-AGDER ③

Der Åmli-*bunad* gilt als letztes Glied in der Entwicklungskette einer nationalen Tracht. Das Gewand basiert seit 1920 auf Kleidungsstücken, die man zwischen 1700 und ca. 1850 in Åmli und in benachbarten Gemeinden auf dem Land trug. Auffällig ist hier das Schulterstück aus rotem (oder grünem) Damast. Eine Silberkette wird vor der Brust durch drei Paare Silberösen gezogen.

Doppelter Kragenknopf für die Bluse

Bestickter Leinenschal mit Fransen

Norwegische Trachten

Voss-Braut-Bunad ④
Am auffälligsten am Braut-*bunad* aus Voss ist die prächtige Krone, bekannt als *Vosseladet*. Sie ist mit rotem Stoff bezogen und mit Perlen bestickt. Silbermünzen und filigrane Silberarbeiten mit Halbedelsteinen hängen am Rand. Abgesehen von der Krone und einem speziellen schwarzen Jäckchen ist diese Tracht dem normalen Voss-*bunad* für festliche Gelegenheiten ähnlich.

Agnus-Dei-Anhänger fürs Brautkleid

Die Brautkrone aus Voss stammt aus dem frühen 19. Jh.

Bunads von Oppdal ⑤
Der Oppdal-*bunad*, eine von vielen Varianten in der Region, wurde 1963 aus Fragmenten alter Trachten rekonstruiert. Der bunte Wollrock wird mit rotem, grünem oder blauem Mieder getragen. Der Herren-*bunad* basiert auf einem Gewand aus dem 18. Jahrhundert. Die Kniebundhosen sind aus Leder oder schwarzem Stoff.

Agnus-Dei-Anhänger für Frauen

Herrenweste aus Leinen und Wolle

Bunads aus Nordland und Troms ⑥
Der Nordland-*bunad* von 1928 war ursprünglich blau, der heutige kann auch grün sein. Er basiert auf einem 200 Jahre alten Stoff aus Vefsn. Die Handtasche ist aus dem gleichen Stoff wie der Rock. Der Damen-*bunad* aus Troms hat seine Ursprünge in Trachten aus Bjarkøy und Senja. Der Herren-*bunad* ist in Nordland und Troms gleich.

Mit Silber eingefasste Damenhandtasche

Traditionelle Kleidung der Samen

Die farbenfrohe Kleidung ist ein wichtiger Teil der kulturellen Identität der Samen *(siehe S. 209)*

Samen-Trachten aus Stoff gehen bis ins Mittelalter zurück und entwickelten sich aus früheren, aus Tierfellen gearbeiteten Varianten. Die auffälligsten Gewänder stammen aus Kautokeino, Varanger und Karasjok.

Die Kautokeino-Tracht besteht aus einer Tunika für Männer, einem plissierten Rock für Frauen und einem Gürtel mit Silberknöpfen. Alles ist mit Stickereien reich verziert. Die Varanger-Tracht ist ebenfalls farbenfroh geschmückt, jene aus Karasjok hingegen ist schlicht und lässt noch den Schnitt der ursprünglichen Fellkleidung (*pesk*) erahnen. Die Frauen aus Karasjok tragen jedoch einen schönen Fransenschal.

Heimat des Skisports

NORWEGEN GILT ALS HEIMAT des Skisports, und in der Tat ist das Skilaufen in Morgedal in der Telemark erfunden worden. Die Fackel der Olympischen Winterspiele in Oslo 1952 und in Lillehammer 1994 wurde jeweils am offenen Kamin des Skiveterans Sondre Norheim in Morgedal entzündet. Die Norweger brillieren immer wieder in internationalen Wettkämpfen, aber auch als Freizeitbeschäftigung ist Skifahren beliebt. Lange, beleuchtete Loipen und Flutlichtpisten locken auch abends Jung und Alt in den Schnee. Familienveranstaltungen und Trainingswettkämpfe ziehen viele Teilnehmer an.

Plakat für die Olympischen Winterspiele in Oslo 1952

GESCHICHTE DES SKILAUFENS

Auf antiken Felszeichnungen sieht man Skifahrer, und auch in der Edda und in altnordischen Sagen wird Skilaufen erwähnt. Ab ca. 1750 wird es als Freizeit- und Wettkampfsport ausgeübt, mit enormem Zuwachs nach 1850. Die Popularität wuchs mit Nansens Skiwanderung durch Grönland 1888 und Amundsens Südpolexpedition 1911. Seit den ersten Olympischen Winterspielen 1924 gehört Skisport zum Programm.

Eine 4000 Jahre alte Felszeichnung, vielleicht die erste Abbildung eines Skifahrers

Die »Birkebeiner Rettung« des jungen Prinzen Håkon, 1206 (Bild von K. Bergslien, 1869)

Roald Amundsens Expedition zum Südpol, 1910–12

1994 die erste One-Woman-Reise zum Südpol: Liv Arnesen

Die Sprungschanze ist 60 Meter hoch.

HOLMENKOLLEN-SKIFESTIVAL

Der erste Skiwettkampf am Holmenkollen im Jahr 1892 bestand aus einem 18-km-Langlauf und Skispringen – mit dem damaligen Weitenrekord von 21,50 Metern. Heute springen die Sportler über 130 Meter weit. 1902 führte man einen 50-km-Langlauf ein. Die Skimeisterschaft, *Holmenkollmarsjen*, und der Kindertag (*siehe oben*) finden im März statt.

Skitraditionen sind für die Norweger äußerst wichtig. Dies ist ein nach einem alten Modell gefertigter moderner Langlaufski.

Das Birkebeiner-Rennen, alljährlich im März von Rena nach Lillehammer (58 km), gedenkt der Rettung des Babys Prinz Håkon 1206 durch zwei Birkebeiner auf Skiern.

VOM LANGLAUF ZUM SKISPRINGEN

Alles fing mit Langlauf an, da man im Schnee am besten mit Skiern vorankam. Skispringen und der alpine Skisport wurden erst später als Freizeit- und Wettkampfsportarten entwickelt.

Klassischer Langlauf war die einzige Langlaufdisziplin, bis nach 1987 das schnellere Skating aufkam.

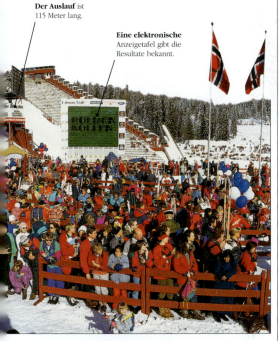

Der Auslauf ist 115 Meter lang.

Eine elektronische Anzeigetafel gibt die Resultate bekannt.

Der Telemark-Stil für Pisten- und Loipenschwung und die Landung beim Skispringen ist seit 1860 populär.

Alpine Disziplinen entstanden in den Alpen, doch das Wort Slalom ist norwegisch (sla – Hügel, låm – Spur). Alpiner Skisport ist heute äußerst beliebt.

Langlaufloipe in der »Marka«, dem Gebiet um Oslo mit 2000 Kilometern präparierten Loipen – von einspurigen für Individualisten bis zu mehrspurigen in Autobahnbreite. Skihütten an den Langlaufloipen sind beliebte Treffpunkte für eine Rast und einen Imbiss unterwegs.

Skispringen findet auf immer höheren und längeren Schanzen statt. Der aerodynamische »Boklöv-Stil« hat sich heute durchgesetzt.

DAS JAHR IN NORWEGEN

DIE JAHRESZEITEN sind in Norwegen klar zu unterscheiden, und wie das Sprichwort sagt: »Jede Jahreszeit hat ihren Reiz.« Die Norweger sind stolz darauf, eine der Top-Skinationen der Welt zu sein. Auch Stadtbewohner schnallen beim ersten Schnee im November oder Dezember die Skier an. Die Wintersportzentren bieten Anfängern wie Profis ideale Bedingungen und sind besonders zu Ostern beliebt. Der Frühling bringt lange, helle Tage. Am 17. Mai feiert Norwegen mit Kinderparaden und Festen den Nationalfeiertag. Nach dem Winterschlaf regt sich auch die Kunst- und Kulturszene wieder. Im Sommer fährt man zu den Inseln und Schären, entlang der Küste finden Festivals und Jahrmärkte statt. Der Herbst ist die Zeit für Theater, Konzert, Oper und Ballett sowie für Filmpremieren und Kunstausstellungen.

Sommerblumen vor schneebedeckten Gipfeln

Konzert beim Bergen-Festival im prächtigen Grieg-Saal

FRÜHLING

WENN DER STRENGE »König Winter« seinen Griff lockert, erwacht das Land zum Leben. Die Frühlingssonne kündigt Ende April die letzten Skiausflüge in die Berge an und lockt alle nach draußen. Die Urlaubssaison beginnt im Mai, wenn die Luft klar und frisch ist und alles zu blühen beginnt – auch die Kunst- und Kulturszene. Zu dieser Zeit des Jahres finden Veranstaltungen wie Tanz- und Musikaufführungen gerne draußen statt, und man kann Märkte und Shows besuchen.

MÄRZ

Sonnenfest in Svalbard *(1. Märzwoche).* Die weltweit nördlichste Feier zur Rückkehr der Sonne.
Holmenkollen-Skifestival *(2. Märzwoche, siehe S. 26f).*
Alternativmesse, Bergen *(Mitte März).* Erkundung des »Zeitalters des Wassermanns«.
Oslo-Festival der Kirchenmusik *(Mitte März).* Verschiedene Konzerte.
Birkebeiner-Rennen *(3. Märzwoche).* Ski-Marathon Rena–Lillehammer *(siehe S. 27, 125, 130).*
Winterfestival, Røros *(ganzer März).* Konzerte in der alten Kupferminenstadt.

APRIL

Osterfest und Hochzeiten der Samen *(Ende März oder Anfang Apr).*
Vossajazz Hordaland *(Anfang Apr).* Internationales Jazzfest, eines der ersten der Saison.
Bergen Blues and Roots Festival (Ole Blues) *(Ende Apr–Anfang Mai).* Gilt als bestes norwegisches Bluesfestival.
Tag des Tanzes *(29. Apr).* Der »World Dance Day« wird im ganzen Land mit Aufführungen und Tanzeinlagen in den Straßen und Plätzen begangen, sowohl von Amateuren als auch von professionellen Tänzern.

MAI

May Jazz, Stavanger *(1. Maihälfte).* Immer größer werdendes Festival mit Stars und neuen Talenten.
17. Mai *(»Syttende Mai«).* Norwegens Nationalfeiertag wird im ganzen Land mit Kinderparaden und Festen begangen.
Bergen-Festival *(Ende Mai/Anfang Juni).* Zehn Tage voller Musik-, Theater- und Kunstveranstaltungen internationalen Rangs mit hohen Besucherzahlen.
Night Jazz Bergen *(Ende Mai/Anfang Juni).* Findet etwa zur gleichen Zeit statt wie das Bergen-Festival und zieht ein ähnlich großes Publikum an. Es bietet mehr als 70 Konzerte mit norwegischen wie internationalen Jazzgrößen.

Der Nationalfeiertag (17. Mai) auf der Karl Johans gate, Oslo

Sommer

DIE LANGEN, HELLEN Sommernächte sind nicht zum Schlafen da. Der Sommer ist die Hauptsaison für Festivals und Open-Air-Veranstaltungen – von Musicals über Historienspiele bis zu klassischen Dramen mit der Natur als Kulisse.

In vielen Landesteilen drehen sich die Feiern um bestimmte Speisen, wie etwa beim Seafood-Festival in Oslo im August. Oft werden auch Wettkämpfe ausgetragen. Fremdenverkehrsbüros geben Tipps zu unbekannteren Veranstaltungen.

Juni

Saison des Lachsfischens *(1. Juni–Mitte/Ende Aug).* Daten können leicht variieren.
Tag der Musik, Oslo *(1. Sa im Juni).* Klassik, Jazz, Pop und Rock.
Norwegischer Bergmarathon *(1. Juniwoche).* Marathonlauf in den Bergen von Jotunheimen.
Sommerkonzerte im Troldhaugen, Bergen *(Mi, Sa und So, Mitte Juni – Mitte Aug).* Edvard Griegs Musik in seinem eigenen Haus.
Sommer-Skifestival Stryn, Sogn og Fjordane *(Mitte Juni).* Skifahren in kurzen Hosen.
Nordland-Festival, Sortland, Vesterålen *(Mitte Juni).* Hochseefischen.
Nordsee-Festival, Haugesund *(Mitte Juni).* Europäischer Wettbewerb im Sportfischen.
Norwegian Wood, Oslo *(Mitte Juni).* Rockmusik-Festival *(siehe S. 248).*
Kurzfilmfestival, Grimstad *(Mitte Juni).* Beliebter Kurzfilm-Wettbewerb.
St. Hans Aften *(24. Juni).* Mittsommerfeier mit Freudenfeuern und Partys.
Kulturfestival in Nordnorwegen, Harstad *(um Mittsommer).*

Lachsfischen in Ågårdselva, Østfold

Kammermusik-Festival Risør, Risør *(letzte Woche im Juni).* Konzerte im idyllischen Sørlandet.
Woche des Extremsports, Voss *(letzte Woche im Juni).* Mountainbiking, Klettern, Skifahren und Musik.
Vestfold-Festival *(Ende Juni/Anfang Juli).* Zehn Tage mit Musik, Tanz und Theater.

Juli

Norsk Aften, Norsk Folkemuseum, Oslo *(Do, Mi, Fr und Sa ab 1. Juli).* »Norwegischer Abend« mit Führungen durch Stabkirche und Museum, Folklore und Speisen.
Jazzfestival Kongsberg *(Anfang Juli).* Topmusiker wie Joshua Redman.
Quart-Festival, Kristiansand *(1. Woche im Juli).* Hallen- und Open-Air-Rock mit norwegischen und internationalen Bands.
Fjæreheia Grimstad *(ab Mitte Juli).* Open-Air-Aufführungen des Agder-Theaters mit Ibsen-Dramen und Musicals.
Internationales Jazzfestival Molde *(letzte Juliwoche).* Konzerte von Weltstars und erstklassigen einheimischen Jazzern.

Skilaufen im Sommer

Das Internationale Jazzfestival in Molde zieht Tausende Fans an

Telemark-Festival, Bø *(letzte Juliwoche).* Internationales Folkloremusikfest für die ganze Familie mit Gesang, Tanz, Musik, Kursen und Seminaren.

August

Holzbootfestival, Risør *(Anfang Aug).* Ausstellung zur Kultur an der Küste; alte und neue Boote; außerdem Open-Air-Konzerte.
Internationales Bluesfestival Notodden *(1. Woche im Aug).* Konzerte in Klubs und Open Air. »Blues-Kreuzfahrt« für jene ohne eigenes Boot.
Gålåvann Gudbrandsdalen *(4.–14. Aug).* Das Ibsen-Drama *Peer Gynt* wird in schöner Open-Air-Kulisse dargeboten.
Nordische Jagd- und Fischereitage, Elverum *(1. Hälfte des Aug).*
Kammermusikfestival Stavanger und **Kammermusikfestival Oslo** *(Mitte Aug).* Konzerte an Sommerabenden mit hohen Besucherzahlen.
Sildajazz, Haugesund *(1. Hälfte Aug).* Farbenprächtiges Festival mit insgesamt 20 Bühnen drinnen und draußen, Kinder- und Straßenparaden, Hafenmarkt und Vergnügungsboote.
Bjørnson-Festival, Molde *(letzte Augustwoche).* Internationales Literaturfestival. Bjørnson war einer der berühmtesten Schriftsteller des Landes *(siehe S. 22).*
Norwegisches Filmfestival, Haugesund *(Ende Aug).* Beim achttägigen Festival werden über 100 neue Filme präsentiert. Kaufen Sie sich ein Abonnement. Verleihung des Filmpreises Amanda.

Bärentrauben färben die Berge im Herbst rot

Herbst

IN WÄLDERN und Bergen wandern, Beeren pflücken und Pilze sammeln – dies sind die idealen Beschäftigungen im norwegischen Herbst. Wenn es Abend wird, besucht man kulturelle Veranstaltungen in kleinen und großen Theatern. Der Herbst bringt auch vieles, um den Geist zu beleben: Neue Bücher erscheinen, Kunstausstellungen veranstalten ihre Vernissagen.

September

Nationaltheater (Nationaltheatret), Oslo *(1. Hälfte Sep)*. Beginn der Theatersaison mit dem Ibsen-Festival bzw. dem Zeitgenössischen Festival *(Samtidsfestival)* für neues Drama.
Ibsen Kulturfestival, Skien *(1. Hälfte Sep)*. Das Werk des norwegischen Dramatikers wird in dessen Heimatstadt gefeiert.

Pfifferlinge

Young Jazz Ålesund *(Ende Sep)*. Talentierte junge Jazzmusiker unter 30 Jahren treten in Norwegens Jugendstilstadt auf *(siehe S. 180)*.

Oktober

Festival für Zeitgenössische Musik Ultima, Oslo *(1. Hälfte Okt)*. Präsentiert wird das Allermodernste in Sachen Musik, Tanz und Theaterkunst in Kooperation mit Theatern und Museen, darunter dem Black Box Teater, Oslo Konserthus, Henie Onstad Kunstsenter und Filmens Hus.
Fartein-Valen-Tage, Haugesund *(Ende Okt)*. Mit Lesungen und Konzerten in Kirchen, Galerien sowie im Haus seiner Kindheit wird das Werk des Komponisten Fartein Valen (1887–1952) gefeiert.
Pferdeshow Oslo *(Mitte Okt)*. Eine beliebte Familienveranstaltung im Oslo Spektrum.

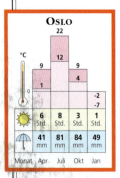
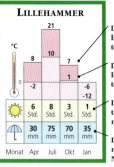

Durchschnittliche Höchsttemperatur
Durchschnittliche Tiefsttemperatur
Durchschnittl. tägliche Sonnenstunden
Durchschnittl. monatlicher Niederschlag

Klima

Westnorwegen hat atlantisches Klima mit warmem Winter und kühlem Sommer. Am wärmsten ist es in Sørlandet und Vestlandet. Østlandet hat Binnenlandklima mit kaltem Winter und warmem Sommer. In Vestlandet fällt am meisten Niederschlag, am nördlichen Ende von Gudbrandsdal und in der Finnmark am wenigsten.

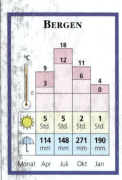
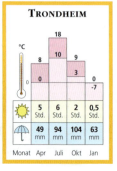
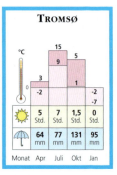

WINTER

ES WEIHNACHTET SEHR, wenn Christbäume erstrahlen, der erste Schnee fällt und überall bunt geschmückte Lebkuchenhäuser zu sehen sind. Restaurants, die ein Weihnachtsbüfett – mit der norwegischen Spezialität *lutefisk* (Trockenfisch in Lauge) – anbieten, sind häufig ausgebucht.

An Neujahr beginnt die Skisaison – die Aussicht auf frisch gespurte Loipen und präparierte Pisten zieht viele hinaus.

NOVEMBER

Rakfisk-Festival, Valdres *(1. Wochenende im Nov)*. Gebeizte Bergforelle ist eine Delikatesse. Hier kann man die beste probieren.
Das Kinderkunstmuseum (Det Internasjonale Barnekunstmuseet), Oslo, hat im Winter (Di–Do, So) länger geöffnet. Es zeigt Gemälde und Zeichnungen von Kindern aus aller Welt.
Entzünden des Weihnachtsbaums *(1. So im Advent)*. In Städten und Dörfern werden Christbäume erleuchtet – zu Musik, Ansprachen und Gruppengesang sowie dem traditionellen Marsch um den Baum.

DEZEMBER

Weihnachtskonzerte *(ganzer Dez)*. Bekannte Sänger und Entertainer geben Kirchenkonzerte, oftmals mit einheimischen Chören und Orchestern.
Weihnachtsmärkte *(So)*. Folkloremuseen wie Norsk Folkemuseum, Oslo, und Maihaugen, Lillehammer, organisieren spezielle Volkstanz- und Volksmusikaufführungen. Verkauf von Handwerk und Weihnachtswerkstatt.
Lebkuchenhäuser, Galleriet, Bergen *(ganzer Dez)*. Laut *Guinness-Buch der Rekorde* die größte Lebkuchenstadt der Welt. 150 Lebkuchenhäuser, -schiffe, -flugzeuge und -sprungschanzen, alles von Kindern, Jugendlichen und Profis kunstvoll hergestellt und präsentiert.

Vollmond über der Winterlandschaft bei Lillehammer

JANUAR

Ski-Kite, Møsvann, Telemark *(Anfang Jan)*. Skilaufen mithilfe von Lenkdrachen. Kurse im Skizentrum Rauland.
Nordlicht-Festival, Tromsø *(Ende Jan)*. Besucher aus aller Welt kommen, um das herrliche Nordlicht *(aurora borealis)* zu sehen, das in klaren Winternächten am Himmel über dem nördlichen Norwegen schimmert und tanzt.

Riesiger Schneemann beim Schneeskulpturenfestival, Vinje

Polar Jazz Svalbard *(Ende Jan)*. Das nördlichste Jazz- und Bluesfestival der Welt. Vier bis fünf Tage mit Konzerten auf Bühnen der Svalbard-Stadt Longyearbyen.

FEBRUAR

Schneeskulpturenfestival, Vinje *(1. Woche im Feb)*. Ein Skulpturenpark der anderen Art. Schaffen Sie mit fachkundiger Unterstützung Ihr eigenes Meisterwerk aus Eis und Schnee – und bewundern Sie die Skulpturen anderer Künstler.
Opernwoche, Kristiansund *(Anfang Feb)*. Oper, Ballett, Kunstausstellungen und andere Veranstaltungen im Kulturhaus Festiviteten.
Winter-Kunstfestival, Lillehammer *(Mitte Feb)*. Konzerte, Eis- und Schneeskulpturen.
Røros-Markt *(3. Do im Feb)*. Großer Jahrmarkt.

FEIERTAGE

Neujahr (1. Jan)
Palmsonntag (Sonntag vor Ostern)
Gründonnerstag
Karfreitag
Ostersonntag
Ostermontag
Tag der Arbeit (1. Mai)
Nationalfeiertag (17. Mai)
Pfingstsonntag
Pfingstmontag
St. Hans (24. Juni)
1. Weihnachtsfeiertag (25. Dez)
2. Weihnachtsfeiertag (26. Dez)

Traditionelle Weihnachtsstände in einem Einkaufszentrum

DIE GESCHICHTE NORWEGENS

ALS DER NORWEGISCHE STAMMESFÜHRER *Ottar vor 1100 Jahren den Hof Königs Alfred des Großen in England besuchte, war er die erste Person, die von »Nor-weg«, der Heimat der Nordmänner, sprach. Es folgte die Wikingerära – eine Zeit voll Streitigkeiten und Kolonisationen, Vereinigungen, Kriegen und Besetzungen. Das Land überlebte, gedieh und wurde international anerkannt.*

Die ersten Spuren menschlicher Siedlungen in Norwegen stammen von der Komsa- und Fosna-Kultur und sind über 9000 Jahre alt. Aus Stein-, Bronze- und Eisenzeit fanden Archäologen Werkzeuge und Waffen sowie realistische Felszeichnungen von Rentieren und Fischen, später auch von Sonnenrädern und Booten. In eisenzeitlichen Grabhügeln lagen Waffen und Schmuck, und man grub Runensteine und Schiffe aus.

Die Wikingerzeit *(siehe S. 34f)* markiert einen Wechsel in Norwegens Geschichte. Wikingerkrieger brachten von ihren Reisen Ideen mit, die den politischen wie kulturellen Werdegang des Landes beeinflussen sollten.

Norwegen wurde 890 n. Chr. nach der Schlacht von Hafrsfjord in Stavanger als Königreich vereint. Hier besiegte Harald Hårfagre (Schönhaar) seine Feinde und sicherte seine Macht. Mit einem stehenden Heer verteidigte er die Einheit. Wer sich nicht unterordnete, musste das Land verlassen oder wurde getötet. Einige ließen sich in Island nieder, darunter Erik der Rote (Eirik Raude),

Die erste norwegische Münze, 995 geprägt

der 985 eine Siedlung auf Grönland gründete. Sein Sohn Leif Eriksson entdeckte um das Jahr 1000 Amerika. Fortan siedelten Norweger in Neufundland.

Nach Håkon dem Guten, dem beliebten Sohn des Harald Schönhaar, kam es zu permanentem Streit um das Königtum, bis Olav Tryggvason (gestorben 1000) und Olav der Heilige *(siehe S. 194)* das Königreich einten und das Christentum einführten. Sie ließen heidnische Statuen abreißen und Stabkirchen bauen. Norwegen wurde zum mächtigen souveränen Reich, das Färöer Inseln, Orkney-Inseln, Hebriden, Isle of Man und, nach 1260, Island und Grönland einschloss.

Ab 1130 führte ein Streit um die Führung zum Bürgerkrieg, aus dem Sverre Sigurdsson siegreich hervorging. Als dessen Enkel Håkon Håkonsson 1247 gekrönt wurde, stand Norwegen am Höhepunkt seiner Macht. Nach dem Tod von Håkon V. Magnusson 1319 stand Norwegens Schicksal unter keinem guten Stern. Sein Enkel Håkon VI. war der letzte Regent einer unabhängigen Nation.

ZEITSKALA

10 000 v. Chr.	1500 v. Chr.	500 n. Chr.	750	1000	1250
9300 v. Chr. Die ersten Einwohner, Komsa-Jäger, -Fischer und -Sammler, leben bei Alta, Finnmark	**ca. 500 v. Chr.** Frühe Eisenzeit. Eisengewinnung beginnt auf Hardangervidda und in Aurland. Das Klima wird kälter			**ca. 1000** Leif Eriksson entdeckt Vinland in Nordamerika	
				1030 Olav der Heilige stirbt in der Schlacht von Stiklestad	
ca. 4000 v. Chr. Landwirtschaft in Østfold	**1800–500 v. Chr.** Bronzezeitliche Stämme bauen Grabhügel auf Gebirgskämmen, an Straßen und an der Küste, z. B. in Jæren	**793** Das Wikingerzeitalter beginnt mit einem Überfall auf das Kloster von Lindisfarne, England		**890** Schlacht von Hafrsfjord: Norwegen ist unter Harald Hårfagre vereint	
				1247 Håkon Håkonsson wird zum König gekrönt	

Wikingerskulptur von Odin

◁ *Håkon Håkonssons Krönung in Bergen, 1247, durch Kardinal Vilhelm von Sabina* (Gerhard Munthe, 1910)

Die Wikinger

Ein **Wikingerkrieger** mit Ausrüstung ist in ein Steinkreuz (10. Jh.) aus Middleton, England, eingraviert.

Beschriftungen: Konischer Helm – Rundschild – Speer – Schwert – Axt

Thors Hammer

Über 300 Jahre lang, vom 8. bis ins 11. Jahrhundert, nahmen die Wikinger die Welt im Sturm. Als Händler, Siedler und Krieger segelten sie von ihrer Heimat in Norwegen, Schweden und Dänemark los, um Land, Sklaven, Gold und Silber zu erbeuten. Sie terrorisierten ganz Europa und kamen bis Bagdad und Amerika. Christliche Mönche beschrieben schreckliche Überfälle auf Klöster und Städte. Doch die Wikinger waren nicht nur Barbaren, sondern auch clevere Kaufleute, herausragende Seefahrer und Handwerker. Ihre Gesellschaft war für damalige Verhältnisse geradezu demokratisch.

Schilde an den Schiffsseiten dienten zum Schutz und zur Zierde.

Lindisfarne ist ein kleines Eiland vor der englischen Nordostküste. Sein Kloster wurde 793 von Wikingern geplündert. Dieser Grabstein zeigt Wikinger beim Angriff.

Ein Zelt bot den einzigen Schutz vor den Elementen.

LEIF ERIKSSON ENTDECKT AMERIKA

Die norwegischen Entdecker segelten in breiten, robusten Schiffen, die schwerer waren als die schmalen Langschiffe für Schlachten. Sie konnten mehr Seeleute, Waren und Proviant aufnehmen. Auf diesem Bild von 1893 hielt Christian Krohg den Moment fest, als Leif verwundert auf den neuen Kontinent, Amerika, deutet. Leif, der Sohn Eriks des Roten, wurde «der Glückliche» genannt.

Wikingerschiffe waren sehr seetüchtig und konnten weite Strecken überwinden. Sie hatten stabile flache Kiele, die es ermöglichten, weit flussaufwärts zu rudern und an seichten Ufern zu landen. Sie konnten auf Rollen auch an Land gezogen werden.

Schlangenspitze – Kunstvolle Schnitzereien – Klinkerbeplankung

Eisenhelm und Schwert waren wichtige Teile der Wikingerausrüstung. Die Helme, wie dieser aus Ringerike, hatten keine Hörner, aber ein Okularium zum Schutz der Augen. Der Schwertschaft war häufig schön verziert.

DIE WIKINGER

Wikingerfrauen führten Haushalt und Hof, während die Männer unterwegs waren. Sie waren unabhängig und sorgten für sich selbst.

Die Ruderpinne befand sich an Steuerbord.

DIE WELT DER WIKINGER

Die Wikinger plünderten und handelten in nah und fern. Um 870 erreichten sie Island, 982 Grönland. Leif Eriksson entdeckte Amerika um das Jahr 1000. Im Osten kamen die Wikinger bis Russland und – auf Flüssen – bis ans Schwarze Meer und nach Konstantinopel. Andere segelten die europäische Westküste entlang und im Mittelmeer.

Die Ruinen einer Wikingerfarm aus dem 9. Jahrhundert auf den Shetland-Inseln. Sie hatte zwei Zimmer, eine Halle und eine Küche. Geschlafen wurde auf Bänken an der Wand.

Mit Broschen wie dieser befestigten Männer ihre Umhänge an der rechten Schulter, sodass der Schwertarm frei war.

Die wichtigsten Wikingergötter waren Odin, Gott der Weisheit, Thor, Gott des Krieges, und Frey, Gott der Fruchtbarkeit (rechts). Im 11. Jahrhundert trat Norwegen zum Christentum über.

ZEITSKALA

793 Wikinger überfallen das englische Kloster auf Lindisfarne	**834** Das Schiff Oseberg dient einem Wikingerbegräbnis / **845** Plünderung von Hamburg und Paris	**890** Schlacht von Hafrsfjord: Das Königreich ist vereint	**911** Wikingeroberhaupt Rollo gründet die Normandie	**948** Håkon der Gute versucht, seine Landsleute zu bekehren	**ca. 1000** Leif Eriksson entdeckt Vinland in Nordamerika	**1030** Schlacht von Stiklestad
800	830	860	890	920	950	980	1010
799 Beginn der Wikingerüberfälle in Frankreich / **841** Eine große Wikingerflotte überwintert in Dublin	**870** Wikinger kolonisieren Island	**876** Dauerhafte Wikingersiedlungen in England / **912** Wikinger erreichen das Kaspische Meer	Wikingerschiff, ca. 980	**985** Erik der Rote lässt sich in Grönland nieder	**ca. 1000** Olav Tryggvason wird in Svolder getötet	**1066** Schlacht an der Stamford-Brücke: Harold II. von England besiegt die Wikinger

Sarkophag von Margarete, Königin Norwegens, Dänemarks und Schwedens, in Roskildes Kathedrale

Kalmarer Union

Håkon VI. Magnusson heiratete die dänische Prinzessin Margarete. Ihr einziges Kind, Olav, wurde 1375 König von Dänemark und erbte nach Håkons Tod 1380 auch den norwegischen Thron – Beginn einer 400-jährigen norwegisch-dänischen Union.

Als Olav mit 17 Jahren starb, wurde Margarete Regentin beider Länder und 1388 auch Schwedens. Indem sie 1397 ihren Neffen Erich von Pommern zum König der drei Länder erklärte, legte sie den Grundstein für die Kalmarer Union, die bis 1523 andauerte, als Gustav Wasa sich von der Union trennte und in Schweden eine neue Dynastie gründete.

Union mit Dänemark

Margaretes Haltung gegenüber Norwegen war immer fair. Die Position des Landes wurde jedoch 1536 geschwächt, als Christian III. es zum Vasallenstaat Dänemarks erklärte. Norwegen konnte sich in der Union nicht behaupten, da ab Mitte des 14. Jahrhunderts die Pest mehr als die Hälfte der Bevölkerung dahingerafft hatte. Die Reformation zwang Erzbischof Olav Engelbrektsson, einen der wenigen, die für die Unabhängigkeit Norwegens kämpften, ins Exil. Norwegen wurde als Lehen Dänemarks von Feudalherren regiert, seine Mittelschicht war durch die norddeutschen Hanse-Kaufleute, die den Handel an der Westküste kontrollierten, geschwächt.

Christian IV.

Die Union mit Dänemark hatte auch ihre gute Seite: Norwegens Industrie erholte sich. Die Fischerei expandierte, Forstwirtschaft wurde ein neuer Handelszweig. Beim Niedergang der Hanse waren norwegische Kaufleute in der Lage, diese Lücke zu füllen. Auch der Bergbau wurde eine bedeutende Einkommensquelle, besonders unter Christian IV. (1577–1648), der an Norwegen großes Interesse hatte. Er besuchte das Land 30-mal, gründete die Stadt Christiania, modernisierte die Verwaltung und gewährte eine eigene Kirchenordination und eigenes Militär.

Christian richtete im Norden des Landes eine eigenständige Verwaltung ein. Doch sein Konflikt mit Schweden führte dazu, dass er Ländereien im Osten an Schweden abtreten musste. Sein Sohn Frederik III. führte 1660 in der »Doppelmonarchie« das absolutistische System ein – fortan

Bærums Verk, eine der ersten Eisenhütten Norwegens aus dem Jahr 1610

Zeitskala

1349 Die Pest kostet 50 Prozent der norwegischen Bevölkerung das Leben

1380 Håkon VI. Magnusson, der letzte König des unabhängigen Norwegens, stirbt

1397 Kalmarer Union vereint Norwegen, Dänemark und Schweden unter einem König

Königin Margarete (regierte 1388–1412)

1400 Der Hansebund mit Sitz in Bergen erreicht den Höhepunkt seiner Macht. Er kontrolliert Im- und Export

1536 Christian III. von Dänemark erklärt Norwegen zum immerwährenden Vasallenstaat Dänemarks

1537 Reformation: Erzbischof Olav Engelbrektsson wird aus Norwegen vertrieben

1558 Die Herrschaft der Hanse wankt

Gemälde der Dichtergesellschaft *Det Norske Selskab* in Kopenhagen, Eilif Petersssen (1892)

regierten statt Adligen vom König bestimmte Beamte, von denen viele aus der norwegischen Mittelklasse kamen und ihr Land protegierten.

Anfang des 18. Jahrhunderts brachten die Kriege mit Schweden unter Frederik IV. einen Nationalhelden hervor: Marinekommandant Peter Wessel Tordenskiold versenkte die schwedische Flotte.

Zweimal versuchte der Schwedenkönig Karl XII., Norwegen zu besetzen, er fiel aber 1718 bei der Belagerung Haldens.

Die Rufe nach Souveränität Norwegens wurden lauter, teils wegen eines neuen Interesses an der Geschichte des Landes, das eine patriotische Gesellschaft aus Dichtern und Historikern in Kopenhagen, *Det Norske Selskab*, schürte. Dem Wunsch nach einer Universität wurde 1811 stattgegeben. Doch es waren größtenteils Angelegenheiten außerhalb des Landes, die zur Teilung der Doppelmonarchie im Jahr 1814 führten.

Der Seeheld Peter Wessel Tordenskiold

IN NAPOLEONS SCHATTEN

Der dänisch-norwegische König Frederik VI. verbündete sich 1807 mit Napoleon, woraufhin die Briten Norwegens Häfen blockierten und alle Im- und Exporte einstellten. Die Isolation war komplett, als es auch noch Krieg gegen Schweden gab. Es folgten die Jahre großer Hungersnot, 1808 und 1812, mit Missernten und geringem Fischfang.

In Schweden wurde der frühere französische Marschall Jean Baptiste Bernadotte 1810 unter dem Namen Karl Johan zum Kronprinzen. Er trat der Koalition gegen Napoleon bei und konnte die Alliierten – Russland, Großbritannien, Österreich und Preußen – davon überzeugen, dass er Dänemark zur Übergabe Norwegens zwingen könnte, wenn Napoleon besiegt wäre. Als Napoleon schließlich 1813 in Leipzig geschlagen war, marschierte Karl Johan gen Dänemark. Im Frieden von Kiel wurde Norwegen an Schweden übergeben.

1624 Oslo brennt nieder. Gründung von Christiania nördlich von Schloss Akershus

1709 Großer Nordischer Krieg zwischen Dänemark-Norwegen und Schweden

1718 Schwedenkönig Karl XII. wird beim zweiten Versuch, Norwegen zu erobern, in der Festung Frederiksten getötet

1813 Karl Johan marschiert gen Dänemark

1814 Im Frieden von Kiel kommt Norwegen zu Schweden

| 1600 | 1650 | 1700 | 1750 | 1800 |

Christian IV. (1577–1648)

1645 Im Vertrag von Bromsebro werden Norwegens Jemtland und Herjedalen an Schweden übergeben

1660 Frederik III. führt den Absolutismus ein

1769 Norwegen hat 723 000 Einwohner, von denen 65 000 in Städten leben

1772 Gründung der patriotischen Gesellschaft *Det Norske Selskab*

1811 In Christiania wird die Universität Norwegens gegründet

Die Reichsversammlung von Eidsvoll, 1885, gemalt von O. Wergeland, 1887, hängt im Storting in Oslo

REICHSVERSAMMLUNG VON EIDSVOLL

Der dänische Prinz Christian Frederik war zur Zeit des Friedens von Kiel, durch den Norwegen zu Schweden kam, Generalgouverneur Norwegens. Sowohl er als auch die Norweger waren gegen diese Bestimmung. Eine Versammlung von 21 der prominentesten Männer des Landes erklärte Christian Frederik zum Kandidaten für den norwegischen Thron, stimmte seinem Wunsch nach einer absoluten Monarchie jedoch nicht zu. Stattdessen entschied man, das Volk solle Delegierte in eine Reichsversammlung wählen. Am Ostersonntag 1814 traten 112 Repräsentanten in Eidsvoll zusammen, und am 17. Mai nahmen sie die Staatsverfassung an. Christian Frederik wurde zum König eines souveränen, freien Norwegen gewählt.

Kronprinz Karl Johan von Schweden bestand auf den Vereinbarungen des Kieler Friedens, doch nach einem kurzen Krieg akzeptierte auch er die Eidsvoller Versammlung. Am 4. November 1814 wählte das norwegische Parlament (Storting) Schwedens alten König Karl XIII. zum König Norwegens. 1818 folgte ihm Karl Johan selbst auf den Thron.

UNION MIT SCHWEDEN

Der *riksakt*, der Vertrag, der vom norwegischen und schwedischen Parlament ratifiziert wurde, bestimmte, dass die beiden Länder einen gemeinsamen König hätten und im Krieg verbündet wären. Sie waren gleichberechtigt und voneinander unabhängig. Doch es waren weder ein norwegisches Außenministerium noch eine Nationalflagge vorgesehen. Letztere wurde 1898 gewährt, doch das Tauziehen um ein Auswärtiges Amt war schließlich einer der Gründe für die Auflösung der Union. Ein weiterer Streitpunkt war die Frage, ob der König den Generalgouverneur Norwegens ernennen dürfe.

Zum Zeitpunkt seines Todes 1844 war Karl Johan in Norwegen beliebt, trotz der Unterdrückung nationaler Identität wie bei der *Torvslaget* (Schlacht am Marktplatz) am 17. Mai 1829 in Christiania (Oslo). Die Norweger begingen den Nationalfeiertag, als Soldaten angriffen. Der Dichter Henrik Wergeland wurde verletzt – fortan pries er mit Inbrunst ein freies Norwegen. Die *Torvslaget* hatte dem 17. Mai neue Bedeutung gegeben.

Die Schlacht am Marktplatz, Christiania, 17. Mai 1829

ZEITSKALA

Henrik Wergeland

1814 Die Reichsversammlung nimmt am 17. Mai die norwegische Verfassung an

1829 Schlacht am Marktplatz: Soldaten greifen am Nationalfeiertag die Feiernden an. Der Dichter Henrik Wergeland wird verwundet

1837 Erste Vorstellung im Christiania-Theater

1844 Karl Johan stirbt. Sohn Oscar I. folgt ihm auf den Thron

1810	1820	1830	1840	1850

1816 Gründung der Norges Bank

1818 Karl Johan wird in der Nidaros-Kathedrale zum König Norwegens gekrönt

1819 Erste Ausgabe des *Morgenbladet*, Norwegens erster Tageszeitung

1848 Marcus Thrane gründet Norwegens erste Gewerkschaft

1854 Erste Bahnlinie für Personenzüge von Christiania nach Eidsvoll

Die Bahnlinie Christiania–Eidsvoll wurde 1854 fertiggestellt

WIRTSCHAFTLICHES WACHSTUM

Eine Wirtschaftskrise nach 1814 war von kurzer Dauer. 1816 wurde die Norges Bank gegründet, Norwegen stabilisierte seine Währung und war ab 1850 schuldenfrei. Diese Zeit markierte eine Art Wendepunkt in der norwegischen Wirtschaft. Die Industrie sah enormen Veränderungen und rapidem Wachstum entgegen. Der Schiffsbau erlebte ein Goldenes Zeitalter, besonders zwischen 1850 und 1880 mit dem Übergang von Segel- zu Dampfschiffen. Norwegen bekam 1854 seine erste Bahnlinie, 1850 Telegrafen- und 1880 Telefonverbindung.

Ein Abschwung 1848–50 führte zu Massenarbeitslosigkeit und veranlasste Marcus Thrane zur Gründung der ersten Gewerkschaft. 1865 hatte sich die Bevölkerung von 900 000 im Jahr 1800 auf 1,7 Millionen fast verdoppelt. Die Auswanderung nach Amerika begann 1825 und wuchs an – zwischen 1879 und 1893 überquerten 250 000 Norweger den Atlantik.

Arbeiterin in der Weberei Hjula, 1887

FRIEDENSVOTUM

Die Politik gegen Ende der Union mit Schweden kennzeichneten Turbulenzen und der Übergang zur Demokratie. 1884 wurde die parlamentarische Regierung eingeführt, 1898 das Wahlrecht für Männer und 1913 jenes für Frauen.

Der lang anhaltende Konflikt über ein norwegisches Außenministerium brachte die Union schließlich zu Fall. 1905 trat Norwegens Michelsen-Kabinett zurück, weil der König die Gesetzesvorlage des Storting über ein konsularisches Amt nicht billigte. Der König lehnte den Rücktritt mit der Begründung ab: »Es kann keine neue Regierung gebildet werden.« Michelsen benützte diese Worte als Argument zur Auflösung der Union. Da der König keine neue Regierung bilden konnte – wozu er der Verfassung nach verpflichtet war –, konnte er seine Funktion als norwegischer König nicht mehr ausüben. Ohne gemeinsamen König gab es keine Union mehr. Am 7. Juni wurde sie vom Storting aufgelöst, doch Schweden verlangte einen Volksentscheid: 368 208 stimmten für die Auflösung, 184 dagegen. Die schwedisch-norwegische Union endete friedlich.

Postkarte zur Auflösung der Union mit Schweden nach einem »Ja« im Referendum von 1905

1871 Einweihung der Telegrafenverbindung nach Kirkenes in Nordnorwegen

1879 Ibsens Stück *Nora oder: Ein Puppenheim* erscheint

1882 Höhepunkt der Emigration nach Nordamerika

Christian Michelsen

1905 Friedliches Ende der Union mit Schweden unter Ministerpräsident Christian Michelsen

| 1860 | 1870 | 1880 | 1890 | 1900 |

1865 Norwegens Bevölkerungszahl übersteigt die 1,7-Millionen-Marke

1875 Norwegens Handelsmarine wird zur drittgrößten der Welt

1884 Nach heftigen Kämpfen wird die parlamentarische Regierung eingeführt

1889 Einführung der Schulpflicht

1898 Allgemeines Wahlrecht für Männer

1900 Gründung der Norwegischen Arbeitnehmervereinigung NAF

1899 Gründung der Gewerkschaftsföderation LO

Ministerpräsident Christian Michelsen begrüßt am 25.11.1905 Prinz Carl und den kleinen Olav

EINE NEUE KÖNIGSFAMILIE

Nach 400 Jahren dänischer und schwedischer Herrschaft war die norwegische Königsfamilie ausgestorben. Die Nation erkor Prinz Carl, den zweiten Sohn des dänischen Thronerben, zu ihrem Staatsoberhaupt. Mit seiner Frau, der britischen Prinzessin Maud, hatte er einen zweijährigen Sohn, Olav. Als Haakon VII. wurde Prinz Carl in der Nidaros-Kathedrale gekrönt.

Die erste Zeit nach der Unionsauflösung konzentrierte sich die Innenpolitik auf soziale Reformen. Roald Amundsens erfolgreiche Südpolexpedition 1911 sorgte für eine Welle nationalen Stolzes. Mit dem Schriftsteller Bjørnstjerne Bjørnson als Vorreiter machte sich Norwegen in Friedensverhandlungen stark. 1901 bekam das Storting die ehrenvolle Aufgabe, alljährlich den Alfred-Nobel-Friedenspreis zu verleihen.

Im Ersten Weltkrieg blieb Norwegen neutral, verlor aber die Hälfte seiner Handelsflotte. Dennoch sorgten der Schiffsbau und der Eisenerzexport für gute Einkünfte – und für wilde Spekulationen an der Börse. Gegen Kriegsende brach der Boom mit schweren sozialen Folgen zusammen.

ZWISCHEN DEN KRIEGEN

Nach dem Krieg führten Restriktionen zu vielen Pleiten und Konflikten. Bauern und Fischer, die während der Hausse in neue Maschinen und Geräte investiert hatten, waren nun zum Verkauf gezwungen.

Als 1930 die Große Depression einzog, wuchs die Not. Banken gingen bankrott, und viele Menschen verloren ihre Ersparnisse. Es gab etwa 200 000 Arbeitslose, Industriestreitigkeiten ähnelten bewaffneten Konflikten. Nur der Schifffahrt ging es besser: Die moderne Handelsflotte Norwegens war zur drittgrößten der Welt angewachsen.

Zwischen 1918 und 1935 hatte Norwegen neun verschiedene Regierungen. Dann kam Johan Nygaardsvolds Arbeiterpartei an die Macht und blieb bis 1945 im Amt. Norwegen trat dem Staatenbund bei und beteiligte sich unter der Leitung des Wissenschaftlers und Diplomaten Fridtjof Nansen an dessen Aktivitäten.

Der Polarforscher Fridtjof Nansen

Der Streit mit Dänemark um Grönlands Unabhängigkeit kam 1931 vor den Internationalen Gerichtshof in Den Haag – Norwegen verlor.

UNTER BESATZUNG

Norwegen erklärte sich bei Ausbruch des Zweiten Weltkriegs im September 1939 für neutral. Dessen ungeachtet marschierte Deutschland am 9. April 1940 ein. Norwegische Soldaten versenkten den deutschen Kreuzer *Blücher* im Oslofjord und hielten den Deutschen 62 Tage lang stand, ehe sie

ZEITSKALA

Haakon VII.

1905 Haakon VII., Königin Maud und Kronprinz Olav beziehen den Palast in Oslo	1920 Norwegen tritt dem Völkerbund bei	1945 Norwegen ist frei. König Haakon kehrt am 7. Juni zurück 1940 Deutschland besetzt Norwegen	1947 Thor Heyerdahl überquert in der *Kon-Tiki* den Pazifik
1910	**1920**	**1930** **1940**	**1950**
1911 Roald Amundsen erreicht den Südpol 1905–07 Christian Michelsen ist der erste Ministerpräsident eines unabhängigen Norwegens	1931 Norwegen verliert nach einer Verfügung des Internationalen Gerichtshofs in Den Haag den Grönland-Fall	1946 Trygve Lie wird erster UN-Generalsekretär 1949 Norwegen tritt der NATO bei	

kapitulierten. Am 7. Juni 1940 flohen König, Kronprinz und Kabinett aus Tromsø, um den Kampf von London aus fortzuführen.

Vidkun Quisling wurde mit deutscher Unterstützung Ministerpräsident des besetzten Norwegen, doch es gab großen Widerstand in der Bevölkerung. Die Regierung im Exil gründete eine militärische Untergrundorganisation *(Milorg)* mit 47 000 Mitgliedern, die den Alliierten Nachrichten übermittelten und verdeckte Operationen gegen die Besatzer durchführten: In Rjukan zerstörten sie ein Wasserkraftwerk *(siehe S. 150f)*.

Die norwegische Handelsflotte spielte in den Kriegshandlungen außerhalb des Landes eine wichtige Rolle, doch über die Hälfte der Flotte wurde versenkt, 3000 Matrosen kamen um. Etwa 35 000 Personen wurden während der Besatzung inhaftiert, 1400, darunter 738 Juden, starben in deutschen Konzentrationslagern.

Beim Rückzug aus der Finnmark zwangen die Deutschen die Bevölkerung zu fliehen und brannten alles hinter sich nieder. Am 7. Mai 1945 kapitulierten die Deutschen; der 8. Mai gilt als Befreiungstag. Einen Monat später kehrte König Haakon nach Norwegen zurück.

Deutsche Truppen marschieren am 9. April 1940 auf Oslos Karl Johans gate

Im Gandsfjord, Stavanger, wird eine riesige Bohrinsel gebaut

MODERNES NORWEGEN

Der Wiederaufbau des Landes nach dem Krieg ging schneller als erwartet voran. Schon bald erreichte die Produktion wieder Vorkriegszahlen. Politisch war Norwegen stabiler als zwischen den Kriegen. Bei den Storting-Wahlen 1945 erreichte die Arbeiterpartei eine klare Mehrheit. Sie blieb – mit einer kurzen Unterbrechung – bis 1963 an der Macht. Ministerpräsident war Einar Gerhardsen, der »Vater Norwegens«. Norwegen trat 1949 der NATO und 1960 der EFTA bei. Es gab soziale Reformen, und Norwegen war auf dem Weg zum Wohlfahrtsstaat.

Nach der Gerhardsen-Ära besaßen abwechselnd Arbeiter- und nichtsozialistische Koalitionsparteien die parlamentarische Macht. Die längste Amtsperiode als Ministerpräsidentin hatte Gro Harlem Brundtland *(siehe S. 23)*. Seit den 1970er Jahren gedieh das Land aufgrund der Ölgewinnung in der Nordsee und der Fischerei. Zwei Volksentscheide über den Beitritt zur EU ergaben ein »Nein« – Norwegen hält an seiner Unabhängigkeit fest.

1957 Haakon VII. stirbt, Olav V. wird König

1970 In der Nordsee vor Norwegens Küste werden reiche Ölvorkommen entdeckt

1986 Gro Harlem Brundtland wird Ministerpräsidentin

1994 Olympische Winterspiele in Lillehammer.

2000 Norwegen wird für zwei Jahre Mitglied des UN-Sicherheitsrates

1960	1970	1980	1990	2000

1967 Einführung der staatlichen Versicherung

1960 Norwegen wird EFTA-Mitglied

1972 Norweger stimmen gegen den Beitritt zur EWG (EU)

1989 Gründung des *Sametinget*, des Samen-Parlaments, in Karasjok

1991 Olav V. stirbt. Sein Sohn Harald V. wird König

2004 Ingrid Alexandra, Tochter Prinz Haakons und Thronerbin, wird geboren

Gro Harlem Brundtland

Oslo

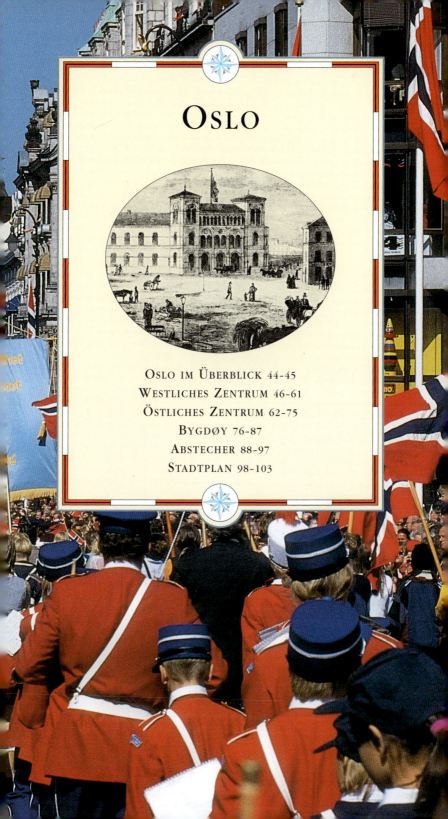

Oslo im Überblick 44-45
Westliches Zentrum 46-61
Östliches Zentrum 62-75
Bygdøy 76-87
Abstecher 88-97
Stadtplan 98-103

Oslo im Überblick

Oslo wurde mehrmals in seiner Geschichte umbenannt – aus Oslo wurde Christiania, dann Kristiania, ehe die Hauptstadt 1925 wieder ihren ursprünglichen Namen erhielt. Oslo hat eine unübertroffene Lage: Innerhalb der Stadtgrenzen kann man im Sommer im Oslofjord schwimmen und im Winter Skilanglauf ausüben. Im Zentrum gibt es Museen und Galerien, einen Königspalast, Parks und öffentliche Institutionen, und alles ist zu Fuß zu erreichen. Über den Hafen wacht eine Burg aus dem 14. Jahrhundert. Oslo bietet eine große Auswahl an Läden, im Sommer stehen auf Gehsteigen und am Hafen unzählige Cafétische. Auch Bygdøy auf der anderen Seite des Fjords hat Sehenswertes zu bieten.

Zur Orientierung

Aker Brygge *am Hafen ist ein beliebter Treffpunkt zum Trinken, Essen oder Shoppen. In der ehemaligen Werft – heute sind hier Restaurants und Läden – ist immer was los (siehe S. 57).*

WESTLICHES ZENTRUM
Seiten 46 - 61

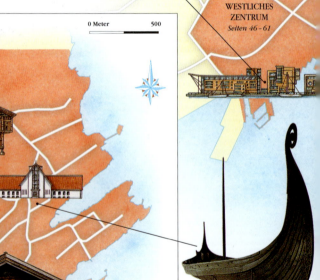

BYGDØY
Seiten 76 - 87

0 Meter   500

Das Norsk Folkemuseum *in Bygdøy zeigt 155 historische Gebäude, die zum Teil noch aus dem Mittelalter stammen (siehe S. 82f).*

Vikingskipshuset *zeigt drei der besterhaltenen Wikingerschiffe der Welt. Das Museum gehört zu Norwegens kulturellen Juwelen (siehe S. 84f).*

◁ Parade auf der Karl Johans gate zum Slottet (dem Königspalast) am 17. Mai, dem Nationalfeiertag

OSLO IM ÜBERBLICK

INFOBOX

550 000. Gardermoen, 45 km vom Zentrum.
Fremdenverkehrsamt: Fridtjof Nansens Plass 5, 24 14 77 00.
17. Mai auf Karl Johan gate, Musikfestival Ultima (1. Hälfte Okt); Festival für Kirchenmusik Oslo (1. Hälfte März); Pferdeshow Oslo (Mitte Okt).

Das Slottet *(Königspalast) ist ein dreistöckiges klassizistisches Gebäude. Die Königsresidenz entstand 1825–48 unter Karl XIV. Johan und Oscar I.* (siehe S. 51).

Die Karl Johans gate *ist seit über 100 Jahren Oslos Hauptstraße. Der untere Teil ist Fußgängerzone, auf dem oberen Abschnitt finden Paraden statt* (siehe S. 50).

ÖSTLICHES ZENTRUM
Seiten 62 - 75

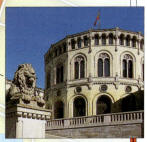

Das Stortinget *aus gelbem Backstein auf einem Granitfundament wurde 1866 fertiggestellt. Hier tagt die Nationalversammlung* (siehe S. 74).

0 Meter 500

Akershus Slott *ist Norwegens besterhaltener Festungskomplex aus dem Mittelalter. Die Bauarbeiten am Slott in spektakulärer Lage am Oslofjord begannen im Jahr 1300* (siehe S. 68f).

WESTLICHES ZENTRUM

VIELE DER GRÖSSTEN und wichtigsten Institutionen der Hauptstadt stehen im westlichen Teil des Zentrums, die meisten davon liegen nur ein paar Schritte auseinander. Historisch gesehen ist dieser Teil der Stadt relativ jung – er wurde erst zum Zentrum, als in der zweiten Hälfte des 19. Jahrhunderts Königspalast und Karl Johans gate entstanden.

Hier befinden sich auch Oslos beliebteste, als Erholungsflächen genutzte Grünanlagen: Studenterlunden an der Karl Johans gate sowie Slottsparken, der den Palast umgibt. Die geschäftige ehemalige Schiffswerft Aker Brygge mit Läden und Bars, Galerien und Theatern zieht heute die meisten Besucher an. Dieser Abschnitt des Zentrums ist mit öffentlichen Verkehrsmitteln leicht zu erreichen. Im Sommer ist hier den ganzen Tag was los. Es stehen vor so vielen Cafés und Restaurants Tische im Freien, dass man sich beinahe in einer südeuropäischen Metropole glaubt.

Uhr am Rådhuset

SEHENSWÜRDIGKEITEN AUF EINEN BLICK

Paläste und Museen
Historisk Museum S. 54f ❹
Ibsenmuseet ⓴
Kunstindustrimuseet ⓯
Nasjonalgalleriet S. 52f ❸
Nobel-Friedenszentrum ❿
Slottet (Königspalast) ❺
Stenersenmuseet ⓭

Interessante Gebäude
Det Norske Teatret ❽
Nationaltheatret ❻
Oslo Konserthus ⓬
Rådhuset S. 56f ❾

Theatercafeen ❼
Universitetet ❷

Straßen und Plätze
Aker Brygge ⓫
Karl Johans gate ❶

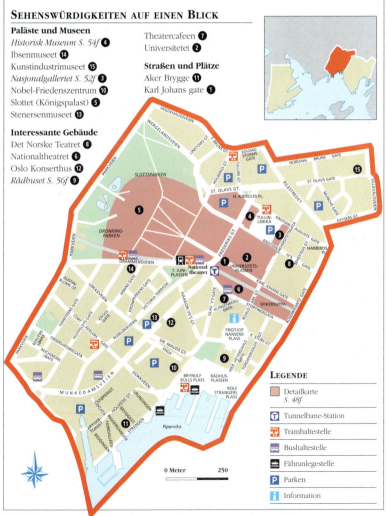

LEGENDE

Detailkarte S. 48f

T Tunnelbane-Station

Tramhaltestelle

Bushaltestelle

Fähranlegestelle

P Parken

i Information

◁ *Aker Brygge, mit dem Rådhuset im Hintergrund, an einem warmen Sommertag*

Im Detail: Karl Johans gate

KARL JOHANS GATE IM HERZEN Oslos ist die bekannteste und belebteste Straße ganz Norwegens. Täglich sind auf der kurz Karl Johan genannten Straße an die 100 000 Fußgänger unterwegs. Viele der wichtigsten Institutionen des Landes befinden sich hier, darunter Königspalast (Slottet), Storting (das norwegische Parlament), Universität und Nationaltheater. Historisk Museum und Nasjonalgalleriet liegen nur ein paar Gehminuten entfernt. Die Straße ist von Kaufhäusern, Läden und Restaurants gesäumt. Am oberen Abschnitt der Karl Johan, beim Park Studenterlunden, finden Paraden statt. Im Winter wird dieser Teil zur Eislaufbahn für Schlittschuhläufer jeden Alters.

Slottet
Der Königspalast auf einem Hügel am Ende der Karl Johans gate stellt einen imposanten Anblick dar. ❺

Dronningparken ist ein privater Teil des großen, öffentlich zugänglichen Slottsparken.

Die Statue von Königin Maud schuf Ada Madssen im Jahr 1959.

Die Reiterstatue König Karl Johans von Brynjulf Bergslien (1875) steht am Slottsplassen. Karl Johan baute den Palast und gab der Hauptstraße den Namen.

Karl Johans gate
Oslos Hauptstraße ist Brennpunkt des Stadtlebens und von Staatsfeierlichkeiten wie den Paraden am 17. Mai. Sie wurde 1840 von Palastarchitekt H. D. F. Linstow angelegt und nach König Karl Johan benannt. ❶

NICHT VERSÄUMEN

★ **Historisk Museum**

★ **Nasjonalgalleriet**

LEGENDE

- - - - Routenempfehlung

KARL JOHANS GATE

★ Historisk Museum
In einem Jugendstilgebäude von 1902 sind das Völkerkundemuseum, die Staatliche Antikensammlung – mit 36 000 archäologischen Funden – sowie die Münz- und Medaillensammlung untergebracht. ❹

ZUR ORIENTIERUNG
Siehe Stadtplan, Karten 2 & 3

★ Nasjonalgalleriet
Das Gemälde Von Stalheim *des Künstlers J. C. Dahl ist eines der vielen Exponate in der Nationalgalerie, einem staatlichen Museum für bildende Kunst aus Norwegen.* ❸

Universitetet
Der Universitätskomplex blickt auf Karl Johans gate und Universitetsplassen. Neben Königspalast und Nationaltheater trägt er zum imposanten Bild der Straße bei. ❷

Statue von Bjørnstjerne Bjørnson

Statue Henrik Ibsens

Zum Rådhuset

Zum Storting

Statue von Henrik Wergeland

0 Meter 100

Nationaltheatret
Das Nationaltheater, Hauptbühne des norwegischen Schauspiels, wurde von Henrik Bull entworfen und 1899 fertiggestellt. ❻

Der obere Teil von Norwegens Prachtstraße Karl Johans gate

Karl Johans gate ❶

Stadtplan 3 D3. Stortinget, Nationaltheatret. 13, 15, 19. 30, 31, 32, 33, 45.

NORWEGENS BERÜHMTESTE und belebteste Straße ist die Karl Johans gate, benannt nach Karl Johan (1818–44), König von Norwegen und Schweden, und meist schlicht Karl Johan genannt. Sie ist von stattlichen klassizistischen Gebäuden flankiert.

Der obere Abschnitt ist am beeindruckendsten. Hier stehen das Storting (das norwegische Parlament) und – auf einem Ehrenplatz am westlichen Ende der Straße – das Slottet (der Königspalast). Dazwischen liegen Universität und Nationaltheater, ein Park namens Studenterlunden und eine Eislaufbahn, die im Winter Schlittschuhläufern offen steht (Schlittschuhe kann man ausleihen). Der untere Teil der Karl Johan endet am Hauptbahnhof. In diesem Abschnitt liegen auch die Basarhallene (Markthallen) in Kirkeristen.

Die Karl Johan gewann an Bedeutung, als der vom Architekten H. D. F. Linstow entworfene Königspalast 1848 fertiggestellt war. Linstow legte auch die Karl Johan an.

Neben den vielen öffentlichen Gebäuden säumen Kaufhäuser, Läden und Restaurants die Straße. Die Karl Johan ist seit dem 19. Jahrhundert ein beliebter Treffpunkt. Oslos Bürger bummelten Studenterlunden entlang, um zu sehen und gesehen zu werden. Heute trifft sich noch immer die Jugend auf dem »Strip«, der auch Parademeile für königliche Veranstaltungen und Staatsbesuche ist. Der zweifellos größte Tag im Jahr der Karl Johan ist Norwegens Nationalfeiertag, der 17. Mai, wenn Tausende von Kindern zur Begleitung von Sängern und Musikanten zum Palast marschieren, wo sie von der Königsfamilie begrüßt werden, die auf den Balkon heraustritt.

2000 installierte man ein Beleuchtungssystem an den Fassaden der Karl Johan, das sich bei Dämmerung automatisch einschaltet. Bis in die Morgenstunden tobt in dieser Straße das Leben – Besucher sind nicht selten über das turbulente Nachtleben um die Karl Johan erstaunt, das eher an größere europäische Metropolen erinnert.

Universitetet ❷

Karl Johans gate 47. **Stadtplan** 3 D3. 22 85 50 50. Nationaltheatret. 13, 15, 19. 30, 31, 32, 45.

DIE UNIVERSITÄT dominiert die Nordostseite der Karl Johans gate. Das neoklassizistische Gebäude wurde 1852 fertiggestellt, 40 Jahre nachdem Frederik VI. Norwegen eine eigene Hochschule zugestand. Er gab ihr den Namen »Königliche Frederik-Universität in Oslo«, unter dem sie bis zum Jahr 1939 bekannt war.

Im Lauf der Jahre zogen die meisten Universitätseinrichtungen (außer der juristischen Fakultät und Teile der Verwaltung) nach Blindern am Rand Oslos um.

Der Universitätskomplex gegenüber dem Nationaltheatret umfasst drei Gebäude am Universitätsplatz. Zur Hundertjahrfeier im Jahr 1911 baute man ein neues Auditorium, die Aula, in einem Anbau des Hauptgebäudes. Bemerkenswert in der Aula sind die Wandgemälde des norwegischen Künstlers Edvard Munch *(siehe S. 22)*, die 1916 installiert wurden. Das mächtige Motiv an der Rückwand, *Die Sonne*, symbolisiert Licht in Form eines explosionsartigen Sonnenaufgangs über der Küste. Auf dem Bild rechts, *Alma Mater*, repräsentiert eine stillende Mutter die Universität; das linke Gemälde, *Geschichte*, symbolisiert Intelligenz und Weisheit. Edvard Munch erachtete diese Bilder als sein Hauptwerk.

Im Lauf der Zeit besuchten Politiker und Humanisten aus aller Welt die Aula, in der alljährlich der Friedensnobelpreis verliehen wurde, bis die Stadtväter diese Feierlichkeiten 1990 ins Rådhuset (Rathaus) verlegten.

Jedes Jahr Mitte August versammeln sich 3000 Studenten auf dem Campus, um sich für das neue Hochschuljahr einzuschreiben.

Die Aula von Oslos Universität mit Edvard Munchs Wandbildern, 1916

Nasjonalgalleriet ❸

Siehe S. 52f.

Historisk Museum ❹

Siehe S. 54f.

Das Slottet (der Königspalast) steht gut sichtbar auf dem Hügel am Ende der Karl Johans gate

Slottet ❺

Drammensveien 1. **Stadtplan** 2 C2.
📞 *22 04 87 00.* 🚇 *Nationaltheatret.*
🚋 *13, 15, 19.* 🚌 *30, 31, 32, 45, 81, 83.* ⭕ *nur Führungen; Ende Juni–Mitte Aug: tägl. 6–21 Uhr. Tickets sind im Voraus in Postämtern erhältlich.*

V ON SEINEM ERHÖHTEN Platz aus überblickt der Königspalast (Det Kongelige Slottet) das Stadtzentrum. Die Karl Johans gate führt direkt darauf zu.

König Karl Johan beschloss, als er 1818 den schwedisch-norwegischen Thron bestieg, in Oslo eine königliche Residenz zu errichten. Mit dem Entwurf beauftragte er den Architekten H. D. F. Linstow.

Die Arbeiten am Interieur, gestaltet von H. E. Schirmer und J. H. Nebelong, begannen 1836. Peter Frederik Wergmann war für die Wandfriese im Pompeji-Stil des Bankettsaals verantwortlich. Palastkapelle und Ballsaal entwarf Linstow, den Vogelraum dekorierte der Kunstmaler Johannes Flintoe.

Erst 1848, Jahre nach Karl Johans Tod, war der Palast schließlich fertiggestellt.

Oscar I. weihte ihn mit großartigen Feierlichkeiten ein.

Zur dauerhaften Königsresidenz wurde der Palast erst 1905, als Norwegen ein souveränes Königreich geworden war. König Haakon und Königin Maud, die frisch gekrönten Regenten, zogen in den bis dahin eher schlecht unterhaltenen Palast. Er wurde danach schrittweise restauriert und Ende des 20. Jahrhunderts nochmals generalüberholt.

Das Ziegelbauwerk besitzt drei Flügel mit jeweils drei Stockwerken. Slottsparken, der Garten, der den Palast im Süden und Osten umgibt, ist nicht eingezäunt und öffentlich zugänglich. Dronningsparken im Westen hingegen ist ein Privatgarten.

Im Palast befindet sich eine herrliche Kunstsammlung. Im Sommer 2000 hatte das Publikum erstmals die Möglichkeit, auf Führungen diese Kunstwerke sowie Teile des Palastinterieurs zu sehen. Heute finden von Ende Juni bis Mitte August regelmäßig Führungen statt.

Auf dem Platz vor dem Palast steht eine Reiterstatue, die den König Karl Johan zeigt.

Nationaltheatret ❻

Johannes Dybwads plass 1. **Stadtplan** 3 D3. 📞 *22 00 14 00.* 🚇 *Nationaltheatret.* 🚋 *13, 15, 19.* 🚌 *30, 31, 32, 45, 81, 83.* **Kartenverkauf** ⭕ *Mo–Fr 9.30–18.30 Uhr, Sa 11–17 Uhr.* ⬤ *Feiertage.* 📷 *nach Vereinbarung.* 🎭 🎫 *geöffnet eine Stunde vor Vorstellungsbeginn.*

N ICHT AUS ZUFALL stand ein Stück des norwegischen Dramatikers Henrik Ibsen auf dem Programm, als das Nationaltheater 1899 eröffnet wurde. Die erste Inszenierung war das sozialkritische Drama *Ein Volksfeind*. Seitdem ist Ibsens Werk ein zentraler Teil des Repertoires. Seine einflussreichen Stücke inspirierten schon viele Schauspielergenerationen.

Henrik Bull entwarf das Gebäude im Stil des Barock. Es gilt als signifikantestes Beispiel der Renaissance der Ziegelbauweise im Norwegen des 19. Jahrhunderts. Das barockartige Design ist typisch für die Theaterarchitektur in ganz Europa zum Ende des 19. Jahrhunderts. 1980 beschädigte ein Brand große Teile des Bauwerks – die nachfolgende Renovierung dauerte ganze fünf Jahre.

Eine Theaterkarte berechtigt auch zur Besichtigung einer der besten Kunstsammlungen des Landes: Im ganzen Gebäude sind Bilder von Erik Werenskiold, Karl Fjell, Christian Krohg und P. S. Krøyer sowie Büsten von Gustav Vigeland, Per Palle Storm und anderen norwegischen Künstlern verteilt. Vor dem Theater stehen Skulpturen der zwei berühmtesten Literaten des Landes – Henrik Ibsen und Bjørnstjerne Bjørnson.

Der Bankettsaal des Palastes mit Wergmanns Friesen im Pompeji-Stil

Nasjonalgalleriet ❸

DIE NATIONALGALERIE präsentiert Norwegens größte öffentliche Sammlung von Gemälden, Skulpturen, Zeichnungen und Stichen. Bildende Kunst bis 1945 ist – mit den Schwerpunkten nationale Romantik und Impressionismus – gut repräsentiert. Der Edvard-Munch-Saal zeigt eine Reihe von Werken dieses berühmten Künstlers. Ein weiteres Highlight sind die russischen Ikonen der Nowgorod-Schule aus dem 15. und 16. Jahrhundert. Skulpturen norwegischer wie ausländischer Künstler findet man in mehreren Ausstellungssälen. Die Kunstbibliothek ist mit 50 000 Bänden die beste des Landes. Das Gebäude selbst, entworfen von H. E. und Adolf Schirmer, wurde 1882 fertiggestellt.

Fassade
Die Nationalgalerie ist im Stil der Neorenaissance gehalten, die um 1880 in Oslo besonders beliebt war.

Leicht backbord
Babord Litt *(etwa »Steuerruder leicht backbord!«) malte der produktive und beliebte Künstler Christian Krohg 1879. Seine Porträts von Zeitgenossen gelten als Höhepunkte in der norwegischen Kunst.*

★ Der Schrei
Skrik (Der Schrei) *von Edvard Munch markierte 1893 den Durchbruch des Expressionismus. Das Gemälde wurde 2004 gestohlen, zwei Jahre später jedoch Gott sei Dank wiederentdeckt.*

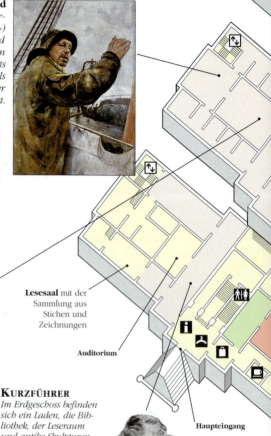

Lesesaal mit der Sammlung aus Stichen und Zeichnungen

Auditorium

Haupteingang

NICHT VERSÄUMEN

★ **Der Schrei** von **Edvard Munch**

★ **Winternacht in Rondane** von **Harald Sohlberg**

KURZFÜHRER
Im Erdgeschoss befinden sich ein Laden, die Bibliothek, der Leseraum und antike Skulpturen. Der erste Stock präsentiert norwegische Kunst und europäische Malerei. Im zweiten Stock sind Stiche und Zeichnungen sowie eine Sammlung skandinavischer Bilder und Skulpturen ausgestellt.

Henrik Ibsen
Norwegens berühmter Bildhauer Gustav Vigeland gestaltete den Marmorkopf des Dramatikers Henrik Ibsen.

NASJONALGALLERIET

Bildnis der Anna Zborowska

Dieses Bildnis schuf der Italiener Amadeo Modigliani 1918. Es ist typisch für seinen linearen Stil mit großen Farbflächen. Modigliani gilt als Erfinder des subjektiven Expressionismus.

INFOBOX

Universitetsgata 13. **Stadtplan** 3 D3. 22 20 04 04. Nationaltheatret. 13, 15, 19. 30, 31, 32, 45, 81, 83. Mo, Di, Mi, Fr 10–18 Uhr, Do 10–20 Uhr, Sa, So 10–16 Uhr. Feiertag. nach Vereinbarung. www.nasjonalmuseet.no

Der reuige Petrus

El Greco malte das Bild des Apostels Petrus wohl zwischen 1610 und 1614. Die Intensität des Ausdrucks und die gewagte Farbgebung des Umhangs sind typisch für diesen Künstler.

2. Stock

1. Stock

★ Winternacht in Rondane

Harald Sohlbergs Vinternatt i Rondane von 1914 ist ein Werk der norwegischen Neoromantik. Es brach mit der naturalistischen Tradition in der Landschaftsmalerei nordischer Kunst des frühen 20. Jahrhunderts.

Erdgeschoss

Bibliothek mit Lesesaal

Der Berg Stetind im Nebel

Peder Balkes Stetind i Tåke von 1864 gehört zu den wichtigsten Werken der nationalen Romantik. Balke war ein Schüler des Landschaftsmalers J. C. Dahl (1788–1857).

LEGENDE

- Norwegische Gemälde/Skulpturen
- Antike Skulpturen
- Abgüsse
- Skandinavische Gemälde und Skulpturen
- Alte europäische Malerei
- Europäische Gemälde und Skulpturen des 19. und 20. Jhs.
- Ausstellung von Stichen und Handzeichnungen
- Keine Ausstellungsfläche

Historisk Museum ❹

DIE DREI UNIVERSITÄTSMUSEEN, Oldsaksamlingen (Staatliche Antikensammlung), Etnografisk Museum (Völkerkundemuseum) und Myntkabinettet (Münz- und Medaillensammlung), bilden zusammen das Historische Museum. Sie dokumentieren norwegische und internationale Geschichte von den ersten Siedlungen bis zum heutigen Tag. Zu sehen sind seltene Objekte aus Wikingerzeit und Mittelalter, besonders gut repräsentiert ist die mittelalterliche Kirchenkunst. Außerdem gibt es eine große Sammlung der arktischen Inuit-Kultur. Das Museumsgebäude von Henrik Bull (1864–1953) stammt aus dem Jahr 1902.

Inuit-Maske
Die Maske aus Ostgrönland repräsentiert einen tupilak *– eine Figur, die durch magische Rituale zum Leben erweckt wird und ihrem Opfer Unglück bringt.*

★ **Maria mit dem Kind aus Hedalen**
Die Holzskulptur von Maria und Jesus (ca. 1250) beweist das Talent norwegischer Holzschnitzer des 13. Jahrhunderts. Ein Großteil der Originalbemalung ist erhalten.

Hörsaal

★ **Portal der Ål Kirke**
Das kompliziert geschnitzte Stabkirchenportal von 1150 gehört zu den wenigen erhaltenen frühmittelalterlichen Holzobjekten in Europa. Die Bemalung ist zum Teil original.

Öffentlicher Eingang

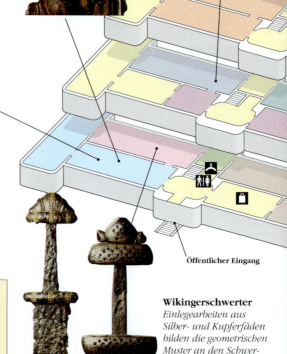

Wikingerschwerter
Einlegearbeiten aus Silber- und Kupferfäden bilden die geometrischen Muster an den Schwertern, die man in Grabhügeln fand.

NICHT VERSÄUMEN

★ Maria mit dem Kind aus Hedalen

★ Portal der Ål Kirke

WESTLICHES ZENTRUM　　　　　　　5 5

Rad des Lebens
Das tibetische Tempelbild (thamka) zeigt einen Dämon als Symbol des Bösen, das sich ans Leben klammert. Das Rad halten böse Mächte wie Gier, Zorn und Ignoranz in Gang.

INFOBOX

Frederiks gate 2. **Stadtplan** 3 D2.
📞 22 85 99 12. 🚇 Nationaltheatret. 🚋 10, 11, 13, 17, 18, 19. 🚌 30, 31, 32, 45, 81, 83.
🕐 15. Mai–14. Sep: tägl. 10–16 Uhr; 15. Sep–14. Mai: tägl. 11–16 Uhr. ⓧ Feiertage. 🎫 ♿ 📷
🌐 www.khm.uio.no

KURZFÜHRER

Das Historisk Museum hat vier Etagen. Die Staatliche Antikensammlung befindet sich im Erdgeschoss. Den ersten Stock teilen sich Münz- und Medaillensammlung sowie Völkerkundemuseum, das auch den zweiten und dritten Stock einnimmt. Die Sammlungen werden in hellen Räumen präsentiert. Zu vielen Exponaten gibt es Informationen auf Norwegisch, Englisch und Deutsch.

3. Stock

2. Stock

1. Stock

Erdgeschoss

LEGENDE

☐ Stein-, Bronze- und Eisenzeit
☐ Wikingerzeit
☐ Mittelalter
☐ Schatzkammer
☐ Münz- und Medaillensammlung
☐ Indianer Nord- und Südamerikas
☐ Die antike Welt
☐ Arktische Völkerkunde
☐ Afrikanische Völkerkunde
☐ Asiatische Völkerkunde
☐ Wechselausstellungen
☐ Keine Ausstellungsfläche

Stuhl der »Meister von Buli« im Kongo
Diese afrikanische Schnitzerei einer Frauenfigur, die einen Stuhl trägt, ist von 1850. Die Frisur und die Narben von Tätowierungen weisen darauf hin, dass sie Schwester oder Mutter eines Häuptlings war.

Theatercafeen ⑦

Stortingsgata 24–26. **Stadtplan** 3 D3.
📞 22 82 40 50. 🚇 Nationaltheatret.
🚋 13, 15, 19. 🚌 30, 31, 32, 45, 81, 83. ⓧ Mo–Sa 11–23, So 15–22 Uhr.

DIE OSLOER TREFFEN sich gern im exklusiven Theatercafeen, einem Restaurant gleich gegenüber dem Nationaltheatret, zum Essen.

Seit seiner Eröffnung im Jahr 1901 ist es Treffpunkt der berühmtesten Künstler, Schriftsteller und Schauspieler des Landes, darunter Knut Hamsun, Edvard Munch, Herman Wildenvey und Johanne Dybwad, deren Porträts die Wände zieren. Viele jener Namen gehören zu einer vergangenen Zeit, doch das Theatercafeen zieht noch immer viele bekannte Persönlichkeiten an.

Auf dem Balkon spielt das hauseigene Klassikorchester des Restaurants.

Det Norske Teatret ⑧

Kristian IVs gate 8. **Stadtplan** 3 D3.
📞 22 47 38 00. 🚇 Nationaltheatret.
🚌 30, 31, 32, 45, 81, 83. 🚋 13, 15, 19. **Kartenverkauf** ⓧ Mo–Fr 9–20, Sa 9–18 Uhr. 📷

NORWEGENS »zweites Nationaltheater«, Det Norske Teatret, wurde 1913 gegründet, zog aber dauernd um, ehe es im September 1985 schließlich sein Publikum in seinem eigenen, ultramodernen Theaterhaus begrüßen konnte.

Das Theater hat zwei Bühnen: Hovedscenen mit 757 und Biscenen mit 200 Plätzen. Hovedscenen ist mit moderner Technologie und beweglichen Kulissen ausgestattet, die eine schnelle Szenenveränderung ermöglichen. Daneben gibt es Probenräume, schön dekorierte Foyers und ein Bistro.

Det Norske Teatret produziert viele Stücke in *nynorsk* (siehe S. 16). Zum Repertoire zählen vor allem norwegische bzw. nordische Dramen, aber auch moderne und klassische Schauspiele kommen regelmäßig auf die Bühne.

Rådhuset 9

DIE AUSSCHREIBUNG ZUM ENTWURF eines Rathauses gewannen im Jahr 1918 Arnstein Arneberg und Magnus Poulsson. Das Gebäude wurde 1950 – zum 900. Jahrestag der Stadt – eingeweiht, doch es dauerte Jahre, bis Oslos Bürger sich mit diesem modernistischen Bau aus dunklen Ziegeln anfreundeten. Das Rathaus ist das Verwaltungszentrum Oslos. In der reich verzierten Rådhushallen wird alljährlich im Dezember der Friedensnobelpreis verliehen. Berühmte Künstler des Landes schufen das Interieur, darunter Henrik Sørensen, dessen Gemälde *Arbeit, Kunst und Feierlichkeit* eine ganze Wand füllt.

Nordseite des Rådhuset mit Haupteingang und Innenhof

★ **Rådhushallen**
Die Grundfläche dieses Saals beträgt 1519 Quadratmeter. Henrik Sørensens Ölgemälde an der hinteren Wand gehört zu den größten in Europa.

Handgefertigte Ziegel, bekannt als »Mönchssteine«, wurden für den Bau verwendet.

Der Kronprinzessin-Märtha-Platz ist Garten und Fußgängerzone.

Munch-Saal

★ **Festgalerie**
Axel Revoldts Fresko stellt die Industrie- und Konsumgesellschaft um 1950 dar – mit Landwirtschaft, Schiffsbau, Fischerei und Fabriken.

Eingang

St. Hallvard
St. Hallvard ist Oslos Schutzheiliger. Beim Versuch, eine Frau vor Räubern zu retten, wurde er getötet und mit einem Mühlstein um den Hals in den Fjord geworfen. Er wurde nach oben geschwemmt und fortan als Märtyrer verehrt.

NICHT VERSÄUMEN

★ **Bystyre-Saal**

★ **Festgalerie**

★ **Rådhushallen**

WESTLICHES ZENTRUM 57

★ **Bystyre-Saal**
Der Saal des Stadtrats (Bystyresalen) liegt im Herzen des Rådhuset. Die 59 Repräsentanten tagen hier regelmäßig.

INFOBOX

Fridtjof Nansens plass. **Stadtplan** 3 D3. 23 46 16 00. Nationaltheatret, Stortinget. 10, 12, 13, 15, 19. 30, 31, 32, 45, 81, 83. Mai–Aug: tägl. 9–17 Uhr; Sep–Apr: tägl. 9–16 Uhr. Feiertage. Mai–Sep. nach Vereinbarung. Mai–Sep.
www.oslokommune.no

Der Ostturm ist 66 Meter hoch.

Albertine
Die tragische Figur der Albertine schuf Christian Krohg in seinen geschriebenen und gemalten Werken. Später griff Alfred Seland sie in diesem Relief an der Ostfassade des Rådhuset wieder auf.

Bankettsaal
Der Bankettsaal (Bankettsalen), in dem prächtige Diners stattfinden, ist ein heller, luftiger Raum, mit Verzierungen und königlichen Porträts geschmückt.

Nobel-Friedenszentrum ⓘ

Vestbanebygningen, Rådhus Plassen. **Stadtplan** 2 C3. 22 12 93 00. Nationaltheatret. 10, 12, 15. Di–Fr 10–18 Uhr, Sa, So 11–18 Uhr. Mo.
www.nobelpeacecenter.org

VESTBANEBYGNINGEN, Oslos ehemaliger Westbahnhof in der Nähe des Rådhuset, ist die Heimstätte des Nobel-Friedenszentrums. Das vom britischen Architekten David Adjaye entworfene Zentrum ist kein Museum im eigentlichen Sinne. Zwar präsentiert es die Werke früherer und aktueller Nobelpreisträger, das Zentrum ist jedoch auch ein Forum zu den Themen Krieg, Frieden und Konfliktlösung.

Das Zentrum bietet Lesungen, Ausstellungen, Seminare, Dokumentationen und einen Buchladen. Es hat sich zum Ziel gesetzt, ein Ort zu werden, an dem Besinnung, Diskussion und Engagement gefördert werden.

Aker Brygge ⓘ

Stadtplan 2 C4. Nationaltheatret. 10, 12.

DIE SCHIFFSWERFT Akers Mekaniske Verksted schloss 1982 ihre Pforten und hinterließ ein freies, potenziell attraktives Areal an Oslos Hafen. Man baute Aker Brygge zu einem großen Shopping- und Unterhaltungsviertel aus, mit Wohnblöcken und der größten Restaurantdichte der ganzen Stadt. Viele der alten Lagerhäuser der Werft wurden restauriert. Kühne moderne Architektur mischt sich hier heute mit Altem – diese Mixtur wurde international als erfolgreiches Beispiel einer Innenstadtsanierung gefeiert.

Aker Brygge bildet eine schöne Kulisse für ein Bier oder ein Glas Wein an der Hafenpromenade oder auch ein üppiges Diner in einem guten Restaurant. Von hier hat man eine weite Aussicht übers Wasser bis zur Festung Akershus *(siehe S. 68f)*.

Skulpturen von Turid Eng (1984) am Eingang des Oslo Konserthus

Oslo Konserthus ⓬

Munkedamsveien 14. **Stadtplan** 2 C3. ℂ 23 11 31 00. Ⓣ *Nationaltheatret*. 🚋 *13, 15, 19*. 🚌 *30, 31, 32, 45, 81, 83*. **Kartenverkauf** ○ *Mo-Fr 10–17, Sa 11–14 Uhr sowie immer 2 Std. vor Konzertbeginn.* ● *Juli.* ♿

Oslos Konserthus in der Gegend von Vika ist seit seiner Eröffnung 1977 eine der führenden Bühnen der norwegischen Kultur- und Musikszene. Weltstars und Top-Orchester treten hier regelmäßig auf. In den 1960er Jahren gewann der schwedische Architekt Gösta Åberg die Ausschreibung für das neue Gebäude. Die Fassade ist mit poliertem Granit verkleidet; die Böden und Wände sind aus weißem Marmor. Der Saal ist speziell für Orchesterkonzerte entworfen worden; auf dem Podium finden bis zu 120 Musiker Platz. Die Bühne kann auch in ein Theater für Shows und Musicals mit 1400 Sitzplätzen fürs Publikum verwandelt werden.

Hier ist die Heimat des Symphonieorchesters (Oslo-Filharmonien), das in der lokalen Musikszene eine zentrale Rolle spielt und als eines der führenden symphonischen Ensembles der Welt gilt. Seine Aufnahmen haben internationale Anerkennung gefunden.

Alljährlich finden im Konserthus über 300 Veranstaltungen mit insgesamt 200 000 Zuschauern statt.

Stenersenmuseet ⓭

Munkedamsveien 15. **Stadtplan** 2 C3. ℂ 22 49 36 00. Ⓣ *Nationaltheatret*. 🚋 *13, 15, 19*. 🚌 *30, 31, 32, 45, 81, 83*. ○ *Di, Do 11–19 Uhr, Mi, Fr-So 11–17 Uhr.* 🎫 *So 14.30 Uhr.* ♿ 🚫 📷

Das Stenersenmuseet, benannt nach dem Autor, Kunstsammler und -mäzen Rolf Stenersen, ist eines der jüngsten Museen in Oslo. 1936 schenkte Stenersen der Stadt seine Sammlung, die eingelagert wurde, bis das Museum auf der Konserthusterrassen (unterhalb des Konserthus) 1994 fertig war.

Das Stenersen-Vermächtnis ist nur eine der drei Sammlungen, die hier präsentiert werden. Es umfasst u.a. Gemälde und viele Grafiken, darunter Zeichnungen von Edvard Munch *(siehe S. 22)*, einem Freund Stenersens. Sie umspannen Munchs Werk von seiner frühen Arbeit *Das kranke Kind* bis zum Spätwerk *Tanz des Lebens*. Neben Munch ist skandinavische Kunst mit Werken von Kai Fjell, Jakob Weidemann und Per Krohg repräsentiert.

Zu den anderen beiden Sammlungen gehören Gemälde von Amaldus Nielsen (1838–1932) und Ludvig O. Ravensberg (1871–1958). Nielsen war ein Landschaftsmaler, der in seinem Werk die südnorwegische Küste verewigte. Ravensberg war für seine naiven Abbildungen römischer Ruinen des alten Oslo bekannt. Er war stark von Edvard Munch beeinflusst, mit dem er verwandt war.

Ibsenmuseet ⓮

Arbins gate 1. **Stadtplan** 2 C3. ℂ 22 12 35 50. Ⓣ *Nationaltheatret*. 🚋 *13, 15, 19*. 🚌 *30, 31, 32, 45, 81, 83*. ○ *nur Führungen.* 🎫 *Di-So 12, 13, 14 Uhr (Juli, Aug: 11, 15 Uhr).* ♿ 🚫 📷 🛒

Henrik Ibsen, Norwegens Nationaldramatiker, schrieb die meisten seiner Stücke während seiner Zeit in München (1864–92).

Nach seiner Rückkehr nach Oslo 1895 zogen Ibsen und seine Gattin in eine Wohnung an der Arbins gate, im ersten Stock an der Ecke Drammensveien. Hier verfasste er seine letzten Theaterstücke: *John Gabriel Borkman* (1896) und *Wenn wir Toten erwachen* (1899). In dieser Wohnung erlitt er einen Schlaganfall, der ihn fortan am Schreiben hinderte. 1906, im Alter von 78 Jahren, starb Ibsen.

Høstens-Promenade, Ludvig O. Ravensberg, Stenersenmuseet

WESTLICHES ZENTRUM

Der Baldishol-Gobelin, eines der berühmtesten Exponate im Kunstindustrimuseet

Die Restaurierung und Dekorierung der großen Wohnung des Ehepaares Ibsen erfolgte mit großer Sorgfalt. Sogar die Farben ähneln jenen aus der Jahrhundertwende. Im Arbeitszimmer Henrik Ibsens stehen noch die Originalmöbel.

Ibsen ging jeden Tag ins Grand Café an der Karl Johans gate, wo er Hof hielt, bis ihn seine schlechte Gesundheit davon abhielt.

Das Ibsenmuseet ist für Führungen und Vorlesungen geöffnet.

Kunstindustrimuseet ⓯

St. Olavs gate 1. **Stadtplan** 3 E2.
22 03 65 40. Stortinget, Nationaltheatret. 60 und, etwas entfernt, 30, 31, 32, 45, 81, 83.
Di–Fr 11–15 (Do bis 19 Uhr), Sa, So 12–16 Uhr. Feiertage.

Das Museum für Angewandte Kunst (Kunstindustrimuseet) gehört zu den ältesten Museen Europas. Es wurde 1876 gegründet und zeigt eine schöne Sammlung norwegischer und ausländischer Handwerksstücke, Mode und Designerware vom 17. Jahrhundert bis heute.

Das Museum besitzt Norwegens größte Sammlung von Gobelins aus dem 16. und 17. Jahrhundert, darunter den Nationalschatz, den Baldishol-Gobelin aus dem Jahr 1200: Dies ist der einzige erhaltene nordische Wandteppich, der in der mittelalterlichen Gobelintechnik gefertigt wurde, und einer der wenigen europäischen Wandteppiche mit römischen Figuren. Man fand ihn 1879 beim Abriss der Baldishol-Kirche in der Region Hedmark.

Das Museum zeigt auch Silber-, Glas- und Keramikwaren sowie Möbel. In der Galerie für königliche Gewänder (Kongelig Norsk Dragtgalleri) sehen Sie Kleidungsstücke der norwegischen Monarchen; in der Abteilung für asiatische Kunst steht eine Ming-Vase aus dem 15. Jahrhundert.

Pokal von Torolf Prytz (1900)

Seit 1904 teilt sich das Museum mit der Staatlichen Sammlung für Kunst und Design ein Gebäude. Ihre gemeinsame Bibliothek ist öffentlich zugänglich.

HENRIK IBSEN

Henrik Ibsen (1828–1906), der »Vater des norwegischen Dramas«, ist der berühmteste Schriftsteller des Landes. Er hinterließ viele Stücke, die das moderne Theater revolutionierten und noch immer in aller Welt aufgeführt werden, wie *Peer Gynt* (mit Musik von Edvard Grieg; *siehe S. 22*), *Nora oder: Ein Puppenheim, Hedda Gabler, Gespenster, Die Wildente* und *Ein Volksfeind*. Ibsen kam im südnorwegischen Skien (*siehe S. 142*) zur Welt und begann als Apothekergehilfe zu schreiben. Sein erstes Stück, *Catilina*, stieß auf Ablehnung. Unverdrossen nahm er in Bergen einen Job als Journalist an, später wurde er Intendant und Dramaturg an Ole Bulls Theater. 1857–63 war er Intendant des Norwegischen Theaters in Oslo, das aber Bankrott machte, woraufhin er ins Ausland ging. In den folgenden 30 Jahren schrieb er zahlreiche sozialkritische Dramen, die ihm weltweiten Ruhm einbrachten. 1892 kehrte er als Nationalheld nach Oslo zurück.

Porträt des Dramatikers Henrik Ibsen

In Oslos innerem Hafen, mit Aker Brygge im Hintergrund, liegen viele Ausflugsboote ▷

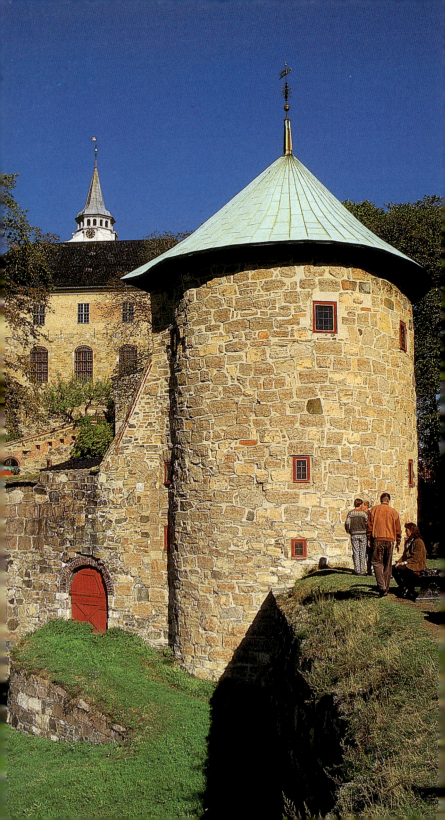

ÖSTLICHES ZENTRUM

OSLO ENTSTAND bereits vor über 1000 Jahren im heutigen Ostteil der Stadt. Der erste Markt befand sich in Bjørvika, heute ein Handels- und Verkehrsknotenpunkt. Zurzeit wird die Gegend von Grund auf umgebaut. Den Mittelpunkt bildet ein neues Opernhaus am Hafen. 1624 verwüstete ein Feuer die alte Stadt. Die neue Stadt entstand zunächst westlich der Akershus-Festung. Unter der Schirmherrschaft von Christian IV. entwickelte sich nördlich der Festung das Gebiet Kvadraturen (Viereck). 1624 benannte der König die neue Stadt in Christiania um. Viele der historischen Gebäude findet man in Kvadraturen selbst, neben interessanten Stätten wie dem Widerstandsmuseum, dem Museum für Gegenwartskunst und dem Theatermuseum. Teile des östlichen Zentrums haben eine multikulturelle Einwohnerschaft sowie kosmopolitische Restaurants und Läden.

Kanone, Akershus-Festung

SEHENSWÜRDIGKEITEN AUF EINEN BLICK

Schlösser und Museen
Akershus Slott S. 68f ❶
Astrup Fearnley Museet ❿
Forsvarsmuseet ❾
Høymagasinet ❸
Museet for Samtidskunst S. 70f ❼
Norges Hjemmefrontmuseum ❷
Norsk Arkitekturmuseum ❹
Oslo Reptilpark ⓬
Teatermuseet ❺

Öffentliche Gebäude
Børsen ⓫
Den Gamle Logen ❽
Regjeringskvartalet ⓰
Stortinget ⓮

Theater und Oper
Den Norske Opera ⓲
Oslo Nye Teater ⓯
Oslo Spektrum ⓳

Kirchen und Plätze
Christiania torv ❻
Oslo Domkirke ⓭
Youngstorget ⓱

LEGENDE
- Detailkarte S. 64f
- Tunnelbane-Station
- Tramhaltestelle
- Bushaltestelle
- Parken
- Bahnhof
- Information

0 Meter   300

◁ Blick von Süden auf die massiven Mauern des Akershus Slott

Im Detail: Kvadraturen

MEHRMALS WÜTETEN SCHLIMME BRÄNDE in Oslo. Beim verheerendsten, im Jahr 1624, wurde fast die ganze Stadt zerstört. König Christian IV. beschloss, eine neue Stadt namens Christiania zu errichten, womit am Fuße der Akershus-Festung angefangen wurde. Die Gegend, Kvadraturen (Viereck), nahm die Form eines Gittermusters an. Obwohl nur wenige der Originalgebäude erhalten sind, ist die historische Architektur noch immer Kennzeichen von Kvadraturen. Es gibt alte Marktplätze und Museen, malerische Ecken und traditionelle Restaurants. Die Festung am Hafen ist der Brennpunkt des Viertels. Von ihren Wällen hat man einen herrlichen Blick übers südliche Oslo und den Oslofjord.

Teatermuseet
Das Theatermuseum im ehemaligen Rathaus von 1641 erzählt die Theatergeschichte Oslos ab dem frühen 19. Jahrhundert. ❺

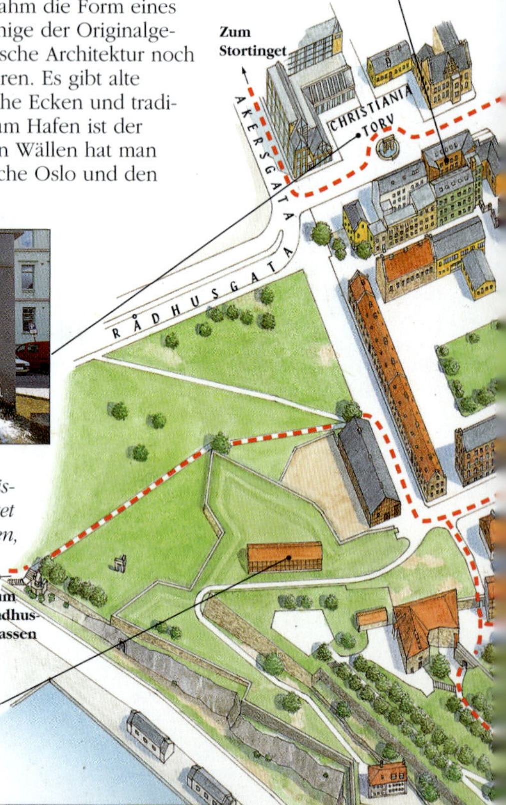

Christiania torv
Der älteste Marktplatz der Stadt, Christiania torv, wurde renoviert und bietet heute neue Restaurants. Den Brunnen, Handschuh von Christian IV., schuf Wenche Gulbransen (1997). ❻

Høymagasinet
Der Fachwerkbau, ursprünglich ein Heustadel, stammt von 1845. Heute illustrieren hier Modelle die Geschichte der Stadtgebäude. ❸

Hjemmefrontmuseum
Norwegens Widerstandsmuseum auf der Akershus-Festung zeichnet ein umfassendes Bild von den Jahren der deutschen Besatzung, 1940–45. ❷

Die Christian Radich
(1937) liegt hier oft vor Anker. Das Segelschiff wurde durch den Film *Windjammer* (1957) weltbekannt.

NICHT VERSÄUMEN

★ Akershus Slott

★ Museet for Samtidskunst

LEGENDE

--- Routenempfehlung

KVADRATUREN

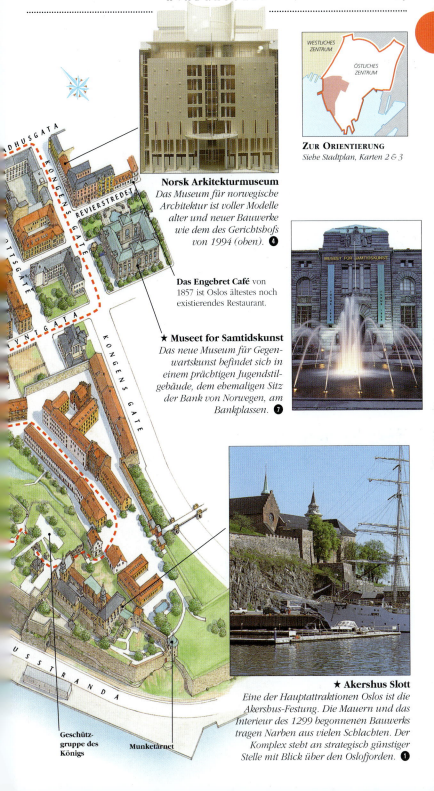

ZUR ORIENTIERUNG
Siehe Stadtplan, Karten 2 & 3

Norsk Arkitekturmuseum
Das Museum für norwegische Architektur ist voller Modelle alter und neuer Bauwerke wie dem des Gerichtshofs von 1994 (oben). ❹

Das Engebret Café von 1857 ist Oslos ältestes noch existierendes Restaurant.

★ **Museet for Samtidskunst**
Das neue Museum für Gegenwartskunst befindet sich in einem prächtigen Jugendstilgebäude, dem ehemaligen Sitz der Bank von Norwegen, am Bankplassen. ❼

★ **Akershus Slott**
Eine der Hauptattraktionen Oslos ist die Akershus-Festung. Die Mauern und das Interieur des 1299 begonnenen Bauwerks tragen Narben aus vielen Schlachten. Der Komplex steht an strategisch günstiger Stelle mit Blick über den Oslofjorden. ❶

Geschützgruppe des Königs

Munketårnet

Akershus Slott ❶

Siehe S. 68f.

Norges Hjemmefrontmuseum ❷

Akershus-Festung. **Stadtplan** 3 D4.
📞 23 09 32 80. Ⓣ Stortinget.
🚊 10, 12 und, etwas entfernt,
13, 15, 19. 🚌 60 und, etwas entfernt, 30, 31, 32, 45, 81, 83.
◯ 1. Okt–14. Apr: Mo–Fr 10–15, Sa,
So 11–16 Uhr; 15. Apr–14. Juni:
Mo–Sa 10–16, So 11–16 Uhr;
15. Juni–31. Aug: Mo–Sa 10–17, So
11–17 Uhr; Sep: Mo–Sa 10–16, So
11–16 Uhr. ⬤ Feiertage.

Modell des alten Christiania im Høymagasinet

Høymagasinet ❸

Akershus-Festung. **Stadtplan** 3 D4.
📞 22 33 31 47. Ⓣ Stortinget.
🚊 10, 13 (Christiania torv); 12, 13,
19 (Wessels plass). 🚌 60 (Akershusstranda). ◯ Juni–Aug: Sa, So
12–15 Uhr.

AM 9. APRIL 1940 besetzten deutsche Truppen Norwegen. Zwar versuchten die Norweger tapfer, ihren Vormarsch aufzuhalten, doch 62 Tage später unterlag das Land. In den folgenden fünf Jahren führte die norwegische Widerstandsbewegung einen heroischen Kampf gegen die Eindringlinge. Ihre Heldentaten sind im Widerstandsmuseum Norwegens nachdrücklich dokumentiert. Aufnahmen von Reden und Filmsequenzen, Dokumente, Plakate und Erinnerungsstücke zeugen von den Jahren des Zweiten Weltkriegs.

Das Hjemmefrontmuseum befindet sich in einem 200 Meter langen Steingewölbe aus dem 17. Jahrhundert im Bindingsverkshuset (Fachwerkhaus) auf der Akershus-Festung. Eröffnet wurde es am 8. Mai 1970, dem 25. Jahrestag der Befreiung. Ein Denkmal erinnert an die Norweger, die hier im Krieg erschossen wurden.

EIN EHEMALIGER Heustadel im Akershus Slott beherbergt heute ein Museum über die Geschichte Christianias von 1624 bis 1840.

1624 war das Jahr des verheerenden Feuers, das die Hälfte des alten Oslo zerstörte. Der dänisch-norwegische König Christian IV. ließ die Stadt weiter westlich als Christiania wieder aufbauen. In den ersten 100 Jahren gingen die Bauarbeiten schleppend voran, doch im 18. Jahrhundert legten sie an Geschwindigkeit zu.

Über 200 Jahre Stadtgeschichte werden hier mithilfe von Modellen und anderen Exponaten sowie einem 25-minütigen Multimedia-Programm illustriert. Außerdem gibt es kurze Führungen durch die Straßen von Kvadraturen (siehe S. 64f), dem ursprünglichen Christiania.

Norsk Arkitekturmuseum ❹

Kongens gate 2. **Stadtplan** 3 E4.
📞 22 42 40 80. Ⓣ Stortinget. 🚊
10, 12, 13, 15, 19. 🚌 60 und, etwas entfernt, 30, 31, 32, 45, 81, 83.
◯ Mo, Di, Do, Fr 10–18, Mi 11–18,
Sa, So 12–16 Uhr. ⬤ Feiertage.

DAS 1975 GEGRÜNDETE Museum für norwegische Architektur präsentiert Zeichnungen, Fotos und Modelle aus 1000 Jahren Architekturgeschichte des Landes. Im ersten Stock befindet sich die Dauerausstellung *Häuser der Geschichte*.

Das Norsk Arkitekturmuseum liegt im alten Christiania, in einem Gebäude aus der Regierungszeit Christians IV. Der älteste Teil des Hauses stammt aus dem Jahr 1640. 1993 wurde es umfassend renoviert. Das Museum organisiert auch Wanderausstellungen moderner und alter Architekturprojekte.

Darstellung der Schlachten vom April 1940, Widerstandsmuseum

ÖSTLICHES ZENTRUM   67

Teatermuseet ❺

Christiania torv 1. **Stadtplan** 3 D4.
📞 22 42 65 09. 🚇 Stortinget.
🚋 10, 12, 13, 15, 19. 🚌 60 und, etwas entfernt, 30, 31, 32, 45, 81, 83. ⏰ Mi 11–15, Do, So 12–16 Uhr.
⬤ Feiertage.

D AS TEATERMUSEET (Theatermuseum) widmet sich Oslos Bühnenkünsten vom 19. Jahrhundert bis heute. Theater, Ballett, Oper, Musik-Revuen und Zirkus werden mit Gemälden, Fotografien, Modellen, Plakaten, Karikaturen sowie Kostümen repräsentiert.

Ein nicht unbeträchtlicher Teil der Exponate stammt aus dem Christiania-Theater, das 1837 erbaut und 1899 wieder abgerissen wurde. Es war viele Jahre lang das einzige Theater der Stadt, Stücke der norwegischen Dramatiker Henrik Ibsen und Bjørnstjerne Bjørnson wurden hier uraufgeführt.

Das Theatermuseum befindet sich im ersten und zweiten Stock des ältesten Rathauses der Stadt, dem Gamle Rådhus von 1641. Im Erdgeschoss ist ein Restaurant untergebracht.

Christiania torv mit einigen der besterhaltenen Gebäuden Oslos

Kirsten Flagstad trug dieses Kostüm in einer Wagner-Oper

Christiania torv ❻

Stadtplan 3 D4. 🚇 Stortinget.
🚋 10, 12, 13, 15, 19.

D ER PLATZ IST ALT, doch sein Name ist relativ neu. 1958 beschloss man, diesen Teil von Oslos ursprünglichem Marktplatz (*torv*) Christiania zu nennen, nach dem zeitweiligen Namen Oslos. Viele Jahre lang herrschte hier lebhafter Verkehr, doch nach umfassenden Restaurierungsarbeiten in den 1990er Jahren wird dieser nun durch einen Tunnel geleitet. Heute ist Christiania torv ein angenehmer, ruhiger Platz mit Wenche Gulbrandsens Brunnen von 1997 in der Mitte.

Rund um den Platz stehen historische Gebäude, darunter das erste Rathaus der Stadt (heute Theatermuseum) und das Garnisonshospital, das älteste Bauwerk der Hauptstadt, in dem heute die Künstlervereinigung Oslos ihren Sitz hat.

Museet for Samtidskunst ❼

Siehe S. 70f.

Den Gamle Logen ❽

Grev Wedels plass 2. **Stadtplan** 3 D4.
📞 22 33 44 70. 🚇 Jernbanetorget.
🚋 10, 12, 13, 15, 19. 🚌 30, 31, 32, 41, 45, 60, 81, 83.

K ÖNNTEN MAUERN sprechen, hätten jene von Den Gamle Logen (Alte Loge) eine faszinierende Geschichte über Oslos Vergangenheit zu erzählen. Ab dem späten 19. Jahrhundert bis 1947 tagte hier der Rat der Stadt, außerdem diente das Gebäude als Gerichtshof während des Prozesses gegen Vidkun Quisling (*siehe S. 41*), der nach dem Zweiten Weltkrieg wegen Hochverrats zum Tode verurteilt wurde.

Die Alte Loge, die von den Freimaurern errichtet und 1839 eröffnet wurde, basiert auf den architektonischen Entwürfen von Christian H. Malling und Jens S. Seidelin. Der riesige klassizistische Bankettsaal ist der zentrale Raum. Er ist bekannt für exzellente Akustik und war lange der wichtigste Konzertsaal der Stadt. Doch gleich nach dem Zweiten Weltkrieg übernahm das Hafenarbeiteramt die Loge, der prächtige Saal wurde zur Kantine.

In den 1980er Jahren gab man dem Raum seine ursprüngliche Bedeutung als Konzertsaal wieder, und die Sommeroper Oslos zog ein. Seither wurde die Alte Loge umfassend restauriert. Heute dienen die schönen Räume wieder Banketten und Musikveranstaltungen. Im Eingang steht eine Statue Edvard Griegs, die Marit Wiklund 1993 schuf.

Konzerthaus Den Gamle Logen am Grev Wedels plass

Akershus Slott ●

SEIT 700 JAHREN WACHT DIE AKERSHUS-FESTUNG über Oslo, um Invasionsversuche vom Meer her abzuwehren. Ihre Lage auf einem Hügel am Eingang des Oslofjord ist schlicht spektakulär. König Håkon V. begann 1299 mit den Bauarbeiten, danach wurden die Befestigungsanlagen mehrmals verbessert und umgebaut. Einer der größten Momente in der Geschichte der Festung war, als sie 1716 der Belagerung durch den schwedischen König Karl XII. standhielt. Im 19. Jahrhundert verlor die Feste ihre Wehrfunktion, sie wurde zum Verwaltungszentrum der Streitkräfte. Heute finden in den historischen Gebäuden, Museen und Verteidigungsanlagen auch Staatsempfänge statt.

★ **Olavshallen**
Der Nordsaal wurde 1976 renoviert und nach Olav V. (1903–1991) benannt.

Romeriks-Turm (Romerikstårnet)

Nordflügel

Romeriks-Saal
Diesen offenen Kamin (1634–42) mit dem Wappen des Generalgouverneurs Christopher Urne und seiner Frau fand man 1900 in einem anderen Gebäude.

Schreibstuben
Die Skrivestuene wurden nach einem Fachwerkgebäude (dem Schreibstubenhaus) benannt, das einst an dieser Stelle stand und von Hofverwaltern benutzt wurde.

NICHT VERSÄUMEN
★ Saal Christians IV.
★ Innenhof
★ Olavshallen

★ **Innenhof**
Im Mittelalter teilte ein hoher Turm, Vågehalsen, der 1527 abbrannte, den Innenhof (Borggården). Danach schuf man einen Renaissancehof und errichtete die beiden Türme Romerikstårnet und Blåtårnet.

AKERSHUS SLOTT

Akershus Slott im Jahr 1699
Ein Gemälde von Jacob Croning, der mit dem Hof des dänisch-norwegischen Königs Christian V. in Verbindung stand. Der König bat ihn, norwegische Landschaften zu malen.

INFOBOX
Stadtplan 3 D4. 23 09 39 17.
Stortinget. 10, 12 und, etwas entfernt, 13, 15, 19.
60 und, etwas entfernt, 30, 31, 32, 45, 81, 83.
Schloss 2. Mai–15. Sep: Mo–Sa 10–16 Uhr, So 12.30–16 Uhr.
Feiertage.
Festung tägl. 6–21 Uhr.

Reste des Vågehalsen, des mittelalterlichen Turms, der einst den Innenhof teilte.

Blauer Turm (Blåtårnet)

Den Gobelin, *Rideskolen*, webte E. Leyniers um 1650 nach einem Entwurf von J. Jordaiens.

★ Saal Christians IV.
Im 17. Jahrhundert gehörte dieser Saal zu den Privatgemächern des dänischen Königspaars. Im 19. Jahrhundert diente er als Militärarsenal. Heute finden hier Staatsempfänge statt.

Südflügel

Jungfrauenturm (Jomfrutårnet)

Königliches Mausoleum
Hier ruhen u.a. die sterblichen Überreste von Sigurd Jorsalfar, Haakon VII. und seiner Frau Maud sowie von Olav V. und Martha.

Die Keller dienten zwischen 1500 und 1700 als Kerker. Eines dieser Verliese war als »Hexenloch« bekannt. Später sperrte man Gefangene in der Festung ein.

Museet for Samtidskunst ❼

DAS MUSEUM FÜR GEGENWARTSKUNST besitzt Norwegens umfangreichste Sammlung einheimischer und internationaler moderner Kunst von der Nachkriegszeit bis heute. Früher war die Sammlung eine Abteilung der Nationalgalerie. Die Eröffnung als Museum wurde 1990 als nationales Ereignis gefeiert. Heute ist es ein fester Bestandteil von Norwegens Kunstszene und richtet regelmäßig große internationale Ausstellungen aus. Die eigene Sammlung ist so groß, dass immer nur Teile gezeigt werden können. Das Museum ist neu, doch sein Gebäude – der frühere Sitz der Zentralbank Norwegens – ist ein Jugendstilbau aus norwegischem Granit und Marmor von 1906. Die reich dekorierte Bankhalle bildet einen schönen Kontrast aus Alt und Neu.

Wintersonne
Gunnar S. Gundersens Wintersonne *(1966) – eine abstrakte Landschaftsimpression.*

★ **Innenraum V**
Per Inge Bjørlos Innenraum V *(1990) ist eine der zwei permanenten Installationen des Museums. Sie besteht aus Metallplatten und Blechboden. Besucher werden motiviert, die Installation zu betreten.*

Treppe in den 2. Stock

Hörsaal 2

Hörsaal 1

Haupteingang

LEGENDE

☐	Dauerausstellung
☐	Wechselausstellung
☐	Keine Ausstellungsfläche
☐	Für Besucher gesperrt

NICHT VERSÄUMEN

★ *Innenraum V*
  von Per Inge Bjørlo

★ *Der Müllmann*
  von Ilya Kabakov

Shaft
Das Wahrzeichen des Museums ist Richard Serras Skulptur Shaft *(1988) vor dem Eingang am Bankplassen.*

MUSEET FOR SAMTIDSKUNST

★ Der Müllmann
Ilya Kabakovs Installation (1983–95) ist ein »Museum« aus Unrat, gewidmet dem »Mann, der nie etwas wegwarf«. Man kann den Raum betreten, um eine Vorstellung von manischem Ordnungssinn zu bekommen.

INFOBOX

Bankplassen 4. **Stadtplan** 3 D4.
22 86 22 10. Stortinget.
10, 12, 13, 15, 19. 60.
Di, Mi, Fr 10–18, Do 10–20, Sa, So 10–17 Uhr. Feiertage.
W www.nasjonalmuseet.no

Gekippte Form
Tilted Form No. 3 (1987) des Amerikaners Sol LeWitt gehört zu einer Serie aus sechs Gouachen mit Varianten des gleichen Motivs: des Kubus. Solche Serien sind für den Künstler typisch.

Kinderwerkstatt

2. Stock

Oberlichtsaal

1. Stock

Treppe in den 1. Stock

Erdgeschoss

Bankhalle
Die prächtige Bankhalle (Banksalen) bildet einen überraschenden Kontrast zur zeitgenössischen Kunst des Museums.

KURZFÜHRER
Das Museum hat drei Etagen. Im Erdgeschoss sind Wechselausstellungen, eine der beiden Dauerinstallationen des Museums sowie ein Buchladen und ein Café untergebracht. Der erste Stock ist Wechselausstellungen gewidmet. Im zweiten Stock befinden sich eine Dauerinstallation und eine Kinderwerkstatt.

Ohne Titel
Per Maning ist für fotografische Porträts von Tieren, hauptsächlich Hunden, Robben und Affen bekannt. Dieses zeigt eine Kuh mit geschlossenen Augen (1990) in typisch norwegischer Landschaft.

72 OSLO

Darstellung einer Kampfszene im Forsvarsmuseet

Forsvarsmuseet ⑨

Akershus Slott, Gebäude 62.
Stadtplan 3 D5. 23 09 35 82.
10, 12, 13, 15, 19. 60.
Juni-Aug: Mo-Fr 10-18, Sa, So 11-16 Uhr; Sep-Mai: Mo-Fr 10-15, Sa, So 11-16 Uhr. Feiertage.

DIE GESCHICHTE der norwegischen Streitkräfte von den Wikingern bis heute ist Thema des Forsvarsmuseet (Museum der Streitkräfte) im Akershus Slott. Zwei große Ziegelbauten aus den 1860er Jahren, die einst als Arsenale dienten, bilden den passenden historischen Rahmen.

Zur militärischen Ausstellung gehört eine Sammlung aus der Zeit der Union mit Dänemark im 16. Jahrhundert und der nachfolgenden Nordischen Kriege bis hin zum Kampf um Unabhängigkeit während der Union mit Schweden. Die Exponate, darunter auch lebensechte Modelle und Objekte wie ein deutscher Panzer und eine V-1-Bombe aus dem Zweiten Weltkrieg, sind in chronologischen Blöcken arrangiert.

Astrup Fearnley Museet ⑩

Dronningens gate 4. **Stadtplan** 3 E4.
22 93 60 60. Jernbanetorget.
10, 12, 13, 15, 19. 30, 31, 32, 45, 60, 81, 83. Di, Mi, Fr 11-17, Do 11-19, Sa, So 12-17 Uhr. Feiertage. Sa, So 13 Uhr.

SOWOHL NORWEGISCHE als auch internationale Kunst aus der Zeit nach dem Zweiten Weltkrieg bis in die Gegenwart präsentiert das Astrup Fearnley Museet.

Die meisten Bilder gehören zur museumseigenen Sammlung, darunter Werke von Francis Bacon, Lucian Freud und R. B. Kitaj, Schlüsselfiguren der Londoner Schule. Weitere internationale Namen sind etwa Anselm Kiefer, Gerhard Richter, Cindy Sherman und Damien Hirst. Norwegische Kunst ist mit Werken von Knut Rose, Bjørn Carlsen, Olav Christopher Jenssen, Kjell Torriset und Odd Nerdrum vertreten.

Zusätzlich zu den größeren Ausstellungen organisiert das Museum auch kleinere Expositionen von jeweils kürzerer Dauer.

Das 1993 eröffnete Gebäude kennzeichnen moderne Materialien und ebensolches Design. Die Ausstellungssäle sind groß und luftig und haben hohe Decken. Sie bringen die moderne Kunst vorteilhaft zur Geltung. Die zwei Hauptsäle des Museums heißen *Impulsen* (Impuls) und *Skulpturgården* (Skulpturengarten).

Das Museum wurde durch Stiftungen und Schenkungen der Familien Astrup und Fearnley ermöglicht, die seit ca. 1800 das Geschäftsleben und die Gesellschaft Norwegens beeinflussten. Hans Rasmus Astrup (1831-1898) war Politiker und erfolgreicher Geschäftsmann, der ein beträchtliches Vermögen anhäufte. Thomas Fearnley (1880-1961) war Reeder mit großem Interesse an der Kunst. Er gründete den Thomas-Fearnley-Beitrags-und-Schenkungsfonds.

Das Gebäude der Børsen (Börse) hat eine klassizistische Fassade

Børsen ⑪

Tollbugata 2. **Stadtplan** 3 E4.
22 34 17 00. Jernbanetorget.
10, 11, 13, 15, 19. 30, 31, 32, 45, 60, 81, 83. nach Vereinbarung. Führungen können arrangiert werden.

EINES DER ÄLTESTEN institutionellen Gebäude in Oslo ist Børsen (die Börse). Lange bevor der Königspalast und das Parlamentsgebäude erbaut wurden, beschloss man, dass der Warenhandel einen eigenen Ort erhalten sollte. Aus diesem Grund öffnete 1828 die Börse ihre Pforten. Børsen war damit das erste große klassizistische Gebäude Oslos.

Das Astrup Fearnley Museet präsentiert Kunst in modernem Ambiente

Das aufwendig gestaltete Innere der Oslo Domkirke

Die von dem Architekten Christian H. Grosch entworfene Fassade mit ihren dorischen Säulen bildet einen starken Kontrast zu den Nachbargebäuden. 1910 wurden die beiden Seitenflügel und ein Südflügel angefügt.

Ursprünglich gab es einen umschlossenen Innenhof, in dem eine Merkurstatue stand. Die Statue wurde nach draußen gebracht, als man den Hof 1988 zum neuen Börsensaal umbaute.

Börsens Eingangshalle wird von einem Wandgemälde dominiert, das Gerhard Munthe im Jahr 1912 schuf: *Handelen og Sjøfarten* (*Handel und Seefahrt*).

Die Börse besitzt außerdem ihre eigene Bibliothek und verfügt über einen Lesesaal, ein Museum über antiken Handel sowie eine Porträtgalerie.

Oslo Reptilpark ⓬

Storgata 26. **Stadtplan** 3 F2.
☎ 41 02 15 22. 🚇 Brugata.
🕐 Di–So 10–18 Uhr.

DIESER KLEINE freundliche Park im Zentrum Oslos wurde in den letzten Jahren bei Familien mit Kindern unglaublich beliebt. Hier sind mehr als 100 Tiere zu sehen, darunter eine Boa Constrictor, Ringelnattern, Kaimane, Geckos, Chamäleons, Warane und andere Echsen, Taranteln, Schwarze Witwen (eine der giftigsten Spinnenarten), Piranhas und Salzwasserfische.

Dienstags sind die meisten Besucher im Park, denn um 17 Uhr ist Fütterungszeit.

Gruppen ab sechs Personen (Erwachsene und/ oder Kinder) können ermäßigte Tickets erwerben. Für Kinder unter zwei Jahren ist der Eintritt frei.

Kaiman

Oslo Domkirke ⓭

Stortorget 1. **Stadtplan** 3 E3.
☎ 23 31 46 00. 🚇 Jernbanetorget, Stortinget. 🚋 10, 11, 17, 18. 🚌 13, 15, 19. 🕐 tägl. ✝ So 11 und 19.30 Uhr, Mi 12 Uhr auf Englisch, Deutsch oder Französisch. ♿

DIE DOMKIRKE (Kathedrale) ist die Hauptkirche der Diözese Oslo. 1694 legte man den Grundstein, danach wurde die Kirche in mehreren Phasen errichtet. Altarbild und Kanzel stammen aus dem Jahr 1699. Erst um 1720 wurde schließlich das Interieur fertiggestellt. Seitdem wurde der Dom mehrmals umgebaut und renoviert. Mitte der 1850er Jahre gestaltete man das barocke Interieur in neugotischem Stil um. Bei späteren Renovierungsarbeiten wurden das Taufbecken, das Altarbild und die Kanzel jedoch wieder in den originalen Zustand versetzt. Als man 1963 die Sakristei renovierte, entdeckte man üppige Dekorationen aus dem 18. Jahrhundert.

Zu den schmückenden Elementen gehören Buntglasfenster von Emanuel Vigeland, Arrigo Minerbis silberne Skulptur mit dem Motiv des Letzten Abendmahls und Bronzetüren von Dagfin Werenskiold. Die moderne Deckenmalerei mit Szenen aus der Bibel ist ein Werk Hugo Louis Mohrs aus den Jahren von 1936 bis 1950. Die Tatsache, dass er dabei die ursprünglichen Deckengemälde zerstörte, führte dazu, dass der Künstler herbe Kritik einstecken musste.

Im Turm des Doms hängen eine große Glocke mit einem Gewicht von 1600 Kilogramm (sie wurde mittlerweile sechsmal neu gegossen) sowie drei kleinere Glocken. Unter dem Kirchenschiff der Kathedrale befindet sich die Krypta.

Die Kathedrale bietet für die Kirchengemeinde 900 Sitzplätze. Hier fand im Jahr 2001 die Trauungszeremonie von Kronprinz Haakon und Mette-Marit statt.

Das Storting, Sitz des norwegischen Parlaments, liegt zentral gleich bei der Karl Johans gate

Stortinget ⑭

Karl Johans gate 22. **Stadtplan** 3 D3.
☏ 23 31 31 80. Ⓣ *Stortinget.*
🚊 *13, 15, 19.* 🚌 *30, 31, 32, 41, 45, 81, 83.* ◯ *nur Führungen.*
📷 *Sa 10, 13 Uhr auf Norwegisch, Englisch und Deutsch, 11.30 Uhr auf Norwegisch und Deutsch; 1. Juli–20. Aug: Mo–Fr 10 Uhr auf Norwegisch und Englisch, 11.30 Uhr auf Norwegisch und Deutsch, 13 Uhr auf Norwegisch, Englisch und Deutsch.* ♿

Norwegens Nationalversammlung hat ihren Sitz im herrlichen Stortinget (Parlamentsgebäude). Das Bauwerk entwarf – nach einer langen, bitteren Debatte und verschiedensten Vorschlägen – der schwedische Architekt Emil Victor Langlet. Am 10. Oktober 1861 konnte der Grundstein gelegt werden; im März 1866 tagte das Parlament zum ersten Mal im eigenen Gebäude.

Das Stortinget ist aus gelbem Ziegel auf rötlichem Fundament gebaut, in einem norwegisch-italienischen Stilmix. Das Gebäude wurde mehrmals erweitert und teilweise rekonstruiert. Der neue Flügel an der Akersgata kam nach 1950 hinzu.

Der Sitzungssaal für die 165 Parlamentsmitglieder ähnelt einem Amphitheater, mit dem Sprechersitz unter Oscar Wergelands Bild von der Eidsvoll-Versammlung von 1814, die die norwegische Verfassung ratifizierte (siehe S. 38). Das Gemälde (1885) zeigt die Männer, die an der Verfassung mitwirkten.

Norwegische Künstler wie der Maler Else Hagen, der den Treppenschacht ausschmückte, waren für die Dekorationen verantwortlich. Ein Gobelin, *Solens Gang* von Karen Holtsmark, hängt im zentralen Saal. Die Skulpturen im Treppenhaus stammen von Nils Flakstad.

Oslo Nye Teater ⑮

Rosenkrantzgate 10. **Stadtplan** 3 D3.
☏ 22 34 86 00. Ⓣ *Stortinget.*
🚊 *13, 15, 19.* 🚌 *30, 31, 32, 45, 81, 83.* **Kartenverkauf** ◯ *Mo 9–16, Di–Fr 9–19.30, Sa 10–18 Uhr.*

Das Oslo Nye Teater (Neues Theater) hat insgesamt drei Bühnen: Hovedscenen (Haupttheater) in der Rosenkrantzgate; Centralteateret in der Akersgata und Dukke-

Oslo Nye Teater, ein modernes, lebhaftes Theater im Zentrum

teateret (Puppentheater) im Frognerparken.

Hovedscenen wurde in den 1920er Jahren als Bühne für neues norwegisches und internationales Drama gegründet. Dennoch war das Repertoire viele Jahre von Komödien, bei denen bekannte Revue-Künstler mitwirkten, dominiert. Erst heute tendiert man zu modernem Theater mit gewagteren, frischeren Anklängen und dem Schwerpunkt auf jüngeren Schauspielern, die sich erst noch etablieren müssen.

Regjeringskvartalet ⑯

Akersgata 42. **Stadtplan** 3 E3. ☏ 22 24 90 90. Ⓣ *Stortinget.* 🚊 *10, 11, 17, 18.* 🚌 *33, 37, 46.*

Der grosse Komplex an der Akersgata mit den verschiedenen Regierungsministerien ist unter dem Namen Regjeringskvartalet (Regierungsviertel) bekannt. Dominiert wird es von einem hohen H-Block mit Büros des Ministerpräsidenten in den Obergeschossen.

Das Regjeringskvartalet entstand in den Jahren 1958–96 in fünf Phasen. Architekt der ersten vier Bauabschnitte war Erling Viksjø, den fünften leitete Torstein Ramberg.

Der Komplex wird kontrovers diskutiert. Um Platz zu schaffen, war das historische,

ÖSTLICHES ZENTRUM

schutzwürdige Empirekvartalet (Reichsviertel) abgerissen worden. Dies führte in den 1950er Jahren zu einer heftigen Debatte über Denkmalschutz. Heutige Politiker hätten dem Abriss solch besonderer Bauwerke wohl nicht zugestimmt.

Der zwölfstöckige H-Block aus Beton wurde 1958 fertiggestellt, im Jahr 1990 fügte man dann zwei weitere Etagen hinzu.

Am Gebäude ist dekorative Kunst von Kai Fjell, Tore Haaland, Inger Sitter, Odd Tandberg, Erling Viksjø, Carl Nesjar und Pablo Picasso zu bewundern. Nesjar und der spanische Meister übertrugen zusammen drei Zeichnungen Picassos auf die Betonfassade an der Akersgata.

Büste von E. Gerhardsen, 1945–65 Präsident, im Regjeringskvartalet

Youngstorget ⓱

Stadtplan 3 E3. Jernbanetorget. 10, 11, 12, 13, 15, 17. 30, 31, 32, 34, 38, 56.

VIELE INSTITUTIONEN der Arbeiterbewegung haben um Youngstorget ihren Sitz, darunter die Norwegische Arbeiterpartei und die Norwegische Gewerkschaftsföderation *Landsorganisationen*. Andere Parteien wie die *Fremskrittspartiet* (Fortschrittspartei) und die *Venstre* (Liberale) haben in diesem Gebiet ebenfalls Büros.

Youngstorget wurde 1846 angelegt und diente viele Jahre als Viehmarkt. Benannt ist der Platz ist nach dem Kaufmann Jørgen Young, dem ursprünglichen Besitzer des Areals, das dann um 1900 von Grund auf renoviert wurde. Man stellte eine Kopie des

Youngstorget mit Markt, Opernhaus und Gewerkschaftsbüros

Originalbrunnens aus dem Jahr 1880 auf und restaurierte die Marktstände von 1876. Am Marktplatz gibt es Läden, Werkstätten sowie Cafés und Restaurants.

Den Norske Opera ⓲

Storgaten 23. **Stadtplan** 3 E3. 81 54 44 88. Jernbanetorget. 10, 11, 12, 13, 15, 17. 30, 31, 32, 34, 38, 56. **Kartenverkauf** Mo–Fr 10–18, Sa 10–14 Uhr. nach Vereinbarung.

OSLO BEKAM SEIN erstes Opernhaus im Jahr 1959. Es wurde im ehemaligen Folketeatret von 1932–35 eingerichtet. Das Theaterhaus war jedoch nie die ideale Bühne für Opern – es soll durch ein spektakuläres neues Opernhaus ersetzt werden, das zurzeit im Hafengebiet von Bjørvika errichtet wird. Die Eröffnung wird für 2010 erwartet.

Norwegens berühmtester Opernstar, die Sopranistin Kirsten Flagstad (1895–1962), war übrigens die erste Intendantin der Norwegischen Staatsoper.

Oslo Spektrum ⓳

Sonja Henies plass 2. **Stadtplan** 3 F3. 22 05 29 00. Jernbanetorget. 10, 12, 13, 15, 18, 19. 30, 31, 32, 34, 38, 41, 45, 46. **Kartenverkauf** Mo–Fr 9–16, Sa 10–15 Uhr. nach Vereinbarung.

DAS 10 800 ZUSCHAUER fassende Oslo Spektrum ist Hauptveranstaltungsort für große Sport- und Kulturevents sowie für Handelsmessen. Der von Lars Haukland entworfene Komplex wurde 1991 fertiggestellt.

Großveranstaltungen wie der Norwegische Zapfenstreich (September), die Pferdeshow (Oktober) und das Friedensnobelpreis-Konzert (Dezember) finden hier statt. Internationale Popstars wie Paul McCartney, Elton John und Sting treten im Stadion auf. Auch Handballspiele werden hier ausgetragen.

Die Fassade schmückt ein 200 Meter langes, von Rolf Nesch entworfenes und von Guttorm Guttormsgaard gefertigtes Mosaik aus 40 000 glasierten Steinen: eine Mischung aus abstrakten Formen und menschlichen Figuren.

Oslo Spektrum – Ort für Messen, Sport- und Kulturveranstaltungen

BYGDØY

BYGDØY, DIE HALBINSEL am inneren Oslofjord, ist nicht weit vom Zentrum entfernt. Bygdøy bedeutet »bewohnte Insel«, und es war tatsächlich eine Insel, ehe Ende des 19. Jahrhunderts die Meerenge zwischen Frognerkilen und Bestumkilen aufgefüllt wurde. Bygdøy ist eine der exklusivsten Wohngegenden der Stadt und bei Besuchern beliebt.

Der Stadtteil ist Heimat einer Reihe von Museen, die die Kultur- und Volksgeschichte, die Seefahrertraditionen und die Forschungsreisen des Landes beleuchten.

Kongsgården, ein unabhängiger Bauernhof, nimmt die Hälfte der Insel ein. Im 16. Jahrhundert gingen die dänisch-norwegischen Könige hier auf die Jagd. Große Teile Bygdøys sind noch immer bewaldet, außerdem gibt es Wiesen und Parkland mit vielen verschiedenen Pflanzenarten.

Matrosendenkmal, Bygdøynes

Einige der beliebtesten Badestrände, darunter Huk und Paradisbukta, liegen an Bygdøys Küste.

SEHENSWÜRDIGKEITEN AUF EINEN BLICK

Museen
Frammuseet ❻
Kon-Tiki Museet ❹
Norsk Folkemuseum S. 82f ❷
Norsk Sjøfartsmuseum ❺
Vikingskipshuset S. 84f ❸

Naturreservat
Hukodden ❽

Kirche
Sjømannskirken ❼

Interessante Gebäude
Bygdøy Kongsgård ❾
Dronningen ❶
Oscarshall Slott ❿

LEGENDE

Detailkarte S. 78f
Bushaltestelle
Parken
Fähranlegestelle

ANFAHRT

Es ist nicht schwierig, nach Bygdøy zu kommen. Fähren legen mehrmals stündlich am Kai gleich gegenüber dem Rådhuset ab. Die Fahrt dauert nur ein paar Minuten. Die Busse 30 B (Okt–Apr) und 30 fahren ebenfalls mehrmals die Stunde ab Jernbanetorvet und Nationaltheatret.

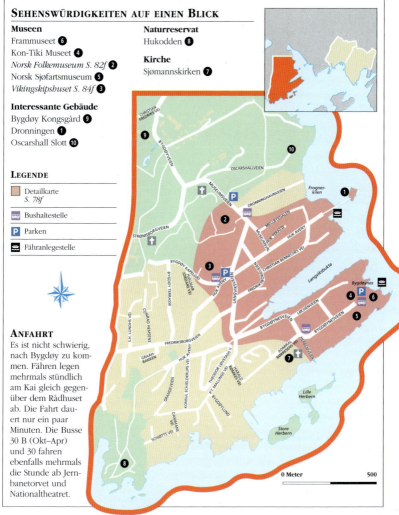

◁ Gokstadskipet, ein gut erhaltenes Begräbnisschiff im Vikingskipshuset in Bygdøy

OSLO: BYGDØY

Im Detail: Um Bygdøynes

Vogelbrut-
kasten, Norsk
Folkemuseum

Ohne einen Besuch Bygdøys und der Halbinsel Bygdøynes wäre Ihr Aufenthalt in Oslo nicht komplett. Hier genießen Einheimische wie Besucher die Natur und erkunden einige der interessantesten Museen Europas. Wikingerschiffe, Polarexpeditionen und waghalsige Reisen über den Pazifik in Wasserfahrzeugen wie der *Kon-Tiki* bilden hier die Schwerpunkte. Stabkirchen und ländliche Gebäude hat man zusammengestellt, um die Freiluftausstellung Norsk Folkemuseum zu schaffen. Nach Bygdøy gelangt man per Auto, Bus oder Fähre *(siehe S. 77)*.

★ **Norsk Folkemuseum**
Das Museum in idyllischer Lage zeigt 150 rekonstruierte Stadthäuser, Hofgebäude und Kirchen aus Norwegens Vergangenheit. Die Innenräume bieten Platz für volkskundliche Ausstellungen. ❷

Gamlebyen im Norsk Folkemuseum ist eine Ansammlung alter, restaurierter Stadthäuser.

★ **Vikingskipshuset**
Drei spektakuläre Wikingerschiffe und andere Exponate zeigen in diesem Museum anschaulich, wie die Wikinger vor über 1000 Jahren lebten. ❸

Stattliche Privathäuser
und Botschaften stehen an Bydøynesveien.

Nicht Versäumen

★ Kon-Tiki Museet

★ Norsk Folkemuseum

★ Vikingskipshuset

0 Meter 150

Legende

--- Routenempfehlung

UM BYGDØYNES

Dronningen
Das ehemalige Restaurant Dronningen, heute Sitz des Segelklubs Kongelig Norsk Seilforning, ist ein auffälliges Beispiel funktionsorientierter Architektur an der Fjordküste. ❶

ZUR ORIENTIERUNG
Siehe Stadtplan, Karte 1

★ Kon-Tiki Museet
Hauptattraktion des Kon-Tiki Museet sind das Balsaholzfloß Kon-Tiki (1947) und das Papyrusboot Ra II (1970). Thor Heyerdahl errang weltweiten Ruhm, als er in diesen Wasserfahrzeugen die Meere befuhr. ❹

Fähre zum Rådhusplassen via Bygdøynes

Gjøa, das erste Schiff, das die Nord-West-Passage durchfuhr (1903–06).

Fähre zum Rådhusplassen

Frammuseet
Das Museum widmet sich dem Polarschiff Fram (1892) sowie den Expeditionen von Fridtjof Nansen und Roald Amundsen in die Arktis und Antarktis (siehe S. 23). ❻

Bootshalle

Norsk Sjøfartsmuseum
Norwegens stolze Seefahrergeschichte wird in einem preisgekrönten Gebäude (1960) voller Artefakte und Modelle erzählt. In der Bootshalle sind verschiedene Wasserfahrzeuge ausgestellt. ❺

Dronningen, architektonisches Wahrzeichen am Frognerkilen-Kai

Dronningen ❶

Huk aveny 1. **Stadtplan** 1 C3. 📞 22 43 75 75. 🚌 91 (Apr–Okt). 🚢 30 (etwas entfernt). ⭕ tägl. 8–16 Uhr.

VOR UND NACH DEM Zweiten Weltkrieg war Dronningen eines der beliebtesten Sommerrestaurants Oslos. Das Gebäude wurde 1930 als eines der ersten im funktionalistischen Stil errichtet. Es steht auf Dronningskjæret in Frognerkilen. 1983 wurde es in ein Bürohaus umgewandelt. Der Königliche Segelklub Norwegens sowie der Studentische Ruderklub Norwegens haben hier ihren Sitz.

Dronningen (»Königin«) wurde häufig mit Kongen (»König«), einem Restaurant und Sommer-Varietétheater auf der anderen Seite Frognerkilens, in Verbindung gebracht. Im Jahr 1986 zogen auch in dieses Gebäude Büros ein.

Frognerkilen ist ein großes Segelzentrum mit großen Anlegehäfen für Yachten.

Norsk Folkemuseum ❷

Siehe S. 82f.

Vikingskipshuset ❸

Siehe S. 84f.

Kon-Tiki Museet ❹

Bygdøynesveien 36. **Stadtplan** 1 C4. 📞 23 08 67 67. 🚌 91 (Apr–Okt). 🚢 30. ⭕ Apr–Mai: tägl. 10.30–17 Uhr; Juni–Aug: tägl. 9.30–17.45 Uhr; Sep: tägl. 10.30–17 Uhr; Okt–März: tägl. 10.30–16 Uhr. ⭕ Feiertage. 📷 ♿ 🏪

DIE GANZE Welt sah zu, als Thor Heyerdahl (1914–2002) und seine fünfköpfige Crew 1947 auf dem fragilen Balsaholzfloß *Kon-Tiki* über den Pazifik segelten. In 101 Tagen legte das Floß ganze 8000 Kilometer von Peru nach Polynesien zurück. Die Fahrt bewies, dass es südamerikanischen Stämmen vor langer Zeit möglich gewesen war,

Polynesische Maske, Kon-Tiki Museet

auf Balsaflößen Polynesien zu erreichen. Das Floß ist die Hauptattraktion des Kon-Tiki Museet, das auch zahlreiche mit dieser Reise verbundene Objekte zeigt.

Text und Montagen auf Norwegisch und Englisch erzählen davon, wie sich die Crew in diesem zerbrechlichen Boot gefühlt haben muss, so nah am Wasser, dass sie Haie mit den Händen berühren konnten. Sie beschreiben etwa, wie einmal ein riesiger Walhai gegen das Floß prallte.

1970 brach Heyerdahl zu einer neuen Expedition auf. Er segelte in einem Papyrusboot, der *Ra II*, von Marokko über den Atlantik nach Barbados, um die Theorie zu bestätigen, dass westafrikanische Reisende schon vor Kolumbus auf den Westindischen Inseln landen konnten. Die *Ra I* wurde aufgrund eines Konstruktionsfehlers zerstört, doch die *Ra II* ist heute unversehrt im Museum zu besichtigen.

Sieben Jahre später steuerte Heyerdahl das Riedboot *Tigris* über den Indischen Ozean, um zu belegen, dass antike Zivilisationen aus dem Industal und Ägypten miteinander in Kontakt standen. Zu den Exponaten gehören auch archäologische Funde von Heyerdahls Expeditionen auf die Osterinseln und nach Peru. Die Bibliothek mit 8000 Bänden enthält die weltweit größte Literatur-Sammlung über Polynesien.

Das Balsaholzfloß *Kon-Tiki* im Kon-Tiki Museet in Bygdøy

BYGDØY

Norsk Sjøfartsmuseum 5

Bygdøynesveien 37. **Stadtplan** 1 C4.
24 11 41 50. 91 (Apr–Okt).
30. 15. Mai–31. Aug: tägl.
10–18 Uhr; Sep–15. Mai: tägl.
10.30–16 Uhr (Do bis 18 Uhr).
einige Feiertage.

DAS AM SÜDLICHSTEN gelegene Museum auf der idyllischen Halbinsel Bygdøy ist das Norsk Sjøfartsmuseum (Norwegisches Seefahrtsmuseum). Es befindet sich am Ufer, nahe Frammuseet und Kon-Tiki Museet, und hat seinen eigenen Kai mit wunderbarer Aussicht über Oslos Hafen und den Fjord.

Schwerpunkte der Sammlung sind norwegische Traditionen wie Fischerei, Schiffsbau, Schifffahrt und Meeresarchäologie. Die 1500-jährige Schiffsbautradition spielt in Norwegens Küstenkultur eine Schlüsselrolle.

Das Museum verfolgt die Geschichte der Seefahrt vom Mittelalter bis zu den heutigen Supertankern. Den roten Faden bilden die Nutzung des Meeres durch den Menschen und die Art und Weise, wie sich dieser den Herausforderungen und Gefahren der mächtigen Ozeane stellte.

Durch den Haupteingang des Museums betritt man den zentralen Saal mit einem Modell der norwegischen Dampffregatte *Kong Sverre*, die zu den drei größten und stärksten Kriegsschiffen gehörte, die je in nordischen Ländern gebaut wurden. Christian Krohgs Gemälde *Leif Eriksson entdeckt Amerika (siehe S. 34f)* hängt an einer der Wände. Die Ausstellungssäle präsentieren viele Schiffsmodelle sowie Erinnerungsstücke vielfältiger maritimer Aktivitäten.

In der Bootshalle sind traditionelle Fischer- und Arbeitsboote sowie Exponate zur vielfältigen Küstenkultur ausgestellt.

Der Schoner *Svanen* liegt häufig am Kai vertäut, wenn er nicht als Schulschiff für junge Kadetten auf See ist.

Bootshalle des Sjøfartsmuseum, Frammuseet und Polarschiff *Gjøa*

Vor dem Museum steht außerdem das *Krigseilermonument*, das aller Matrosen gedenkt, die im Zweiten Weltkrieg ums Leben kamen *(siehe S. 77)*.

Das Museum ist das Zentrum eines Instituts für Meeresarchäologie, das alle Funde an der norwegischen Küste schützt.

Die gut sortierte Bibliothek beherbergt eine Sammlung von Zeichnungen, Literatur über das Meer, Fotografien sowie ein Archiv.

Galionsfigur im Sjøfartsmuseum

Frammuseet 6

Bygdøynesveien 36. **Stadtplan** 1 C4.
23 28 29 50. 91 (Apr–Okt).
30. Okt–Apr: tägl. 10–15.45 Uhr; Mai–15. Juni: tägl. 10–17.45 Uhr; 16. Juni–Aug: tägl. 9–18.45 Uhr; Sep: tägl. 10–16.45 Uhr. Feiertage. nur zum Teil.

KEIN SEGELSCHIFF war jemals weiter im Norden oder im Süden als das Polarschiff *Fram*. Die Forscher Fridtjof Nansen (1893–96), Otto Sverdrup (1898–1902) und Roald Amundsen (1910–12) begaben sich mit diesem Polarschiff auf drei Arktis- bzw. Antarktis-Expeditionen. Auf der dritten Fahrt im Jahr 1911 hisste Roald Amundsen als erster Mensch eine Flagge am Südpol.

Der schottischstämmige Schiffsbauingenieur Colin Archer baute den Schoner, der speziell gegen Schäden durch Packeis gerüstet war. Während seiner ersten Fahrt mit Nansens Expedition zum Nordpol wurde das Schiff auf 78° 50' nördlicher Breite vom Eis eingeschlossen. Aufgrund seines flachen Rumpfes konnte es sich auf die Eisschollen schieben, wo es den Winter unversehrt überstand. Auch im stürmischen Antarktismeer auf Amundsens historischer Expedition zum Südpol erwies sich die *Fram* als überaus seetüchtig.

Das Museum wurde im Jahr 1936 – mit dem restaurierten Schiff als Mittelpunkt – eröffnet. Besucher finden dort Gegenstände der Expeditionsausrüstung, Gemälde, Büsten und Fotografien der Polarforscher. Vor dem Frammuseet ist Amundsens erstes Polarschiff, die *Gjøa*, zu besichtigen.

Das Deck des Polarschiffes *Fram* im Frammuseet

Norsk Folkemuseum ❷

Gol-Stabkirche

MEHR ALS 150 GEBÄUDE aus ganz Norwegen bilden zusammen Europas größtes Freilichtmuseum, das Norsk Folkemuseum von Bygdøy. Gegründet wurde es 1894 – in einer Zeit des nationalistischen Enthusiasmus – von Hans Aall. Die rekonstruierten Bauernhöfe erzählen vom Alltagsleben im Tal, am Fjord und in den Fischerdörfern vergangener Zeiten. Stadtgebäude aus allen Teilen des Landes wurden hier wieder aufgebaut, um Gamlebyen (die Altstadt) zu schaffen. Präsentiert werden auch traditionelle Trachten und Folklorekunst, darunter Holzschnitzerei. Einen alljährlichen Höhepunkt des Museums stellt der Julemarkedet (Weihnachtsmarkt) im Dezember dar.

Das von König Oscar II. gegründete **Freilichtmuseum** *(siehe S. 87)* wurde 1907 ins Folkemuseum aufgenommen.

Festplassen
Der Platz im Zentrum des Freilichtmuseums ist von Holzhäusern aus verschiedenen Landesteilen umgeben. Hier finden Tanzaufführungen und andere Veranstaltungen wie Mittsommernachtsfeste (rechts) statt.

Restaurant

Hardangertunet
Mit Häusern aus Bauernhöfen in Hardanger, Vestlandet, wurde ein Miniaturhof rekonstruiert.

Hallingdalstunet
Dies ist ein Beispiel eines rechteckigen Hofes, wie man ihn im Hallingdal häufig findet. Das älteste Gebäude ist das Hemsedal-Lagerhaus (1650–1700). Der Ziegenstall aus Hol stammt aus dem 18. Jahrhundert.

0 Meter 50

NICHT VERSÄUMEN

★ Gamlebyen

★ Gol-Stabkirche

★ Setesdaltunet

NORSK FOLKEMUSEUM 83

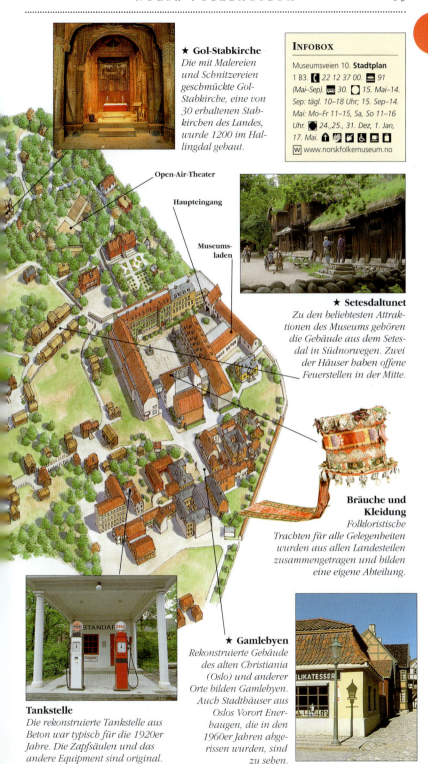

★ **Gol-Stabkirche**
Die mit Malereien und Schnitzereien geschmückte Gol-Stabkirche, eine von 30 erhaltenen Stabkirchen des Landes, wurde 1200 im Hallingdal gebaut.

INFOBOX

Museumsveien 10. **Stadtplan** 1 B3. 22 12 37 00. 91 (Mai–Sep). 30. 15. Mai–14. Sep: tägl. 10–18 Uhr; 15. Sep–14. Mai: Mo–Fr 11–15, Sa, So 11–16 Uhr. 24.,25., 31. Dez, 1. Jan, 17. Mai.
w www.norskfolkemuseum.no

Open-Air-Theater
Haupteingang
Museumsladen

★ **Setesdaltunet**
Zu den beliebtesten Attraktionen des Museums gehören die Gebäude aus dem Setesdal in Südnorwegen. Zwei der Häuser haben offene Feuerstellen in der Mitte.

Bräuche und Kleidung
Folkloristische Trachten für alle Gelegenheiten wurden aus allen Landesteilen zusammengetragen und bilden eine eigene Abteilung.

Tankstelle
Die rekonstruierte Tankstelle aus Beton war typisch für die 1920er Jahre. Die Zapfsäulen und das andere Equipment sind original.

★ **Gamlebyen**
Rekonstruierte Gebäude des alten Christiania (Oslo) und anderer Orte bilden Gamlebyen. Auch Stadthäuser aus Oslos Vorort Enerhaugen, die in den 1960er Jahren abgerissen wurden, sind zu sehen.

Vikingskipshuset ❸

Detail des Oseberg-Wagens

Z WEI DER BESTERHALTENEN Wikingerschiffe aus dem 9. Jahrhundert und Teile eines dritten sind im Vikingskipshuset (Wikingerschiffshaus) zu sehen. Die Schiffe, die man in drei riesigen Grabhügeln auf Ackerland fand, zählen zu Norwegens größten Kulturschätzen. Das Oseberg- und das Gokstad-Schiff entdeckte man in Vestfold, das Tune-Schiff auf dem Hof Haugen in Tune, Østfold. Sie transportierten die Körper hochrangiger Anführer auf ihrer letzten Reise ins Reich der Toten. Mit ihnen wurden Schmuck, Waffen und Werkzeug in die Gräber gelegt. Das Museum wurde 1914 von Arnstein Arneberg als helle, luftige Kulisse für die Schiffe entworfen, die man hier ganz aus der Nähe besichtigen kann.

Außenansicht des Vikingskipshuset

★ Oseberg-Schiff
1904 öffneten Archäologen das Grab mit dem Oseberg-Schiff, den sterblichen Überresten zweier Frauen und einer großen Anzahl Artefakten. Das 22 Meter lange Schiff besteht zu 90 Prozent aus dem Originalholz.

Eingangshalle

Haupteingang

LEGENDE
- ☐ Oseberg-Schiff
- ☐ Gokstad-Schiff
- ☐ Tune-Schiff
- ☐ Oseberg-Sammlung
- ☐ Keine Ausstellungsfläche

★ Gokstad-Schiff
1880 wurde das 24 Meter lange Gokstad-Schiff ausgegraben. Man fand die Überreste eines 60-jährigen Mannes, einen Schlitten, drei kleine Boote, eine Laufplanke und 64 Schilde. Dieses Schiff hat auf jeder Seite 16 Planken – das Oseberg-Schiff nur zwölf.

NICHT VERSÄUMEN

★ Gokstad-Schiff

★ Oseberg-Schiff

★ Oseberg-Wagen

KURZFÜHRER
Die Hauptattraktionen sind in Kreuzform angeordnet. Dem Eingang am nächsten befindet sich das Oseberg-Schiff, auf der anderen Seite die Oseberg-Sammlung. Das Gokstad-Schiff steht allein im linken Flügel. Der am schlechtesten erhaltene Fund, das Tune-Schiff, ist im rechten Flügel zu sehen. In der Galerie über dem Eingang stehen Reproduktionen dreier Holzbetten. Links vom Eingang ist der Museumsladen.

VIKINGSKIPSHUSET

> **INFOBOX**
>
> Huk aveny 35. **Stadtplan** 1 A3.
> 22 43 83 79. 91 (Mai–Sep). 30. Mai–Sep: tägl. 9–18 Uhr; Okt–Apr: tägl. 11–16 Uhr. Feiertage. nur nach Vereinbarung durch spezielle Anbieter (siehe S. 271). www.khm.uio.no/info/vskip_huset

★ Oseberg-Wagen
Der beschnitzte Oseberg-Wagen ist der einzige bekannte aus der Wikingerzeit in Norwegen. Er wurde wohl von hochrangigen Frauen benutzt. Ähnliche Wagen fand man in Dänemark und auch in Deutschland.

Tierkopf
Dieser Tierkopf-Pfosten und vier ähnliche wurden im Oseberg-Schiff gefunden. Wofür sie verwendet wurden, ist nicht bekannt. Der Raubtierkopf mit aufgerissenem Maul stellt die Fähigkeiten der Wikinger-Schnitzer unter Beweis.

Grabkammer
Das Tune-Schiff (ca. 900) fand man in einem Hügel auf dem Hof Haugen in Tune, Østfold. Das Schiff aus Eichenholz wurde mit zehn bis zwölf Rudern angetrieben. Über dem Heck fand man diese Überreste einer Grabkammer.

Die Oseberg-Sammlung umfasst die umfangreichen Grabbeigaben der beiden Frauen, darunter ein Wagen, Schlitten, eisenbeschlagene Truhen und Kassetten.

AUSGRABUNG DER SCHIFFE

Die 1000 Jahre alten Wikingerschiffe aus den Begräbnishügeln zu bergen, erwies sich als eine enorm schwierige Aufgabe.

Ausgrabung des Oseberg-Schiffs, 1904

Das Oseberg-Schiff war in Lehm eingegraben und von einem sechs Meter hohen Geröllhügel bedeckt. Die Grabkammer war nahezu hermetisch versiegelt. Außerdem hatten Bodenbewegungen das Schiff teilweise zerquetscht. Das Gokstad-Schiff lag ebenfalls in Lehmboden, doch blieb es von Naturgewalten verschont – sein Inhalt war somit gut erhalten. Grabräuber hatten jedoch einige Gegenstände gestohlen.

Die Wikingerschiff-Grabstätten am Oslofjord

Die Sjømannskirken widmet sich der Matrosenfürsorge

Sjømannskirken ❼

Admiral Børresens vei 4. **Stadtplan** 1 B4. 22 43 82 90. 91 nach Bygdøynes (Apr–Okt). Fr–So 12–17 Uhr. 30. So 11 Uhr.

O SLOS SJØMANNSMISJON (Seemannsmission) erwarb 1954 ein schönes Gebäude auf der Halbinsel Bygdøy und richtete hier ein Zentrum zur Unterstützung der Matrosen und Hafenarbeiter ein. Vordem arbeitete die Mission unter sehr schlichten Bedingungen: Die Prediger hielten ihre Reden von Fischerkisten.

Das Haus, ehemals eine Privatresidenz, baute Arnstein Arneberg (der auch das Wikingerschiffsmuseum entwarf) im Jahr 1915. 1962 fügte man dem Gemeindesaal und die Sakristei hinzu.

1985 übernahm Den Indre Sjømannsmisjon (Internationale Seemannsmission) die Kirche. Im Innenraum steht ein Matrosendenkmal, das 1966 im Gedenken an norwegische Seeleute, die auf See ums Leben kamen, errichtet wurde.

Hukodden ❽

Stadtplan 1 A5. 91 nach Bygdøynes (Apr–Okt). 30.

F AST DER GANZE südliche Teil Bygdøys ist öffentliches Land mit ruhigen Wegen am Ufer und durch Wälder. An der südlichsten Spitze der Halbinsel liegt der Strand Hukodden, wo es an schönen Sommertagen von Badenden wimmelt. Trotz der Nähe zur Stadt ist die Wasserqualität gut. In der Saison hat ein Strandrestaurant geöffnet. Von der Stadt kommt man am einfachsten mit Boot oder Bus hierher.

Vom südlichsten Punkt aus hat man eine herrliche Sicht über den Fjord, vom Dyna-Leuchtturm bis Nesoddlandet im Süden und zu den Inseln im Westen. Auf dem Wasser tummeln sich Schiffe und Vergnügungsboote.

Im Park gibt es zwei moderne Skulpturen zu sehen: *Large Arch* (1969) von Henry Moore und *Ikaros* (1965) von Anne Sofie Døhlen. Auf einer Landspitze im Süden von »Huk« befindet sich ein FKK-Strand. Dahinter liegt der beliebte Badeplatz Paradisbukta (Paradiesbucht).

Bygdøy Kongsgård ❾

Stadtplan 1 A2. 22 12 37 00. 91 nach Dronningen, dann Bus. 30. **Residenz** für die Öffentlichkeit. **Wege** zum Wandern. Hofführung nach Vereinbarung.

K ÖNIG OLAV V. (1957–91) nutzte das königliche Anwesen Bygdøy Kongsgård viele Jahre als Sommerresidenz. Er schätzte die Ruhe und die idyllische Umgebung des königlichen Bauernhofs aus dem 14. Jahrhundert.

König Håkon V. Magnusson hatte den Hof 1305 erworben und ihn Königin Eufemia geschenkt. Ab 1352 nutzte man ihn als klösterliches Anwesen, bis ihn die Krone 1532 wieder übernahm. Im Jahr 1536, zur Zeit der Reformation, wurde er königlicher *ladegård* (Bauernhof).

König Karl Johan kaufte das Gut 1837 dem Staat ab, zusammen mit dem Hauptgebäude (ca. 1730). In diesem Haus, genauer im Gartenzimmer, empfing König Christian Frederik am 10. Oktober 1814 seine Abschiedsabordnung. Er hatte eigentlich erwartet, König Norwegens zu werden, wurde jedoch gezwungen, Karl Johan den Vortritt zu lassen *(siehe S. 38)*.

Oscar II. hatte ein Interesse an dem Anwesen und grün-

An der Spitze Hukoddens hat man einen Panoramablick über den inneren Oslofjord

dete hier 1881 ein Freilichtmuseum mit alten norwegischen Holzhäusern, das später zum Grundstein des Norsk Folkemuseum *(siehe S. 82f)* werden sollte. König Oscar ließ für Hofangestellte auch die Kongvillaene im Stil Schweizer Alpenchalets bauen. Heute ist von diesen Villen nur eine, die Villa Gjøa, erhalten. Das Hauptgebäude, ein stattliches Holzhaus in reinem Weiß, ist im Sommer, wenn die Landschaft üppig grün ist, besonders schön.

Bygdøy Kongsgård nimmt eine große Fläche des nordwestlichen Bygdøy ein – das Gut umfasst 200 Hektar Wald und Ackerland. In dem Areal am Meer, bekannt als Kongeskogen, gibt es 9,5 Kilometer öffentliche Wanderwege. Die Flächen um das Hauptgebäude gehören zum Norsk Folkemuseum.

Der Speisesaal im Oscarshall Slott mit Friesen von Adolf Tidemand

Bygdøy Kongsgård, einst die Sommerresidenz von Olav V.

Oscarshall Slott ❿

Oscarshallveien. **Stadtplan** 1 B2.
☎ 22 56 15 39. 🚌 30. ⏰ *Ende Mai–Mitte Sep: Do, Fr, So 10–16 Uhr.*

KÖNIG OSCAR I. VON SCHWEDEN und Norwegen (1799–1859) baute sich auf einem Landvorsprung in Frognerkilen zwischen 1847 und 1852, in der Ära der nationalen Romantik, ein Lustschloss. Er nannte es Oscarshall. Das Schloss wurde ein beliebter Bankettraum für die Könige der Bernadotte-Dynastie. 1863 kaufte der Staat das Palais, seitdem steht es den herrschenden Monarchen zur Verfügung. Es war nie als Residenz gedacht, sondern eher als Schaukästlein für Architektur, Handwerk, angewandte und schöne Künste. Lange Jahre stand es zur Besichtigung offen.

Nach der Auflösung der Union im Jahr 1905 *(siehe S. 39)* schloss man Oscarshall und brachte große Teile der kunstvollen Dekoration ins Norsk Folkemuseum. 1929 gab es Pläne, das Schloss zur Residenz des Kronprinzen umzubauen, doch wurden sie wieder fallen gelassen. Stattdessen restaurierte man es von Grund auf und öffnete es wieder für Besucher.

Oscarshall ist im Stil eines englischen Schlosses gebaut. Der Architekt ließ sich von normannischen Schlössern und orientalischen weißen Gebäuden mit Terrassen und Brunnen inspirieren. Klassischen Einfluss bemerkt man in den Proportionen und der strengen geometrischen Form der Räume.

Der Salon ist der größte Raum des Schlosses, mit eleganten Fenstern und polierten Türen, die sich zum Park hin öffnen. Die Eingangshalle ist von einer mittelalterlichen Kapelle mit einem runden Buntglasfenster inspiriert. Der Speisesaal ist bekannt für die Dekorationen von Adolf Tidemand (1814–1876), eines für seine Bilder des Alltagslebens in Norwegen beliebten Künstlers *(siehe S. 8f)*. Der König lud ihn ein, das Speisezimmer mit einer Serie aus zehn in Friese eingelassenen Gemälden zu verzieren. Die Bilder zeigen das bäuerliche Leben von der Kindheit bis ins hohe Alter.

Das Wohnzimmer des Königs ist mit geschnitzten und gegossenen Dekorationen im Stil der Gotik sowie mit Gemälden über norwegische Sagen geschmückt.

Oscarshall Slott, das Lustschloss Oscars I. aus dem 19. Jh.

ABSTECHER

Viele der Attraktionen Oslos befinden sich etwas außerhalb des Stadtzentrums, teilweise in ländlicher Umgebung. Mit öffentlichen Verkehrsmitteln sind sie leicht zu erreichen, einige liegen so nahe beieinander, dass man sie an einem Tag besichtigen kann.

Der Vigelandsparken *(siehe S. 90f)* ist der Schaukasten für die Skulpturen Gustav Vigelands, auch ein Museum in der Nähe widmet sich dem Bildhauer. Edvard Munchs Gemälde sind im Munch-museet zu sehen, das Barne-kunstmuseet zeigt Kinderkunst. Holmenkollen ist der Standort der berühmten Sprungschanze. In Gebieten wie Holmenkollen, Sørkedalen und Kjelsås mit ihren Wäldern, Seen und wild lebenden Tieren lässt sich erahnen, warum die Osloer die Landschaft vor ihrer Stadt so schätzen. Im Sommer kann man hier schwimmen gehen, im Winter Ski laufen. In manchen entlegeneren Gegenden begegnet man vielleicht sogar einem Elch.

Der Monolith, Vigelandsparken

Sehenswürdigkeiten auf einen Blick

Museen und Sammlungen
Bogstad Herregård ⓯
Botanisk Hage und Museum ⓺
Det Internasjonale Barnekunstmuseet ❿
Emanuel Vigeland Museum ⓬

Geologisk Museum ❼
Munch-museet ❺
Norsk Teknisk Museum ⓫
Oslo Bymuseum ❷
Vigelandsmuseet ❸
Vigelandsparken S. 90f ❶
Zoologisk Museum ❽

Historische Gebiete
Gamlebyen ❹
Grünerløkka ❾

Erholungsgebiete
Frognerseteren ⓮
Holmenkollen ⓭

Legende

▢ Oslo Zentrum
▢ Großraum Oslo
══ Autobahn
══ Hauptstraße
══ Nebenstraße

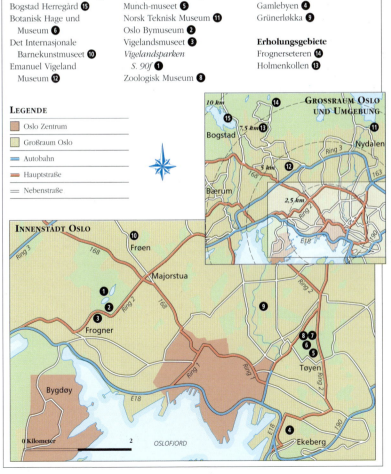

◁ Auf der Holmenkollen-Sprungschanze von 1892 finden zahlreiche Wettkämpfe statt

Vigelandsparken ❶

Der Trotzkopf

Oslos grösster Park ist nach dem Bildhauer Gustav Vigeland benannt, dessen 212 Skulpturen, die die menschliche Natur in all ihren Formen zeigen, entlang der Mittelachse aufgestellt sind. Den Brennpunkt bildet der von Figurengruppen umgebene Monolith auf einem Stufenpodest. Vigeland begann 1924 an dem Park zu arbeiten, doch erst 1950, sieben Monate nach seinem Tod, waren die meisten Werke am Platz. Vigeland schuf alle Skulpturen in voller Größe aus Ton, Mitarbeiter meißelten sie in Stein bzw. gossen sie in Bronze. Die Kombination aus Skulpturen, Grünflächen und Architektur ist atemberaubend.

Die Sonnenuhr (Soluret) steht auf einem mit Zodiak-Symbolen verzierten Granitsockel.

Rad des Lebens
Das Lebensrad (Livshjulet), das das dramatische Thema des Parks zusammenfasst, entstand 1934. Das Rad, Symbol der Ewigkeit, wird von einem Kranz aus Männern, Frauen und Kindern gebildet.

★ **Monolith**
Der 17 Meter hohe Monolith *ist der höchste Punkt des Parks. Er besteht aus 121 menschlichen Figuren, die sich aneinander klammern und sich gegenseitig stützen. Die 36 Gruppen aus Granitfiguren am Sockel stehen für Lebenszyklen und Beziehungen.*

Das Vigelands-museet (siehe S. 92) außerhalb des Parks beherbergt das Atelier des Künstlers und eine Ausstellung seiner frühen Werke.

0 Meter 100

Nicht versäumen
★ Brücke
★ Springbrunnen
★ Monolith

Dreieck
Die Figurengruppe namens Dreieck *wurde 1993 als eines der letzten Stücke im Vigelandsparken aufgestellt.*

VIGELANDSPARKEN

Der Clan
Die letzte große Figurengruppe im Vigelandsparken wurde 1988 aufgestellt – ein Geschenk von IBM.

INFOBOX

Kirkeveien. **Stadtplan** 2 A1.
22 54 25 30. Majorstuen.
12, 15. 20, 45.
Park tägl. 24 Std.
Vigelandsmuseet Juni–Aug: Di–So 11–17 Uhr; Sep–Mai: Di–So 12–16 Uhr.
Kafé Vigeland tägl. 10–18 Uhr.
W www.vigeland.museum.no

Bronzestatuette, *Pike og øgle* (Mädchen und Eidechse), 1938

Frogner-Teiche

★ Springbrunnen
Der Springbrunnen besteht aus sechs Riesen, die auf ihren Schultern ein gewaltiges Gefäß tragen. Am Beckenrand sind 20 Figurengruppen angeordnet. Die Fläche um den Brunnen ziert ein Mosaik.

Kafé Vigeland und Besucherzentrum

Oslo Bymuseum (siehe S. 92)

Haupteingang
Der monumentale Eingang besteht aus fünf schmiedeeisernen großen Portalen und zwei kleineren Toren für Fußgänger.

★ Brücke
Die Granitbrücke säumen 58 Bronzeskulpturen aus den Jahren 1926–33, die verschiedene Lebensstadien zeigen. Die Eidechsengruppen an jeder Ecke symbolisieren den Kampf des Menschen gegen das Böse.

Oslo Bymuseum ❷

Frognerveien 67.
☎ 23 28 41 70.
🚋 12. 🚌 20. ⊙ Do–So 12–16 Uhr
(Di bis 19 Uhr). ● einige Feiertage,
1.–15. Jan. 🏛 🎫 ♿ ⌀ 📷 📖

Das Frogner Hovedgård, ein schönes, gut erhaltenes Herrenhaus aus dem 18. Jahrhundert, beherbergt das Oslo Bymuseum über die 1000-jährige Geschichte der Stadt. Anhand von Modellen, Zimmereinrichtungen, Bildern, Skulpturen, Fotos und Ausstellungen wird die Entwicklung der Stadt sowie ihres kommerziellen und kulturellen Lebens erzählt. Besonderes Augenmerk ist auf Oslos Geschichte vom Mittelalter bis zur Gegenwart gerichtet.

Im ersten Stock werden im Sommer Räumlichkeiten von 1750 gezeigt. Zu den Hauptattraktionen gehören Bernt Ankers Ballsaal (ca. 1790) und Gemälde von Oslo, damals Christiania, aus dem 19. Jahrhundert.

Der mittelalterliche Bauernhof hinter dem Museum ist in altnorwegischem Stil gehalten – drei Gebäude umgeben einen Hof. Der Garten und das frühere Weideland bilden zusammen den Frognerparken, zu dem auch der Vigelandsparken (siehe S. 90f) gehört.

Das Vigelandsmuseet präsentiert Werke des Bildhauers Gustav Vigeland

Vigelandsmuseet ❸

Nobelsgate 32. ☎ 23 49 37 00.
🚋 12, 15. 🚌 20, 45. ⊙ Juni–Aug:
Di–So 11–17 Uhr; Sep–Mai: Di–So
12–16 Uhr. ● einige Feiertage.
🎫 ♿ 📖

Ein Grossteil des künstlerischen Werkes Gustav Vigelands (1869–1943) wird im Vigelandsmuseet, das gleich beim Vigelandsparken (siehe S. 90f) liegt, ausgestellt. 2700 Skulpturen in Gips, Bronze, Granit und Marmor, 12 000 Zeichnungen sowie etwa 400 Holzschnitte und Schnitzereien gehören zur Sammlung. Auch die Originalmodelle für die Skulpturen im Vigelandsparken sowie Gussformen für Büsten sind zu sehen. Alte Fotografien zeigen die Entstehung des Skulpturenparks.

Das Museum ist das Resultat eines Vertrags zwischen dem Künstler und der Stadt Oslo aus dem Jahr 1921. Vigeland schenkte der Stadt alle existierenden und zukünftigen Werke. Im Gegenzug baute man ihm ein Atelier, das später in ein ihm gewidmetes Museum umgewandelt wurde.

Das Atelier-Museum aus den 1920er Jahren gilt als eines der schönsten Beispiele des norwegischen Klassizismus. Vigeland selbst bestimmte die Farben des Interieurs.

Beim Gang durch die Räume kann man Vigelands Entwicklung, vom expressiven Stil von 1890 mit dünnen Figuren hin zu kräftigeren Ausdrucksformen aus der Zeit zwischen den Kriegen, verfolgen. Auch sein Wohnbereich ist zu besichtigen. 1943, nach dem Tod des Künstlers, platzierte man seine Asche auf seinen Wunsch hin im Turm.

Gamlebyen ❹

2 km östlich vom Stadtzentrum.
🚋 18, 19. 🚌 34, 70.

Das mittelalterliche Zentrum der Stadt Oslo war Gamlebyen (Altstadt). Vom 12. Jahrhundert bis zum verheerenden Feuer von 1624 standen fast alle Bauwerke dieser Gegend zwischen Ekebergåsen, Bjørvika, Grønland und Galgeberg. Viele der mittelalterlichen Ruinen hat man erhalten, darunter jene von Mariakirken (Marienkirche), Kongsgården (Königliche Villa) und Clemenskirken (Clemenskirche). Neben den Ruinen der St.-Hallvard-Ka-

Wohnung der Mittelschicht um 1900 im Oslo Bymuseum

ABSTECHER

thedrale wurde ein mittelalterlicher Park angelegt. Zu den weiteren Relikten des Mittelalters gehört Oslo Ladegård og Bispegården (Oslo-Herrenhaus und Bischofsresidenz).

Nach dem Zweiten Weltkrieg war Gamlebyen viele Jahre lang heftigem Durchgangsverkehr ausgesetzt. Umleitungen lösten das Problem. Heute erfreut sich Gamlebyen einer neuen Blüte. Das künftige Opernhaus und andere Baumaßnahmen nehmen in Bjørvika Form an, Wohnhäuser und Geschäftsgebäude werden restauriert. Ausgrabungen brachten die Überreste von Holz- und Stadthäusern sowie eine Reihe alter Dekorationsgegenstände zu Tage.

Das Munch-museet zeigt Edvard Munchs enormes Lebenswerk

Gamlebyens mittelalterlicher Park mit der Domruine

Munch-museet ❺

Tøyengata 53. 23 49 35 00.
Tøyen/Munchmuseet. 20, 60.
Juni-Aug: tägl. 10–18 Uhr;
Sep-Mai: Di-Fr 10–16, Sa, So
11–17 Uhr. 24. und 25. Dez,
1. Jan, 1. und 17. Mai.
www.munch.museum.no

Oslos Munch-museet präsentiert die größte Sammlung von Werken Edvard Munchs (1863–1944). Munch vermachte alle seine Gemälde der Stadt Oslo. 100 Jahre nach seiner Geburt öffnete das Munch-museet seine Pforten. Das Gebäude von Gunnar Fougner und Einar Myklebust grenzt an den Tøyenparken in Oslos Osten, wo der Künstler aufgewachsen war. Das Museum wurde 1994, anlässlich seines 50. Todestags, umfassend renoviert und vergrößert.

Die Sammlung umfasst 1100 Gemälde, 4500 Zeichnungen und 17 000 Drucke. Dazu gehören auch die Hauptwerke der künstlerischen Phasen Munchs, darunter Varianten von *Der Schrei*, das beunruhigende *Angst* (1894), das melancholische *Mädchen auf der Brücke* (1896) und das geradezu fühlbar klaustrophobische Bild *Der Kuss* (1897).

Oft sind einige der großen Werke an andere Museen verliehen; außerdem wird nie die ganze Sammlung auf einmal gezeigt. Doch auf 1888 Quadratmetern Ausstellungsfläche bietet das Museum immer genügend Material über das Leben und Werk des Künstlers. Regelmäßig gibt es Sonderausstellungen zu neuen Perspektiven in der Kunst Munchs.

Die im August 2004 gestohlenen Bilder *Der Schrei* und *Madonna* tauchten 2006 wieder auf. Weitere Munch-Werke hängen in der Nasjonalgalleriet *(siehe S. 52f)*, im Henie Onstad Kunstsenter *(siehe S. 114)* und in Bergens Rasmus Meyers Samlinger *(siehe S. 167)*.

EDVARD MUNCH

Edvard Munch (1863–1944), Norwegens bekanntester bildender Künstler und einer der Vorreiter des Expressionismus, debütierte im Alter von 20 Jahren auf Oslos Herbstausstellung. Danach malte er eine Reihe von Meisterwerken wie *Das kranke Kind*, das auf einer persönlichen Erfahrung beruhte – Munchs Schwester starb mit 14 Jahren. Nach Studien in Norwegen zog er 1889 nach Paris und später nach Berlin, wo er in der Serie *Lebensfries* seinen individuellen Stil mit Themen wie Liebe und Tod weiterentwickelte.

Spirituelle Erfahrungen und Angst durchziehen sein Werk, *Der Schrei* (1894) zeigt etwa eine verzweifelt schreiende Figur auf einer Brücke. Der bewegende Stil seiner Werke enthüllt eine gequälte Natur: 1908 erlitt Munch einen Nervenzusammenbruch. Im Jahr darauf kehrte er in die Heimat zurück. Damals war Munch bereits ein bedeutender Künstler. Er wurde u.a. beauftragt, Bilder für öffentliche Gebäude zu malen, z.B. für die Aula der Universität von Oslo *(siehe S. 50)*.

Munchs Selbstporträt
Der Nachtwanderer

Blumenpracht im Botanisk Hage in Tøyen, Oslo

Botanisk Hage und Museum ❻

Sars gate 1. 22 85 17 00. Tøyen/Munch-museet. 20, 31, 32, 60. **Museum** Di–So 11–16 Uhr. **Botanisk Hage** Apr–Sep: Mo–Fr 7–20, Sa, So 10–20 Uhr; Okt–März: Mo–Fr 7–17, Sa, So 10–17 Uhr. einige Feiertage.

GEGENÜBER DEM Munchmuseet liegt der Botanisk Hage, Norwegens größter botanischer Garten und beliebtes Ausflugsziel der Osloer, die hier Tausende einheimischer und ausländischer Pflanzen bewundern und vor dem Trubel der Stadt fliehen.

Zu den Highlights gehört der Alpine Garten mit einem Wasserfall und 1450 Spezies der Bergflora aus Norwegen und anderen Ländern. Im Systemgarten sind die Pflanzen nach Familien und Gattungen geordnet. Im Heil- und Kräutergarten wachsen heilkräftige Pflanzen, Gewürze und Agrarprodukte. Für Rollstuhlfahrer und Sehbehinderte ist der Aromagarten eine ganz besondere Attraktion; hier wachsen duftende Pflanzen in erhöhten Beeten, auf Schildern stehen Erklärungen in Braille. Im Victoria-Haus und im Palmenhaus findet man Pflanzen aus tropischen und gemäßigten Regionen wie seltene Orchideen, fleischfressende Kannenlianen, Kakteen, Kakao- und Feigenbäume sowie Palmen.

Der Botanisk Hage ist eine Abteilung des Naturhistorischen Museums und bildet seit 1814 die Basis für botanische Studien und Lehren der Universität von Oslo.

Mitten im Botanischen Garten steht ein Herrenhaus, Tøyen Hovedgård, aus dem Jahr 1780. Die alten Gewächshäuser und drei Museumsgebäude bilden eine reizvolle grüne Oase.

Ein großes Herbarium mit 1,7 Millionen Kräutern ist eine wichtige Ressource für die Dokumentation und Erforschung der norwegischen Flora.

Geologisk Museum ❼

Sars gate 1. 22 85 17 00. Tøyen/Munch-museet. 20, 31, 32, 60. Di–So 11–16 Uhr. einige Feiertage.

EINE RUNDE VITRINE mit Edelsteinen sticht sofort ins Auge, wenn man das Geologisk Museum betritt. Die Steine kommen überwiegend aus Norwegen. Das Erdgeschoss des Museums widmet sich der Präsentation von geologischen Prozessen wie etwa der Entstehung von Vulkanen, Gebirgszügen und Gesteinen.

Norwegen als Öl fördernde Nation ist das Thema einer separaten Exposition.

Eine interessante Ausstellung über das Oslofeltet (Oslo-Feld) präsentiert erstaunliche fossilienhaltige Steine sowie andere geologische Funde, die normalerweise tief unter der Erdkruste oder in den trüben Tiefen der Nordsee liegen. Zu den Exponaten gehören Fossilien wie seltsam anmutende Trilobiten, Brachiopoden, Tintenfische und verschiedene mikroskopisch kleine Kreaturen.

Zoologisk Museum ❽

Sars gate 1. 22 85 17 00. Tøyen/Munch-museet. 20, 31, 32, 60. Di–So 11–16 Uhr. einige Feiertage.

DER NORWEGISCHE Saal des Zoologisk Museum zeigt Ausstellungen mit ausgestopften einheimischen Tieren in nachgebildeten Lebensräumen, darunter Salzwasser- und Süßwassergeschöpfe, Säugetiere und Vögel. Alpenschneehuhn und Rentier sieht man vor einer Bergkulisse; außerdem werden Kraniche, Birkhühner und die Brunftposen des Auerhahns gezeigt. Es gibt Biberdämme und eine Ausstellung über die Vogelkolonien, die an Meeresklippen brüten.

Die Ausstellungen im Svalbard-Saal zeigen Tiere der Arktis wie Eisbären und Robben. Der Saal für Tiergeogra-

Ausgestopfte arktische Tiere im Zoologisk Museum

fie präsentiert große und kleine Kreaturen verschiedener Erdzonen, z.B. Pinguine in der Antarktis oder Löwen, Nilpferde und Krokodile in den Tropen. Außerdem kann man mehrere Montagen mit Schmetterlingen besichtigen.

In der Systematischen Abteilung sind detaillierte Ausstellungen über das norwegische Tierleben zu sehen, von einzelligen Amöben bis zu den größten Säugetieren. An einer »Sound-Bar« hört man Aufnahmen von Tiergeräuschen in der Wildnis.

Das Norsk Teknisk Museum bietet Interessantes für Alt und Jung

Grünerløkka, ein renovierter alter Wohnbezirk der Arbeiterklasse

Grünerløkka ❾

1 km nördlich vom Stadtzentrum. 🚌 30, 58. 🚋 11, 12, 13.

GRÜNERLØKKA, einst Wohnbezirk der Arbeiterklasse, hat in den letzten Jahren eine Art Renaissance erlebt. Hier stehen größtenteils Wohnblocks aus dem späten 19. Jahrhundert, die eigentlich abgerissen werden sollten. Doch schließlich wurden alle Pläne, die Gegend zu räumen und neu aufzubauen, aufgegeben und stattdessen die alten Gebäude renoviert. Kleine Apartments wurden zusammengelegt, wodurch größere und weniger Wohneinheiten entstanden, doch noch immer herrscht hier das Flair des alten Oslo. In der Folge zog es Leute aller Berufe und Sparten nach Grünerløkka. Heute ist es ein vor allem bei jungen Leuten sehr beliebtes Wohngebiet.

Unter dem Einfluss dieser lebhaften neuen Gemeinde öffneten hier auch zahlreiche kosmopolitische Läden, Cafés und Restaurants wie beispielsweise das populäre Sult (siehe S. 234).

Det Internasjonale Barnekunstmuseet ❿

Lille Frøens vei 4. ✆ 22 46 85 73. Ⓣ Frøen. 🚌 46. 🕒 25. Juni–8. Aug: Di–Do, So 11–16 Uhr; 15. Sep–24. Juni: Di–Do 9.30–14, So 11–16 Uhr. ⬤ 9. Aug–14. Sep und Feiertage. 🖼 📷 🚫 ♿

KINDERKUNST AUS 150 Ländern trug man im Barnekunstmuseet (dem Internationalen Museum für Kinderkunst) zusammen, darunter Bilder, Skulpturen, Keramik, Collagen und Textilien.

Das Museum wurde 1968 in Zusammenarbeit mit den SOS-Kinderdörfern, einer internationalen Organisation für Kinder in Not, gegründet.

Zwar wurde das Museum erdacht, um den Meinungen der Kinder und den Dingen, die diesen lieb und teuer sind, Raum zu geben, doch die Exponate wurden wie in einem Museum für Erwachsene nach qualitativen Merkmalen ausgesucht.

Kinder können sich hier im Musik- und Tanzraum, im Puppenraum und im Mal- und Zeichenatelier aktiv betätigen. Videos und Filme zum Thema Kinderkunst sind zu sehen, außerdem finden Workshops statt.

Das Barnekunstmuseet ist ein lebhaftes Zentrum für Kinderkunst

Norsk Teknisk Museum ⓫

Kjelsåsveien 143. ✆ 22 79 60 00. 🚆 12, 15. 🚌 22, 25, 54. 🚋 nach Kjelsås. 🕒 20. Juni–20 Aug: tägl. 10–17 Uhr; 21. Aug–19. Juni: Di–Fr 10–16, Sa, So 10–17 Uhr. ⬤ einige Feiertage. 🖼 📷 ☕ 🛍 ♿

TECHNOLOGIE AUS Vergangenheit und Gegenwart ist das Thema des Norsk Teknisk Museum (Norwegisches Museum für Wissenschaft und Technik), das 1914 in Kjelsås gegründet wurde. Gezeigt werden die erste Dampfmaschine, das erste Auto (das 1895 importiert wurde) und das erste Flugzeug Norwegens, daneben alte Nähmaschinen, Staubsauger und andere Alltagsgegenstände.

Das Erdgeschoss ist der Industrie gewidmet, der erste Stock dem Transport- und Kommunikationswesen und der Informationstechnologie. Hier kann man die Entwicklung der Dampfkraft und den Übergang zur Massenproduktion verfolgen. Die Geschichte der Telekommunikation wird von den ersten Signalfeuern bis zur Erfindung von Telegraf, Telefon, Handy und Internet erzählt.

Eine Ausstellung illustriert die Öl- und Gasförderung in der Nordsee und zeigt, wie das Rohmaterial an die Oberfläche gepumpt, abtransportiert und raffiniert wird. *Der Wald als Ressource* beleuchtet die Bedeutung der Zellulose für die Revolutionierung der Papierproduktion vor 150 Jahren. Es gibt auch Lehrausstellungen und ein Wissenschaftszentrum (Teknoteket) mit interaktiven Exponaten. Am Wochenende finden Familienveranstaltungen statt.

OSLO

Das Emanuel Vigeland Museum zeigt Werk und Mausoleum des Künstlers

Emanuel Vigeland Museum ⓬

Grimelundsveien, 8,5 km nördlich vom Zentrum. 22 14 57 88. Slemdal. 46. So 12–16 Uhr.

Nordwestlich von Oslo findet man eines von Norwegens außergewöhnlichsten Museen, dem Künstler Emanuel Vigeland, dem jüngeren Bruder von Gustav Vigeland (siehe S. 90f) gewidmet.

Emanuel Vigeland (1875– 1948) führte in Norwegen die Freskomalerei ein und perfektionierte mittelalterliche Buntglastechniken.

Das Museumsgebäude war ursprünglich Vigelands Atelier; nach seinem Tod wurde es zum Mausoleum und 1959 öffentlich zugänglich.

Gezeigt werden sein Lebenswerk *Vita* – eine Reihe von Freskomalereien aus den Jahren 1927–47 – sowie Porträts, Zeichnungen und Skulpturen. Die Fresken müssen in gedämpftem Licht präsentiert werden, da man sie in den 1940er Jahren als zu verwegen für den öffentlichen Geschmack empfand; man glaubte, helles Licht ließe sie noch provozierender erscheinen. Heute erachten wohl nur noch wenige Besucher Vigelands Werk als unanständig.

Seltsam mutet auch der ungewöhnlich niedrige Eingangsbereich an – dieser ist dem Wunsch des Künstlers nach Demut im Angesicht seiner Kunst zuzuschreiben.

Beispiele von Vigelands Buntglasarbeiten sind in den Fenstern der Oslo Domkirke (siehe S. 73) zu betrachten.

Holmenkollen ⓭

6 km nördlich vom Stadtzentrum. 22 92 32 00. Holmenkollen. Skimuseet & Sprungschanze Jan–Apr, Okt–Dez: tägl. 10–16 Uhr; Mai, Sep: tägl. 10–17 Uhr; Juni–Aug: tägl. 9–20 Uhr. nach Vereinbarung.

Skispringen zieht in Norwegen immer Menschenmassen an, erst recht, wenn es auf der eindrucksvollen Schanze am Holmenkollen stattfindet. Der Austragungsort der Holmenkollen-Rennen und -Sprungwettbewerbe ist mit über einer Million Zuschauern jedes Jahr Norwegens größte Besucherattraktion. Die Rennen finden hier seit 1892 statt: An den Skispringen 1923 und 1924 nahm sogar Kronprinz Olav teil.

Die Sprungschanze, die bereits 14-mal umgebaut wurde, galt jahrelang als wichtigste Arena des nordischen Skisports. Mehrmals wurden hier Weltmeisterschaften ausgetragen; außerdem fanden viele der Wettbewerbe der Olympischen Winterspiele von 1952 hier statt, die insgesamt 150 000 Zuschauer anlockten. In den letzten Jahren war die Anlage auch Veranstaltungsort für Biathlonwettkämpfe.

Besucher können die Sprungschanze das ganze Jahr über besichtigen. Vom Turm aus bietet sich eine herrliche Aussicht über Oslo und den Fjord.

Das Skimuseet über die 4000-jährige Geschichte des Skisports (siehe S. 26f) wurde 1923 unterhalb der Schanze eröffnet. Die Ausstellungen illustrieren verschiedene Skimodelle aus unterschiedlichen Regionen Norwegens und verfolgen die Entwicklung jeder Skidisziplin. Die Olympischen Spiele 1952 in Oslo und 1994 in Lillehammer sind ebenfalls ein Thema. Außerdem wird Norwegens bedeutender Rolle in der Polargeschichte besondere Aufmerksamkeit gewidmet: Man kann u.a. die heute antiquiert wirkende Ausrüstung der Polarforscher Nansen und Amundsen bestaunen.

1999 wurde das Museum vergrößert, um norwegischen Gemälden zu den Themen Schnee und Skisport Raum zu geben.

Das beeindruckende Profil der Holmenkollen-Sprungschanze

Frognerseteren an einem schönen Wintertag

Frognerseteren ⓮

7 km nördlich vom Stadtzentrum.
Restaurant 22 92 40 40.
Frognerseteren.

ETWA EINE HALBE Stunde zu Fuß vom Holmenkollen-Hügel liegt Frognerseteren, ein beliebter Erholungsort der Osloer. Das ursprüngliche Weideland wurde in den 1790er Jahren erstmals besiedelt.

In einem altnorwegischen Holzhaus, das die Stadt Ende des 19. Jahrhunderts hier bauen ließ, befindet sich ein Restaurant, von dessen Terrasse man eine spektakuläre Aussicht über Oslo, den Fjord und die Umgebung hat. Unterhalb des Gebäudes erinnert ein Denkmal aus Stein an die konstitutionelle Versammlung von 1814.

Die Straße vom Holmenkollen nach Frognerseteren wurde 1890 – Oscar II. und der deutsche Kaiser Wilhelm II. waren zugegen – als Keiser Wilhelms Vei eröffnet. Nach dem Zweiten Weltkrieg allerdings benannte man sie um in Holmenkollveien.

Frognerseteren ist die letzte Station der Holmenkollen-Tunnelbane-Linie und das ganze Jahr über beliebte Ausgangsbasis für Wanderungen in den Wäldern der Nordmarka mit einem Netz aus Wegen und Loipen.

Das Frognerseteren Restaurant liegt nur 15 Minuten vom Stadtzentrum entfernt. Es wird von Einheimischen und Urlaubern gerne vor oder nach einer Wanderung durch die umliegenden Wälder besucht. Hier können die Gäste traditionelle norwegische Speisen probieren (darunter auch Rentier) und das spektakuläre Panorama über den Oslofjord, 435 Meter über Meereshöhe, genießen.

Das Restaurant ist in einem Gebäude aus dem Jahr 1890 untergebracht – einem der ungewöhnlichsten Oslos. Der Architekt Holm Munthe (1848–1898) erbaute es im skandinavischen »Drachenstil« – mit geschnitzten Drachenköpfen auf den Giebeln.

Ministerpräsident Peder Anker mit seiner Familie

Bogstad Herregård ⓯

Sørkedalen 826, 8 km nordwestlich vom Stadtzentrum. 22 06 52 00.
41. Mitte Mai–Mitte Okt: Di–So 12–16 Uhr, nur für Führungen.
Di–Sa 13, 14 Uhr, So 12.30, 13.30, 14.30, 15.30 Uhr.
(Café und Laden ganzjährig Di–So 12–16 Uhr).

AUF EINER LANDZUNGE an der Ostseite des Bogstad-Sees in Søkerdalen liegt Bogstad Herregård, ein Landwirtschaftsgut, dessen Ursprünge bis auf das Mittelalter zurückgehen.

Bogstad war ursprünglich eine Pfründe des Zisterzienserklosters auf der Insel Hovedøya im inneren Oslofjord. Dann ging es an die Krone und wurde schließlich an den Ratsherrn Morten Lauritzen verkauft.

Das heutige Herrenhaus ließ Peder Anker (1749–1824), der später Ministerpräsident werden sollte, im späten 18. Jahrhundert bauen. Die Einrichtung und die große Kunstsammlung stammen größtenteils aus jener Zeit. Das Gut kam dann in die Hände von Baron Herman Wedel Jarlsberg. Die Stadt Oslo übernahm 1954, als das Gebäude samt Interieur sowie das umliegende Parkgelände Teil des Norsk Folkemuseum wurden, die Waldungen und das Ackerland.

Das Haus kann im Sommer besichtigt werden. Im Dezember finden hier Weihnachtsveranstaltungen statt.

1978 brannten das Kutschenhaus und der Holzschuppen neben dem Fahrweg von Sørkedalsveien ab; später wurden sie durch Kopien ersetzt. 1999 wurde im Rahmen einer umfassenden Restaurierung die Scheune für Bankette umgebaut.

Den Park von Bogstad Herregård legte der norwegische Landschaftsarchitekt Johan Grauer um das Jahr 1785 an. Zur Inspiration hatte ihn Peder Anker zuvor nach England geschickt, um dortige Gartenanlagen zu studieren. Grauers Parkanlage war quasi der erste englische Landschaftsgarten in Norwegen.

Das Landgut Bogstad Herregård stammt aus dem Mittelalter

STADTPLAN

IE ÜBERSICHTSKARTE unten zeigt alle Stadtteile, die im Stadtplan detailliert dargestellt sind. Die Stadtplanverweise im Text beziehen sich auf die Karten auf den folgenden drei Seiten. Die erste Zahl nennt die Karte, der Buchstabe und die zweite Zahl geben die Koordinaten an. Alle bedeutenden Sehenswürdigkeiten Oslos sind in den Karten markiert. Zusätzlich finden Sie weitere hilfreiche Orte wie Postämter, Parkplätze, Polizeistationen, Kirchen, Tunnelbane (U-Bahn)-Stationen, Krankenhäuser sowie Bushaltestellen, Fähranleger und Info-Stellen. Auf Seite 89 sehen Sie zwei weitere Karten vom Großraum Oslo und der Umgebung.

LEGENDE

Hauptattraktion	P Parken	Einbahnstraße
Weitere Sehenswürdigkeit	i Information	Fußgängerzone
Anderes Gebäude	Krankenhaus	Tunnel
Bahnhof	Polizei	
T Tunnelbane-Station	Kirche	
Bushaltestelle	Synagoge	
Busbahnhof	Post	
Fähranlegestelle	Aussichtspunkt	**MASSSTAB DER KARTEN 1–3**
Fähr-Terminal	Eisenbahn	0 Meter 250

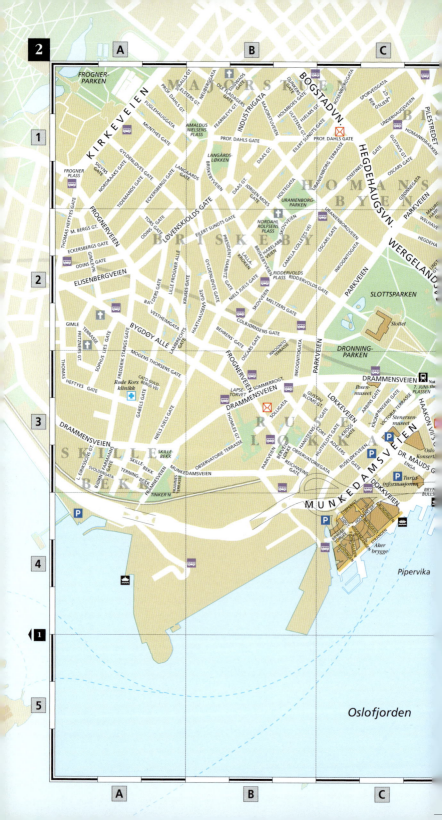

Kartenregister

7. Juniplassen	**2 C3**

A

Admiral Børresens vei	**1 B4**
Akerhus-stranda	**3 D4, 3 E4**
Akersbakken	**3 E1**
Akersgata	**3 D4, 3 E3**
Akersveien	**3 E2**
Amaldus Nielsens plass	**2 B1**
Åmotbrua	**3 F1**
Ankerbrua	**3 F2**
Ankertorget	**3 F2**
Apotekergata	**3 E3**
Arbins gate	**2 C3**

B

Badstugata	**3 E3**
Balders gate	**2 A2**
Bankplassen	**3 D4**
Beddingen	**2 C4**
Behrens' gate	**2 B2**
Benneches gate	**3 D1**
Bergsliens gate	**2 C1**
Bergstien	**3 E1**
Bergverksgata	**3 F1**
Bernt Ankers gate	**3 F3**
Bervens Løkke	**2 B3**
Bidenkaps gate	**3 D2**
Birkelunden	**3 F1**
Biskop Gunnerus' gate	**3 E3**
Bislettgata	**3 D1**
Bjerkelundgata	**3 F1**
Bjerregaards gate	**3 E1**
Bjørn Farmanns gate	**2 A3**
Bogstadveien	**2 C1**
Brandts gate	**3 E1**
Breigata	**3 F3**
Brenneriveien	**3 F2**
Briskebyveien	**2 B1, 2 B2**
Bryggegata	**2 C4**
Bryggetorget	**2 C4**
Brynjulf Bulls plass	**2 C3**
Bygdøy Allé	**1 B1, 2 A2**
Bygdøy Kapellvei	**1 A3**
Bygdøy terrasse	**1 A3**
Bygdøylund	**1 A4**
Bygdøynes	**1 C3**
Bygdøynesveien	**1 B4**
Bygdøyveien	**1 A1, 1 A2**

C

C. A. Pihls gate	**1 C1**
Calmeyers gate	**3 F3**
Camilla Colletts vei	**2 B2**
Casparis gate	**3 E1**
Cato Guldbergs vei	**2 A3**
Christian Benneches vei	**1 B3**

Christian Frederiks plass	**3 E4**
Christian Frederiks vei	**1 A2**
Christian Krohgs gate	**3 F3**
Christiania Torv	**3 D4**
Colbjørnsens gate	**2 B2**
Colletts gate	**3 D1**
Conrad Hemsens vei	**1 A4**
Cort Adelers gate	**2 C3**

D

Daas gate	**2 B1**
Dalsbergstien	**3 D1**
Dammans vei	**1 A5**
Damstredet	**3 E2**
Deichmans gate	**3 E2**
Dokkveien	**2 C3**
Dops gate	**3 E2**
Dovregata	**3 D1**
Drammens-veien	**1 C1, 2 A3**
	2 B3, 2 C3
Dronning Blancas vei	**1 A1**
Dronning Mauds gate	**2 C3**
Dronningens gate	**3 E4**
Dronninghavnveien	**1 B3**
Dronningparken	**2 C2**
Dunkers gate	**2 B1**
Dybwadsgate	**2 B1**

E

Ebbellsgate	**3 F3**
Eckersbergs gate	**2 A1, 2 A2**
Edvard Storms gate	**3 D2**
Eidsvolls plass	**3 D3**
Eilert Sundts gate	**2 B1, 2 B2**
Elisenberg-veien	**1 C1, 2 A2**
Elsters gate	**2 B1**
Enga	**2 C3**
Erling Skjalgssons gate	**1 C1**

F

Falbes gate	**3 D1**
Falck Ytters plass	**3 E1**
Fearnleys gate	**2 B1**
Festningsplassen	**3 D5**
Fjordalléen	**2 C4**
Fossveien	**3 F1**
Framnes terrasse	**2 A3**
Framnesveien	**2 A3**
Fred. Olsens gate	**3 E4**
Fredensborgveien	**3 E2**
Frederik Stangs gate	**2 A3**
Frederiks gate	**3 D3**

Fredrikke Qvams gate	**3 E1**
Fredriksborg-veien	**1 A4, 1 B3**
Fridtjof Nansens plass	**3 D3**
Frimanns gate	**3 D2**
Fritzners gate	**2 A2**
Frogner plass	**2 A1**
Frognerparken	**2 A1**
Frognerstranda	**1 C1**
Frognerveien	**2 A2, 2 B3**
Frøyas gate	**1 B1**
Frøyas have	**1 C1**
Frydenlundgata	**3 D1**
Fuglehauggata	**2 A1**

G

Gabels gate	**2 A3**
Gange-Rolvs gate	**1 C1**
Geitmyrsveien	**3 D1**
Gimle terrasse	**2 A2**
Gimleveien	**2 A2**
Glacisgata	**3 E4**
Graahbakken	**1 A4**
Grandeveien	**1 A4**
Grev Wedels plass	**3 E4**
Grønland	**3 F3**
Grønnegata	**2 C1**
Grubbegata	**3 E3**
Grundingen	**2 C4**
Grünerbrua	**3 F2**
Grünerhagen park	**3 F1**
Grüners gate	**3 F1**
Gustav Bloms gate	**2 B3**
Gustavs gate	**2 C1**
Gyldenløves gate	**2 A1, 2 B2**

H

H. Kjerulfs plass	**3 D2**
Haakon VII's gate	**2 C3**
Hafrsfjordgata	**1 C1**
Hallings gate	**3 D1**
Hambros plass	**3 D3**
Hammerborg torg	**3 E2**
Hans Ross' gate	**3 E1**
Hansteens gate	**2 B3**
Harald Rømkes vei	**1 B4**
Harelabbveien	**2 B2**
Hausmanns bru	**3 F3**
Hausmanns gate	**3 F2**
Havneveien	**3 F5**
Haxthausens gate	**2 B2**
Hegdehaugs-veien	**2 C1, 2 C2**
Helgesens gate	**3 F1**
Hengsengveien	**1 A1**
Henrichsensgate	**3 D1**
Henrik Ibsens gate	**3 E3**
Herbernveien	**1 B4**
Hieronymus Heyerdahls gate	**3 D3**
Hjalmar Jordans vei	**1 A3**

Hjelms gate	**2 B1**
Hjørungavåggata	**1 C1**
Holbergs gate	**3 D2**
Holbergs plass	**3 D2**
Holmboes gate	**2 B1**
Holmens gate	**2 C4**
Holtegata	**2 B1**
Homannsbakken	**2 C1**
Hospitalsgata	**3 E3**
Høyesteretts plass	**3 E3**
Huitfeldts gate	**2 C3**
Huk Aveny	**1 A4, 1 B3**
Huk terrasse	**1 B3**

I

Industrigata	**2 B1**
Inngegjerds vei	**1 B1**
Inkognito terrasse	**2 B2**
Inkognitogata	**2 B3, 2 C2**

J

J. Aalls gate	**2 A1**
J. Nygaardsvolds plass	**3 E3**
Jernbanetorget	**3 E3**
Jess Carlsens gate	**3 F2**
Jørgen Moes gate	**2 B1**
Josefines gate	**2 C1**

K

K. Stubs gate	**3 D3**
Karl Johans gate	**3 D3**
Keysers gate	**3 E2**
Kirkegata	**3 D4, 3 E3**
Kirkeveien	**2 A1**
Klingenberggata	**3 D3**
Knud Knudsens plass	**3 D1**
Kongens gate	**3 D5, 3 E4**
Konsul Schjelderups vei	**1 A4**
Korsgata	**3 F2**
Krafts gate	**3 D1**
Kristian Augusts gate	**3 D2**
Kristian IV's gate	**3 D3**
Krogsgate	**2 C3**
Kronprinsens gate	**2 C3**
Krumgata	**3 D1**
Kruses gate	**2 A2**

L

Lakkegata	**3 F3**
Lallakroken	**2 B2**
Lambrechts gate	**2 A2**
Langaards gate	**2 A1**
Langårdsløkken	**2 B1**
Langes gate	**3 D2**
Langviksveien	**1 B3**
Lapsetorvet	**2 B3**
Leirfallsgata	**3 F2**
Leiv Eirikssons gate	**2 A3**

KARTENREGISTER
103

Lille Bislett 3 D1
Lille Frogner allé 2 A2
Lille Herbern 1 B4
Linstows gate 2 C2
Løchenveien 1 B4, 2 C3
Louises gate 3 D1
Løvenskiolds gate 2 A2
Lybeckergata 3 F3

M

Magnus Barfots
gate 1 C1
Magnus Bergs
gate 2 A2
Majorstuveien 2 B1
Mariboes gate 3 E2
Maridalsveien 3 E1
Marselis' gate 3 F1
Martinus Lørdahls
plass 3 D1
Mauritz Hansens
gate 2 C2
Mellbyedalen 1 B3
Meltzers gate 2 B2
Mogens Thorsens
gate 2 A2
Møllergata 3 E2, 3 E3
Møllerveien 3 F2
Munchs gate 3 D2
Munkedams-
veien 2 B3, 2 C3
Munthes gate 2 A1
Museums-
veien 1 A3, 1 B3
Myntgata 3 D4

N

Nedre gate 3 F2
Nedre Slottsgate 3 E3
Nedre Vollgate 3 D3
Neuberggata 2 B1
Niels Juels
gate 2 A3, 2 B2
Nobels gate 1 C1
Nordahl Bruns
gate 3 D2
Nordahl Rolfsens
plass 2 B2
Nordraaks gate 2 A1
Nordre gate 3 F2
Nybrua 3 F2
Nylandsveien 3 F4

O

Observatorie
terrasse 2 B3
Observatoriegata 2 B3
Odins gate 2 A2
Olaf Ryes plass 3 F1
Olav Kyrres gate 1 B1
Olav V's gate 3 D3
Ole Fladagers gate 2 B1
Oscars gate
2 B2, 2 C1, 2 C2
Oscarshallveien 1 B2
Osterhaus' gate 3 F2
Østre Elvebakke 3 F2
Øvre Slottsgate 3 D3
Øvre Vaskegang 3 F2
Øvre Vollgate 3 D3

P

P. T. Mallings vei 1 A4
Parkveien
2 B3, 2 C1, 2 C2
Pilestredet 2 C1, 3 D2
Pløens gate 3 E3
President Harbitz'
gate 2 B2
Prestegata 3 D3
Prinsens gate 3 E4
Prof. Dahls
gate 2 A1, 2 B1, 2 C1

R

Rådhusgata 3 D4, 3 E4
Rådhusplassen 3 D3
Reichweinsgate 2 B3
Revierstredet 3 E4
Riddervolds gate 2 B2
Riddervolds plass 2 B2
Riggergangen 2 C4
Roald Amundsens
gate 3 D3
Rolf Strangers plass 3 D4
Rosenborggata 2 C1
Rosenkrantz' gate 3 D3
Rosings gate 3 E2
Rosteds gate 3 E2
Ruseløkkveien 2 C3

S

S. H. Lundhs vei 1 A4
Schandorffs gate 3 E2
Schiøtts vei 1 A5

Schous plass 3 F2
Schweigaards bru 3 F4
Schweigaardsgate 3 F3
Schwensens gate 3 D1
Sehesteds gate 3 D3
Seilduksgata 3 F1
Sigyns gate 2 A1
Sjøgata 2 C4
Skarpsnoparken 1 C1
Skillebekk 2 A3
Skippergata 3 E4
Skovveien 2 B2
Slottsparken 2 C2
Sofienberggata 3 F1
Sofies gate 3 D1
Solligata 2 B3
Sommerrogata 2 B3
Søndre gate 3 F2
Sophus Lies gate 2 A3
Spikersuppa 3 D3
Sporveisgata 2 C1
St Hanshaugen 3 D1
St Olavs gate 3 D2
Steenstrups gate 3 F1
Stenersgata 3 F3
Stensberggata 3 D2
Stolmakergata 3 F2
Støperigata 2 C4
Store Herbern 1 B5
Storgata 3 E3, 3 F2
Stortingsgata 3 D3
Stortingsplassen 3 D3
Stortorvet 3 E3
Stranden 2 C4
Strandgata 3 E4
Strømsborgveien 1 A3
Sven Bruns gate 3 D2
Svoldergata 2 A3

T

Telthusbakken 3 E1
Terningbekk 2 A3
Th. Kittelsens plass 3 F2
Theodor Løvstads
vei 1 A4
Thomas Heftyes gate
1 C1, 2 A2, 2 A3
Thomles gate 2 B3
Thor Olsens gate 3 E2
Thorvald Meyers
gate 3 F1, 3 F2
Tidemands gate 2 A1
Tinker'n 2 A3
Toftes gate 3 F1

Tollbugata 3 E4
Tordenskiolds gate 3 D3
Torggata 3 E3, 3 F2
Tors gate 2 A2
Torvbakkgata 3 F2
Tostrup terrasse 1 C1
Tostrups gate 1 C1
Tullinløkka 3 D2
Tullins gate 3 D2

U

Ulfstens gate 2 B1
Ullevålsveien 3 D1, 3 E2
Underhaugsveien 2 C1
Ungers gate 3 E1
Universitetsgata 3 D3
Universitetsplassen 3 D3
Uranienborg
terrasse 2 C1
Uranienborgparken 2 B1
Uranienborgveien 2 C2

V

Vår Frelsers
gravlund 3 E1
Vaterlands Bru 3 F3
Vaterlandsparken 3 F3
Vestheimgata 2 A2
Vestre Elvebakke 3 F2
Victoria Terrasse 2 C3

W

Waldemar Thranes
gate 3 D1
Wedels vei 1 B1
Welhavensgate 2 C2
Wergelandsveien 2 C2
Wessels gate 3 D2
Wessels plass 3 D3
Westye Egebergs
gate 3 E1
Wilses gate 3 E2

Y

Youngs gate 3 E3
Youngstorget 3 E3

Z

Zetlitz' gate 3 D2

Die Lofoten mit Bergen und zerklüfteter Küste, eines der landschaftlich schönsten Gebiete Norwegens ▷

Die Regionen Norwegens

Um den Oslofjord 106–119
Ostnorwegen 120–137
Sørlandet und Telemark 138–153
Vestlandet 154–181
Trøndelag 182–195
Nordnorwegen und Svalbard 196–215

Um den Oslofjord

DIE ÄLTESTEN SIEDLUNGEN IN DER *Gegend um den Oslofjord stammen aus der Stein- und Bronzezeit. Hier – an der Ost- und Westküste – grub man auch drei der besterhaltenen Wikingerschiffe aus. Die Ufer des Fjords sind nahe der Stadt zwar dicht bebaut, doch weiter im Süden findet man beschauliche Dörfer mit hübschen holzvertäfelten Häusern und ruhige Inseln.*

Der Anblick des Oslofjords an einem Sommertag, wenn es von Fähren, Vergnügungsbooten und Yachten wimmelt, ist atemraubend. Der 100 Kilometer lange Fjord erstreckt sich vom Skagerrak bis zum Hafen von Oslo. Er verengt sich bei Drøbak, wird dann gen Oslo jedoch wieder breiter. Die Fylker (Regierungsbezirke) Akershus und Østfold liegen östlich, Buskerud und Vestfold westlich vom Oslofjord.

Über eine Million Menschen leben an den Küsten, in einigen der ältesten Ortschaften des Landes, die teilweise eine lange Handels- und Seefahrtsgeschichte haben. Die ganze Gegend ist von der Nähe zur Hauptstadt geprägt – die Infrastruktur ist gut entwickelt, die Straßenverbindungen sind gut, und Europas längster Straßentunnel (7,2 km) unter dem Meer verbindet Frogn im Osten mit Hurum im Westen. Viele Leute, die in Oslo arbeiten und am Fjord wohnen, pendeln täglich hin und her.

Das Gebiet um den Oslofjord bietet eine Mischung aus altnorwegischem Kulturvermächtnis und moderner Industrie. Abseits der Gewerbegebiete ist die Küste mit großen und kleinen Inseln und Buchten, Ferienorten und Yachthäfen sowie mit bemalten Sommerhütten gesprenkelt. Besucher können Burgen und Grabhügel der Wikinger erkunden, durch farbenfrohe Dörfer mit Museen und Kunstgalerien bummeln oder Boot fahren, angeln, schwimmen und wandern.

Der Sommer ist hier normalerweise recht warm. Stavern *(siehe S. 119)* hält mit 200 Sonnentagen im Jahr den norwegischen Rekord. Die Winter sind selten streng, die Schneemenge variiert von Ort zu Ort, je nachdem, wie hoch und wie weit im Landesinneren die Gegend liegt.

Der Badeparken in Drøbak, einer der meistbesuchten Strände an der Ostseite des Oslofjords

◁ Galionsfigur an einem der vielen Holzhäuser im malerischen Drøbak

Überblick: Um den Oslofjord

Von seinem Abschnitt im Landesinneren bis zu den Schären nahe dem Færder-Leuchtturm ist der Oslofjord von idyllischen Städten und Dörfern gesäumt. Massive Festungen bewachen lebhafte Häfen, im Nationalpark Borre fand man Grabhügel antiker Könige. Eine der lohnendsten Arten, den Fjord zu erkunden, ist eine Fahrt mit dem Segel- oder Motorboot. Sie können einen Ausflug mit dem Sightseeing-Boot machen oder einfach den Fjord mit der Fähre überqueren. Wenn Sie mit dem Wagen unterwegs sind, lohnt sich ein Umweg über die kleineren Straßen, die zu Stränden oder Weilern führen.

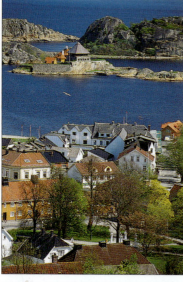

Stavern hat noch viele Gebäude aus dem 18. Jahrhundert, als die Stadt ein Flottenstützpunkt war

LEGENDE

- ▬▬ Autobahn
- ▬▬ Hauptstraße
- ▬▬ Nebenstraße
- ▬▬ Eisenbahn

SIEHE AUCH

- *Übernachten* S. 223
- *Restaurants* S. 235f

SEHENSWÜRDIGKEITEN AUF EINEN BLICK

Drøbak ❻
Fredrikstad S. 112f ❸
Halden ❶
Hankø ❹
Henie Onstad
  Kunstsenter ❽
Horten ❾
Larvik ❸
Moss ❺
Nationalpark Borre ❿
Sandefjord ⓬
Sarpsborg ❷
Stavern ⓮
Tusenfryd ❼

Tour
Tønsberg–Verdens Ende ⓫

Die Seglerstadt Tønsberg ist das Tor zu vielen Inseln am Oslofjord

UM DEN OSLOFJORD UNTERWEGS

Den Oslofjord erreicht man per internationalem Flug zu den Flugplätzen Gardermoen und Torp, per Schiff und Fähre nach Oslo und Kristiansand und per Zug und Auto vom Kontinent via Schweden. Die E6 führt von der schwedischen Grenze im Süden an der Ostküste entlang. Im Westen fährt man auf der E18 in Richtung Kristiansand. Man kann den Oslofjord entweder durch den Unterwassertunnel zwischen Hurum und Drøbak oder mit der Fähre zwischen Moss und Horten unter- bzw. überqueren.

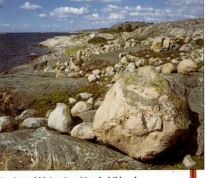

Große und kleine Granitinseln bilden den Hvaler-Archipel am Fjordeingang

Halden ❶

Regierungsbezirk Østfold. 26 000.
Torget 2, 69 19 09 80.
Festival der Holzboote (4. Wochenende im Juni).
w www.visithalden.com

Das lebhafte Geschäftszentrum von Sarpsborg

DIE STADT HALDEN ist für jene, die aus Schweden in die südlichen Regionen reisen, das Tor zu Norwegen. Sie liegt zurückgesetzt am Iddefjord zwischen einem schönen Archipel auf der einen und Wäldern und Seen auf der anderen Seite. Die Stadt entwickelte sich im 16. und 17. Jahrhundert als Vorposten an der schwedischen Grenze. Hier stehen viele gut erhaltene alte Häuser sowie klassizistische Gebäude.

Krönender Glanzpunkt Haldens ist die **Frederiksten Festning**, eine imposante Verteidigungsanlage auf dem Hügel über der Stadt mit Wällen, Pulverkammern und einem Waffenarsenal. Die ersten Befestigungsanlagen entstanden 1643–45. 1718 wurde der Schwedenkönig Karl XII. bei seinem zweiten Versuch, die Festung einzunehmen, hier erschossen. Zur Festung gehört die Zitadelle, hinter der Borgerskansen und drei Forts gen Süden und Osten liegen: Gyldenløve, Stortårnet und Overberget. Die Festungsmuseen besitzen große Sammlungen über Kriegsgeschichte und zivile Erinnerungsstücke. Es gibt eine Apotheke aus den 1870er Jahren, eine Bäckerei und eine Brauerei.

Der Kanal, Haldenkanalen, ist Teil des Haldenvassdraget, der durch eine Reihe großer Seen fließt. Boote können dank dreier Schleusen den 75 Kilometer langen Abschnitt zwischen Tistedal und Skulerud befahren. Die 26,60 Meter hohe Brekke-Schleuse aus vier Kammern ist die höchste Schleuse Nordeuropas.

Die *M/S Turisten* verkehrt im Sommer zwischen Tistedal und Strømsfoss sowie zwischen Strømsfoss und Ørje.

Fredriksten Festning
1 km südlich vom Stadtzentrum.
69 19 09 80. **Festung** ganzjährig.
Museum 18. Mai – 31. Aug: tägl.;
Sep: So.

Sarpsborg ❷

Regierungsbezirk Østfold. 49 500.
Glengsgata, 69 15 65 35.
Musikfestival Gleng (Mai/Juni),
Olavs Festival (Juli/Aug).

KÖNIG OLAV der Heilige gründete Sarpsborg im Jahr 1016 – dies ist somit Norwegens älteste Stadt. Tatsächlich kann die Geschichte der Siedlung sogar 7000 Jahre zurückverfolgt werden, dank der Entdeckung von Grabhügeln, primitiven Befestigungsanlagen, Steinmonumenten und Felszeichnungen. Im nahen Tune grub man das Wikingerschiff Tuneskipet aus (*siehe S. 85*).

Der Fluss Glomma und der Wasserfall Sarpsfossen bildeten die Basis des kommerziellen Fortschritts der Stadt, da mit ihrer Hilfe Holz zu den Sägewerken geschafft wurde. Der Hafen wurde im 19. Jahrhundert zum zweitgrößten Holzverladehafen des Landes. Die Holzindustrie ist noch immer ein wichtiges Gewerbe in der Stadt.

Das **Borgarsyssel Museum** wurde 1929 dort, wo Olav der Heilige seine Burg hatte, eröffnet. Die Ruinen von Burg und Nikolaskirken (1115) können besichtigt werden. Mittelalterliche Steinarbeiten aus der Region werden in der Steinhoggerhallen präsentiert. Das Hauptgebäude des Museums, Østfoldgalleriet, zeigt Kunsthandwerk und Industrieprodukte wie glasierte Tonwaren im Rokokostil aus Herrebøe. In einem Klostergarten vor dem Museum wachsen Heil- und Gewürzkräuter.

In der Freilichtabteilung sieht man historische Häuser, darunter ein Arbeiterwohnhaus, St. Olavs Vold, aus den 1840er Jahren mit 20 Wohnungen – jeweils mit einem Zimmer und Küche.

Borgarsyssel Museum
Gamlebygaten 8. 69 15 50 11.
Mai–Aug: tägl.; Sep–Apr: Di–Fr.
Feiertage.

Die Fredriksten Festning bildet die dramatische Kulisse Haldens

Fredrikstad ❸

Siehe S. 112f.

Hankø ❹

Regierungsbezirk Østfold. 302 von Fredrikstad nach Vikane.
Turistinformasjonen, Fredrikstad, 69 30 46 00.

Galleri 15 befindet sich in der Villa Alby auf der Insel Jeløy nahe Moss

Die Insel Hankø liegt westlich von Fredrikstad in Richtung äußerer Oslofjord. Sie wurde in den 1950er und 1960er Jahren als Urlaubsziel beliebt, als König Olav hier eine Sommerresidenz, Bloksberg, hatte.

Dem Fjord präsentiert Hankø seine felsige Fassade, doch die geschützte Ostseite ist bewaldet und bietet einen sehr beliebten Hafen und Ankerplatz. 1882 wurde hier die Norwegische Seglervereinigung gegründet, seitdem ist die Insel Veranstaltungsort von nationalen Regatten, Segelrennen und sogar Weltmeisterschaften.

Auch der Rudersport hat auf Hankø eine lange Tradition. Der Ruderklub Fredrikstad wurde hier um das Jahr 1870 gegründet.

Moss ❺

Regierungsbezirk Østfold. 28 000. Skogaten 52, 69 24 15 20. Kunstfestival Momentum (Mai–Aug.). www.visitmoss.com

Moss, ein wichtiges Industrie- und Handelszentrum der Fylke Østfold, ist auch für seine Kunstgalerien und Skulpturenalleen bekannt. Der Hafen ist seit langem ein Knotenpunkt für den Bootsverkehr auf dem Oslofjord. Heute fahren vor allem Autofähren zwischen Moss und Horten.

Das Stadt- und Industriemuseum, **Moss by- og Industrimuseum**, ist dem industriellen Fortschritt der Stadt Moss gewidmet. Der **Konventionsgården** von 1778 ist das Hauptgebäude der Eisenhütte Moss Jernverk, die Mitte des 18. Jahrhunderts errichtet wurde. Hier wurde 1814 der Moss-Vertrag unterzeichnet, der die Union zwischen Norwegen und Schweden (statt Dänemark) ratifizierte.

Im Westen von Moss liegt die Insel Jeløy, einst eine Halbinsel und mit dem Festland im Südosten verbunden. Ein Kanal, der zwischen Mossesundet und Værlebukta gegraben wurde, schnitt Jeløy vom Festland ab, verhinderte aber nicht einen Bauboom in den 1960er Jahren. Die Villa auf dem Anwesen Alby Gods auf Jeløy beherbergt die Kunstgalerie **Galleri 15**. Das elegante Refsnes Gods ist heute ein Hotel (*siehe S. 223*).

Das idyllische Hafendorf **Son** nördlich von Moss ist ein beliebtes Ausflugsziel. Die Gebäude im Zentrum erinnern an das 18. Jahrhundert, als Holzhandel, Schifffahrt, Spinnerei und Schnapsbrennerei hier einen goldenen Boden hatten. Son bietet hübsche kleine Straßen, ein Ökomuseum, einen Museumshafen, lebhafte Küstenkultur, Ausstellungen und viele gemütliche Restaurants.

🏛 **Moss by- og Industrimuseum**
Fossen 21–23. 69 24 83 60.
Di–Fr, So. Feiertage.

🏛 **Galleri 15**
Alby Gård, 4 km westlich von Moss.
69 27 10 33. Di–So. einige Feiertage.

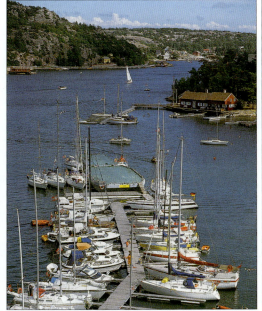

Hankø ist vor allem bei Seglern beliebt

Im Detail: Fredrikstad ❸

Frederik II., Gründer von Fredrikstad

Als Sarpsborg 1567 im Nordischen Siebenjährigen Krieg niedergebrannt worden war, erlaubte Frederik II. den Einwohnern, näher an die Mündung des Flusses Glomma zu ziehen, wo bessere Bedingungen für Handel, Schifffahrt und Fischerei herrschten. So entstand Fredrikstad, das 1663 dann zur Festungsstadt wurde. Innerhalb der Bastionsmauern entwickelte sich Gamlebyen (die Altstadt), heute ein attraktives Viertel mit Kopfsteinpflasterstraßen, Kunstgalerien, einem berühmten Handwerkszentrum, Läden und Restaurants. Eine Brücke von 1957 führt in die moderne Industrie- und Gewerbestadt und ins lebhafte Stadtzentrum.

Altes Rathaus
Die ersten Ratsherren von Fredrikstad hatten ihren Sitz im Alten Rathaus (Gamle Rådhus) von 1784. 1797 war hier der Laienprediger Hans Nielsen fünf Wochen lang inhaftiert.

★ Proviantshaus
Das massive, 1674–96 erbaute Proviantshaus (Proviantshus) hat vier Meter dicke Steinmauern. Es ist das älteste Gebäude in Fredrikstad. In zwei großen Gewölberäumen im Erdgeschoss finden heute Bankette statt.

Fluss Glomma

Mellomporten, das Mittlere Tor (1727) ziert das Monogramm Frederiks IV.

Altes Zuchthaus
Das Alte Zuchthaus (Gamle Slaveri) wurde 1731 als Haftanstalt gebaut. Einer der Räume konnte 27 Insassen aufnehmen. Heute ist es Teil des Fredrikstad Museum.

Nach Vaterland

Das Laboratoriet (Laboratorium) entstand 1802 als Schießpulverfabrik.

Nicht versäumen

- ★ Kongens torv
- ★ Proviantshaus

FREDERIKSTAD

★ Kongens torv
Auf dem Königsplatz steht eine Statue Frederiks II., der die Stadt 1567 gründete. Hier, im Zentrum der Altstadt, wurden Verbrecher an den Pranger gestellt.

> **INFOBOX**
>
> Bezirk Østfold. 70 000. St Olavsgate 2. Torvbyen. Tollbodbrygga Frederikstad. Tøihusgate 41, Gamlebyen, 69 30 46 00. Sommermarkt (Sa). Winterfestival, Altstadt (Jan/Feb), Animations-Festival (Mai), Glomma-Festival (Juli), Musikfestival Essens (Sep), Folklore- und Tanzfest (Okt).

LEGENDE

- - - Routenempfehlung

→ Zum Zentrum Fredrikstad

Tor in der Stadtmauer
Das Walltor (Voldporten) entstand 1695. Darüber stehen Monogramm und Motto von Christian V., Pietate et justitia (Frömmigkeit und Gerechtigkeit).

0 Meter 100

Zugbrücke
Zwischen Zapfenstreich und Weckruf war die Brücke hochgezogen. Wenn der berittene Briefträger in dieser Zeit kam, zog man seinen Sack an einem Seil über den Graben.

Drøbak, südlich von Oslo, an der schmalsten Stelle des Oslofjords

Drøbak ❻

Regierungsbezirk Akershus.
🏠 14 000. 🚌 ⛴ Sommer.
ℹ Havnegaten 4, 64 93 50 87.
🎭 Oscarsborg-Spiele (Juli).

Eine halbe Autostunde südlich von Oslo an der Ostseite des Oslofjords liegt das schöne Dorf Drøbak. Einst war es Lotsenstation und diente als Oslos Winterhafen, wenn der Fjord bis nahe der Stadt zugefroren war. Heute ist das Dorf mit Holzhäusern und engen Straßen (18. und 19. Jh.) ein beliebter Wohn- und Ferienort. Von hier führt der 7,2 Kilometer lange Oslofjord-Tunnel, der 2000 eröffnet wurde, tief unter dem Fjord zum Westufer.

In Drøbak findet Norwegens größte ganzjährige Weihnachtsausstellung mit Julehus (Weihnachtshaus) und Julenissens Postkontor statt – das Postamt wird übrigens von einem »Elf« geführt. Am Hauptplatz Torget und in den angrenzenden Straßen gibt es Läden, Galerien und Restaurants. Badeparken, ein Park mit Strand, liegt ganz in der Nähe.

Am kleinen Hafen stellt das Meerwasseraquarium **Saltvannsakvariet** einheimische Fische und Meerestiere vor. Thema der **Drøbak Båtforenings Maritime Samlinger** (Meeressammlung) nebenan ist das Leben an der Küste.

Näher am Zentrum, in Seiersten, befindet sich das **Follo Museum** mit 200 bis 300 Jahre alten Gebäuden.

Die **Oscarsborg Festning** auf einer Insel westlich von Drøbak spielte beim Versenken des deutschen Kriegsschiffs *Blücher* am 9. April 1940 eine Rolle. Hier abgefeuerte Torpedos trafen das Schiff mit den ersten Besatzungstruppen an Bord auf dem Weg nach Oslo. Die Invasion wurde aufgehalten, der König hatte Zeit zu fliehen. Im Sommer werden hier Stücke aufgeführt.

🏛 **Drøbak Båtforenings Maritime Samlinger**
Krokettønna 4. 📞 64 93 50 87.
🕐 Mai–Sep: tägl. 📷

🏛 **Follo Museum**
Belsjøveien 17. 📞 64 93 99 90.
🚌 504. 🕐 Ende Mai–Mitte Sep Di–Fr. ● einige Feiertage.

⚓ **Oscarsborg Festning**
Kahomene. 📞 81 55 19 00.
⛴ von Sjøtorget nach Drøbak.
🕐 Juni–Aug: tägl.

Tusenfryd ❼

Regierungsbezirk Akershus. 📞 64 97 64 97. 🚌 Bus vom Busbahnhof Oslo, 10–13 Uhr alle 30 Min. 🕐 Mai–Sep: tägl.

Norwegens grösster Vergnügungspark, Tusenfryd, liegt 20 Kilometer südlich von Oslo an der Kreuzung der Autobahnen E6 und E18.

Die Hauptattraktion des Parks ist der Thundercoaster, die größte hölzerne Achterbahn in Nordeuropa. Die 2001 eröffnete Bahn sorgt mit 32 Meter tiefen Stürzen für Gekreische.

Es gibt viele Fahrgeschäfte, Imbissbuden und Läden, außerdem werden die jährlich etwa eine halbe Million Besucher mit vielen Wasseraktivitäten unterhalten.

Eines der vielen Fahrgeschäfte des Vergnügungsparks Tusenfryd

Henie Onstad Kunstsenter ❽

Regierungsbezirk Akershus. 📞 67 80 48 80. 🚌 151, 152 von Oslo. 🕐 Di–Do 11–19, Fr–So 11–18 Uhr.

Das Henie Onstad Kunstsenter, ein ungewöhnliches Zentrum für moderne Kunst, schenkten die dreimalige olympische Goldmedail-

Das Henie Onstad Kunstsenter präsentiert moderne Kunst

UM DEN OSLOFJORD   115

lengewinnerin im Eiskunstlauf (1928, 1932, 1936) Sonja Henie und ihr Mann Niels Onstad dem Staat. Es präsentiert die Kunstsammlung des Paares, darunter Werke von Matisse, Bonnard, Picasso und Miró sowie von expressionistischen und abstrakten Künstlern der Nachkriegszeit wie Estève und Soulages.

Die Trophäensammlung aus Sonja Henies außergewöhnlicher Sportlerkarriere ist ebenfalls zu sehen: Medaillen und Pokale, die sie für ihre herausragenden Leistungen im Eiskunstlauf bei Olympischen Spielen und bei nicht weniger als zehn Weltmeisterschaften erhielt.

Zum Museum gehören Bibliothek, Auditorium, Kinderwerkstatt, Café und ein hervorragendes Restaurant.

Im Nationalpark Borre gibt es viele Grabhügel aus der Wikingerzeit

entstand um den Flottenstützpunkt Karljohansvern (19. Jh.) mit Werft und Hafen. In den gut erhaltenen Garnisonsgebäuden befindet sich das **Marinemuseet**. Es wurde 1853 gegründet und ist somit das älteste Marinemuseum der Welt. Es bietet eine umfassende Sammlung an Schiffsmodellen und anderen Exponaten über die Marinegeschichte. Das weltweit erste Torpedoboot, die *Rap* von 1872, ist im Freigelände zu besichtigen. Eine neue Anschaffung ist das U-Boot *KNM Utstein* (1965).

Nebenan befindet sich das **Norsk Museum for Fotografi** (Norwegisches Museum für Fotografie). Kameras, Fotos und andere Objekte illustrieren die Entwicklung dieser Kunst.

Das Zentrum Hortens mit seinen Holzhäusern hat sich das Flair des 19. Jahrhunderts bewahrt. Im Sommer schmücken Blumen die Straßen, rigide Tempolimits zwingen zum Langsamfahren. Straßencafés tragen zur Atmosphäre bei. Doch berühmt ist Horten für Storgaten, angeblich Norwegens längste Einkaufsmeile.

🏛 **Marinemuseet**
Karljohansvern, 1 km östlich vom Stadtzentrum. 33 03 35 46.
Mai–Sep: tägl.; Okt–Apr: So.
Feiertage.
🏛 **Norsk Museum for Fotografi**
Karljohansvern, 1 km östlich vom Stadtzentrum. 33 03 16 30.
Di–So 12–17 Uhr.

Nationalpark Borre ❿

Bezirk Vestfold. 33 07 18 50. 01 von Horten. Park ganzjährig. Midgard Historisches Zentrum tägl. 11–18 Uhr. Feiertage; Sep–Mai: Mo.

B ORRE, SKANDINAVIENS größte Ansammlung von Königsgräbern, bietet sieben große und 21 kleinere Grabhügel. Ausgrabungen enthüllten Ende der 1980er Jahre, dass der älteste Hügel von 600 n. Chr. stammt, das heißt aus der Zeit vor den Wikingern. Es ist somit wahrscheinlich, dass in einigen der Hügel Könige der Ynglinge-Dynastie liegen, die sich nach der Flucht aus Schweden in Vestfold niedergelassen hatten. Weitere 300 Jahre lang wurden hier Leichen bestattet. Man grub zahlreiche Handwerksobjekte aus. Die Borrestilen genannten Gegenstände tragen komplizierte Tier- und Schleifenverzierungen, die oft für Harnische verwendet wurden.

Die Funde belegen, dass in den Hügeln auch Schiffe, ähnlich dem Gokstad- und Oseberg-Schiff *(siehe S. 84f)*, begraben waren.

Borre war der erste Nationalpark des Landes. Die graSbewachsenen Hügel liegen in Wäldern in einem gepflegten Gebiet am Ufer. Zu jeder Jahreszeit finden historische Open-Air-Veranstaltungen statt, z. B. Wikingermärkte. Im Historischen Zentrum sind archäologische Funde ausgestellt.

Modell eines Dreimasters im Marinemuseet, Horten

Horten ❾

Bezirk Vestfold. 17 000. nach Skoppum, 10 km westlich der Stadt. Tollbugata 1 A, 33 03 17 08. www.visithorten.com

E INE BRONZESTATUE, bekannt als Hortenspiken (Mädchen aus Horten), begrüßt die Besucher am Nordeingang der Stadt. Das Boot, das sie in Händen hält, weist darauf hin, dass dies eine Hafenstadt ist, die vor allem bei Freizeitseglern beliebt ist. Horten

Galionsfigur, Marinemuseet

Eine Fähre passiert den engen Drøbaksundet im Oslofjord ▷

Tour von Tønsberg nach Verdens Ende ⓫

DIE KÜRZESTE ROUTE ZWISCHEN Tønsberg und der südlichsten Spitze Tjømes, auch als »Ende der Welt« bekannt, ist nur 30 Kilometer lang, man benötigt aber viel Zeit, um diesen wunderbaren Archipel zu erkunden, insbesondere seine östliche Seite. Die Tour führt durch attraktive Ferienorte und an schönen Buchten, Meerengen, alten Kapitänshäusern und malerischen Bootshäusern vorbei. Brücken verbinden die größeren Inseln, und immer wieder lädt das Meer zum Baden ein.

Eines der vielen Ferienhäuser an der Küste Tjømes

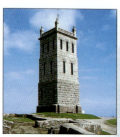

Tønsberg ①
Das 871 gegründete Tønsberg war im Mittelalter ein blühendes Handelszentrum. Den Turm Slottsfjelltårnet (19. Jh.) errichtete man über den Ruinen einer antiken Burg.

Nøtterøy ②
Zwischen Tønsberg und Tjøme liegt der Archipel von Nøtterøy mit 175 Inseln. Nøtterøy hat eine Reihe antiker Bauwerke zu bieten, darunter eine Kirche aus dem 12. Jahrhundert.

Tjøme ③
Das beliebte Feriengebiet Tjøme umfasst 478 Inseln. Auf der Hauptinsel stehen viele schöne alte Gebäude.

Verdens Ende ④
Auffälligstes Detail am Leuchtturm an Verdens Ende, an der südlichsten Spitze von Tjøme, ist der rotierende Feuerkorb.

LEGENDE

▬ Routenempfehlung
═ Andere Straße

ROUTENINFOS

Start: Tønsberg ist Ausgangspunkt für Fahrten zu den Inseln Nøtterøy und Tjøme.
Länge: ca. 20 km.
Rasten: Unterwegs gibt es zahlreiche Restaurants, eines z. B. in Verdens Ende.

Sandefjords Walfangmonument von Knut Steen, 1969

Sandefjord ⑫

Regierungsbezirk Vestfold. 40 000.
✈ 🚂 🚌 ⛴ ℹ Thor Dahls gate 1,
33 46 05 90. 🎉 Mittsommer-Bootsprozession (23. Juni), Sommerschau auf Rika (Juli), Klassische Musik in einer Sommernacht (1. und 2. Woche im Juli), Weihnachtsmarkt (letzte Woche im Nov).

DIE HEUTIGE STADT Sandefjord ist relativ jung, aber Funde aus der Bronze- und Wikingerzeit, darunter das Wikingerschiff, das man 1880 in Gokstadhaugen fand *(siehe S. 84f)*, belegen eine lange Handels- und Seefahrtsgeschichte. Der Hafen war bereits um 1200 bekannt. 1800 wurde Sandefjord nach einem Feuer wieder aufgebaut.

Bis Anfang des 20. Jahrhunderts war das **Kurbadet** (1837) für sein heilkräftiges Moorbad bekannt. Das restaurierte Gebäude steht heute unter Denkmalschutz, das Moorbad gibt es nicht mehr.

Viele Jahre lang – bis 1968 – war der Walfang Sandefjords Hauptgewerbe. Das **Hvalfangstmuseet** (Walfangmuseum) erzählt die Entwicklung von den frühen Ruderbooten bis zur Einführung von Fabrikschiffen. Eine Abteilung widmet sich den Tieren in Arktis und Antarktis.

Das Walfangmonument an der Strandpromenade ist ein Werk Knut Steens.

🏛 **Kurbadet**
Thor Dahls gate. ☎ 33 46 58 57.
◯ nur kulturelle Veranstaltungen und Führungen. 🔑 nach Vereinbarung.
🏛 **Hvalfangstmuseet**
Museumsgate 39. ☎ 33 48 46 50.
◯ tägl. ⬤ einige Feiertage.

Larvik ⑬

Regierungsbezirk Vestfold. 40 000.
✈ 🚂 🚌 ⛴ ℹ Storgata 48,
33 13 91 00. 🎉 Herregårdsspille (Mitte Juli), Jazzkonzerte (Fr im Sommer). 🌐 www.visitlarvik.no

L ARVIK KAM IM 17. Jahrhundert richtig zur Geltung, als man Ulrik Frederik Gyldenløve zum Herrn von Larvik und der Grafschaft Laurvigen ernannte. 1671 wurde Larvik Marktstadt.

Die gräfliche Residenz, **Herregården**, wurde 1677 errichtet und gehört zu Norwegens schönsten weltlichen Barockgebäuden. Im Jahr 1835 erwarb die Familie Treschow das Anwesen. Die Treschows nahmen fortan in Larviks Wirtschaft eine führende Rolle ein, vor allem – zusammen mit den Fritzøes – in der Forstindustrie. Das **Larvik Museum** in einer Villa südlich der Stadt widmet sich deren Geschäften ab 1600.

Das **Larvik Sjøfartsmuseum** (Seefahrtsmuseum) erzählt die nautische Geschichte der Stadt. Es zeigt Modelle der berühmten Schiffsbauers Colin Archer und eine Ausstellung über Thor Heyerdahl *(siehe S. 23)*.

Larvik ist übrigens auch für Norwegens einzige Mineralwasserquelle bekannt.

🏛 **Herregården**
Herregårdssletta 6. ☎ 33 17 12 90.
◯ Ende Juni–Mitte Aug: Di–So; Mitte Aug–Sep, Mai–Ende Juni: So.
⬤ Feiertage.
🏛 **Larvik Museum**
Nedre Fritzøe gate 2. ☎ 33 17 12 90.
◯ Ende Juni–Mitte Aug: Di–So; Mitte Aug–Ende Juni: So. ⬤ Feiertage.
🏛 **Larvik Sjøfartsmuseum**
Kirkestredet 5. ☎ 33 17 12 90.
◯ Ende Juni–Mitte Aug: Di–So; Mitte Aug–Sep, Mai–Ende Juni: So.
⬤ Feiertage.

Stavern ⑭

Regierungsbezirk Vestfold. 2000.
🚌 nach Larvik. 🚂 ℹ Sommer: Skippergaten 6, 33 19 73 00; Winter: Larvik, 33 13 91 00. 🎉 Stavern-Festival (Juni/Juli). 🌐 www.visitlarvik.no

STAVERN, EINE malerische Mischung aus Alt und Neu, ist bei Urlaubern sehr beliebt. Im Sommer verdoppelt sich die Einwohnerzahl nahezu – dank des norwegischen Rekords von mehr als 200 Sonnentagen im Jahr. Die Stadt besteht aus Holzgebäuden, von denen die meisten in dem typischen »Stavern-Gelb« erstrahlen.

Von etwa 1755 bis 1864 war Stavern mit der Schiffswerft Fredriksvern Norwegens wichtigster Flottenstützpunkt. Auf der Zitadelleninsel, Citadelløya, die heute ein Künstlerrefugium ist, stehen noch ein Pulverturm und ein Kapitänshaus.

Auf einer Tafel am riesigen Monument Minnehallen stehen die Namen von Seeleuten, die im Ersten und Zweiten Weltkrieg fielen.

Herregården in Larvik, ein Beispiel für norwegischen Barockstil

OSTNORWEGEN

DIE DREI FYLKER (BEZIRKE) *Hedmark, Oppland und Buskerud machen zusammen ein Fünftel von Norwegens Landfläche aus. Berge, Täler und Seen dominieren die Landschaft, die Ausnahme ist Buskeruds mit einem Küstenstreifen im Süden. Die Region inspirierte Künstler und Schriftsteller wie Bjørnstjerne Bjørnson und Henrik Ibsen. Sie zieht Kletterer und Wanderer an.*

Durch Ostnorwegen ziehen sich die schmalen Täler Østerdalen, Gudbrandsdalen, Valdres, Hallingdal und Numedal wie die fünf Finger einer Hand. Große Flüsse wie die Glomma schneiden tiefe Bänder durch die Landschaft. Die Glomma, mit 601 Kilometern Norwegens längster Fluss, durchquert Østerdalen von Riasten in Sør-Trøndelag bis Fredrikstad. Seen wie der Mjøsa-See, der sich von seinem nördlichen Ende nahe Lillehammer bis Vorma im Süden auf 107 Kilometern erstreckt, prägen ebenfalls die Landschaft. An die steilen Abhänge, die von Hochebenen gekrönt werden, hat man viele Bergdörfer gebaut.

Die riesigen, majestätischen Gebirgsketten sind im Norden und Westen am höchsten. Bergweiden und spärliche Wälder weichen allmählich bloßem Fels; Hochplateaus und Gipfel sind teilweise ganzjährig von Schnee bedeckt. Die Täler haben strenge Winter und warme Sommer, mit einem gravierenden Unterschied zwischen Tag- und Nachttemperaturen.

Die ländlichen Gegenden Solør-Odal, Romerike, Ringerike und Hedemarken im Süden der Region gehören zu den fruchtbarsten Teilen des Landes. In den gemäßigten Höhenlagen bedecken ausgedehnte Wälder die Landschaft.

Die Natur lädt Sie geradezu ein, aktiv zu werden: Es gibt gut markierte Wanderwege und beschilderte Radrouten, Sie können Kanu fahren oder andere Wassersportarten betreiben. In zahlreichen Berghütten finden Sie komfortable Unterkünfte.

Im Spätsommer wachsen viele Pilze und Wildbeeren in den Wäldern. Im Herbst präsentieren sich die Berge farbenfroh, ehe der Schnee für Wintersportmöglichkeiten sorgt.

Kühe grasen in einer eingezäunten Weide bei Ringebu in Gudbrandsdalen

◁ Tief verschneites Holzhaus im Trysil-Wald

Überblick: Ostnorwegen

Ostnorwegens Berge bieten hervorragende Möglichkeiten zum Bergsteigen, von leichten Wanderungen auf den Weiden des Alvdal bis zu schwierigen Klettersteigen im Nordwesten. Die beste Art, die beschaulichen Wälder im Osten Norwegens zu erkunden, ist, einen Abschnitt des Finnskogleden zu gehen, eines 240 Kilometer langen Wanderwegs durch den Finnskogene (Finnwald) an der schwedischen Grenze. Doch Ostnorwegen bietet mehr als nur Wald und Berge. Die Täler und Tiefebenen haben viel Charme, interessante Städte und Baudenkmäler. In vielen Gebieten kann man auch gut angeln.

Peer-Gynt-Gedenkstein auf dem alten Friedhof Sødorp, Vinstra

Sehenswürdigkeiten auf einen Blick

Aulestad ❽
Dovrefjell ⓭
Drammen ㉒
Elverum ❷
Elveseter ⓰
Geilo ⓲
Hallingdal ⓳
Hamar ❻
Jotunheimen S. 134f ⓯
Kongsberg ㉑
Kongsvinger ❶
Lillehammer S. 130f ❼
Lom ⓮
Mjøsa ❺
Nationalpark Rondane ⓬
Numedal ⓴
Østerdalen und Rendalen ❹
Otta ⓫
Ringebu ❾
Trysil ❸
Valdres und Fagernes ⓱
Vinstra ❿

Legende

▬ Autobahn
▬ Hauptstraße
▬ Nebenstraße
— Eisenbahn

OSTNORWEGEN 123

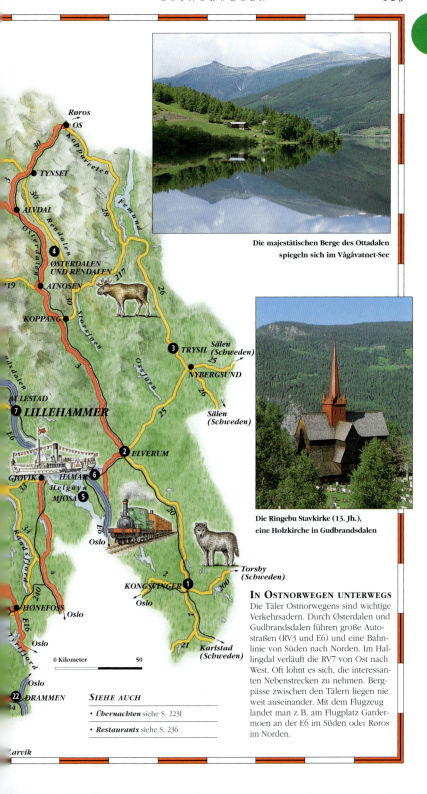

Die majestätischen Berge des Ottadalen spiegeln sich im Vågåvatnet-See

Die Ringebu Stavkirke (13. Jh.), eine Holzkirche in Gudbrandsdalen

In Ostnorwegen unterwegs

Die Täler Ostnorwegens sind wichtige Verkehrsadern. Durch Østerdalen und Gudbrandsdalen führen große Autostraßen (RV3 und E6) und eine Bahnlinie von Süden nach Norden. Im Hallingdal verläuft die RV7 von Ost nach West. Oft lohnt es sich, die interessanten Nebenstrecken zu nehmen. Bergpässe zwischen den Tälern liegen nie weit auseinander. Mit dem Flugzeug landet man z. B. am Flugplatz Gardermoen an der E6 im Süden oder Røros im Norden.

Siehe auch

- *Übernachten* siehe S. 223f
- *Restaurants* siehe S. 236

Kongsvinger ❶

Bezirk Hedmark. 17 500.
Gernbaneplassen 5, 62 81 94 59.
Kongsvinger Markt (1. Woche im Mai, letzte Woche im Sep).

Die Häuser des Glomdalsmuseet, Elverum, erinnern an alte Zeiten

DIE FESTUNGSSTADT Kongsvinger an der Glomma wurde 1644 gegründet, als man hier ein Fort errichtete und nach und nach zur soliden Festung gegen die Schweden ausbaute. Die Øvrebyen (Obere Stadt) lag nahe dem Burgwall.

Als um 1860 die Eisenbahn Kongsvinger erreichte, wurde der Ort eine Marktstadt. Neue Gebäude konzentrierten sich um den Bahnhof herum. Später entwickelte sich das Viertel zwischen Bahnhof und Øvrebyen zum Stadtzentrum; man errichtete eine Brücke und ein Rathaus. 1965 wurde Kongsvinger zum »Entwicklungszentrum« erklärt, was industrielle Expansion nach sich zog.

Die **Kongsvinger Festning** ist eine unregelmäßige, sternförmige Burg mit 16 Geschützbatterien, alten Gebäuden und einem Militärmuseum. Vom Burgwall hat man einen herrlichen Blick in Richtung Schweden.

In den Wäldern zwischen der Glomma und der schwedischen Grenze siedelten im 17. Jahrhundert finnische Immigranten. **Finnetunet**, ein Museum für finnische Kultur in Svullrya, Grue Finnskog, besteht aus 13 Gebäuden, von denen die ältesten aus dem späten 18. Jahrhundert stammen. Hier bekommt man einen Eindruck vom Alltag der Leute vom Finnskogene (Finnwald). Der Wanderweg Finnskogleden führt von Finnetunet durch den Wald gen Norden.

🏰 Kongsvinger Festning
1 km nördlich vom Zentrum.
62 88 65 00. **Festung** tägl.
Museum Juni–Aug: tägl.

🏰 Finnetunet
40 km nordöstl. von Kongsvinger.
62 94 73 15. Juni–Aug: tägl.

Elverum ❷

Bezirk Hedmark. 18 500.
Storgata 24, 62 41 31 16.
Grundsetmart'n (März), Elverum Fußballturnier (Juni), Kulturfestival (Aug), Nordische Jagd- und Fischereitage (Aug).

AM 9. April 1940, dem Tag der deutschen Invasion, beschloss Norwegens Parlament das Elverum-Mandat, das der fliehenden Regierung für den Rest des Zweiten Weltkriegs die Macht verlieh. Am nächsten Tag lehnte König Haakon Deutschlands Forderung einer neuen Regierung ab. Als am 11. April Elverum bombardiert wurde, starben 54 Menschen. Ein Denkmal von Ørnulf Bast an einer Schule erinnert an den Standplatz des Königs.

Elverum erholte sich nach dem Krieg recht schnell und entwickelte sich zu einem Verwaltungs-, Geschäfts-, Bildungs- und Militärzentrum. Das Viertel östlich der Glomma, als Leiret bekannt, entwickelte sich aus den Gebäuden unterhalb der alten Befestigungsanlage Christiansfjell. Hier findet der Grundsetmart'n, zwischen 1740 und 1900 der wichtigste Wintermarkt Skandinaviens, statt.

Das **Glomdalsmuseet**, Norwegens drittgrößtes Freilichtmuseum, besteht aus 88 Gebäuden aus den Bergdörfern und ländlichen Tieflandgemeinden und zeigt etwa 30 000 Exponate.

Eine Brücke führt über die Glomma zum **Norsk Skogbruksmuseum** (Norwegisches Forstmuseum), das 1954 gegründet wurde. Dies ist das einzige Museum des Landes zu den Themen Forstwirtschaft, Jagd und Fischerei. Die Freilichtabteilung zeigt verschiedene Gebäudetypen: Holzfällerhäuschen, Fischerhütten und Bootshäuser.

🏛 Glomdalsmuseet
Museumsveien 15. 62 42 91 00.
Juni–Aug: tägl.; Mai, Sep: So

🏛 Norsk Skogsbruksmuseum
Solørveien 151. 62 40 90 00.
tägl. einige Feiertage.

Die Kongsvinger Festning mit dem Panoramablick nach Schweden

OSTNORWEGEN

Trysil ❸

Regierungsbezirk Hedmark. 7000.
Storveien 3, 62 45 10 00.
Trysil-Skisaisonfinale (Ende Apr), Blues-, Jazz- und Rockfestival Swingin' Trysil (Ende Juni), Sund-Markt (Sep).
www.trysil.com

DIE STRASSE durch den Wald von Elverum nach Trysil war früher als »Siebenmeilenwald« bekannt. Die Fahrt ging für schwer beladene Wagen nur langsam voran, heute geht es auf besseren Straßen viel schneller. Trysil ist ein typisches Tal mit Fichten- und Kiefernwäldern inmitten hoher Berge.

Das Tal folgt dem Fluss Trysil vom Femunden-See bis an Schwedens Grenze. Der Femunden ist Norwegens drittgrößter See und erstreckt sich 60 Kilometer gen Norden. Im Sommer verkehren Fähren. Das Verwaltungszentrum ist in Innbygda.

Snowboarder auf dem Trysilfjellet

Am 1137 Meter hohen Berg **Trysilfjellet** liegt Norwegens größtes alpines Skisportzentrum. In den Flüssen Trysilelva und kleine Ljøra kann man gut fischen.

In der östlichen Wildnis richtete man den **Nationalpark Femundsmarka**, in dem sich die Urlaubsherberge Svukuriset befindet, und den **Nationalpark Gutulia** mit seinen 300- bis 400-jährigen Wäldern ein.

Østerdalen und Rendalen ❹

Bezirk Hedmark. 28 000.
Alvdal-Information, Aukrustsentret 2560, 62 48 89 99.

DIE BEIDEN TÄLER Østerdalen und Rendalen verlaufen parallel von Süden nach Norden. Die RV3 durchs Østerdalen folgt dem Verlauf der Glomma, vorbei an mehreren interessanten Orten. **Rena**, die nächste Stadt nördlich von Elverum, hatte schon im Mittelalter eine Fährverbindung und Unterkünfte für Pilger auf ihrem Weg zur Kathedrale Nidarosdomen (siehe S. 193). Heute ist Rena ein Skizentrum und Ausgangspunkt des Birkebeiner-Rennens (siehe S. 130). **Koppang**, weitere 55 Kilometer flussaufwärts, hat ein Folkloremuseum mit Gebäuden aus der Region. Nördlich von Atna führt die Straße durch unbewohnten Wald, vorbei an der steilen, tiefen Schlucht Jutulhogget.

Noch weiter im Norden bietet die Kleinstadt **Alvdal** das Folkloremuseum Husantunet mit 17 Häusern von ca. 1600 und das **AUKRUSTSENTRET** mit farbenfrohen Gemälden und Zeichnungen des Schriftstellers und Illustrators Kjell Aukrust. Alvdal ist der Ausgangspunkt von familienfreundlichen Bergwanderungen und Norwegens zweithöchster *turistvei* (Touristen-

Die über 100 Meter tiefe Schlucht Jutulhogget

straße), die zum 1666 Meter hohen **Tronfjellet** führt.

Von Tynset gelangt man auf der RV30 zum alten Bergwerkszentrum **Tolga** und ins Dorf **Os** nahe der Bezirksgrenze mit Trøndelag.

Das Rendalen erreicht man von Tynset über die RV30 gen Süden durch **Tylldalen**, wo das Erntedankfest *Olsok* (St.-Olav-Tag) am 19. Juli gefeiert wird. Oder man fährt auf einer Straße ab Hanestad südlich von Alvdal über die Gebirgspässe ins Rendalen. Die Straße endet an der Kirche **Øvre Rendal** (1759) in Bergset. Im Pfarrhaus befindet sich ein Museum über Jacob B. Bull, der über den Alltag in dieser Region schrieb. Von hier führt eine Bergstraße zum Fischerdorf **Fiskevollen** am Sølensjøen (Sølen-See) und auf den 1755 Meter hohen Rendalsølen.

Die RV30 führt von Bergset gen Süden das Tal entlang in Richtung **Otnes** am **Lomnessjøen** (Lomnes-See), einem besonders schönen Teil des Rendalen. Der südlich des Sees fließende Åkrestrømmen ist für seinen Reichtum an Renken (*Coregonus lavaretus*) berühmt. Von hier aus kann man auf der RV217 in zwei weitere berühmte Fischerorte – **Galten** und **Isterfossen** –, 45 Kilometer nordöstlich fahren.

Der Åkrestrømmen endet im Storsjøen (Großer See), von dem der Fluss Rena gen Süden in die Glomma fließt.

🏛 Aukrustsentret
Alvdal-Zentrum. 62 48 78 77.
Mai-Mitte Okt: tägl.; Mitte Okt-Apr: nach Vereinbarung.

Skifahrer ruhen sich im Schutz eines alten Bauernhauses aus

Mjøsa ❺

Regierungsbezirke Hedmark und Oppland. **i** *Hamar, 62 51 75 00; Lillehammer, 61 28 98 00.*

Norwegens grösster See, der Mjøsa, ist 100 Kilometer lang und liegt im Herzen einer Agrarregion. Viele Bauernhöfe in Hedemarken, Helgøya und Totenlandet sind seit Wikingerzeiten bewohnt. Sie sind von Wäldern und Bergen, darunter der 700 Meter hohe Skreiafjellene, umgeben. Drei Städte – Lillehammer *(siehe S. 130f)*, Hamar und Gjøvik – liegen am Ufer des Sees.

Bevor es Auto und Eisenbahn gab, war der Mjøsa eine wichtige Verkehrsverbindung, auch im Winter, wenn Pferde und Schlitten den zugefrorenen See überqueren. Die Fertigstellung der Eisenbahn nach Eidsvoll 1854 führte zur Anschaffung des Raddampfers *Skibladner*, des »weißen Mjøsa-Schwans«. Das in Schweden gebaute Schiff kam in Teilen hierher und wurde vor Ort zusammengebaut. Noch heute transportiert Norwegens ältestes Schiff Passagiere.

Auf **Helgøya**, der »heiligen Insel« im breitesten Abschnitt des Sees, standen im Mittelalter Villen von Bischöfen und Adligen sowie eine Königsresidenz. Zwei der landwirtschaftlichen Güter sind Hovinsholm und Baldishol, wo der Baldishol-Gobelin (1200) gefunden wurde *(siehe S. 59)*. Weiter nördlich, zwischen Brumunddal und Moelv, liegt Rudshøgda, Heimat des Autors und Sängers Alf Prøysen.

Die Ruinen von Hamars Kathedrale schützt eine Glaskuppel

Hamar ❻

Regierunsbezirk Hedmark. 28 000. *Sommer: Akersvikaveien 1, 62 51 75 03. Hamar-Markt (Aug/Sep).*

Die grösste Stadt am Mjøsa-See ist Hamar, die Stadt mit den zwei Leben: Ab 1049 war dies eine norwegische Marktstadt, bis 1567 die Kathedrale niederbrannte. 1849 wurde Hamar zur Stadt erhoben und entwickelte sich zum Kultur-, Geschäfts- und Industriezentrum.

Die Kathedralenruine **Domkirkeruinerna** wird von einer Glaskuppel geschützt. Der 1100 gebaute Dom hatte eine dreischiffige Halle, doch der Brand und Plünderungen ließen von der einstigen Pracht nur noch bröckelnde Säulen und Bogen übrig.

Das **Hedmarksmuseet** zeigt über 50 alte Gebäude und einen Klosterkräutergarten. Eine Abteilung widmet sich den vielen Norwegern, die nach Nordamerika auswanderten. Sie zeigt sogar Siedlerhäuser aus Norddakota und Minnesota.

Das Eisenbahnmuseum **Jernbanemuseet** präsentiert eine Schmalspurbahn (die *Tertitbanen*), Lokomotiven und Bahnhofsgebäude.

Die **Olympiahalle Hamar**, die wie ein umgedrehtes Boot aussieht, wurde für die Spiele 1994 als Eislaufbahn gebaut. Südlich liegt Akersvika mit einem Vogelschutzgebiet.

🏛 Domkirkeruinerna
Strandveien 100. 62 54 27 00. *Mitte Mai–Aug: tägl.; Sep–Mitte Mai: nach Vereinbarung.*

🏛 Hedmarksmuseet
Strandveien 100. 62 54 27 00. *Mitte Mai–Aug: tägl.; Sep–Mitte Mai: nach Vereinbarung.*

🏛 Jernbanemuseet
Strandveien 132. 62 51 31 60. *tägl. Feiertage; Sep–Mai: Mo.*

Lillehammer ❼

Siehe S. 130f.

Aulestad, Bjørnstjerne Bjørnsons Haus in Østre Gausdal

Aulestad ❽

Regierungsbezirk Oppland. 400. *Lillehammer, 61 28 98 00. Aulestad-Festival (Mai).*

Der Autor Bjørnstjerne Bjørnson (1832–1910) kaufte 1874 das Landgut Aulestad in Østre Gausdal, 18 Kilometer nordwestlich von Lillehammer, und zog im Jahr darauf mit seiner Frau Karoline ein.

Bjørnson schrieb nicht nur Erzählungen, Gedichte und Theaterstücke – 1903 erhielt er den Nobelpreis für Literatur –, er war auch ein beliebter Redner und Politiker.

Sein Wohnhaus, als **Dikterhjemmet på Aulestad** be-

Der Raddampfer *Skibladner* verkehrt seit 1856 auf dem Mjøsa-See

OSTNORWEGEN

Die Landschaft bei Ringebu mit Blick auf den Fluss Lågen

kannt, ist so erhalten wie zu seinen Lebzeiten. Es beherbergt Bjørnson-Memorabilien und die Sammlung des Ehepaares von Skulpturen und Gemälden, Fotos und Manuskripten. 1922 kaufte der Staat das Anwesen und machte es als Museum zugänglich.

🏛 Dikterhjemmet på Aulestad
Follebu, 18 km nordwestlich von Lillehammer. 61 22 41 10. Mitte Mai–Sep: tägl.

Ringebu ⑨

Regierungsbezirk Oppland. 4600. *Ringebu Skysstasjon (Bahnhof), 61 28 47 00.* Alpiner Ski-Weltcup (1. Woche im März).

Am Fluss Gudbrandsdalslågen liegt das Dorf Ringebu, dessen Stabkirche, die **Ringebu Stavkirke**, aus dem 13. Jahrhundert stammt. Werner Olsen, der mehrere Stabkirchen in diesem Tal umbaute, erweiterte sie zwischen 1630 und 1631. Das Portal mit Drachenmotiven ist noch original, Altarbild und Kanzel sind jedoch barock.

UMGEBUNG: Das Tal **Gudbrandsdalen** erstreckt sich nördlich von Lillehammer bis über Dovrefjell *(siehe S. 132)* hinaus. Es ist in eine schöne Landschaft eingebettet, viele Straßen erschließen die umliegenden Berge. Bei **Fron** ist das Tal am breitesten und dem deutschen Moseltal in gewisser Weise ähnlich. Die achteckige Kirche von Sør-Fron wurde im 18. Jahrhundert im Stile Ludwigs XVI. gebaut. Diese Gegend ist übrigens auch für ihren süßlich schmeckenden, braunen Ziegenkäse bekannt.

🏛 Ringebu Stavkirke
1 km südlich vom Stadtzentrum. 61 28 43 50. Mai–Aug: tägl.; Sep–Apr: nach Vereinbarung. Mai–Aug.

Vinstra ⑩

Regierungsbezirk Oppland. 6000. *Vinstra Skysstasjon (Bahnhof), 61 29 47 70.* Titano-Festival (Juli), Peer-Gynt-Festival (Aug).

Vinstra ist die Heimat der **Peer Gynt-samlingen** mit umfassenden Materialien sowohl über die historische als auch über die literarische Figur Peer Gynts.

Die 65 Kilometer lange Peer-Gynt-Straße (Peer Gyntveien) ist ein mautpflichtiger Bergpass westlich des Gudbrandsdalen von Tretten nach Vinstra. Sie bietet herrliche Ausblicke und führt an Hotels und Berghütten, darunter Skeikampen, Gausdal, Gålå, Wadahl und Fefor, vorbei. Der höchste Punkt der Straße liegt auf 1053 Metern. In Gålå gibt es ein Open-Air-Theater, das Gålåvatnet Friluftsteater, in dem alljährlich im August eine Musical-Version von Ibsens *Peer Gynt* aufgeführt wird.

🏛 Peer Gynt-samlingen
Vinstra, südliches Stadtzentrum. 61 29 20 04. Ende Juni–Mitte Aug: tägl.

PEER GYNT

Henrik Ibsen verfasste 1867 die dramatische Dichtung *Peer Gynt*, die als bedeutendstes aller literarischen Werke Norwegens gilt. Ibsen war 1862 im Gebiet nördlich von Vinstra gewandert. Der Hof Hågå, auf dem das vermutete Vorbild für Peer Gynt, der Jäger und Gewohnheitslügner Peder Lauritsen, im 17. Jahrhundert lebte, liegt an der Peer-Gynt-Straße im Nordosten des Tals. Ibsens Stück beginnt damit, dass Peer seiner Mutter Åse von einem wilden Ritt auf einem Renbock über den Gjendineggen erzählt. Åse schimpft, weil er in den Bergen herumläuft, statt der Erbin des Gutes Hægstad den Hof zu machen. Peer geht also dorthin, trifft jedoch unterwegs auf Solveig, die auf den Abenteurer warten will und schließlich zu seiner Erlöserin wird.

Der »Peer-Gynt«-Hof in Hågå, nordöstlich von Vinstra

Lillehammer ❼

DER SKIFAHRER IM STADTWAPPEN weist darauf hin: Lillehammer ist seit langem ein beliebter Wintersportort. 1994 blickte die ganze Welt auf Lillehammer, als hier die XVII. Olympischen Winterspiele ausgetragen wurden. Die Skilauftradition reicht jedoch bis 1206 zurück, als Skifahrer das Königskind Håkon Håkonsson über die Berge in Sicherheit brachten *(siehe S. 26f)*. Das alljährliche Birkebeiner-Rennen von Rena im Østerdalen nach Lillehammer erinnert daran. Urlauber und Künstler zieht es wegen der Landschaft und der guten Lichtverhältnisse nach Lillehammer – und auch wegen des Freilichtmuseums Maihaugen, Vermächtnis von Anders Sandvig, einem Zahnarzt mit einer Passion für Antikes und alte Gebäude, der 1885 hierher zog.

Historischer Traktor im Norsk Kjøretøyhistorisk Museum

Im Museum Maihaugen gewinnt man Einblicke ins Leben von einst

🏛 Maihaugen
Maihaugveien 1. ☎ 61 28 89 00. ◯ 18. Mai–30. Sep: tägl.; 1. Okt–16. Mai: Di–So. ⬤ Feiertage.

1887 gründete Anders Sandvig eines der größten Museen über die Landwirtschaft Norwegens: De Sandvigske Samlinger in Maihaugen.

Sandvig war Zahnarzt, der während seiner Touren durch das Gudbrandsdalen damit begann, Objekte und Häuser zu erwerben. Was als Hobby begann, endete schließlich in einer Sammlung von 175 Häusern, die die Bautechniken und den Alltag der hiesigen Anwohner illustrieren.

Das Museum zeigt ein Landgut, einen Berghof, einen Kleinbauernhof und ein Sommerweidendorf mit Tieren und Menschen bei der Arbeit. Auch eine der ältesten Stabkirchen des Landes, die Garmokirken, ist hier zu sehen.

Maihaugen beherbergt außerdem das Postmuseet (Postmuseum). Die gesammelten Objekte dort erzählen von der jahrhundertelangen Geschichte des Postamts.

🏛 Lillehammer Kunstmuseum
Stortorget 2. ☎ 61 05 44 60. ◯ Juli–Aug: tägl.; Sep–Juni: Di–So. ⬤ einige Feiertage.

Der Künstler Fredrik Collett war im 19. Jahrhundert der Erste, den das Licht Lillehammers faszinierte. Erik Werenskiold, Frits Thaulow und Henrik Sørensen gehörten zu den vielen, die ihm nachfolgten.

Ihre Werke bilden den Grundstock der hervorragenden Sammlung norwegischer Gemälde, Skulpturen und Grafiken des Museums, das auch Arbeiten von Munch, Christian Krohg und Adolf Tidemand präsentiert.

Das Gebäude selbst ist auffällig modern und hat einen Stein- und Wassergarten.

🏛 Norsk Kjøretøyhistorisk Museum
Lilletorget 1. ☎ 61 25 61 65. ◯ tägl.

Das Norsk Kjøretøyhistorisk Museum (Museum für historische Fahrzeuge) zeigt um die 100 Vehikel – Autos, Motorräder, Pferdedroschken und alte Fahrräder wie das Velozipid (das sogenannte »Veltepetter«).

Für Zugliebhaber gibt es eine elektrische Lokomotive von 1909 und eine prächtige, große Modelleisenbahn.

🏛 Bjerkebæk
Nordseterveien 23. ☎ 61 28 89 00. ⬤ wegen Renovierung bis 2007.

Lillehammers berühmteste Einwohnerin, die Autorin und Nobelpreisträgerin Sigrid Undset *(siehe S. 22)*, zog 1921 hierher. Sie lebte allein mit ihren Büchern in diesem Anwesen mit dem herrlichen, von einer Hecke geschützten Garten. Das Haus wurde vom Gudbrandsdalen hierher gebracht und wieder aufgebaut.

Undsets großartiges Werk über die mittelalterliche Heldin Kristin Lavransdatter kam zu der Zeit heraus, als sie nach Lillehammer zog. Ihr historisches Œuvre über Olav Audunssøn in Hestviken erschien später.

🏛 Norges Olympiske Museum
Håkonshall, Olympiaparken. ☎ 61 25 21 00. ◯ Juni–Aug: tägl.; Sep–Mai: Di–So. ⬤ einige Feiertage.

Das Norges Olympiske Museum lässt den Besucher die Atmosphäre der Olympischen Winterspiele von 1994 nacherleben, als 1737 Teilnehmer aus 67 Ländern nach Lillehammer kamen.

Multimedial werden die Geschichte der Olympischen Spiele – von den griechischen Sommer- und Winterspielen 776 v.Chr. bis heute – vermittelt und die Gastgeberländer vorgestellt.

Bestaunen Sie Pierre de Coubertins Nachbildung der 1896er Spiele in Athen und die ersten Winterspiele im Jahr 1924 in Chamonix.

◁ **Rondane mit den Gipfeln des Høgronden (2114 m) und des Digerronden (2020 m)**

LILLEHAMMER

🏅 Olympiaparken

1 km östlich vom Stadtzentrum.
📞 61 05 42 00 ⏱ ganzjährig: tägl.
Für die Olympischen Spiele von 1994 wurde Lillehammer u.a. mit der Skisprungarena Lysgårdsbakkene ausgestattet. Im Winter kann man mit dem Sessellift nach oben fahren und die tolle Aussicht genießen. In Håkons Hall, dem Eishockeystadion, finden auch Handball- und Golfwettkämpfe statt. Hier steht außerdem eine 20 Meter hohe Kletterwand. Das Birkebeiner-Skistadion ist Startpunkt einer Flutlichtpiste und mehrerer Langlaufloipen.

🎠 Lilleputthammer

14 km nördlich vom Stadtzentrum.
📞 61 28 55 50. ⏱ Juni–Aug: tägl.
Der verkehrsberuhigte Teil der Storgata in Lillehammer, als »Gå-gata« bekannt, stand für die Miniaturstadt Lilleputthammer Modell. Kinder haben hier ihren Spaß.

🎠 Abenteuerpark Hunderfossen

Fåberg, 13 km nördlich vom Stadtzentrum. 📞 61 27 72 22. ⏱ Mitte Mai–Aug: tägl.
Der größte Troll der Welt und ein glitzerndes Märchenschloss aus norwegischen Sagen begrüßen den Besucher in Hunderfossen. Es gibt etwa 40 Fahrgeschäfte und Attraktionen für Jung und Alt, darunter Swimmingpool und Autoskooter.

Das nahe gelegene **Hafjell-Alpinzentrum** mit 25 Kilometern Pisten ist das größte Skigebiet in der Region. Es gibt hier eine 710 Meter lange Bobbahn mit 16 Kurven. Wenn es an Eis mangelt, kann man mit Bobs auf Rädern hinuntersausen.

> **INFOBOX**
>
> Regierungsbezirk Oppland.
> 🚶 25 000. 🚆 🚌 Jernbanetorget 2, 61 28 98 00.
> 🎉 Winterfestival (Feb), Birkebeiner-Rennen (März), Bluesfestival (Apr), Literaturfestival (Mai), Lillehammer-Festival (Juni), Dølajazz (Sep).

Sprungschanzen des Olympiaparken bei der Olympiade 1994

Nasses Vergnügen im Abenteuerpark Hunderfossen

ZENTRUM VON LILLEHAMMER

Bjerkebæk ④
Lillehammer Kunstmuseum ②
Maihaugen ①
Norges Olympiske Museum ⑤
Norsk Kjøretøyhistorisk Museum ③

LEGENDE
- 🚆 Bahnhof
- 🚌 Busbahnhof
- 🅿 Parken
- ✝ Kirche
- ℹ Information

Der Nationalpark Rondane ist das ganze Jahr über ein beliebtes Ausflugs- und Erholungsziel

Otta ⓫

Regierungsbezirk Oppland. 4000. Ola Dahls gate 1, 61 23 66 50. Tanzfestival (Mitte Juli), Kristin-Festival (1. Woche im Juli), Sjoa-Kajak-Festival (3. Woche im Juli), Otta-Markt (1. Woche im Okt).

Seit es 1896 eine Bahnverbindung bekam, ist Otta, dank der Nähe zu den Nationalparks Rondane, Dovre und Jotunheimen, ein beliebter Urlaubsort. Otta am Zusammenfluss von Otta und Lågen ist Regionalzentrum von Nord-Gudbrandsdalen und Haltestelle für Busse in die angrenzenden Täler und Bergregionen. Historisch ist Otta für die Schlacht von Kringen im Jahr 1612 bekannt, als hiesige Bauern eine schottische Söldnerarmee auf dem Weg in den Kalmarer Krieg aufrieben.

In Selsverket gibt es eine Sommer-Mautstraße nach Mysuseter und Rondane.

Nationalpark Rondane ⓬

Regierungsbezirk Oppland. Fremdenverkehrsbüro Otta, 61 23 66 50.

Der 1962 gegründete Rondane-Park war Norwegens erster Nationalpark. Am gut ausgebauten Wegenetz liegen Unterkünfte wie Rondvassbu und Bjørnhollia. In den Bergen kann man von Hütte zu Hütte wandern.

Die Landschaft wird von tiefen Schluchten durchschnitten: der Ilmanndalen-Schlucht von Ost nach West und der Rondvatnet/Rondvassdalen- und Langglupdalen-Schlucht von Nord nach Süd. Es gibt zehn Gipfel über 2000 Meter, und sogar die niedrigsten Geländeteile liegen 900 Meter über dem Meeresspiegel. Am höchsten ist mit 2178 Metern Rondeslottet (Rondeschloss).

Rondane hat sowohl sanfte, abgerundete Berge als auch wilde, praktisch unzugängliche Teile mit tiefen Gletscherkesseln. Zu den geologischen Kuriositäten aus der letzten Eiszeit gehören seltsame Rinnen toten Eises (einer Ablagerung nach der Gletscherschmelze). In den Bergen leben wilde Rentiere.

Das ländliche Zentrum **Folldal** entwickelte sich rund um eine Gemeinde aus dem 18. Jahrhundert, die Ablagerungen kupferhaltigen Pyrits abbaute. Die Minen verlegte man später nach Hjerkinn in Dovre. Originalhäuser aus Folldal und Dovre stehen in einem Regionalmuseum.

Das Einunndalen, ein Sommerweideland, erstreckt sich von Folldal gen Norden.

Dovrefjell ⓭

Regierungsbezirk Oppland. in Dombås, 61 24 14 44.

Das Bergplateau Dovrefjell markiert die begriffliche Grenze zwischen dem Norwegen »nördlich der Berge« und jenem »südlich der Berge«. 1814 diente Dovrefjell der Kundgebung der nationalen Einheit, als die Herren in Eidsvoll (siehe S. 38) sangen: »Enige og tro til Dovre faller« (»In Einigkeit und Treue, bis Dovre fällt«).

Kongeveien, die Königsstraße vom Süden, machte die Hochebene zugänglich. Vor fast 900 Jahren gebaute Berg-

Der Snøhetta erhebt sich majestätisch über dem Dovrefjell-Plateau

hütten dienten vielen Wanderern als Schutz. 1921 wurde die Dovrebane-Eisenbahnlinie fertiggestellt.

Hier leben wilde Rentiere und Moschusochsen; seltene Vögel wie Sumpfohreule, Kuckuck und Kornweihe bevölkern die Sumpfgebiete von Fokstumyrene.

Der **Nationalpark Dovrefjell** wurde 1974 eingerichtet. Er umgibt Norwegens vierthöchsten Berg, den 2286 Meter hohen Snøhetta (Schneekappe). In Hjerkinn, dem höchsten Punkt von Straße und Bahnlinie, weihte man 1969 im Gedenken an König Eystein (ca. 1100), der die Berghütten bauen ließ, die Eysteins Kirche ein. Hier beginnt auch die berüchtigt steile Straße *Vårstigen* nach Kongsvoll im Bezirk Trøndelag *(siehe S. 186).*

Die Lom Stavkirke wurde im frühen Mittelalter erbaut

Lom ⓮

Bezirk Oppland. 2600. nach Otta. Norsk Fjellmuseum, 61 21 29 90. Flåklypa-Veteranen-Rallye (Mai). www.visitlom.com

AM UFER DER OTTA liegt das ländliche Zentrum Lom – Tor zum Bøverdalen, zum Jotunheimen-Gebirgszug und zum Berg Sognefjellet. Die hiesige Stabkirche, **Lom Stavkirke**, aus dem Jahr 1000 hat noch ihre ursprünglichen tiefen Fundamente. Ihre Kreuzform erhielt sie jedoch um 1600. Details wie die Drachenköpfe an den Giebeln erinnern an die Kirchen am Sognefjord *(siehe S. 174f).* Das 1994 eröffnete **Norsk Fjellmuseum** (Norwegisches Bergmuseum) bietet prakti-

Das Fossheim Steinsenter mit einem riesigen Kristallmodell

sche Informationen über die Bergwelt und Videos über Bergrouten. Daneben gibt es freilich auch naturgeschichtliche Ausstellungen.

Das Fossheim Hotel – selbst ein Stück Kulturgeschichte – beherbergt das **Fossheim Steinsenter** mit einem geologischen Museum und einer Silberschmiede.

Östlich von Lom, an einem Übergang des Flusses Otta, liegt Vågå, das ebenfalls für eine Stabkirche bekannt ist, die man 1130 hier errichtete. Vågå ist die Grabstätte des Rentierjägers Jo Gjende. Berühmt ist auch die Jutulporten, ein riesiges natürliches »Portal« im Berg, um das sich viele norwegische Legenden ranken.

Lom Stavkirke
Lom. 61 21 73 38. Mitte Mai–Mitte Sep: tägl.

Norsk Fjellmuseum
Lom. 61 21 16 00. Mai–Sep: tägl.; Okt–Apr: Mo–Fr.

Fossheim Steinsenter
Lom. 61 21 14 60. das ganze Jahr über tägl. einige Feiertage.

Jotunheimen ⓯

Siehe S. 134f.

Elveseter ⓰

Bøverdalen, 25 km südwestlich von Lom. 61 21 99 00. 1. Juni–Mitte Sep. www.elveseter.no

DAS LANDGUT ELVESTER im Schatten von Norwegens höchstem Berg, dem Galdhøpiggen (2469 m), heißt seit 1880 Übernachtungsgäste willkommen. Heute ist es ein Ferienhotel *(siehe S. 223)* im architektonischen Stil dieses Tals. Das älteste Haus des Anwesens, Midgard, stammt von 1640. In der Nähe steht die Sagasøylen, ein 33 Meter hohes Monument, das Motive aus Norwegens Geschichte zieren. Obenauf sitzt auf einem Pferd Harald Schönhaar.

Von hier verläuft die landschaftlich schöne RV55 (Sognefjellsveien) nach Skjolden in Sogn. Die Straße wurde ab ca. 1400 von Bauern aus Lom und Sogn unterhalten, damit Leute aus dem nördlichen Gudbrandsdal nach Bergen zu den Märkten fahren konnten. Laut einer Verkehrszählung von 1878 wanderten in jenem Jahr 16 525 Menschen und 2658 Pferde über den Berg.

Die heutige Straße wurde 1938 gebaut. Ihr höchster Punkt liegt 1440 Meter über dem Meer. Sie führt Richtung Skjolden am Sognefjord und an der Sognefjell-Hütte sowie am Turtagrø-Hotel (Bergsteigerherberge seit 1888) vorbei.

Elveseter, ein Bauernhaus-Hotel im tiefsten Jotunheimen

Jotunheimen ⓯

VOR 1820 KANNTEN NUR hiesige Jäger, Fischer und Schafhirten die Jotunheimen-Gebirgskette. Erst gegen Ende des 19. Jahrhunderts begannen Urlauber, diese ursprüngliche und mächtige Bergregion im Herzen der Fylke Oppland zu erkunden. Der Nationalpark wurde 1980 eingerichtet. Norwegens höchste Berge (über 2300 Meter) liegen in Jotunheimen, das Gebiet ist durchsetzt von großen Gletschern, Seen und Tälern. Ein gutes Netzwerk aus Wegen verbindet die 30 Berghütten, von denen einige von der Norwegischen Fremdenverkehrsbehörde (DNT) betrieben werden, andere befinden sich in privater Hand.

Bøverdalen
Vom Tal Bøverdalen windet sich eine Mautstraße nach Juvasshytta (1841 m) hoch. Von hier erreicht man über einen einfachen Wanderweg den Gipfel des Galdhøpiggen.

Galdhøpiggen
Sogar im Sommer kann man auf dem Galdhøpiggen, Norwegens höchstem Berg (2469 m), Ski fahren. Am Gletscher sind die Schneeverhältnisse immer gut.

Leirvassbu
Die Hütte steht auf 1400 Metern Höhe über dem Leirdalen. Sie bietet eine beeindruckende Sicht auf Gletscher und Gipfel.

0 Kilometer 10

LEGENDE

- Hauptstraße
- Nebenstraße
- - - Nationalparkgrenze
- — Wanderweg
- 🏠 Berghütte

Store Skagastølstind
Der »Storen«, mit 2403 Metern Norwegens dritthöchster Berg, ist ein Bergsteigerparadies. William C. Slingsby bestieg ihn 1876 als Erster.

JOTUNHEIMEN

Angeln
In den Flüssen und Seen Jotunheimens kann man gut Forellen fischen. Viele Wanderer haben ihr eigenes Angelzeug dabei. In Hütten und Hotels bekommt man Infos über Lizenzen und die Chance auf einen Fang.

INFOBOX

Regierungsbezirk Oppland. RV55 von Fossbergom nahe RV15.
Jotunheimen Reiseliv, 61 21 29 90. nach Lom, dann Lokalbus (nur im Sommer).
nach Vereinbarung.
www.visitlom.com

Svellnosbreen
Der Gletscher über Spiterstulen weist dramatische Eisformationen, tiefe Spalten und lange Tunnel auf. Seile und ein guter Führer sind notwendig.

Besseggen
Die hohe Route über den Besseggen-Kamm zwischen Gjendesheim und Memurubu gehört zu den beliebtesten des Parks. Der Kamm erhebt sich über dem grünen Gjende- und dem tiefblauen Bessvatnet-See.

Gjende
Der legendäre, von Gletscherwasser grün gefärbte Gjende-See gilt als Seele Jotunheimens. Der See erstreckt sich auf 18 Kilometern zwischen zwei der beliebtesten Herbergen: Gjendesheim und Gjendebu.

Valdres und Fagernes ⓱

Regierungsbezirk Oppland. 2000 (Fagernes). Jernbaneveien 7, Fagernes, 61 35 94 10. Valdres-Festival (Juli). www.visitvaldres.no

N ORD-AURDAL, die größte Valdres-Gemeinde, zieht das ganze Jahr über Besucher an. Vor etwa 150 Jahren war es nur eine Bauernsiedlung, doch dies änderte sich, als 1906 die Eisenbahn Einzug hielt. Dann kamen Langstreckenbusse, und 1987 wurde der Flugplatz Leirin gebaut – auf 820 Metern der am höchsten gelegene Flughafen Norwegens. Trotz der Stilllegung der Bahn im Jahr 1988 ist die Region noch immer leicht zu erreichen.

Das Haupttal durch Valdres folgt dem Lauf des Flusses Begna nach Aurdal und Fagernes, wo sich das Tal in Vestre und Øystre Slidre teilt. **Beitostølen** mit Kur- und Sportzentrum für Behinderte liegt im Øystre Slidre.

In den Slidre-Tälern stehen mehrere Stabkirchen, darunter Hegge im Øystre Slidre sowie Lomen, Høre und Øye im Vestre Slidre. Lange, schmale Seen und Flussläufe kennzeichnen das ganze Gebiet.

Das **Valdres Folkemuseum** befindet sich auf Fagernes, einer Halbinsel am Strandafjorden. Es bietet 70 Gebäude, ca. 20 000 Artefakte, eine Abteilung über Hochgebirge und eine über hiesige Tracht.

🏛 **Valdres Folkemuseum**
Tyinvegen 27. 61 35 99 00.
Juni–Aug: tägl.; Sep–Mai: Mo–Fr.

Villandstua im Hallingdal Folkemuseum, mit typischer Rosenmalerei

Geilo ⓲

Regierungsbezirk Buskerud. 2500. Vesleslåttveien 13, 32 09 59 00. Ende der Skisaison (4. Woche im Apr), Kulinarisches Fest (1. Sa im Okt).

D ANK DER NÄHE ZU Hardangervidda (siehe S. 152f) und dem Berg Hallingskarvet (1933 m) wurde Geilo eines der beliebtesten Urlaubsziele des Landes, sowohl von Oslo als auch von Bergen aus gut zu erreichen. Der Ort hat ein großartiges Angebot an Unterkünften, von Holzhütten bis hin zu eleganten Berghotels, und zahlreiche Restaurants.

In den vergangenen Jahren hat sich Geilo auch als Wintersportzentrum einen Namen gemacht – mit insgesamt 33 Pisten, 17 Skiliften, drei Snowboard-Parks und 500 Kilometern präparierten Loipen. Die höchste alpine Piste liegt 1178 Meter über dem Meeresspiegel und bietet von November bis Mai gute Schneeverhältnisse.

Hallingdal ⓳

Regierungsbezirk Buskerud. 4200. Stasjonsgata 7, Nesbyen, 32 07 01 70.

H INTER DEM ORT Gol geht das schmale Hallingdal mit steilen Bergwänden an beiden Seiten in ausgedehntes Ackerland über.

Nesbyen, eine der Ortschaften am Weg, ist für die extremen Temperaturen bekannt: Die tiefste jemals gemessene Temperatur war -38 °C, die höchste +35.6 °C (ein norwegischer Rekord). Das **Hallingdal Folkemuseum** in Nesbyen umfasst 20 alte Häuser, u.a. Staveloftet von ca. 1300 und die extravagant bemalte Villandstua.

Die herrlichen Bergregionen des Hallingdal wie Norefjell und Hallingskarvet haben es bei Wanderern und Bergsportlern beliebt gemacht. Im Hemsedal an der Straße zum Lærdal liegt eines der besten Skizentren Skandinaviens.

🏛 **Hallingdal Folkemuseum**
Møllevegen 18, Nesbyen. 32 07 14 85. Apr–Mai, Sep–Okt: So; Juni–Aug: tägl. Feiertage.

Numedal ⓴

Regierungsbezirk Buskerud. 7500. Stormogen in Uvdal, 32 74 39 00. www.visitnumedal.com

D IE LANDSCHAFT des Numedal wird vom 18 Kilometer langen Norefjord geprägt. In Rødberg gibt es ein riesiges, vom Fluss Nume-

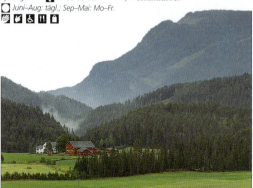

Øystre Slidre mit Blick in Richtung Beitostølen und Jotunheimen

dal gespeistes Kraftwerk. Der Numedal fließt von seiner Quelle hoch auf dem Hardangervidda *(siehe S. 152f)* zu einem Damm am Tunhovdfjord. Ein Tierpark, **Langedrag Naturpark**, präsentiert Spezies, die sich ans Bergleben angepasst haben, u.a. Polarfuchs, Wolf und Norwegisches Fjordpferd.

Von Rødberg führt das Tal ins Uvdal und zum Pass **Vasstulan** (1100 m). Wege verbinden von hier aus die Berghütten des Hardangervidda. Die reich verzierte **Uvdal Stavkirke** stammt von 1175.

An der Ostseite des Norefjords passiert die Straße ein paar verwitterte Häuser und eine Stabkirche (1600).

Langedrag Naturpark
30 km nordwestlich von Nesbyen.
32 74 25 50. tägl. einige Feiertage.

Uvdal Stavkirke
Kirkebygda, Uvdal. 32 74 39 00.
Mitte Juni–Aug: tägl.

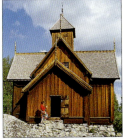

Die Uvdal Stavkirke (12. Jh.) an der Stelle einer noch älteren Kirche

Kongsberg ㉑

Regierungsbezirk Buskerud.
23 000. Karchesgate 3, 32 29 90 50. Kongsberg-Markt (4. Woche im Feb), Jazzfestival Kongsberg (1. Woche im Juli), Silberfest (Aug). www.visitkongsberg.no

S ILBERABBAU WAR 335 Jahre lang das Hauptgewerbe in Kongsberg, bis die Silberwerke (Sølvverket) 1957 schließen mussten. Hier gab es auch eine königliche Münze.

Christian IV. legte 1624 die rasch wachsende Stadt an. Die große Barockkirche, **Kongsberg Kirke**, wurde im Jahr 1761 geweiht. Zu ihrem

Lore im Bergverksmuseum in Kongsberg

luxuriösen Interieur gehören Schnitzereien, falscher Marmor und ein prunkvoller Altar. Die Orgel (1760–65) von Gottfried Heinrich Gloger gilt als Meisterwerk. Die beachtlichen Lüster wurden in den Glaswerken Nøstetangen angefertigt.

In Kongsberg befindet sich das Norwegische Bergverksmuseum, **Norsk Bergverksmuseum**, zu dem das Königliche Münzmuseum und die Sølvverket-Sammlung gehören. Die ehemalige Technikerschule, **Bergseminaret**, ist ein schönes Holzgebäude von 1783. Weiter westlich in Saggrenda kann man tief in die **Kongens Gruve** (Königsmine) hineinfahren.

Norsk Bergverksmuseum
Hyttegata 3. 32 72 32 00.
tägl. Feiertage. nach Vereinbarung.

Kongens Gruve
8 km westlich vom Zentrum. 32 72 32 00. 18. Mai–Aug: tägl; Sep; So; sonst nach Vereinbarung.

Drammen ㉒

Regierungsbezirk Buskerud.
57 000. Engene 1, 03008. Flussfest (Aug).
www.drammen.kommune.no

A M FLUSSHAFEN VON Drammen liegt Norwegens größter Hafen für den Kfz-Import. Die Lage am schiffbaren Fluss Drammenselva ist für den Wohlstand Drammens verantwortlich, das bereits im 13. Jahrhundert als Verladeplatz und Holzhafen erwähnt wird. Als später das Silberbergwerk Kongsberg eröffnet wurde, wurde Drammen zum Silberhafen.

Anfangs lagen hier zwei Städte, Bragernes und Strømsø, jeweils auf einer Seite der Flussmündung. 1811 legte man sie zusammen.

Das **Drammens Museum** im Herrenhaus von Marienlyst Herregård hat Exponate über Stadt und Landwirtschaft.

Die Kunstgalerie **Drammens Kunstforening** zeigt norwegische Gemälde des 19. und 20. Jahrhunderts und italienische Kunst aus dem 17. und 18. Jahrhundert.

Der Fluss Drammenselva eignet sich hervorragend zum Lachsfischen. Für tolle Ausblicke fahren Sie die Straße via Spiraltunnelen zum Gipfel Bragernesåsen.

Drammens Museum
Konnerudgatan 7. 32 20 09 30.
Di–So. teilweise.

Drammens Kunstforening
Konnerudgatan 7. 32 20 09 30.
Di–So. Feiertage.

Das alte Herrenhaus von Marienlyst beherbergt das Drammens Museum

SØRLANDET UND TELEMARK

TELEMARK UND DAS ALS SØRLANDET (*»Südliches Land«*) bekannte Gebiet bilden einen sanften Übergang zwischen dem östlichen und dem westlichen Teil Südnorwegens. Hochebenen formen eine dramatische Kulisse für die Wälder und Weiden der tieferen Regionen mit Flusstälern und Seen. Bemalte Hafenhäuser, Sandstrände und Inselchen locken Urlauber an die Südküste Norwegens.

Die Fylke Telemark wird vom Bergplateau Hardangervidda *(siehe S. 152f)* – überragt vom 1883 Meter hohen Gaustadtoppen im Nordosten – dominiert. Tiefe Täler durchziehen die Landschaft, und eine Vielzahl von – teils fischreichen – Seen schimmert wie Juwelen. Flüsse wie die Bjoreia stürzen vom Plateau herab. Der Fluss Skienvassdraget wurde im 19. Jahrhundert in den Telemark-Kanal umgewandelt *(siehe S. 142)*. Damals war er ein bedeutender Verkehrsweg, heute ist er bei Freizeitkapitänen beliebt.

Die schöne und abwechslungsreiche Szenerie beeinflusste die hiesige Kultur und das Temperament der Bewohner. Nur wenige Plätze im Land haben eine so reiche und vielfältige Folklore zu bieten. Viele norwegische Märchen und Volkslieder wurden hier geschrieben. Alte Bauwerke hat man erhalten, der Geruch des sonnenverbrannten, geteerten Holzes der jahrhundertealten Hütten liegt in der Luft. Die Heddal Stavkirke aus dem 13. Jahrhundert ist gleichsam eine Kathedrale in Holz *(siehe S. 151)*.

Die Küste von Sørlandet – aus den Regierungsbezirken Vest-Agder und Aust-Agder – ist 250 Kilometer (Luftlinie) lang, vom Langesundsfjord im Osten bis zum Flekkefjord im Westen. Die Fjorde, Inseln und Schären machen die tatsächliche Strecke noch viel länger. Diese Gegend mit ihren weiß gestrichenen Dörfern und Städten, tanzenden Booten und geschäftigen Häfen ist bei Besuchern sehr beliebt. Der Archipel ist ideal zum Angeln und Schwimmen, die hübschen, teils altmodischen Städte machen Sørlandet zum Ferienparadies. An Norwegens südlichster Spitze weist der Lindesnes-Leuchtturm Seefahrern den Weg *(siehe S. 145)*.

Berg-Trekking auf Pferden ist eine beliebte Art, Hardangervidda zu erkunden

◁ Der Lindesnes-Leuchtturm an Norwegens südlichster Spitze ist seit 1655 in Betrieb

Überblick: Sørlandet und Telemark

DIE SØRLANDSKYSTEN (SÜDKÜSTE) gilt als die Sonnenseite Norwegens und als sommerliches Urlaubsparadies. Weiß bemalte Ortschaften liegen dicht an dicht, Häfen aus den glorreichen Tagen der Seefahrt sprenkeln die Küste. Besucher können mit Booten den Skjærgårdsparken (Schärenpark) erkunden, der sich von Risør im Nordosten bis Lindesnes im Südwesten erstreckt. Außerdem kann man in dieser Region gut angeln und am Strand picknicken. Im Landesinneren von Telemark und Sørlandet gibt es Berge und Täler mit historischen Stabkirchen zu erkunden. Ein großer Teil des Bergplateaus Hardangervidda liegt in der Telemark. Im Osten der Region fahren Schiffe auf dem Telemark-Kanal in Richtung der Bergpässe an der Grenze zur Westküste (Vestlandet).

Grimstad, eine von Sørlandets vielen »weißen Städten«, lockt im Sommer zahlreiche Urlauber an

IN SØRLANDET UND TELEMARK
UNTERWEGS

Die größten Straßen der Region in Ost-West-Richtung sind die E18, E39 und RV42 im Süden und die E134 im Norden. Sie sind von Nord nach Süd durch kleinere Straßen verbunden, die durch die Täler verlaufen. Die Bahnlinie, Sørlandsbanen, windet sich durch zahlreiche Täler landeinwärts. Die Region ist auch gut per Bus und Expressbus zu erreichen. Größter Flughafen ist Kjevik bei Kristiansand; Rollfelder gibt es aber auch in Notodden, Skien und Lista. Kristiansand bietet außerdem Fährverbindungen nach Dänemark, Schweden und England.

SIEHE AUCH

- *Übernachten* S. 224f
- *Restaurants* S. 237

LEGENDE

- Autobahn
- Hauptstraße
- Nebenstraße
- Eisenbahn

SØRLANDET UND TELEMARK 141

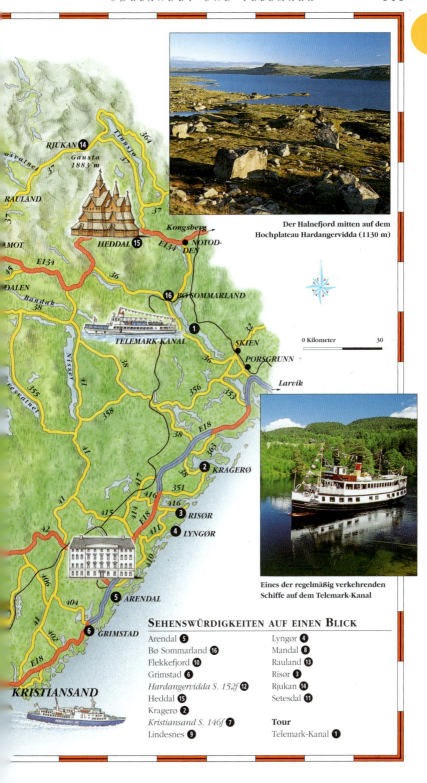

Der Halnefjord mitten auf dem
Hochplateau Hardangervidda (1130 m)

Eines der regelmäßig verkehrenden
Schiffe auf dem Telemark-Kanal

Sehenswürdigkeiten auf einen Blick

Arendal ❺
Bø Sommarland ⓰
Flekkefjord ❿
Grimstad ❻
Hardangervidda S. 152f ⓬
Heddal ⓯
Kragerø ❷
Kristiansand S. 146f ❼
Lindesnes ❾

Lyngør ❹
Mandal ❽
Rauland ⓭
Risør ❸
Rjukan ⓮
Setesdal ⓫

Tour
Telemark-Kanal ❶

Tour am Telemark-Kanal entlang ❶

WÄHREND DER BLÜTEZEIT des Transports auf Wasserwegen baute man 1861 den größten Fluss der Telemark, Skienvassdraget, zum Skien-Nordsjø-Kanal aus. 30 Jahre später war der Nordsjø-Bandak-Kanal nach Dalen fertig – der 105 Kilometer lange Telemark-Kanal war geschaffen. Acht Schleusen hoben Schiffe 72 Meter über den Meeresspiegel. Damals galt der Kanal als technische Meisterleistung. 1994 erhielt er die Europa-Nostra-Goldmedaille für Restauration und Denkmalschutz. Heute ist der Telemark-Kanal eine der größten Attraktionen des Landes.

Kabinenkreuzer auf dem Telemark-Kanal

Dalen ⑤
Dalen liegt am Ende des Kanals am Ufer des herrlichen Bandak-Sees. Das Dalen Hotel *(siehe S. 224)* gleicht einem Märchenschloss.

Vrangfoss ④
Der einst 23 Meter hohe Wasserfall ist heute ein Kraftwerk mit dem größten Schleusensystem des Kanals mit sechs Kammern. Das Schleusentor wird noch fast so wie vor 100 Jahren betrieben.

Ulefoss ②
Das Schleusensystem in Ulefoss befördert Boote über einen elf Meter hohen Wasserfall. Das Ulefoss-Herrenhaus gilt als erstes Beispiel klassizistischer Architektur in Norwegen.

Akkerhaugen ③
Die *M/S Telemarken* fährt auf dem Telemark-Kanal von Akkerhaugen nach Lunde. Im Sommer herrscht auf dem Kanal rege Betriebsamkeit und in den Schleusen drängeln sich die Kanus und Ausflugsboote.

0 Kilometer 15

LEGENDE

▬ Routenempfehlung
= Andere Straße

Skien ①
In Skien steht eine Statue des Dramatikers Henrik Ibsen. Das Haus seiner Kindheit, Venstøp, fünf Kilometer vom Zentrum entfernt, ist Teil des Telemark-Museums.

ROUTENINFOS

Bootsausflüge: Zwei Boote, die M/S Victoria und die M/S Henrik Ibsen, verkehren zwischen Skien und Dalen. Die M/S Telemarken verkehrt zwischen Akkerhaugen und Lunde (siehe S. 267).
Autofahrt: Die ruhige Straße 106 windet sich am Kanal entlang, am Flåvatnet-See vorbei.

Kragerø ❷

Bezirk Telemark. 11 000. nach Neslandsvatn. Torvgata 1, 35 98 23 88. Sommerski-Festival (4. Woche im Juni), Osterbad (Ostersamstag), Kragerø-Festival (3. Woche im Juni). www.visitkragero.no

K RAGERØ, SEIT DEN 1920er Jahren ein beliebter Ferienort, ist von einem Archipel aus kleinen Inseln und engen, gewundenen Wasserwegen umgeben. Die hübsche Kleinstadt war Heimat des Künstlers Theodor Kittelsen (1857–1914), bekannt für die Illustrationen für die Asbjørnsen & Moe-Sammlung norwegischer Volkssagen. Einige sind in seinem Haus ausgestellt.

Die Moräneninsel **Jomfruland**, die äußerste im Kragerø-Archipel, bietet eine besondere Flora und Vogelfauna, einen alten Ziegelleuchtturm von 1839 und einen neueren von 1939. Von Kragerø gelangt man mit der Fähre auf diese Insel.

Risør ❸

Bezirk Aust-Agder. 7000. nach Gjerstad, dann Bus. Kragsgate 3, 37 15 22 70. Festival der Kammermusik (4. Woche im Juni), Kunsthandwerksmarkt (2. Woche im Juli), Holzbootfestival (1. Woche im Aug.). www.risor.no

R ISØR, NUR durch wenige Inselchen vor dem Meer geschützt, ist als »Weiße Stadt des Skagerrak« bekannt. Den Beinamen trägt die Stadt aufgrund der blendend weißen Kaufmanns- und Kapitänshäuser an der Solsiden (Sonnenseite) des Hafens sowie der Hütten an der Innsiden (Innenseite). Trotz mehrerer Brände blieb die räumliche Anordnung aus dem 19. Jahrhundert weitgehend erhalten.

Risør hatte seine Blütezeit gegen Ende der Segelboot-Ära um 1870. Die Traditionen leben weiter, etwa beim Holzbootfestival im August, wenn prächtige Boote – mit ihren Erbauern an Bord – den Hafen bevölkern.

Die hölzerne Kirche in Risør, **Den Hellige Ånds Kirke**, wurde 1647 mit barocken Details und einem Interieur aus dem 17. Jahrhundert gebaut. Der Stangholmen-Fyr-Leuchtturm von 1885 beherbergt ein Sommerrestaurant mit herrlicher Aussicht, in seinem Lampenraum finden Wechselausstellungen statt.

🔒 Den Hellige Ånds Kirke
Prestegata 6. 37 15 00 12.
Juli: tägl.; Aug–Juni: nach Vereinbarung. nach Vereinbarung.

Lyngør, mit seinen engen Kanälen das »Venedig der norwegischen Küste«

Lyngør ❹

Bezirk Aust-Agder. 130. nach Vegårshei, dann Bus. nach Gjeving, dann Wassertaxi. nur im Sommer. Fritz Smiths gate 1 (Tvedestrand) 37 16 11 01. Skjærgårds Musik- und Missionsfestival (1. Woche im Juli), Woche der Küstenkultur (Mitte Juli), Tvedestrand-Regatta (Mitte Juli).

L YNGØR, 1991 als »besterhaltenes Dorf Europas« ausgezeichnet, liegt auf einer der idyllischen Inseln im Skjærgårdsparken (Schärenpark), der fast die ganze Küste Aust-Agders umfasst. Auf der Insel gibt es keinen motorisierten Verkehr. Man gelangt nur per Wassertaxi von Gjeving auf dem Festland nach Lyngør.

Bei der alten Lotsen- und Zollstation stehen schöne historische Gebäude. Wege winden sich an bemalten Häusern mit weißen Holzzäunen und duftenden Gärten vorbei. Die Wälder, die die Insel einst bedeckten, sind verschwunden, aber es gibt viele Blumen, deren Samen einst im Ballast von Segelschiffen hierher kamen.

1812 fand bei Lyngør eine blutige Seeschlacht statt, als das englische Schiff *Dictator* die dänisch-norwegische Fregatte *Najaden* versenkte. Die Bevölkerung flüchtete sich in die Höhle Krigerhola. Zum kulturgeschichtlichen Museum gehört das Restaurant *Den Blå Grotte*.

Die Inseln teilen sich eine Kirche in Dybvåg (frühes 13. Jh.) auf dem Festland.

Weiß gestrichene Kaufmannshäuser am Hafen von Risør

Arendals Rathaus (1813) ist das zweitgrößte Holzgebäude des Landes

Arendal ❺

Bezirk Aust-Agder. 39 000. Kristiansand. Peder Thomassons gate 1, 37 00 55 44. Internationaler Markt (1. Woche im Juli), Jazz- und Bluesfestival Arendal (4. Woche im Juli), APL Offshore Race (1. Woche im Aug.).

SØRLANDETS ÄLTESTE Stadt, Arendal, geht auf das Jahr 1723 zurück. Ursprünglich war sie auf sieben Inseln verteilt. Die Gebäude auf der Halbinsel Tyholmen neben den Bootsanlegestellen entgingen um 1800 einem Feuer. Seitdem werden sie sorgfältig gepflegt, 1992 wurden sie mit der Europa-Nostra-Medaille für Denkmalschutz ausgezeichnet.

Das Rathaus, **Rådhuset**, ist ein architektonisches Juwel, das im frühen 19. Jahrhundert in klassizistischem Stil erbaut wurde. Zu jener Zeit war Arendal die größte Seefahrtsstadt des Landes mit einer größeren Handelsflotte als Dänemark.

Das **Aust-Agder Museet** zeigt archäologische und nautische Ausstellungen. Auf Merdøy (per Boot 30 Minuten ab Langbrygga) kann das alte Seefahrerhaus Merdøgård besichtigt werden.

Von Tvedestrand fährt die *M/S Søgne* zu den Inseln.

🏛 Rådhuset
Rådhusgaten 10. 37 01 30 00. nach Vereinbarung. nach Vereinbarung.

🏛 Aust-Agder Museet
Parkveien 16. 37 07 35 00. Mo–Fr, So. Feiertage.

Grimstad ❻

Bezirk Aust-Agder. 18 000. Kristiansand. Smith Petersens gate 3, 37 04 40 41. Kurzfilmfestival (Mitte Juni), St. Hans (21.–24. Juni). www.grimstad.net

DAS ALTE ZENTRUM von Grimstad aus den Tagen der Segelschiffe besteht aus engen Gassen, die sich zwischen den Hügeln winden. Das **Grimstad Bymuseum** mit Kunsthandwerk und Meeresabteilung befindet sich im Zentrum, ebenso die Apotheke von 1837, in der Henrik Ibsen zur Lehre ging und seine ersten Stücke schrieb.

Nordöstlich der Stadt steht die **Fjære Kirke**, eine Kirche mit Gedenkstein für Terje Vigen, über den Henrik Ibsen schrieb. Der mutige Seemann ruderte im Hungerjahr 1809 mit zwei Tonnen Gerste von Dänemark nach Grimstad.

Nørholm im Südwesten war die Heimat des Nobelpreisträgers für Literatur Knut Hamsun. Die Küste in Richtung Kristiansand ist für ihre Ferienorte bekannt und wurde in vielen Gemälden, Gedichten und Romanen verewigt.

Lillesand ist eine bezaubernde Schärenstadt mit elegantem Rathaus und weiß getünchten Holzhäusern. Ausflugsboote fahren von der Stadt nach **Blindleia**, einer zwölf Kilometer langen Reihe von Buchten, die im Sommer voller kleiner Boote sind.

Ganz in der Nähe liegen auch die schöne Insel **Justøy** und **Gamle Hellesund** in Høvåg. Eine Siedlung aus der Bronzezeit gibt es in **Høvåg** zu sehen. Eine Küstenfähre läuft einen idyllischen Platz nach dem anderen an, darunter auch **Brekkstø**, eine Künstlergemeinde auf Justøy, einem beliebten Ferienziel.

🏛 Grimstad Bymuseum
Henrik Ibsens gate 14. 37 04 04 90. Mai–Mitte Sep: tägl.; Mitte Sep–Apr: nach Vereinbarung. nach Vereinbarung.

Kristiansand ❼

Siehe S. 146f.

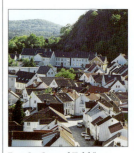

Enge Straßen und Holzhäuser prägen das Bild von Mandal

Mandal ❽

Bezirk Vest-Agder. 13 500. Kristiansand. nach Marnardal oder Kristiansand, dann Bus. Bryggegata 10, 38 27 83 00. Seafood-Festival (2. Woche im Aug). www.regionmandal.com

MANDAL VERDANKT seinen Wohlstand dem Holzhandel im 18. Jahrhundert. Der Boom war jedoch von kurzer Dauer. Mit dem Übergang von Segel- zu Dampfschiffen um 1900 wanderte

Büste von Henrik Ibsen vor dem Grimstad Bymuseum

SØRLANDET UND TELEMARK

ein Viertel der Bevölkerung nach Amerika aus. Trotz Massenemigration, Überschwemmungen und Bränden gibt es in der Stadt mehr alte Bausubstanz als in vielen anderen Orten in Sørlandet.

Das **Mandal Bymuseum** in einem alten Kaufmannshaus zeigt Kunst, Schiffe und Fischerei-Exponate. Die Pfarrkirche (1821) gehört zu den größeren des Landes.

Die Küstenstraße nach Mandal führt an Ny-Hellesund vorbei, wo der Schriftsteller Vilhelm Krag (1871–1933) lebte und Amaldus Nielsen sein berühmtes *Morgen in Ny-Hellesund* (1885, Nasjonalgalleriet, Oslo) malte.

Norwegens bester Strand ist der nahe gelegene, eierschalenfarbene **Sjøsanden**. Hier mündet der Lachsfluss Mandalselven ins Meer.

Traditionelles Boot in Flekkefjords Holländerstadt

Mandal Bymuseum
Store Elvegata 5. 38 27 31 25.
Ende Juni–Mitte Aug: tägl.; Mitte Aug–Ende Juni: So.

Lindesnes ❾

Regierungsbezirk Vest-Agder, 35 km westlich von Mandal. Lindesnes Informasjonssenter, 38 26 19 02.
Leuchtturm 38 25 88 51.
Mai–Sep: tägl.; Okt–Apr: Sa, So.

DIE SÜDLICHSTE SPITZE des norwegischen Festlands ist die Halbinsel Lindesnes, 2518 Kilometer vom Nordkap im hohen Norden entfernt. Hier steht der Lindesnes-Leuchtturm, der 1915 an der Stelle gebaut wurde, an der Norwegens erster Leuchtturm aus dem Jahr 1655 stand.

Die Halbinsel markiert einen Wechsel in der Landschaft von den kleinen Fjorden und sanft gerundeten Inseln im Osten zu den längeren Fjorden mit kargeren Inseln und schrofferen Bergen im Westen.

Skagerrak und Nordsee treffen hier aufeinander – manchmal mit großer Gewalt: Dies kann der raueste Platz an der Südküste sein. Zu anderen Zeiten wirkt das Meer wieder freundlich und einladend.

In zwei kleinen Häfen im Südosten der Halbinsel, **Lillehavn** und **Vågehavn**, können Seeleute Schutz suchen und die schlimmsten Stürme überstehen.

Flekkefjord ❿

Regierungsbezirk Vest-Agder.
8500. zum Bahnhof Sira, 20 km nördlich vom Zentrum.
Elvegaten 15, 38 32 21 31.
Lachsfestival (4. Woche im Juli), Gyland Grand Prix (1. Woche im Aug).
www.regionlister.com

DIE HAFENSTADT Flekkefjord ist die größte Fischerei- und Fischzuchtstadt am Skagerrak. Frühe Handelspartner waren die Holländer, daher stammt die Hollenderbyen (Holländerstadt) von 1700.

Das **Flekkefjord Bymuseum** in einem Patriziergebäude von ca. 1720 vermittelt ein Bild des Seefahrerlebens früherer Zeiten.

An der Fjordmündung liegt die Insel **Hidra**, auf die man vom Festland per Autofähre gelangt. Sie ist für die reizvollen Häfen Kirkehan, Rasvåg und Eie bekannt, die ihren Charme aus ihrer Zeit als Segel- und Fischereizentren erhalten konnten.

Westlich von Flekkefjord liegt das Fischerdorf Åna-Sira, das die Grenze zwischen Sørlandet und Vestlandet markiert. In der Nähe organisiert **Sira-Kvina Kraftselskap** Führungen durchs Kraftwerk, eines von sieben am Sira-Kvina-Kanal.

Flekkefjord Bymuseum
Dr. Krafts gate 15. 38 32 26 59.
Juni–Aug: tägl.; sonst nach Vereinbarung. teilweise.

Sira-Kvina Kraftselskap
60 km nördlich von Flekkefjord. 38 37 80 00. Ende Juni–Mitte Aug: tägl. (nur Führungen).

Der Lindesnes-Leuchtturm steht an Norwegens südlichstem Punkt

Kristiansand ●

CHRISTIAN IV. GRÜNDETE die Hauptstadt Sørlandets im Jahr 1641. Der Ort erhielt sofort Marktrechte und auch gewisse Handelsprivilegien. Die Anlage der Stadt folgte einem strengen Gitterplan, weshalb Kristiansand auch als Kvadraturen (Quadrat) bekannt wurde. Kristiansand expandierte 1922 und 1965 erneut. Heute ist sie Norwegens fünftgrößte Stadt und eine gelungene Mischung aus Alt und Neu. Zum Großraum Kristiansand gehören auch die umliegenden Hügel, Wälder und Sümpfe, kleine Seen und Ackerland sowie ein Küstenabschnitt.

Restauriertes Haus im beliebten Viertel Posebyen

▥ Posebyen
Nordöstlich vom Stadtzentrum.
Juni–Aug: Sa.

In Kristiansands Anfangstagen als Festung und Garnisonsstadt wohnten die Soldaten in Privathäusern des heute besterhaltenen Teils der Altstadt. Der Name Posebyen ist aus dem französischen *reposer*, ausruhen, abgeleitet (Französisch war die Militärsprache jener Zeit).

Die kleinen, hübschen Häuser in diesem Viertel, mit Höfen, Ställen und Kutschenschuppen, Waschhäusern und Nebengebäuden, haben mehrere Brände und die drohende Abrissbirne überstanden. Heute ist Posebyen ein beliebtes Wohngebiet. Die historischen Gebäude werden von den Einwohnern gut instand gehalten.

⚓ Christiansholm Festning
Østre Strandgate. ✆ 38 07 51 50.
Juni–Juli: tägl.; Sep–Mai: nach Vereinbarung. nach Vereinbarung.

Einer der Gründe, warum Christian IV. an der Südküste eine Stadt erbaute, war die dänisch-norwegische Union in den häufigen Kriegen gegen die Nachbarstaaten militärisch zu stärken. 1628 gab es an der Fjordmündung ein Blockhaus, 1640 errichtete man dauerhafte Befestigungsanlagen.

Die massive Christiansholm Festning am Østre Havn (Osthafen) entstand in den Jahren nach 1667. Die Stadt wurde zur Garnisonsstadt, und die Festung galt lange Zeit als drittbedeutsamste des Landes – nach Akershus und Bergenhus. Im Jahr 1807 war die Festung Schauplatz einer Schlacht, in deren Verlauf das englische Kriegsschiff *Spencer* vertrieben wurde.

⛪ Domkirken
✆ 38 10 77 50. *Juni–Aug: Mo–Fr und zu Gottesdiensten; Juli: auch Sa.* So.

Kristiansand wurde zur Diözese, als man den Bischofssitz im Jahr 1682 von Stavanger hierher verlegte. Die neugotische Kathedrale, Domkirken, ist bereits die vierte an dieser Stelle. Sie wurde 1885, nach einem Brand fünf Jahre zuvor, fertiggestellt und fasst 2000 Personen. Die Orgel auf der Ostempore von 1967 besitzt 50 Pfeifen. Eines der Altarbilder von Eilif Petersen zeigt Jesus in Emmaus.

▥ Gimle Gård
Gimleveien 23. ✆ 38 10 26 80.
20. Juni–20. Aug: tägl.; 21. Aug–19. Juli: So. Feiertage.

Das Herrenhaus Gimle Gård wurde um 1800 für den wohlhabenden Reeder Bernt Holm im damals beliebten klassizistischen Stil erbaut. Es besitzt eine Säulen-Loggia, das Interieur besticht durch etliche wertvolle Möbelstücke im Empirestil sowie Elemente aus späteren Epochen.

An den Wänden hängen Gemälde (17. und 18. Jh.) aus Dänemark, Deutschland, Italien und den Niederlanden, von denen die meisten aus Holms Privatsammlung stammen.

1985 verwandelte man Gimle Gård in ein Museum, das einen Einblick ins Leben der norwegischen Bourgeoisie in der napoleonischen Zeit gewährt, von den Salons bis zur Küche im Keller.

Das Herrenhaus Gimle Gård (19. Jh.) mit seinem auffälligen Säulengang

KRISTIANSAND

🏛 Vest-Agder Fylkesmuseum

Vigeveien 22. ☎ 38 10 26 80. ◷ 20. Juni–20. Aug: tägl.; 21. Aug–19. Juni: So. ◉ einige Feiertage.

Die 1903 gegründete Freilichtausstellung des Vest-Agder Fylkesmuseum zeigt Holzgebäude aus dem ganzen Land, angeordnet nach Herkunftsregionen. Agdertunet und Setesdalstunet haben Bauernhöfe, Lagerhäuser auf Stelzen und Badehäuser, während Bygaden aus Stadthäusern, Läden und Werkstätten aus dem Kristiansand des 19. Jahrhunderts besteht.

Im Hauptgebäude des Museums gibt es traditionelle Folklorekostüme und Beispiele der typisch rustikalen Verzierungen, bekannt als *rosemalt*, zu sehen.

Unweit des Museums steht **die Oddernes Kirke** aus dem Jahr 1040, eine der ältesten Kirchen des Landes.

Die Tiere locken Menschenscharen in den Kristiansand Dyrepark

🦁 Kristiansand Dyrepark

10 km östlich vom Stadtzentrum. ☎ 38 04 97 00. ◷ tägl. ◉ einige Feiertage.

Wölfe, Luchse, Elche, Auerhähne und Uhus gehören zu den nordischen Spezies, die man in diesem Park sehen kann. Von weiter her kommen Giraffen, Affen, Alligatoren und Boa Constrictors. Zu den Attraktionen gehören auch eine Bobbahn, ein Wellenbad und Wasserrutschen.

INFOBOX

Bezirk Vest-Agder. 👥 75 000. ✈ 🚆 🚌 ⛴ ℹ 32 Vestre Strandgate, 38 12 13 14. 🎵 Kirchenmusikfest (Mitte Juni), Wasserfest (2. Juniwoche), Quart-Musikfest (1. Juliwoche), Fest der dunklen Jahreszeit (1. Woche im Nov). 🌐 www.sorlandet.com

🏛 Setesdalsbanen Museumsjernbane

Grovane Stasjon, Vennesla, 17 km nördlich vom Stadtzentrum. ☎ 38 15 64 82. ◷ Abfahrt 16. Juni–1. Sep: So 11.30 und 14 Uhr; Juli: auch Di–Fr 11.30, 14, 18 Uhr, Do 12 Uhr.

Dampfeisenbahnen fahren wieder auf einem Abschnitt der Schmalspurbahn Setesdalsbanen zwischen Grovane und Røyknes. Die Originallinie von Kristiansand von 1896 wurde 1962 stillgelegt. Es gibt Führungen durch den Lokschuppen und die Werkstätten.

ZENTRUM VON KRISTIANSAND

Christiansholm Festning ②
Domkirken ③
Gimle Gård ④
Posebyen ①

LEGENDE

🚆 Bahnhof
🚌 Busbahnhof
⛴ Fähranlegestelle
🅿 Parken
ℹ Information

Typisches Interieur eines Bergbauernhofs in Rauland

Setesdal ⓫

Regierungsbezirk Aust-Agder, Stadt Valle. 1500.
Valle Sentrum, 37 93 75 00.

Das grösste der Agder-Täler ist das Setesdal. Der steile Setesdalsheiene, ein 1000 Meter hoher Ausläufer des Hardangervidda-Plateaus, bildet hohe Mauern an den Ufern des Flusses Otra, der von den Bykleheiene-Hügeln herabfließt.

Im Setesdal gibt es noch eine ganz eigene ländliche Kultur, die sich in Volksmusik, Silberschmieden, Trachten und Architektur manifestiert. Das **Setesdalsmuseet** in Valle zeigt ein mittelalterliches Haus mit offenem Ofen und Rygnestadloftet, eine kleine Scheune von ca. 1590. Nahe am Museum stand einst die schöne Hylestad-Stabkirche. Objekte aus der Kirche, die 1668 abgerissen wurde, werden manchmal im Museum gezeigt, ihr Portal mit Motiven aus der *Volsunga-Saga* befindet sich jedoch im Historisk Museum in Oslo.

Der **Setesdal Mineralpark** in Hornnes zeigt seltene Mineralien wie Beryll, Aquamarin und Amazonit in Hallen, die man in den Berg trieb.

Setesdalsmuseet
Rysstad an RV9. 37 93 63 03.
20. Juni–1. Sep: tägl.; Sep–19. Juni: Mo–Fr. Feiertage. nach Vereinbarung.

Setesdal Mineralpark
10 km südlich von Evje. 38 00 30 70 Juni–Sep: tägl.

Hardangervidda ⓬

Siehe S. 152f.

Rauland ⓭

Regierungsbezirk Telemark. 1300.
Raulandshuset, 35 06 26 30.
Volksmusikwettbewerb (Feb), Tage des Kunsthandwerks (2. Woche im Juni). www.rauland.org

Gut erhaltene Gebäude und eine reiche Kultur kennzeichnen die bergige Gegend um das schönen Totakvatnet-See. Viele Künstler waren mit dem Dorf Rauland eng verbunden; ihre Gemälde, Skulpturen und Zeichnungen, darunter Werke von Dyre Vaa (1903–1980), präsentiert das **Rauland Kunstmuseum**. Östlich des Museums stehen viele historische Gebäude wie die alten Bauernhäuser bei **Krossen** und in **Austbøgrenda**, von denen eines Schnitzereien von ca. 1820 zeigt. Weitere Holzbauten, z. B. ein Sägewerk (um 1820), stehen auf dem Lognvik-Hof am Lognvikvatnet-See.

Ganz im Westen des Totakvatnet-Sees, in Arabygdi, ist das **Myllarheimen**, in dem der Geigenvirtuose Tarjei Augundsson (1801–1872) lebte. Im Sommer gibt es hier Volksmusikkonzerte.

Rauland Kunstmuseum
1 km westlich von Rauland. 35 07 32 66. 20. Juni–Sep: tägl.; Okt–19. Juni: nach Vereinbarung.

Rjukan ⓮

Regierungsbezirk Telemark. 4000.
Torget 2, 35 09 12 90.
Rockfestival Rjukan (Ende Mai), Frauen-Bergwanderung (1. Woche im Sep). www.visitrjukan.com

Rjukan errang weltweite Beachtung als Standort der Wasserstofffabrik, die norwegische Widerstandskämpfer 1943 in einer kühnen Heldentat in die Luft sprengten *(siehe Kasten)*. Vorher spielte die Kleinstadt aber schon eine wichtige Rolle in Norwegens Industriegeschichte, da man

---

Stosstrupp Telemark

In der Nacht vom 27. auf den 28. Februar 1943, am Höhepunkt des Zweiten Weltkriegs, ereignete sich in der Wasserstofffabrik in Rjukan eine schwere Explosion. Ein Nebenprodukt der hiesigen Arbeiten war schweres Wasser, das die Alliierten als wichtige Ressource für die Nuklearforschung der Deutschen – und der möglichen Herstellung von Wasserstoffbomben – erkannten.

Die Sabotage war mithilfe alliierter Fallschirmjäger sorgfältig vorbereitet worden. Neun Männer der norwegischen »Kompani Linge« stiegen vom Hardangervidda-Plateau durch tiefen Schnee herab, überquerten die steile Schlucht und legten die Sprengladungen an die Fabrik. Das heroische Unternehmen mit Codenamen »Gunnerside« war eine der effektivsten Taten der Widerstandsbewegung.

Kirk Douglas im Film *Stoßtrupp Telemark*, 1965

◁ **Schafe weiden an einem sonnigen Hang im Bezirk Vest-Agder**

1911 hier ein Wasserkraftwerk baute, das vom 105 Meter hohen Wasserfall Rjukanfossen betrieben wurde. Kraftwerk, eine Wasserstoff- und eine Chemiefabrik ließen aus dem Dorf eine industrielle Modellgemeinde werden, versorgt vom Unternehmen Norsk Hydro.

1971 wurde ein neues Kraftwerk gebaut. Das alte ist jetzt das **Norsk Industriarbeidermuseum**, das von der aufregenden Geschichte der Sabotage und Norwegens industrieller Entwicklung erzählt.

Auf der anderen Seite des Tals befindet sich die Seilbahn **Krossobanen**, die Norsk Hydro 1928 errichten ließ, damit die Bewohner des schattigen Tals im Winter die Sonne sehen konnten. Sie führt auf 886 Meter Höhe und ist ein guter Ausgangspunkt für Wanderungen auf dem Hardangervidda. Am Rjukanfossen steht die **Krokan-Hütte** von 1868, als der ungezähmte Wasserfall bei Urlaubern und Malern beliebt war. Heute sieht man wegen des Kraftwerks selten gewaltige Wassermassen.

Den 1883 Meter hohen Gipfel des **Gaustadtoppen** erreicht man über einen gut markierten Weg vom Stavro-Parkplatz aus in etwa zwei Stunden.

🏛 Norsk Industriarbeidermuseum
7 km westlich vom Stadtzentrum. 📞 35 09 90 00. ⏰ Nov–März: Di–Fr; Apr, Okt: Di–Sa; Mai–Sep: tägl.

⚙ Krossobanen
1 km westlich vom Zentrum. 📞 35 09 12 90 (Buchung). ⏰ tägl.

Das Rambergstugo-Haus in Heddal Bygdetun

Heddal ⓯

Bezirk Telemark, Stadt Notodden.
👥 12 000 (Notodden).
Teatergaten 3, 35 01 50 00. Bluesfestival Notodden (1. Woche im Aug).
🌐 www.notodden.kommune.no

Hauptattraktion des Dorfes Heddal ist die **Heddal Stavkirke** von 1242. Die »hölzerne Kathedrale« mit ihren drei Türmen und 64 verschiedenen Dachflächen ist die größte mittelalterliche Kirche des Landes. Sie hat drei Schiffe, einen Portikus und eine Apsis. Beachtenswert im Inneren sind der geschnitzte Bischofsstuhl, das Altarbild und die Wandmalereien aus dem frühen 17. Jahrhundert.

Die Heddal Stavkirke ist noch immer die Hauptkirche des Bezirks. In der Pfarrscheune nebenan findet man diverse Ausstellungen und ein Restaurant.

Zu den Gebäuden des **Heddal Bygdetun** gehört das Haus Rambergstugo, das 1784 von dem bekannten Maler Olav Hansson im Stil der »Rosenmalerei« verziert wurde.

Die Norsk Hydro wurde 1905 in Notodden gegründet. Das firmeneigene Museum, die **Bedriftshistorisk Samling**, zeigt die ersten Betriebsjahre und erzählt vom Leben der Eisenbahnarbeiter.

🔒 Heddal Stavkirke
Heddalsvegen 412. 📞 35 02 04 00. ⏰ Ende Mai–Anfang Sep: tägl.; sonst nach Vereinbarung.

🏛 Heddal Bygdetun
6 km westlich von Notodden. 📞 35 02 08 40. ⏰ Mitte Juni–Mitte Aug: tägl.

🏛 Bedriftshistorisk Samling
Stadtzentrum von Notodden. 📞 35 09 39 99. ⏰ 15. Juni–18. Aug: tägl.; Jan–14. Juni, 19. Aug–31. Dez: nach Vereinbarung.

Bø Sommarland, ein Paradies für Wasserliebhaber jeden Alters

Bø Sommarland ⓰

Regierungsbezirk Telemark.
📞 35 06 16 00. ⏰ Juni–Aug: tägl.

Norwegens grösster Wasserpark, Bø Sommarland nördlich der Kleinstadt Bø, bietet über 100 verschiedene Aktivitäten für alle Altersstufen. Für die Kleinsten gibt es Planschbecken und sichere Wasserspiele, für größere Kinder u.a. ein Wasserkarussell, Wasserrutschen und ein künstliches Wellenbad.

Wenn Ihnen der Sinn nach mehr Aufregung steht, sind die Tauchtürme, die Wasserachterbahn oder der wahrlich aufregende freie Fall in der Magasuget-Rutschbahn wohl das Richtige für Sie.

Auf dem Rummelplatz und in den Restaurants des Parks bleiben die Füße trocken.

Das Vemork-Kraftwerk: 1943 Schauplatz eines gewagten Sabotageakts

Hardangervidda

EUROPAS GRÖSSTES HOCHGEBIRGSPLATEAU liegt oberhalb der Baumgrenze, auf 1100 bis 1400 Metern, unterbrochen von Gipfeln wie dem Hårteigen und dem Gletscher Hardangerjøkulen. Einen Teil der Region hat man zum Nationalpark erklärt. In den Bergseen entspringen viele Flüsse, darunter Numedalslågen und Telemarksvassdraget im Osten sowie Bjoreia mit dem Wasserfall Vøringsfossen *(siehe S. 163)* im Westen. Alte Wege und ausgetretene Pfade zeugen davon, dass in längst vergangenen Zeiten Menschen in den Bergen unterwegs waren. Jäger stellten Rentieren nach, und noch immer kommen Fischer zum Forellenangeln. Heute jedoch sind es vor allem die *Hytte-zu-hytte*-Wanderer, die das Hardangervidda-Plateau besuchen.

Vøringsfossen
Da der Bjoreia oberhalb aufgestaut wird, ist der 145 Meter hohe Wasserfall nur selten derart imposant.

Forellenfischen
Hardangervidda gehört zu Norwegens besten Forellengebieten. Informationen über Anglerlizenzen erhalten Sie in Fremdenverkehrsbüros und Hütten.

Hårteigen
Die seltsame Silhouette des Hårteigen erhebt sich über dem Plateau. Der Schichtenkopf aus Gneis ist der Rest einer einstigen Bergkette.

LEGENDE

▬	Hauptstraße
▭	Nebenstraße
--	Nationalparkgrenze
--	Wanderroute
🏠	Berghütte

Gletscher-Hahnenfuß
Hardangervidda ist Lebensraum unzähliger Blumen wie des widerstandsfähigen Gletscher-Hahnenfußes, Ranunculus glacialis.

HARDANGERVIDDA

Hardangerjøkulen
Der sechstgrößte Gletscher Norwegens, Hardangerjøkulen, ist der am leichtesten zugängliche. Er lockt das ganze Jahr über Besucher an, auch im Mai, wenn viele eine Skitour mit einem Ausflug zur Obstblüte am Hardangerfjord verbinden.

INFOBOX

Regierungsbezirke Telemark, Buskerud und Hordaland.
Hardangervidda Natursenter in Eidfjord, 53 66 59 00.
Apr–Okt: tägl.; sonst nach Vereinbarung.
www.hardangervidda.org

Berghütten
Einige Hütten liegen nahe an der Straße, wie diese bei Ustetind. Zu anderen gelangt man nur nach einer mehrstündigen Wanderung.

Von Hütte zu Hütte
Das Terrain auf Hardangervidda ist im Allgemeinen auch für weniger geübte Wanderer geeignet.

Wild lebende Rentiere
Hardangerviddas Bestand an Rentieren ist mit 17 000 Exemplaren der größte Europas. Antike Grabstätten für Tiere und andere Jagdfunde beweisen, dass Rentiere schon seit mehreren Tausend Jahren auf dem Plateau leben.

Vestlandet

DIE LANGE, SCHMALE REGION *an der Nordsee von Stavanger bis Kristiansund ist als Vestlandet bekannt. Dies ist das Land der Fjorde, wo sich von der Küste aus Finger aus blauem und grünem Wasser weit ins Landesinnere erstrecken und sich durch die majestätischen Berge schneiden. Fähren, Tunnels und steile Serpentinenstraßen verbinden die malerischen Küstendörfer.*

Vestlandet umfasst vier Fylker (Regierungsbezirke), die zusammen rund 15 Prozent Norwegens ausmachen: Rogaland, Hordaland, Sogn og Fjordane sowie Møre og Romsdal. Im tiefen Süden Rogalands liegen die fruchtbaren Ebenen von Jæren und die Städte Egersund, Sandnes und Stavanger. Die Jæren-Küste bietet Kieselstrände und Sandbuchten, ideal zum Schwimmen und für andere Wassersportarten.

Weiter landeinwärts trifft man auf das felsige Heideland von Høg-Jæren, hinter dem sich die Landschaft steil zu den dramatischen Ryfylkefjellene-Bergen erhebt.

Nördlich von Stavanger liegt der viertlängste Fjord in Vestlandet, der Boknafjord. Einer seiner Arme ist der urtümliche Lysefjord unter dem berühmten Preikestolen (einer Felskanzel), den man zu Fuß oder vom Boot aus erkunden kann.

Bergen, Norwegens zweitgrößte Stadt, ist – neben Stavanger und Ålesund – ein guter Ausgangspunkt für Ausflüge zu Sunnfjord und Nordfjord, den »bezaubernden Fjorden« mit imposanten Bergen, Wasserfällen, Gletschern und idyllischen Ufern. Die Region von Hardanger und Sogn ist berühmt für Stabkirchen, historische Stätten und Museen. Bei der Halbinsel Stad trifft die Nordsee aufs Europäische Nordmeer.

In der Fylke Møre og Romsdal sind ähnlich famose Fjorde und Berge zu sehen. Besonders erwähnenswert sind Geirangerfjord und Romsdalsfjord mit spektakulären Panoramen.

Vestlandet bietet hervorragende leichte wie schwere Bergwanderwege. Für Angler gibt es gute Möglichkeiten, im Meer, in den Seen und Flüssen zu fischen. Die Insel Runde schließlich ist stolz auf besonders viele Vogelarten.

Das historische Bryggen, das Werftviertel Bergens, ist ein Wahrzeichen der Stadt

◁ Die Borgund-Stabkirche, ein Juwel traditioneller norwegischer Holzbauweise

Überblick: Vestlandet

VESTLANDET IST FÜR seine vielen Fjorde bekannt, jede Stadt preist eifrig die Vorzüge ihres eigenen Streifens tiefen, klaren Wassers, das sich durch die Bergketten schneidet: Bergen nennt sich selbst »das Tor zu den Fjorden«, Molde singt ein Loblied auf sein »Molde-Panorama« über den Romsdalsfjord und die umliegenden Gipfel. Stavanger rühmt sich der »kürzesten Strecke zum Lysefjord«. Die kleineren Fjorde wie Sunnfjord, Nordfjord, Geirangerfjord und Sunndalsfjord sind ebenso schön wie ihre großen Verwandten. An allen liegen interessante Dörfer und Städte, zum Teil mit historischen Gebäuden, Museen und Galerien. Am Sognefjord findet man schöne norwegische Stabkirchen, darunter jene in Urnes und Borgund.

Das Norwegische Fjordpferd ist typisch für die Region Vestlandet

Legende

- Autobahn
- Hauptstraße
- Nebenstraße
- Eisenbahn

Siehe auch

- **Übernachten** S. 225f
- **Restaurants** S. 237f

Bergens Hafen am Hang des Fløyfjellet

VESTLANDET

Låtefoss, südlich von Odda in Hardanger, ist einer der spektakulären Wasserfälle Vestlandets

IN VESTLANDET UNTERWEGS

Vestlandet ist leicht zu erreichen. In den größeren Städten gibt es internationale Flughäfen, einige kleinere haben Inlandsflugplätze. Autofähren von Großbritannien und dem Kontinent fahren regelmäßig Bergen und Stavanger an, Kreuzfahrtschiffe verkehren im Sommer in den Fjorden. Züge fahren von Oslo nach Stavanger, Bergen und Åndalsnes. Wer mit Auto oder Bus aus Ostnorwegen kommt, hat die Wahl zwischen mehreren Straßen über die Berge. Das Straßennetz durch Vestlandet und auf die Inseln ist gut ausgebaut, mit spektakulären Brücken und Tunnels. Wo diese fehlen, ist es meist nicht weit zu einer Fähre. Expressboote verbinden viele Städte und Dörfer, zahlreiche Autofähren überqueren die Fjorde oder laufen die Inseln an der Küste an. Der Küstenexpress Hurtigruten *(siehe S. 205)* nach Nordnorwegen hat seinen südlichsten Anlaufhafen in Bergen.

Stryn am inneren Nordfjord, umgeben von Bergen und Gletschern

SEHENSWÜRDIGKEITEN AUF EINEN BLICK

Ålesund ㉓
Åndalsnes ㉔
Baroniet Rosendal ❽
Bergen S. 164–171 ⓮
Borgund Stavkirke S. 177 ⓰
Egersund ❷
Eidfjord ⑪
Førde und Jølster ⑲
Geirangerfjord ㉒

Hardangerfjord ❾
Haugesund ❼
Jostedalsbreen ⑱
Karmøy ❻
Kristiansund ㉖
Lysefjord ❸
Molde ㉕
Nordfjord ⑳
Selje und Stad ㉑

Sognefjord S. 174–176 ⓯
Sørfjord ❿
Stavanger S. 158f ❶
Suldal ❹
Ulvik ⑫
Urnes Stavkirke ⑰
Utstein Kloster ❺
Voss ⑬

Stavanger ❶

SARDINEN UND ÖL bilden den Grundstock von Stavangers industrieller Entwicklung. Ehe um 1125 die Kathedrale gebaut wurde, war Stavanger nur ein Fischerdorf – den Status einer Marktstadt erhielt es erst 1425. Vom 19. Jahrhundert an wuchsen – dank des reichen Heringsvorkommens – die lukrative Fischerei- und die Konservenindustrie der Stadt. In den 1960er Jahren fand man Öl vor der Küste, was die Wirtschaft weiter ankurbelte. Heute ist Stavanger mit 115 000 Einwohnern Norwegens viertgrößte Stadt. Sie liegt zwischen dem Flachland von Jæren im Süden und dem Boknafjord, dem südlichsten der Westküstenfjorde, im Norden. 2008 ist Stavanger Europäische Kulturhauptstadt.

In Gamle Stavanger stehen makellos erhaltene Holzhäuser an den gewundenen Gassen

🏛 Gamle Stavanger
Stadtzentrum Stavanger.
Juni–Aug, Buchung im Fremdenverkehrsamt.

Im Westen und Südwesten des Vågen-Hafens liegt Gamle (Alt-)Stavanger, ein Wohn- und Geschäftsviertel mit hölzernen Häusern und engen Kopfsteinpflastergassen. Zwischen Øvre Strandgate und Nedre Strandgate stehen auf Terrassen gut erhaltene weiß getünchte Holzhäuser (19. Jh.) mit kleinen Vorgärten und Holzzäunen. Einst wohnten in den 156 Häusern Seefahrer und Arbeiter, heute werden sie von den neuen Besitzern liebevoll instand gehalten.

🏛 Norsk Hermetikkmuseum
Øvre Strandgate 88A. ☎ 51 84 27 00.
Mitte Juni–Mitte Aug: tägl.; Mitte Aug–Mitte Sep: Mo–Do; Mitte Sep–Mitte Mai: So; Mitte Mai–Mitte Juni: Mo–Fr, So. ● *Dez.*

Das Konservenmuseum, Norsk Hermetikkmuseum, befindet sich in einer alten Konservenfabrik im malerischen Gamle Stavanger. Es bietet einen Überblick über ein Gewerbe, das in seiner Blütezeit von größerer Bedeutung war als die Ölindustrie heute. In den 1920er Jahren gab es in Stavanger 70 Konservenfabriken. Besucher erfahren etwas über die Anfänge der Industrie um 1850, als Erfindungen wie Dosengerichte eingeführt wurden, gefolgt von technologischen Fortschritten und der Einführung der Dosensardine auf dem Weltmarkt.

🏛 Stavanger Sjøfartsmuseum
Nedre Strandgate 17–19. ☎ 51 84 27 00. *Mitte Juni–Mitte Aug: tägl.; Mitte Aug–Mitte Sep: Mo–Do; Mitte Sep–Mitte Mai: So; Mitte Mai–Mitte Juni: Mo–Fr, So.* ● *Dez, Feiertage.*

Die *Anna af Sand* lief 1848 vom Stapel und ist Norwegens ältestes noch fahrendes Segelschiff. Zwischen ihren Fahrten kann man sie am Sjøfartsmuseum (Seefahrtsmuseum) sehen. Zum Besitz des Museums gehört auch die Vergnügungsyacht *Wyvern*, die Colin Archer (Konstrukteur des Polarschiffs *Fram* für den Forscher Fridtjof Nansen) 1897 baute. Das Museum über die maritime Geschichte von Südwestnorwegen befindet sich in zwei umgebauten Lagerhäusern am Hafen.

🏛 Valbergtårnet
Valberget 2. ☎ 51 89 55 01.
Mo–Sa tägl. ● *Feiertage.* *nach Vereinbarung.*

Der von C. H. Grosch entworfene Feuerwachturm auf dem Hügel Valberget war 1852 fertiggestellt. In Stavanger tobten vordem viele schwere Brände – einer, im Jahr 1684, war so katastrophal, dass man erwog, die ganze Stadt aufzugeben. Man tat es nicht, und heute bietet der Turm einen herrlichen Blick über Stadt, Hafen und den Boknafjord.

🏛 Norsk Oljemuseum
Kjerringholmen. ☎ 51 93 93 00.
tägl. ● *einige Feiertage.* *So.*

Die Ölförderung in der Nordsee sorgte in Stavanger für einen Wirtschaftsboom – mit der Folge, dass dies heute die kosmopolitischste Stadt des Landes ist. Das ultramoderne Norsk Oljemuseum, entworfen von den Architekten Lunde und Løvseth, wurde 1999 eröffnet. Es veranschaulicht die Arbeit und das Leben auf einer Ölplattform mit einer vollständigen Präsentation der Bohrinsel.

Ausgestellt sind Modelle der Ausrüstung, darunter Bohrspitzen, Tauchglocken und eine Rettungskapsel für 28 Personen. Schaubilder illustrieren die Geschichte der Ölindustrie – mit einem Ausblick in die Zukunft.

Das Norsk Oljemuseum illustriert die Entwicklung der Ölindustrie

STAVANGER

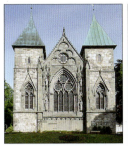

Stavangers historische Domkirken wurde um 1125 erbaut

🏛 Domkirken

Haakon VII's gate 7. ☎ 51 53 96 50. ○ Juni–Aug: tägl.; Sep–Mai: Di–Do, Sa; So nur Gottesdienste. ♿

Reinald, der erste Bischof von Stavanger, stammte aus dem englischen Winchester. Dort war im 9. Jahrhundert der heilige Swithun Bischof. In der Regierungszeit von König Sigurd Jorsalfar bekam Reinald die Mittel für den Bau einer Kathedrale. Das imposante romanische Kirchenschiff wurde um 1125 errichtet und dem heiligen Swithun geweiht, der somit Stavangers Schutzheiliger wurde.

Nach einem Brand im Jahr 1272 baute man die Kirche mit einem prächtigen gotischen Chorraum wieder auf, der noch immer benutzt wird. Außerdem fügte man die gotische Ostfassade und die Bischofskapelle hinzu. Die zwei pyramidenförmigen Türme an der Ostfassade stammen aber von 1746. Angeblich gestaltete der schottische Immigrant Anders (Andrew) Smith 1658 die barocke Kanzel mit Bibelmotiven. 1957 wurden Buntglasbilder von Victor Sparre hinter dem Altar angebracht.

Wie der Nidarosdomen in Trondheim *(siehe S. 193)* ist die Stavanger Domkirke ein schönes Beispiel mittelalterlicher Kathedralen. Die Kongsgård (Kathedralen)-Schule, einst Bischofsresidenz, steht nebenan.

🏛 Stavanger Museum

Muségaten 16. ☎ 51 84 27 00. ○ 15. Juni–15. Aug: tägl.; 16. Aug–15. Sep: Mo–Do; 16. Sep–15. Mai: So; 16. Mai–14. Juni: Mo–Fr, So. ● Dez, einige Feiertage. 🎫 📷 ♿ ⊘ 🛒

Das 1877 gegründete Stavanger Museum besitzt eine umfangreiche Sammlung prähistorischer Funde aus der Fylke Rogaland, darunter Stücke aus Viste (Stätte einer Steinzeitsiedlung) sowie zwei 3000 Jahre alte, 1,50 Meter lange Luren aus Bronze. Diese Blasinstrumente entdeckte man in Hafrsfjord, dem Schauplatz der Schlacht von Hafrsfjord im Jahr 890, die zu Norwegens Vereinigung führte.

Außerdem sind zoologische, kulturelle und kirchengeschichtliche Sammlungen ausgestellt. 1936 erwarb das Museum das Patrizierhaus Ledaal. Das 200 Jahre alte Gebäude, das heute als Museum und Königsresidenz dient, ist angeblich das Vorbild für ›Sandsgaard‹ in den Romanen von Alexander Kielland, der 1891 Bürgermeister von Stavanger wurde.

Bronzelure von Hafrsfjord

> ### INFOBOX
> Regierungsbezirk Rogaland.
> 👥 115 000. ✈ 12 km südwestlich vom Zentrum. 🚉 Jernbaneveien 3. ⛴ Østre Havn. ℹ Rosenkildetorget 1, 51 85 92 00. 🎉 Mai-Jazz (Mai), Fischerfest (Anfang Juni), Glamat-Festival (Ende Juli), Kammermusikfestival (Aug).
> 🌐 www.regionstavanger.com

ZENTRUM VON STAVANGER

- Domkirken ⑥
- Gamle Stavanger ①
- Norsk Hermetikkmuseum ②
- Norsk Oljemuseum ⑤
- Stavanger Museum ⑦
- Stavanger Sjøfartsmuseum ③
- Valbergtårnet ④

0 Meter   300

LEGENDE

🚉	Bahnhof
🚌	Busbahnhof
⛴	Fähranlegestelle
🅿	Parken
✝	Kirche
ℹ	Information

Weiter Horizont und kleine Kapellen – das sind die Jæren-Ebenen

Egersund ❷

Regierungsbezirk Rogaland.
🚶 13 000. 🚗 🚌 ⛴ 🛈 Jernbaneveien 18, 51 49 27 44. 🎭 Leuchtturm-Festival (Anfang Mai), Eröffnung von Sommer-Egersund (Anfang Juni), Egersund-Festival (1. Woche im Juli).
🌐 www.reisemal-sydvest.no

Bei rauer See ist Egersund der einzige Schutz bietende natürliche Hafen an der Jæren-Küste. Dies ist der größte Fischerhafen Norwegens, doch noch immer stehen weiße Holzhäuser an den steilen Felsen um die Kais. Die kreuzförmige Kirche stammt von 1620.

Das kulturhistorische Museum, **Dalane Folkemuseum**, befindet sich in Slettebø, einst Residenz eines hochrangigen Staatsdieners. Gezeigt werden Handwerkskunst, alte Landwirtschaftswerkzeuge und industrielles Gerät.

Umgebung: Eine alte Fayencenfabrik (im Dalane Folkemuseum) in Eide zeigt glasierte Tonwaren. Nordwestlich von Egersund befindet sich ein Wasserfall, **Fotlandsfossen**, mit Lachstreppen.

Die Landwirtschafts- und Industrieregion **Jæren** ist für norwegische Verhältnisse ziemlich flach. Es gibt Sandstrände, die aber nicht von vorgelagerten Inseln geschützt sind. An der Küste steht der Eigerøy-Leuchtturm.

🏛 **Dalane Folkemuseum**
2 km nördlich vom Stadtzentrum.
📞 51 46 14 10.
🕐 Mitte Juni–Mitte Aug: tägl., sonst nach Vereinbarung. 🎟

Lysefjord ❸

Regierungsbezirk Rogaland. ⛴ Autofähre Stavanger–Lysebotn, 4 Std. 🛈 Turistinformasjonen, Stavanger, 51 85 92 00.

Der spektakuläre Lysefjord schneidet sich wie ein Axthieb durch die Berge. An wenigen Stellen sind die Felswände von spärlichem Grün durchsetzt, und es gibt nur einen einzigen Bauernhof. Zwölf Kilometer hinter der Mündung erhebt sich die Felskanzel **Preikestolen**, eine überhängende Plattform 597 Meter über dem Fjord. Sie ist besonders bei Gleitschirmfliegern und Basejumpern beliebt. Weniger Abenteuerlustige finden allein den Blick nach unten schwindelerregend.

Die **Lyseveien**-Straße am inneren Ende des Fjords hat

Im Laksestudioet, Suldal

27 Haarnadelkurven mit Blick auf den Kjerag-Gipfel (1000 m über dem Meer). Südlich des Lysefjord liegen der Frafjord und der 92 Meter hohe Wasserfall **Månafossen**.

Suldal ❹

Regierungsbezirk Rogaland. 🚶 4000.
🚗 🛈 Turistinformasjonen, Sand, 52 79 05 60. 🎭 Ryfylke-Festival (Juni), St.-Olav-Feier (4. Woche im Aug). 🌐 www.suldal-turistkontor.no

Der berühmte Lachsfluss Suldalslågen fließt durch die Stadt Sand in den Sandsfjord. In Sand steht neben einem Wasserfall das **Laksestudioet** (Lachsstudio), in dem man durch eine Glaswand den Lachsen und Forellen zusehen kann, wie sie auf ihrem Weg flussaufwärts den Wasserfall überwinden. Eine Ausstellung erzählt die Geschichte des Lachsfangs.

Das Vermächtnis der »Lachsherren« ist im ganzen Tal Sundal zu sehen – an Villen, die sie im späten 19. Jahrhundert am Fluss errichten ließen. Flussaufwärts zeigt das **Kolbeinstveit Museum** Holzhütten, Mühlen, Räucherhütten, Lagerhäuser auf Pfählen und das Guggedal-Lager von 1250. Von hier führt eine Straße ins Landesinnere zu Norwegens größtem Kraftwerk, der **Kvilldal Kraftstasjon**.

Im Osten, am Beginn des Flusses, formieren sich steile Berge an beiden Ufern zur mächtigen **Suldalsporten** (Suldalpforte), die einen engen Sund bildet, ehe sie in den Suldalsvattnet-See führt, in dem der Fluss entspringt.

🐟 **Laksestudioet**
Stadtzentrum Sand. 📞 52 79 05 60.
🕐 15. Juni–20. Aug: tägl.; sonst nach Vereinbarung. 🎟

🏛 **Kolbeinstveit Museum**
17 km östlich von Sand.
📞 52 79 29 50. 🕐 Ende Juni–Mitte Aug: Di–So. 🎟

🏛 **Kvilldal Kraftstasjon**
Suldalsosen. 🕐 nach Vereinbarung.
🎟 rufen Sie beim Fremdenverkehrsbüro Suldal an, 52 79 05 60. ♿

Der dramatische Preikestolen über dem Lysefjord

Utstein Kloster ❺

Regierungsbezirk Rogaland.
📞 51 72 47 05. 🕐 Mai–Mitte Sep: Di–So (Juli auch Mo). einige Feiertage.

Auf der Insel Mosterøy, nordwestlich von Stavanger, steht das Kloster Utstein (12. Jh.) auf einem ehemals königlichen Anwesen aus der Zeit Harald Hårfagres. Um 1265 wurde es Augustinern geschenkt, die bis zur Reformation darin lebten. Dann ging es in den Besitz norwegischer und dänischer Aristokraten über.

Das von 139 Bauernhöfen umgebene Kloster ist trotz Bränden und Angriffen gut erhalten. 1935 übernahm der Staat die Gebäude und restaurierte sie als nationales Baudenkmal.

Karmøy ❻

Bezirk Rogaland. 37 500.
Turistinformasjonen, Avaldsnes, 52 83 84 00. Wikingerfestival (Juni), Skude-Festival (1. Woche im Juli), Fischereifest (4. Woche im Juli).
www.visithaugalandet.no

Die 30 Kilometer lange Insel Karmøy bildet einen Schutzschild gegen die raue See (altnorwegisch *karmr* heißt Schutz). An der Seite zur Küste hin liegt der Schifffahrtskanal Karmsundet, einst Teil des *Nordvegen* (Nordpassage), von dem das Land den Namen, *Norge* bzw. Norwegen, hat. Bei der Brücke zum Festland bewachen Megalithen, die »fünf schlechten Jungfrauen«, den Sund. Es heißt, sie seien dort, wo sich einst ein königliches Anwesen befand (870–1450), über den fünf Söhnen eines Monarchen gewachsen, welcher gegen den König von Avaldsnes kämpfte. Die vielen Grabhügel bezeugen, dass Avaldsnes in prähistorischer Zeit ein wichtiges Zentrum war.

Die **Olavskirken** (St.-Olav-Kirche) ließ König Håkon um 1250 in Avaldsnes errichten. Daneben steht ein 7,50 Meter hoher Steinpfeiler, die »Nähnadel der Jungfrau Maria«. Auf der nahe gelegenen Insel **Bukkøya** steht ein rekonstruiertes Wikingergut. Steinsäulen aus der Eisenzeit sind in Åkrahavn auf Karmøys Westseite zu sehen.

An der Südspitze Karmøys liegt die Stadt Skudeneshavn mit einem Museum ein **Mælandsgården**. Karmøys Hauptort ist Kopervik.

🏛 Mælandsgården
Skudeneshavn. 📞 52 84 54 60.
🕐 20. Mai–20. Aug: Mo–Fr, So; sonst nach Vereinbarung.

Die Uferpromenade in Haugesund

Haugesund ❼

Regierungsbezirk Rogaland.
31 000. Karmøy, 13 km südlich vom Zentrum. Hurtigbåtterminalen. Kaigaten 1, 52 74 33 53. Sildajazz (Aug), Norwegisches Filmfest (Aug), Hafenfest (Aug).

Die drei Möwen im Stadtwappen symbolisieren Haugesunds Lage am Meer sowie die Heringsfischerei und die Schifffahrt, die die Entwicklung der Stadt förderten. Dies ist eine junge Stadt, doch die Gegend hat bedeutsame historische Wurzeln. Im Norden liegt der Grabhügel **Haraldshaugen**, wo König Harald Hårfagre um das Jahr 940 bestattet wurde. Norwegens Nationaldenkmal (Norges Riksmonument) wurde 1872 an dieser Stelle zur Tausendjahrfeier des vereinten Norwegen errichtet.

Haugesund besitzt Museen, eine Galerie und ein Rathaus, das mit vielen Kunstwerken geschmückt ist. Es ist ein beliebter Veranstaltungsort für Kongresse und Festivals.

Im Westen liegt die mit Booten gut erreichbare Insel **Utsira**, die für ihren Vogelreichtum bekannt ist.

⛰ Haraldshaugen
3 km nördlich von Haugesunds Stadtzentrum.

🏝 Utsira
1 Std. 20 Min. per Boot von Haugesund. Stadt Utsira, 52 75 01 00.
230. Fahrplan, 52 74 33 53 (Turistinformasjonen, Haugesund).

Skudeneshavn, ein hübscher Küstenort auf Karmøy

Das Rosendal-Gut in Hardanger, Norwegens einzige Baronie

Baroniet Rosendal ⑧

Regierungsbezirk Hordaland. 53 48 29 99. von Bergen, Haugesund und Odda. Führungen Mai–Aug: tägl.; Sep–Mai: nach Vereinbarung.

KAREN MOWATT und der dänische Adlige Ludvig Rosenkrantz feierten 1658 in Kvinherad Vermählung. Der Bräutigam war der höchstrangige Verwaltungsangestellte des damaligen Lehens Stavanger und Kriegsbeauftragter Norwegens, die Braut gehörte zu Norwegens reichsten Erbinnen. Eines der zahlreichen Hochzeitsgeschenke war das Gut Hatteberg, auf dem sich das Paar 1665 das Renaissance-Palais Rosendal errichten ließ.

Das Anwesen, ab 1678 Baronie, erwarb 1745 Edvard Londeman von Rosencrone, in dessen Familienbesitz es blieb, bis es 1927 der Universität Oslo übergeben wurde.

Der herrliche Garten aus den 1660er Jahren wurde im 19. Jahrhundert um einen

Die Bibliothek im Palast der Baronie Rosendal

Landschaftspark mit gotischen Türmen, Märchenhäusern und Mauern erweitert. Gleichzeitig modernisierte man das Interieur, das viele Kunstwerke enthält, darunter Meißner Porzellan, einen französischen Gobelin (1660) und norwegische Gemälde im Stil der nationalen Romantik.

Nahebei steht die gotische **Kvinherad Kirke** mit Barockeinrichtung (1250).

Hardangerfjord ⑨

Regierungsbezirk Hordaland. Fremdenverkehrsbüro Ulvik, 56 52 63 60.

DER HARDANGERFJORD erstreckt sich von der Insel Bømlo in der Nordsee 180 Kilometer ins Landesinnere bis Odda. Der Hauptarm des Fjords reicht bis Utne an der Spitze der Halbinsel Folgefonn, wo er sich in mehrere Seitenarme teilt, deren längste Sørfjord, Eidfjord und Ulvikfjord sind.

Der Gletscher **Folgefonna** liegt 1600 Meter über dem Fjord, seine Ausläufer reichen jedoch bis auf 500 Meter herab. Einer davon, Bondhusbreen, ähnelt einem fast senkrechten, gefrorenen Wasserfall, der gen Mauranger (mit dem Wasserfall Furegergsfossen in der Nähe) stürzt. An der Westseite der Halbinsel Folgefonn liegen Jondal und Utne. Jondal hat einen Fährkai und das Museum **Det Gamle Lensmannshuset**

(Das Alte Haus des Polizeichefs). In Utne gibt es ein kulturgeschichtliches Museum, das **Hardanger Folkemuseum** über die Region im 18. und 19. Jahrhundert.

Die beliebten Ferienorte **Nordheimsund** und **Øystese** liegen in einer Bucht an der Nordwestseite des Fjords, nahe der Hängebrücke über den Fyksesundet. In Øystese präsentiert ein Museum die Werke des Bildhauers Ingebrigt Vik.

🏛 Det Gamle Lensmannshuset
Viketunet, Jondal. RV550. 53 66 95 00. nach Vereinbarung.

🏛 Hardanger Folkemuseum
Utne. 55 67 00 40. tägl.

Die herrliche Szenerie um den geschlängelten Hardangerfjord

Sørfjord ⑩

Regierungsbezirk Hordaland. Odda-Information, 53 65 40 05.

DER SØRFJORD, der längste Arm des Hardangerfjord, verläuft östlich der Halbinsel Folgefonn. An seiner Westseite, unter dem 1510 Meter hohen Gipfel des Aganuten, befinden sich das Freilichtmuseum **Agatunet** (Weltkulturerbe) mit 32 mittelalterlichen Holzhäusern und der Gerichtshof **Lagmannsstova** (1300) mit Kellerverlies.

In der Region **Ullensvang** mit den Fjorddörfern Lofthus und Kinsarvik ist der Sørfjord am schönsten, besonders im Frühling, wenn mehr als 200 000 Obstbäume an den Hängen in Blüte stehen. Hier wächst fast ein Fünftel aller Obstbäume Norwegens. Das Gebiet war schon immer ein Zentrum des Wohlstands. Hier pflanzten die Mönche des Lysekloster bei Bergen schon im Mittelalter Obstbäume an.

VESTLANDET

Sie unterrichteten die hiesigen Bauern, wie es auch der Kleriker Niels Hertzberg (gestorben 1841) tat.

Die Steinmauern der gotischen Ullensvang-Kirche aus dem frühen Mittelalter sind 1,40 Meter dick. Im Garten des Hotels Ullensvang steht Edvard Griegs Hütte, in der er *Der Frühling* und Teile von *Peer Gynt* komponierte.

Rund um die Industriestadt **Odda** gibt es eine Reihe schöner Wasserfälle, dazu gehören der Låtefoss mit 165 Metern Höhe und der 612 Meter hohe Langfoss.

Agatunet
25 km nördlich von Odda.
53 66 22 14. Mitte Mai–Mitte Aug: tägl.; sonst nach Vereinbarung.

Eidfjord

Regierungsbezirk Hordaland.
1000. Riksveien 27A, 53 67 34 00. www.visiteidfjord.no

Die Landschaft um die Ortschaft Eidfjord ist schlichtweg dramatisch. Gletscher und Flüsse gruben sich hier nahezu senkrechte Täler. Der Fluss Bjoreia verläuft durch das Måbødalen zum Wasserfall **Vøringsfossen**. Dieser ist leider nur selten spektakulär, da der Bjoreia oberhalb des Wasserfalls für die Stromproduktion gestaut wird und meist nur wenig Wasser in die 145 Meter tiefe Schlucht fällt.

Die Hauptstraße durch das Tal führt durch mehrere Tunnel. Radfahrer und Fußgänger können jedoch die in die Schlucht gehauene alte Straße nehmen. Auf dem Fußweg hinauf zum **Måbøgaldane** gilt es, 1.500 Stufen und 125 Kurven zu bewältigen. Ein Reitweg führt zum Vøringsfossen.

In Sæbo bietet das Naturzentrum **Hardangervidda Natursenter** Informationen zum Hardanger-Bergplateau.

Hardangervidda Natursenter
7 km östlich von Eidfjord. 53 66 59 00. Apr–Okt: tägl.; Nov–März: nach Vereinbarung.

Hotel in der üppig grünen Fjordlandschaft Ulviks

Ulvik

Bezirk Hordaland. 1200. nur im Sommer. Stadtzentrum Ulvik, 56 52 63 60. Fischfest (Juli), Poesiefest (Sep), Norwegische Kulturtraditionen (Mitte Sep), Akkordeonfestival (Okt). www.visitulvik.com

An einer sanften Krümmung am inneren Ende eines kleinen Fjords liegt das Dorf Ulvik. Der Gletscher hat hier eine Fläche mit besonders gutem Boden hinterlassen; man findet in Terrassen angelegte Bauernhöfe mit üppigen Feldern und viele Obstbäume. An der Stelle einer Stabkirche (13. Jh.) steht nun eine Kirche aus dem 19. Jahrhundert. Das Altarbild stammt aus dem Mittelalter.

Seit dem 19. Jahrhundert ist die Gegend beliebt bei Wanderern und Wintersportlern. Der imposante Wasserfall **Røykjafossen** bei Osa ist zehn Kilometer entfernt.

Voss

Bezirk Hordaland. 14 000. Uttrågata 9, 56 52 08 00. Vossajazz (Wochenende vor Ostern), Extremsport-Festival (4. Woche im Juni), Festival traditioneller Küche (1. Woche im Okt), Osa-Festival (Mitte Okt). www.visitvoss.no

Bis zum Bau der Eisenbahn im Jahr 1883 war Voss von der Welt abgeschnitten, doch heute ist es der größte Wintersportort im Westen Norwegens. Es gibt Sessel- und Schlepplifte sowie eine Gondelbahn, **Hangursbanen** (660 m). Die schöne Landschaft lockt das ganze Jahr über Besucher an.

Das kulturgeschichtliche **Voss Folkemuseum** von 1928 zeigt Objekte von historischem Interesse, die man im Finnesloftet, einem Gebäude von ca. 1250, fand. Zum Museum gehört das Gehöft Mølstertunet mit 16 gut erhaltenen, 400 Jahre alten Bauten.

Die **Voss Kirke** (1270) ist eine gotische Kirche mit schönem Interieur.

Voss Folkemuseum
Mølsterveien 143. 56 51 15 11.
Mai–Sep: tägl.; Okt–Apr: So–Fr.
Feiertage.

Traditionelle Bauernhäuser in der Region Voss

Bergen 🟣

Als König Olav Kyrre Bergen im Jahr 1070 die Stadtrechte verlieh, war es die größte Stadt des Landes und Kapitale der Region Norgesveldet, zu der Island, Grönland und Teile Schottlands gehörten. Auch als Oslo 1299 Norwegens Hauptstadt geworden war, gedieh Bergen weiterhin als Handelszentrum, vor allem für den Export von Trockenfisch zur Zeit der Hanse. Nach einer weniger glücklichen Periode im 15. Jahrhundert hatte die Stadt als Schifffahrtszentrum eine neue Blütezeit. Im Jahr 2000 zeichnete man Bergen als Europäische Kulturstadt aus. Die Großstadt hat sich den Charme einer viel kleineren Gemeinde bewahrt.

Der Hafen Vågen mit Bryggen auf der rechten Seite

Überblick: Bryggen

In der Gegend nördlich des Hafens Vågen, zwischen dem Bryggen-Kai und Øvregaten, einer Straße mit hanseatischen Gebäuden, liegen einige der wichtigsten Sehenswürdigkeiten Bergens. Alte und neue Bauwerke bilden eine schöne Kulisse für den Trubel der Straßen und Anlegestellen, an denen Schiffe be- und entladen werden.

🏛 Norges Fiskerimuseum

Bontelabo 2. 📞 55 32 12 49.
◯ tägl.
Das Norwegische Fischereimuseum steht direkt am Wasser, am hintersten Ende der nördlichen Uferstraße am Vågen-Hafen. Es bietet einen umfassenden Überblick über Norwegens seit langer Zeit bestehende Fischerei-Industrie und ihre Ressourcen.
Die Ausstellungen präsentieren Fischerboote und ihre Ausrüstung, daneben verschiedene Arten des Fischfangs, vom Hering- und Kabeljaufischen über Wal- und Robbenfang bis hin zur Fischzucht.

🏛 Håkonshallen und Rosenkrantztårnet

Bergenhus Festning. 📞 55 31 60 67.
Håkonshallen ◯ tägl.
Rosenkrantztårnet ◯ 15. Mai–Aug: tägl.; Sep–14. Mai: So. ⬤ Feiertage.

Håkonshallen, eine gotische Zeremonienhalle, ließ König Håkon Håkonsson für die Krönung und die Hochzeit seines Sohnes Magnus Lagabøter im Jahr 1261 errichten. Sie gilt als größtes weltliches Gebäude Norwegens aus dem Mittelalter. Gebaut wurde sie aus hiesigem Stein mit architektonischen Details in Speckstein. Ursprünglich befand sich der Festsaal im obersten Stockwerk. Auf der mittleren Etage waren Wohn- und Arbeitsbereiche, der Keller war Lagerraum. 1683 baute man den Saal zum Getreidelager um. Später wurde das Gebäude restauriert und mit Bildern von Gerhard Munthe dekoriert, doch im Zweiten Weltkrieg erlitt es schwere Schäden. Die folgende Restauration schuf dann einen großartigen Saal für offizielle Veranstaltungen.

Der Rosenkrantz-Turm ist wie Håkonshallen Teil der alten Befestigungsanlagen des Bergenhus (Schloss Bergen). Das Hauptgebäude stammt aus der gleichen Zeit wie Håkonshallen. Den heutigen Turm baute 1560 der Gouverneur des Schlosses, Erik Rosenkrantz, als Verteidigungsposten und Residenz.

Rosenkrantztårnet, eine befestigte Residenz von 1560

🏛 Mariakirken

Dreggen. 📞 55 31 59 60. ◯ Juni–Aug: Mo–Fr; Sep–Mai: Di–Fr.

Teile der Kanzel in der Mariakirken gehen auf das 11. Jahrhundert zurück, als Bergen die Stadtrechte bekam. Somit ist sie die älteste erhaltene Kirche der Stadt. In hanseatischer Zeit nutzten sie deutsche Kaufleute als ihre eigene Kirche und schmückten sie reich aus. Eine prächtige Barockkanzel von 1677 ist mit Sternbildern und Darstellungen christlicher Werte wie Glaube, Hoffnung, Nächstenliebe, Wahrhaftigkeit und Enthaltsamkeit ausgeschmückt.

🏛 Bryggens Museum

Dreggsalmenning 3. 📞 55 58 80 10.
◯ tägl. ⬤ einige Feiertage.
📷 nach Vereinbarung.

Die Ausgrabungen, die nach einem katastrophalen Brand im Jahr 1955 in Bryggen begannen, waren die größten ihrer Art in Nordeuropa. Das Bryggens Museum, dessen Grundstock die archäologischen Funde darstellen, bietet Einblick ins Leben einer mittelalterlichen Stadt. Die Ausstellungen zeigen eine Fülle von Bildern und Schriften, z.B. Runeninschriften aus dem 14. Jahrhundert.

BERGEN

Die alte Werft, Bryggen, mit dem Hanseatiske Museum rechts

INFOBOX

Bezirk Hordaland. 235 000. 20 km südlich der Stadt. Strømgaten 8. Frieleneskaien (Hurtigruten), Strandkaiterminalen (regional). Vågsallmenningen 1, 55 55 20 00. Fischmarkt (Mo–Sa; im Sommer: tägl.). Drachenbootfest (Mai), Internat. Festspiele (Mai, Juni), Nacht-Jazz (Mai, Juni). www.visitbergen.com

🏠 Bryggen

Nordseite des Vågen-Hafens. Juni–Aug, 55 55 20 00.

Die alten hölzernen Lagerhäuser an der Nordseite des Hafens hießen einst Tyskebryggen (Deutscher Kai), weil sie 400 Jahre lang (bis 1754) Mittelpunkt des hanseatischen Handels in Norwegen waren. Lange vor der Hanse-Ära wurde in diesem Teil der Stadt mit Fisch und Fischprodukten gehandelt.

Mehrmals wurden die mittelalterlichen Giebelhäuser am Hafen durch Brände schwer beschädigt. Der letzte im Jahr 1955 ließ nur zehn Giebel stehen. Heute ist Bryggen ein Zentrum für Künstler und ein beliebtes Restaurantviertel. Die UNESCO zählt es zum Welterbe.

🏛 Hanseatiske Museum

Finnegårdsgaten 1A. 55 31 41 89. tägl. 24., 25., 31. Dez, 1. Jan, 17. Mai. Sommer.

Das 1872 gegründete Hanseatiske Museum befindet sich in einem der deutschen Kaufmannshäuser Bryggens, das gegen Ende der Hansezeit gebaut wurde. Hier waren Kaufleute untergebracht, außerdem gab es Büros, Lager und Räume zum Trocknen von Fisch. Das Interieur (frühes 18. Jh.) gibt einen Eindruck davon, wie hier gelebt und gearbeitet wurde.

Eine separate Abteilung zeigt vier Gemeinschaftsräume, in denen man aß, sich unterhielt, studierte und sich im Winter aufwärmte.

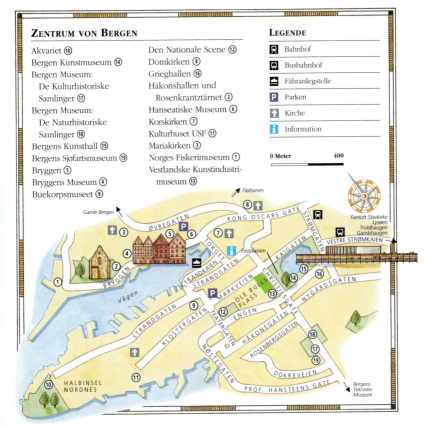

ZENTRUM VON BERGEN

Akvariet ⑩
Bergen Kunstmuseum ⑭
Bergen Museum:
 De Kulturhistoriske
 Samlinger ⑰
Bergen Museum:
 De Naturhistoriske
 Samlinger ⑱
Bergens Kunsthall ⑮
Bergens Sjøfartsmuseum ⑲
Bryggen ⑤
Bryggens Museum ④
Buekorpsmuseet ⑨
Den Nationale Scene ⑫
Domkirken ⑧
Grieghallen ⑯
Håkonshallen und
 Rosenkrantztårnet ②
Hanseatiske Museum ⑥
Korskirken ⑦
Kulturhuset USF ⑪
Mariakirken ③
Norges Fiskerimuseum ①
Vestlandske Kunstindustrimuseum ⑬

LEGENDE

Bahnhof
Busbahnhof
Fähranlegestelle
Parken
Kirche
Information

0 Meter 400

Überblick: Bergen

Das Herz Bergens bildet eine friedvolle Oase namens Lille Lungegårdsvann, ein von Grünland, Bäumen und – im Sommer – einem bunten Meer aus Rhododendren umgebener See. Im Westen grenzt der Festplassen mit seinem Musikpavillon an. Der Festplatz geht in den Boulevard Ole Bulls Plass über, der wiederum zu Den Nationale Scene (Nationaltheater) führt. Ein paar Häuserblocks nördlich des Festplassen liegt der berühmte Fisketorget (Fischmarkt). Bergens wichtigste Kunstgalerien befinden sich südlich des Sees.

Der Fischmarkt findet von Montag bis Samstag auf dem Torget statt

Buekorps-Jungen bei einer Parade in Bergens Stadtzentrum

Korskirken
Korskirkealmenningen. 55 31 71 68. Mo-Sa. Mi 12 Uhr.

Östlich des Torget und des inneren Vågen-Hafens steht die Korskirken (Kreuzkirche). Um 1100 wurde sie als dreischiffige romanische Langkirche erbaut. 1615 fügte man einen Südflügel hinzu, 1623 einen Nordflügel – so entstand der kreuzförmige Grundriss. Ein schönes Renaissance-Portal mit dem Monogramm Christians IV. ziert den Nordeingang.

Domkirken
Kong Oscars gate 22. 55 59 32 70. tägl. So 11 Uhr; Juni-Aug: So 9.30 Uhr auf Englisch.

Bergens Kathedrale war ursprünglich die Pfarrkirche, Olavskirken, aus der zweiten Hälfte des 12. Jahrhunderts. Als um 1250 in Bergen ein Franziskanerkloster gegründet wurde, übernahmen die Mönche die Kirche. Wie so viele andere Bauwerke Bergens beschädigte ein Feuer die Olavskirken schwer. Geble Pederssøn, ab 1537 Norwegens erster lutherischer Bischof, ließ sie restaurieren, einen neuen Turm bauen und über dem Westeingang eine Uhr anbringen. Der gotische Chorraum mit seinen hohen Fenstern ist noch original. Die große Rieger-Orgel der Kirche hat 61 Register.

Der Dichter Ludwig Holberg, der als Begründer der modernen norwegischen Literatur gilt, besuchte 1698–1702 die nahe gelegene Lateinschule.

Buekorpsmuseet
Murhvelvingen. 55 23 15 20. Sa, So. Mitte Juli-Mitte Aug.

Das 400 Jahre alte Muren («Mauertor»), in dem einst der hochrangige Beamte Erik Rosenkrantz wohnte, beherbergt das Buekorpsmuseet. Die Buekorps (wörtlich »Bogenkorps«) sind Jungenbrigaden. Sie wurden in den 1850er Jahren in Bergen gegründet und entwickelten sich zu einem ganz besonderen Teil der Stadttraditionen.

Einst waren die verschiedenen Buekorps rivalisiert, aber heute sind ihre Übungen und Paraden fröhliche Veranstaltungen. Das Museum zeigt ihre Langbogen, Banner und historische Fotoaufnahmen.

Akvariet
Nordnesbakken 4. 55 55 71 71. tägl. 24., 25. Dez, 17. Mai.

Das Aquarium gehört zu Bergens populärsten Attraktionen. Es bietet Europas größte Sammlung an wirbellosen Tieren, Salz- und Süßwasserfischen. Innen befinden sich neun große und 40 kleinere Becken, außerdem zwei Teiche mit Meeresvögeln, Robben und Pinguinen. Eine Abteilung widmet sich der Entwicklung des Meereslebens.

Täglich werden drei Millionen Liter Meerwasser von den Tiefen des Byfjord durch acht Kilometer lange Plastikrohre hierher gepumpt.

Junger Zuschauer am Robbenbecken des Akvariet

Kulturhuset USF
Georgernes verft 12. 55 31 55 70. tägl.

Die ehemaligen United Sardine Factories (USF) wurden renoviert und beherbergen heute ein großes Zentrum für moderne Kunst. Es präsentiert Musik, Film, Theater, Tanz,

BERGEN

Den Nationale Scene (Nationaltheater) ist ein imposantes Wahrzeichen im Herzen der Stadt Bergen

bildende Kunst und Handwerk. In Norwegen findet man selten ein so vielfältiges Programm unter einem Dach.

Den Nationale Scene
Engen 1. 55 60 70 80.
Kartenverkauf Mo-Sa.
Das erste Nationaltheater Norwegens hat seine Wurzeln in Bergens Norske Theater, das der Geiger Ole Bull 1850 gründete. Henrik Ibsen war hier ab 1851 sechs Jahre lang Intendant, sein Nachfolger war 1857–59 Bjørnstjerne Bjørnson.

Seit 1909 ist das Theater in einem schönen Jugendstilgebäude untergebracht. Das frühere Gebäude, das »Theater in Engen«, wurde 1944 von Bomben zerstört. Mit seinem Repertoire spielt Den Nationale Scene in Norwegens Theatergeschichte eine bedeutende Rolle.

Vestlandske Kunstindustrimuseum
Nordahl Bruns gate 9. 55 33 66 33. 15. Mai–15. Sep: tägl.; 16. Sep–14. Mai: Di–So. Feiertage.
Das auch Permanentum genannte Vestlandske Kunstindustrimuseum zeigt in- und ausländische Schätze, darunter hiesige Goldschmiedekunst und buddhistische/chinesische Kunst der Sung-, Ning- und Ching-Dynastie. Ein weiteres Exponat ist eine Geige, die Gaspar de Salo 1566 anfertigte. Später gehörte sie dem Musiker Ole Bull (siehe S. 171). Zeitgenössisches Kunsthandwerk wird ebenfalls ausgestellt. Zum Museum gehören – wenn auch fünf bzw. 20 Kilometer entfernt – das Landhaus in Damsgård Hovedgård und die frühere Papierfabrik Alvøen. Die Fabrik wurde samt Arbeiterunterkünften und Wohnhaus des Besitzers renoviert und zum Museum erklärt.

Bergen Kunstmuseum
Rasmus Meyers allé 3 und 7, Lars Hilles hate 10. 55 56 80 00.
Mitte Mai–Mitte Sep: tägl.; Mitte Sep–Mitte Mai: Di–So. Feiertage.
Die drei größten Sammlungen des Kunstmuseums befinden sich in zwei Gebäuden am Lille Lungegårdsvann. Die Bergen Billedgalleri (Städtische Kunstsammlung) wurde 1878 gegründet und 2000 um ein Gebäude in der Lars Hilles gate ergänzt. Sie ist als Vestlandets Nasjonalgalleri bekannt und präsentiert eine gute Sammlung norwegischer und europäischer Kunst aus dem 19. und 20. Jahrhundert. Historisch interessant sind J. F. L. Dreiers Gemälde des alten Bergen, hauptsächlich aus den 1830er Jahren.

Im selben Gebäude ist die Stenersen-Sammlung mit Werken von Munch, Picasso, Miró, Klee, Utrillo u.a. – eine Stiftung Rolf Stenersens (siehe S. 58) – untergebracht.

Die Rasmus-Meyer-Sammlung umfasst norwegische und skandinavische Kunst von 1760 bis 1915, darunter Werke von Edvard Munch, J. C. Dahl, Adolf Tidemand, Harriet Backer und Christian Krohg. Der 1916 verstorbene Kunstsammler Rasmus Meyer vermachte sie der Stadt.

Beachten Sie das Rokoko-Interieur mit Deckengemälden von Mathias Blumenthal!

Bergens innerer Hafen von J. C. Dahl (1834) im Bergen Kunstmuseum

🏛 Bergens Kunsthall
Rasmus Meyers allé 5. 55 55 93 10. Di–So. einige Feiertage.

Die 1838 gegründete Kunstvereinigung Bergen organisiert in Bergens Kunsthall jedes Jahr neun oder zehn Ausstellungen zeitgenössischer Kunst, von denen die renommierte Festspilutstilling (Mai–Aug) die wichtigste ist. Das Gebäude entwarf der Architekt Ole Landmark (1885–1970).

🎵 Grieghallen
Edvard Griegs plass 1. 55 21 61 00. **Kartenverkauf** Mo–Sa und vor Veranstaltungen.

Bergens moderner Konzertsaal, die Grieghallen, wurde 1978 eröffnet. Das von dem Dänen Knud Munk entworfene Auditorium ist mit 1500 Sitzplätzen das größte des Landes. Ein kleinerer Saal fasst 600 Personen. In der Grieghallen finden Opern-, Ballett- und Theateraufführungen sowie Kongresse statt. Sie ist außerdem Hauptveranstaltungsort für die Internationalen Festspiele Bergen (Festspillene). Bei den Festspielen, seit 1953 alljährlich im Mai und Juni, treten Künstler aus aller Welt auf.

Das Bergen Filharmoniske Orkester, auch unter dem Kurznamen »Harmonien« bekannt, gibt von September bis Mai jeden Donnerstag in der Grieghallen Konzerte. Das Orchester wurde im Jahr 1765 gegründet.

Walskelette in der Naturgeschichtlichen Sammlung des Bergen Museum

🏛 Bergen Museum: De Naturhistoriske Samlinger
Muséplass 3. 55 58 29 20. Di–Sa. Feiertage.

Umfangreiche botanische, geologische und zoologische Sammlungen sowie ein botanischer Garten und ein Treibhaus bilden zusammen die naturgeschichtliche Sammlung des Bergen Museum. Sowohl die natur- als auch die kulturgeschichtliche Sammlung wurde 1825 vom Präsidenten des norwegischen Parlaments, W. F. K. Christie, gegründet. Die naturgeschichtliche Abteilung ist in einem imposanten Gebäude von 1866 und 1898 am Nygårdshøyden untergebracht. Es wurde von J. H. Nebelong und H. J. Sparre entworfen.

Die zoologische Abteilung präsentiert ausgestopfte Tiere, darunter Vögel, Säugetiere und Fische aus aller Welt, z. B. eine Sammlung mit dem Titel »Wildnis in Afrika«.

In der geologischen Abteilung sind Mineralien aus der Region Bergen und anderen Landesteilen ausgestellt. Das Leben unserer frühesten Vorfahren ist Thema in »Evolution des Menschen«. Weitere Ausstellungen sind »Ölgeologie« und »Die grüne Evolution – die Entwicklung des Planeten«.

Der Botanische Garten, bekannt als Muséhagen, ist im Sommer ein wahres Blütenmeer. In den Gewächshäusern sieht man das ganze Jahr

In der Grieghallen (1978) findet das Internationale Festival statt

über tropische Pflanzen. Muséhagen wurde 1897 gegründet, im Lauf der Jahre kamen 3000 verschiedene Spezies zusammen. Als der Garten seine ursprünglichen Grenzen sprengte, schuf man in Milde (ca. 20 Kilometer südlich von Bergens Zentrum) einen neuen Garten und eine Baumschule.

Die umfangreichen Forschungsarbeiten der natur- und kulturgeschichtlichen Abteilungen des Bergen Museum ebneten schließlich den Weg für die Gründung der hiesigen Universität mit inzwischen über 17 000 Studenten, sieben Fakultäten und 90 Instituten.

Romanische Bank aus der Rennebu-Kirche, De Kulturhistoriske Samlinger

Das steinzeitliche Lofoten-Pferd starb um 1900 aus

🏛 Bergen Museum: De Kulturhistoriske Samlinger

Håkon Shetelig plass 10.
📞 55 58 31 40. 🕐 Di–So. Feiertage. 📷 ♿

Gegenüber dem Naturgeschichtlichen Museum, auf der anderen Seite des Muséhagen, befindet sich die kulturgeschichtliche Sammlung des Bergen Museum, De Kulturhistoriske Samlinger, in einem großen Gebäude, das Egill Reimers 1927 gestaltete.

Erfindungsreiche Ausstellungen haben norwegische Kultur und Folklore zum Thema, daneben gibt es Exponate fremder Kulturen. Die ungewöhnliche archäologische Sammlung basiert auf Funden in den Fylker Hordaland, Sogn og Fjordane und Sunnmøre im Westen des Landes. Die Exponate sind nach Themen wie »Steinzeit« und »Wikingerära« angeordnet. »Vermächtnis Europas« zeigt den kulturellen Austausch zwischen Norwegen und dem Rest Europas.

Die farbenfrohen Motive norwegischer Folklorekunst sind in der Ausstellung »Rosen und Helden« zu sehen, schöne Trachten *(siehe S. 24f)* in »Ländliche Textilien«.

»Ibsen in Bergen« stellt Henrik Ibsens inspirierende Arbeit am Nationaltheater Bergen, von 1851 bis 1857, vor.

Zu den anthropologischen Ausstellungen gehören »Zwischen Korallenriff und Regenwald«, »Indianer, Inuit und Aleuten: die Ur-Amerikaner« und »Ewiges Leben: Ägyptische Mumien«.

Das Museum ist auch für seine sakrale Kunst (russische Ikonen u.a.) bekannt.

🏛 Bergens Sjøfartsmuseum

Håkon Shetelig plass 15.
📞 55 54 96 00. 🕐 Juni–Aug: tägl.; Sep–Mai: So–Fr. 📷 ♿

Die Geschichte der norwegischen Schifffahrt, mit dem Schwerpunkt Vestlandet, kann man in Bergens Sjøfartsmuseum nachvollziehen. Das Erdgeschoss deckt die Zeit bis 1900 ab, der erste Stock konzentriert sich auf das 20. Jahrhundert und auf die Ära von Dampf- und Motorbooten bis zum heutigen Tag.

Es gibt eine große Sammlung mit Wikingerschiffen und verschiedenen Arbeitsbooten wie dem Schulschiff *Statsraad Lemkuhl*. Die Abteilung »Küsten- und Fjordboote« beschreibt das Leben von Crew und Passagieren an Bord der an der Küste verkehrenden Wasserfahrzeuge.

Das 1921 gegründete Museum befindet sich in einem auffälligen Steingebäude mit einem Atrium in der Mitte, das Per Grieg 1962 errichtete.

Im Sommer versammeln sich Kinder im Atrium, um mit ferngesteuerten Modellschiffen zu spielen. Auf dem »Promenadendeck« können sich Besucher in Liegen ausruhen und den Blick über den lebhaften Hafen Bergens genießen.

Bergens Sjøfartsmuseum (links) und De Kulturhistoriske Samlinger

Umgebung von Bergen

Als die alte Stadt Bergen 1972 mit einer Reihe außerhalb gelegener Distrikte vereint wurde, war sie plötzlich zehnmal so groß wie zuvor. Das »neue« Bergen umfasst Fjorde und Berge, Seen und Plateaus, Wälder und Agrarflächen, Täler und Flüsse – und viele architektonische Schätze.

Die Fantoft-Stabkirche, nach einem Brand von 1992 wieder aufgebaut

Die Drahtseilbahn Fløybanen mit Panoramablick auf Bergen

Gamle Bergen
Elsesro, 5 km nördlich vom Zentrum.
Museum 55 39 43 00.
12. Mai–1. Sep: tägl.

1949 gründete man das Freilichtmuseum Gamle Bergen im alten Patrizierort Elsesro in Sandviken. Die gezeigten Gebäude, Möbel, Haushaltsgeräte, Kleider und Alltagsgegenstände stellen das Leben in Bergen im 18. und 19. Jahrhundert dar. Werkstätten und Läden vermitteln einen Eindruck von den Lebensbedingungen der unterschiedlichen gesellschaftlichen Klassen, von Matrosen über Handwerker und Arbeiter bis zu hochrangigen Beamten. Die Straßen, Gassen und Plätze sind im Stil jener Zeit angelegt.

Fløyen
Vestrelidsalmenningen 23.
Standseilbahn 55 33 68 00.
tägl.

Der Berg Fløyfjellet, schlicht Fløyen genannt, ist nach der Wetterfahne auf seinem Gipfel benannt, die hier schon jahrhundertelang Windstärke und -richtung angibt, damit Seeleute sicher in den Hafen und wieder hinaus kommen. Sie wurde umgeweht, brannte ab, wurde sogar abgerissen – aber jedesmal richtete man sie wieder auf.

Die Standseilbahn von 1918 befördert Passagiere vom Stadtzentrum nahe Fisketorget 320 Meter hoch zum Gipfel. Dort locken ein herrlicher Ausblick und Wanderwege.

Fløyen ist nur einer von sieben Gipfeln rund um Bergen. Ein weiterer ist der Ulriken (642 m), der in Bergens Hymne von Johan Nordahl Brun gerühmt wird.

Fantoft Stavkirke
Fantoftveien 46, 5 km südlich vom Stadtzentrum. 55 28 07 10.
Mitte Mai–Mitte Sep: tägl.

Die Fantoft-Stabkirche, um 1150 ursprünglich in Fortun im Bezirk Sogn errichtet, wurde 1882 nach Fantoft gebracht, wo man sie mit Drachenspitzen und den steilen Dächern ausstattete. Im Juni 1992 brannte sie ab, doch innerhalb von drei Jahren war sie wieder aufgebaut.

Die Verlegung norwegischer hölzerner Stabkirchen war nichts Ungewöhnliches. Viele wurden über See transportiert, da dies praktischer war als der Transport auf dem Landweg. Die Vang Stavkirke in Valdres etwa wurde an den preußischen König verkauft und 1842 über den Berg Filefjell nach Sogn gebracht, von wo sie nach Deutschland verschifft wurde.

Gamlehaugen
Gamlehaugveien 10, 5 km südlich vom Stadtzentrum. 55 92 51 20.
Juni–Aug: Mo–Fr. bei Anwesenheit des Königs.

Bergens offizielle Residenz des norwegischen Königs ist Gamlehaugen in Fjøsanger, gleich südlich des Zentrums. Professor Jens Zetlitz Kielland baute Gamlehaugen 1901 für den Schifffahrtsmagnaten Christian Michelsen auf einem Hügel mit Blick über den Fjord Nordåsvannet.

Michelsen war nach dem Ende der Union mit Schweden 1905 Norwegens erster Ministerpräsident. Nach seinem Tod erwarb der Staat das Anwesen. Es ist mit Schnitzereien im Schweizer Chalet-Stil und norwegischen Gemälden aus der Zeit um 1800 geschmückt. Ein englischer Garten umgibt das Haus.

Gamle Bergen, ein Freilichtmuseum über das Leben im alten Bergen

BERGEN

🏛 Troldhaugen

Troldhaugveien 65, 8 km südlich vom Zentrum. 📞 55 92 29 92. 🕒 Jan–März: Mo–Fr; Apr–Nov: tägl. ● Dez.

Troldhaugen, ehemaliger Wohnsitz des Komponisten Edvard Grieg und seiner Frau Nina, liegt auf einer Landzunge am Nordåsvannet. Laut einer Legende war hier einst eine Zufluchtsstätte der Trollen, daher der Name Troldhaugen (»Hügel der Trolle«).

Das Ehepaar lebte hier 22 Jahre, von 1885 bis zum Tode Griegs im Jahr 1907. Die Innenwände des von Schak Bull entworfenen Gebäudes sind – entsprechend norwegischer Bautradition – aus bloßem Holz. Das Haus ist noch so wie im Jahr 1907, samt Griegs Steinway-Flügel (einem Geschenk zur Silberhochzeit 1892) und anderen Erinnerungsstücken.

Die kleine Komponistenhütte, in der mehrere von Griegs einflussreichen Werken entstanden, wurde im Jahr 1892 gebaut. Es gibt auch ein Museum und einen Konzertsaal mit 200 Plätzen (Troldsalen). In einer Höhle am See befinden sich die Gräber von Grieg und seiner Gattin Nina.

Interieur von Lysøen, Sommerresidenz des Violinisten Ole Bull

wöhnliche Haus, seine »kleine Alhambra«, wurde 1872 gebaut und 1905 erweitert.

Bull entwarf seine Sommerresidenz selbst, mithilfe des Architekten C. F. von der Lippe. Das Bauwerk aus norwegischer Kiefer ist von klassischen und mittelalterlichen Baustilen beeinflusst – es hat einen Turm mit russisch-orthodoxer Kuppel und maurischer Tür und ist innen wie außen exotisch verziert. Lysøen zeugt gleichsam von seinem kapriziösen Erschaffer.

1973 schenkte Bulls Urenkelin Sylvia Bull Curtis das Anwesen der Norwegischen Gesellschaft zur Erhaltung antiker Baudenkmäler.

Die Insel selbst kann auf vielen Fußwegen erkundet werden.

🏛 Bergens Tekniske Museum

Thormøhlens gate 23. 📞 55 96 11 60. 🕒 So und, nach Vereinbarung, auch Mo–Fr.

Die alte Trikkehallen (Tramhalle) in Møhlenpris ist heute Sitz des Bergens Tekniske Museum (Technikmuseum), dessen Ausstellungen über Energie, Industrie, Kommunikation und Wissenschaft alle Altersklassen ansprechen.

Die Präsentationen technischer Geräte reichen von Fahrzeugen und Waschmaschinen bis zu Feuerwehr- und Militärausrüstungen. Man findet hier z.B. alte Automobile, Motorräder, Busse, eine Schmiede, eine Druckerpresse, eine frühe Dampfmaschine, Bootsmodelle und eine Modelleisenbahn.

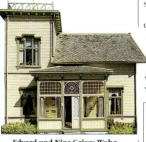

Edvard und Nina Griegs Wohnhaus Troldhaugen in Fana

🚢 Lysøen

25 km südlich vom Stadtzentrum. 📞 56 30 90 77. 🕒 Mitte Mai–Aug: tägl.; Sep: So. Gruppen nach Vereinbarung.

Ole Bull, einer der größten Geigenvirtuosen seiner Zeit, wird in Norwegen als Nationalheld verehrt. Er kam 1810 in Bergen zur Welt und starb 1880 in seinem Insel-Sommersitz Lysøen. Das außerge-

EDVARD GRIEG

Edvard Grieg (1843–1907), Norwegens berühmtester Komponist, Pianist und Dirigent, kam 1843 in Bergen zur Welt. Mit 15 Jahren schrieb er sich – auf Anraten des Geigers Ole Bull – am Leipziger Konservatorium für Musik ein. Später, in Kopenhagen, hatte er Kontakt mit so einflussreichen Komponisten wie Niels Gade. Griegs Ziel war ein norwegischer Musikstil, wobei er sich stark von Volksmusik inspirieren ließ. Zu seinen bekanntesten Werken gehört die Vertonung von Ibsens *Peer Gynt*. 1867 heiratete er seine Cousine, die Sopranistin Nina Hagerup.

Edvard Grieg, 1843–1907

Sognefjord ⓯

Der Sognefjord ist Norwegens längster Fjord und bis zu 1308 Meter tief. Er erstreckt sich auf 206 Kilometern vom Archipel im Westen nach Skjolden unterhalb von Jotunheimen im Osten. Der äußere Abschnitt, vom Meer im Westen bis zur kleinen Stadt Balestrand, bildet noch eine relativ gerade Linie, der Abschnitt im Landesinneren teilt sich jedoch mehrmals und erstreckt sich in alle Richtungen. Jeder dieser Fjordfinger – Fjærlandsfjord, Sogndalsfjord und Lustrafjord im Norden, der Årdalsfjord im Osten sowie Lærdalsfjord, Aurlandsfjord und Nærøyfjord im Süden – ist von einzigartiger Schönheit. Hier finden Sie einige der herrlichsten natürlichen Landschaften der ganzen Welt.

Kvinnefossen
Der Fluss Kvinna stürzt 120 Meter tief zum Sognefjord – herrlich, wenn der Fluss viel Wasser führt.

Balestrand
Im schön gelegenen Balestrand, umgeben von freundlicher bis rauer Landschaft, steht das Kviknes Hotel, das 1877 ganz aus Holz gebaut wurde (siehe S. 176, 225).

Vik
Beim Dorf Vik gibt es zwei Kirchen: die Hopperstad-Stabkirche (1130) und eine romanische Steinkirche aus dem Mittelalter. Am Fähranlegeplatz steht eine 26,50 Meter hohe Statue des mythischen Helden Fridtjof, ein Geschenk Kaiser Wilhelms II.

Legende
- Hauptstraße
- Nebenstraße
- Fähre
- Tunnel

◁ Die Felskanzel Preikestolen bietet eine dramatische Aussicht über den Lysefjord

SOGNEFJORD

Sogndal
Der Sogndalsfjord ist von Obstgärten umgeben, die im Frühling farbenfroh blühen. In Sogndalsfjøra, einem Geschäftszentrum und Verkehrsknotenpunkt, benannte man die Hauptstraße nach einer Apfelsorte: Gravensteinsgata *(siehe S. 176)*.

> **INFOBOX**
>
> Bezirk Sogn og Fjordane.
> 6600 Kulturhuset,
> 57 67 30 83.
> Balejazz (2. Woche im Mai),
> Käsefestival in Vik (Mitte Juni),
> Jotunheimen-Radrennen (Mitte Juli). W www.sognefjord.no

Die Urnes-Stabkirche
steht auf der Welterbe-Liste der UNESCO *(siehe S. 178)*.

Norsk Villakssenter
Am Ufer des berühmten Lachsflusses Lærdalselva befindet sich das Norwegische Wildlachszentrum (siehe S. 176).

Die Borgund-Stabkirche
(1150) ist die einzige, die seit dem Mittelalter nicht verändert wurde *(siehe S. 177)*.

Undredal-Stabkirche *(siehe S. 176)*

Aurland und Aurlandsdalen
Aurlandsvangen ist Ausgangspunkt für Ausflüge zum Fjord und in die Berge – zu Fuß oder per Auto, Boot oder Zug (siehe S. 176).

Flåmsbanen
Die spektakuläre Fahrt mit der Flåmsbanen auf der kurzen, aber steilen Route zwischen Flåm und Myrdal bietet tolle Ausblicke auf Berge, Wasserfälle, malerische Weiler und seltsame Felsformationen (siehe S. 176).

Überblick: Sognefjord

SCHON VOR ÜBER 150 JAHREN kamen die ersten Besucher an den Sognefjord. In jenen Tagen reiste man hier jedoch ausschließlich mit Kreuzfahrtschiffen. Heute bringen zahlreiche Fähren, die Hurtigruten-Kreuzer *(siehe S. 267)*, Busse und die Straßen E16 und 55 immer mehr Urlauber in diese Gegend.

Vassbygdvatnet, ein pittoresker See im Aurland-Tal

Balestrand
Die schöne Landschaft – breite, fruchtbare Küstenstreifen vor der Kulisse mächtiger Gipfel und Gletscher – macht Balestrand zu einem äußerst beliebten Urlaubsziel am Sognefjord.

Der Blick von Balholm im Stadtzentrum über den ganzen Fjord lockt Besucher aus aller Welt an – was schon früh zum Bau von Hotels führte. Das Kviknes Hotel *(siehe S. 225)*, 1877 im Chalet-Stil errichtet, hat einen Saal mit Drachenschnitzereien und eine umfangreiche Kunstsammlung.

In Balholm gibt es zwei Wikinger-Grabhügel aus dem Jahr 800, von denen einer eine Statue des Bele aufweist, eines Königs der nordischen Mythologie und Vater von Fridtjofs Geliebter Ingeborg.

Sogndal
Im Obstanbaugebiet Sogndal liegt das Dorf **Kaupanger** mit einer Stabkirche aus dem 12. Jahrhundert. In der Nähe befindet sich das Sogn Folkemuseum mit 32 historischen Gebäuden.

An der innersten Spitze des Fjords findet man den reißenden Fluss **Årøyelva**, bekannt für – körperlich anstrengendes – Lachsfischen (Rekord war ein Fisch von 34 Kilogramm). Der Weg der Lachse ist durch den Helvetesfossen (Höllenwasserfall) blockiert, und die Angelplätze darunter werden »Plattformen der Verzweiflung« genannt.

Lærdal
Das kleine Zentrum von **Laerdalsøyri** besteht aus einer Reihe schöner Holzhäuser aus dem 18. und 19. Jahrhundert. Am Ufer des Flusses Laerdalselva befindet sich das **Norsk Villakssenter** (Norwegisches Wildlachszentrum), in dem man den Lachsen zusehen kann. Von Lærdal nach Aurland gelangte man früher nur über einen langen Umweg mit der Fähre oder über die sogenannte Snøveien (Schneestraße) über die Berge. Die nur im Sommer geöffnete Straße ist selbst von Schneewehen gesäumt.

Seit November 2000 jedoch führt ein 24,5 Kilometer langer Tunnel durch den Berg und verbindet die E16 nahe Lærdalsøyri mit Aurlandsvangen und Flåm.

⛪ Norsk Villakssenter
Lærdal. ☏ 57 66 67 71.
🕐 Mai–Sep: tägl.

Aurland
In der zauberhaften kleinen Stadt **Aurlandsvangen** stehen noch einige Originalbauten, darunter die Pension Åbelheim (1770) und die Steinkirche (13. Jh.) mit Buntglastafeln von Emanuel Vigeland. Hier ist ein guter Ausgangspunkt für Wanderungen im Aurland-Tal. Die Straße 601 führt über den Fjord zur **Undredal-Kirche**, der kleinsten Stabkirche des Landes.

Weiter westlich, an der E16, liegt **Gudvangen**, von wo eine Fähre in den engen Nærøyfjord und dann nach Kaupanger auf der anderen Seite des Sognefjords fährt.

Flåmsbanen
Die Flåmsbanen bietet eine der spektakulärsten Zugfahrten der Welt. Die Linie ist nur gut 20 Kilometer lang, überwindet dabei aber zwischen Flåm am Ufer des Aurlandsfjords und Myrdal auf dem Bergplateau einen Höhenunterschied von 864 Metern.

Die Bahnlinie mit 20 Tunneln und neun Haltestellen (z. B. mit Blick auf den Wasserfall Kjofossen) wurde 1942 eröffnet. Mit bis zu 55 Prozent Steigung ist sie die weltweit steilste Bahnstrecke ohne Zahnradunterstützung *(siehe S. 266f)*.

Lærdalsøyri mit seinen hübschen Häusern am Sognefjord

Borgund Stavkirke ⓰

DIE BORGUND STAVKIRKE IN LÆRDAL ist die einzige Stab-kirche, die seit dem Mittelalter nicht verändert wurde. Die dem Apostel Andreas gewidmete Kirche stammt von ca. 1150 und besteht ganz aus Holz. Die Einrichtung ist schlicht: Es gibt weder Kirchenstühle noch Dekorationen, Licht dringt nur durch ein paar kleine Öffnungen in den Wänden. Die Kanzel ist aus dem 16. Jahrhundert. Schnitzereien, drachenähnliche Tiere im Kampf um Leben und Tod, Drachenköpfe und Runen verzieren die Fassade. Im frei stehenden Turm hängt eine mittelalterliche Glocke.

> ### INFOBOX
>
> Regierungsbezirk Sogn og Fjor-dane, 30 km östlich von Lær-dalsøyri. 🚌 von Lærdal. 📞 57 66 81 09. ⏰ 2. Mai–16. Juni: tägl. 10–17 Uhr; 17. Juni–12. Aug: tägl. 8–20 Uhr; 13. Aug–30. Sep: tägl. 10–17 Uhr.
> ⬤ Okt–Apr. 🎫 📷 🚫 🚻 🏪
> Ⓦ www.alr.no

Kirchenschiff
Zwölf Pfosten («Stäbe») um den Mittelteil des Schiffs tragen das Dach. Sie verschwinden im Halbdunkel des Dachs und lassen den Raum so noch höher wirken.

Drachenköpfe
Auf dem Turm sitzt ein dreistufiges Dach. Die Giebel der ersten Ebene sind mit den gleichen Drachen-köpfen verziert wie das Haupt-dach.

Die Fenster
waren ursprüng-lich einfache, runde Öffnun-gen in den Mauern.

Die Dächer
sind mit Kie-ferschindeln gedeckt.

Kreuze
zieren die Giebel über den Portalen und dem Apsisturm.

Altar mit einem Bild von 1654.

Westportal
Das Äußere der Kirche ist reich geschmückt. Die Dekorationen am romanischen Westpor-tal zeigen kletterpflan-zenartige Ornamente und Drachenkämpfe.

Andreas-kreuze
umgeben das Mittel-schiff.

Dachkonstruktion
Von unten sieht man, dass das Dach aus einem komplizierten Gebälk mit vielen Sparren und Querbalken besteht.

Die Urnes Stavkirke steht in luftiger Höhe über dem Lustrafjord

Urnes Stavkirke ⑰

Regierungsbezirk Sogn og Fjordane.
17 km nordöstlich von Sogndal.
█ 57 68 39 45. █ █ 15 Gehminuten von der Fähre. ▢ Juni–Aug: tägl. ▨ ▨ ▨

URNES, DIE KÖNIGIN unter Norwegens Stabkirchen, ist auch die älteste des Landes. Die UNESCO führt sie, neben Røros, den Alta-Felsmalereien und Bryggen in Bergen, als Stätte des Welterbes. Das 1130–50 errichtete Bauwerk enthält Balken einer Kirche, die im 11. Jahrhundert hier stand.

Am meisten Beachtung verdient das Nordportal, das ebenfalls aus einem älteren Gebäude stammt und Schnitzereien über den Streit von Gut und Böse – Tiere kämpfen gegen Schlangen – aufweist. Solche Tierornamente wurden als »Urnes-Stil« bekannt.

Zwei Leuchter am Altar aus Metall und Email wurden im 12. Jahrhundert im französischen Limoges angefertigt.

Ebenfalls im Distrikt Luster steht Sogns schönste Steinkirche, die Dale Kirke aus dem Jahr 1250.

Jostedalsbreen ⑱

Regierungsbezirk Sogn og Fjordane.
▨ ▨ *Jostedalen-Information, 57 68 32 50; Nationalparkzentrum Jostedalsbreen, Oppstryn, 57 87 72 00.*
W *www.jostedal.com*

DAS GRÖSSTE Gletschergebiet des europäischen Kontinents, Jostedalsbreen, bedeckt zusammen mit Jostefonn, mit dem es einst verbunden war, 487 Quadratkilometer. Die höchste Erhebung ist mit 2083 Metern der Lodalskåpa. Die Eiskappe schickt mehrere Ausläufer in die Täler. Im 18. Jahrhundert kamen einige dieser Gletscherfinger so tief herunter, dass sie Felder zerstörten. Doch seither ziehen sie sich wieder zurück.

Gletschertouren starten beispielsweise in Jostedalen (zu Nigardsbreen- und Bergsethbreen-Gletscher), in Stryn (zum Briksdalsbreen-Gletscher) und Fjærland (zu Bøyabreen- und Supphellebreen-Gletscher).

An den innersten Ausläufern des glitzernden grünen Fjærlandsfjords steht das **Norsk Bremuseum** (Norwegisches Gletschermuseum), ein preisgekröntes »Aktivmuseum« über Schnee, Eis, Gletscher, Gletscherwandern und -klettern. Ein Panoramafilm nimmt Besucher mit auf eine virtuelle Gletschererkundung.

🏛 **Norsk Bremuseum**
Fjærland. █ 57 69 32 88.
▢ *Apr–Okt: tägl; Nov–März: nach Vereinbarung.* ▨ ▨ ▨ ▨

Førde und Jølster ⑲

Regierungsbezirk Sogn og Fjordane.
▨ 10 800. ▨ ▨ ▨ *Langebruveien 20, 57 82 22 50.* ▨ *Internationales Volksmusikfestival (1. Woche im Juli).*

DIE STADT FØRDE bietet das **Førdehuset** – mit Kunstzentrum und -galerie, Bibliothek, Kino und Theater – sowie das **Sunnfjord Museum** (ca. 1850) aus 25 Gebäuden.

Östlich der Stadt, in Vassenden, befindet sich ein weiteres kulturgeschichtliches Museum, **Jølstramuseet**, mit Häusern aus dem 17. Jahrhundert. Im beschaulich ländlichen Museum **Astruptunet** lebte einst der Maler Nikolai Astrup (1880–1928).

Angler lieben die Gegend, u. a. den Fluss Jølstra mit der Lachstreppe von 1871. Er entspringt im Jølstravatnet-See, in dem schon über zwölf Kilogramm schwere Forellen gefangen wurden. Gut angeln kann man am Gularvassdraget und an Bergseen.

🏛 **Sunnfjord Museum**
9 km östlich von Førde.
█ 57 72 12 20. ▢ *Juni–Aug: tägl; Sep–Mai: Mo–Fr.* ▨ *Feiertage.*
▨ ▨ ▨
🏛 **Jølstramuseet**
20 km östlich von Førde. █ 57 72 71 85. ▢ *15. Juni–15. Aug: Sa, So; sonst nach Vereinbarung.*
▨ ▨ ▨
🏛 **Astruptunet**
26 km östlich von Førde.
█ 57 72 67 82. ▢ *Ende Mai–Mitte Aug: tägl; Mitte Aug–Sep: Sa, So.*
▨ ▨ ▨ ▨ ▨ ▨

Nordfjord ⑳

Regierungsbezirk Sogn og Fjordane.
▨ *Sandane.* ▨ ▨ ▨ *Stryn-Information, 57 87 40 40.* ▨ *Sommerskifestival in Stryn (Juni); Fischfestival in Stryn (Juli).*

NORDFJORD IST der nördlichste Fjord in Sogn og Fjordane. Der 110 Kilometer lange Wasserarm reicht von

Astruptunet, Wohnhaus des Malers und Grafikers Nikolai Astrup

VESTLANDET

Das Dörfchen Ervik auf der Halbinsel Stad

Måløy im Westen bis Stryn an der Grenze zu Ostnorwegen.

Die Gegend um Stryn ist ein begehrtes Reiseziel, seit 1850 die ersten englischen Naturliebhaber herkamen. Hier kann man bergsteigen, auf Gletschern wandern, Ski laufen und fischen.

Vom Jostedalsbreen kommen mehrere Gletscherausläufer herab. Der Briksdalsbreen ist mit der Pferdekutsche von Briksdal (Tickets im Fremdenverkehrsbüro Stryn) zu erreichen, jener am Strynfjell mit dem Sessellift vom Sommerskizentrum in Stryn.

Loen am Lovatnet-See wurde von einer enormen Flutwelle verwüstet, als 1905 ein Teil des Berges Ramnefjellet in den See stürzte. 63 Menschen starben, Häuser wurden zerstört, und ein Dampfschiff wurde 300 Meter hoch auf den Berg geworfen.

Von Stryn führen zwei Straßen um den Nordfjord. Die nördlichere (RV15) verläuft an Europas tiefstem See, dem Hornindalsvatnet, entlang zum **Nordfjordeid**, einem Zuchtzentrum für Norwegische Fjordpferde. Die südlichere (RV60, E39) führt durch Innvik, Utvik und Byrkjelo nach Sandane. Zum dortigen **Nordfjord Folkemuseum** gehören 40 alte Häuser.

🏛 **Nordfjord Folkemuseum**
Sandane. 📞 57 86 61 22.
🕐 15. Mai–30. Juni: Mo–Fr; 1. Juli–15. Aug: tägl.; 16. Aug–15. Sep: Mo–Fr; 16. Sep–14. Mai: nach Vereinbarung. ● Feiertage.
🅿 🚻 🏪 🅷 nur im Sommer.

Selje und Stad ㉑

Regierungsbezirk Sogn og Fjordane.
🚘 3100. 🅿 ⛴
ℹ Selje-Information, 57 85 66 06.

VON MÅLØY AM äußeren Nordfjord ist es nicht weit zur Halbinsel Stad und zum **Vestkapp**, einem der westlichsten Plätze Norwegens. Hier steht »Kjerringa«, ein 460 Meter hoher Fels, der jäh ins Wasser abfällt. Von oben hat man einen Panoramablick aufs Meer hinaus. Darunter, in **Ervik**, erinnert eine Kapelle an den Verlust der Passagierfähre *St. Svithun* im Zweiten Weltkrieg.

Auf der Insel Selje stehen die Ruinen eines Klosters, das Benediktiner im 12. Jahrhundert bauten. Das Kloster ist der heiligen Sunniva gewidmet, Tochter eines irischen Königs, die vor dem Verlöbnis mit einem heidnischen Hauptmann floh. Sie kam in Selje an Land und suchte in einer Höhle Zuflucht.

Geirangerfjord ㉒

Regierungsbezirk Møre og Romsdal.
🅿 ℹ Geiranger, 70 26 30 99.
🌐 www.geiranger.no

AM INNEREN ABSCHNITT teilt sich der Storfjord in zwei der bekanntesten Fjorde Norwegens: den Tafjord im Norden und den Geirangerfjord im Süden.

Der 16 Kilometer lange Geirangerfjord ist ein Fjord aus dem Bilderbuch: Glitzerndes, grünes Wasser schlängelt sich bis zum Dorf Geiranger, vorbei an steilen Bergen mit Bauernhöfen an den Hängen und Wasserfällen.

Die RV63, Grotli–Geiranger–Åndalsnes, ist als Goldene Route bekannt. Von Geiranger gen Süden passiert man den Flydalsjuvet, ein Kliff, von dem man den Fjord und die Berge überblickt. Weiter geht es zur Berghütte Djupvasshytta, von der aus man die Dalsnibba (1476 m) ersteigen kann.

Nördlich von Geiranger führt ein dramatischer Abschnitt der Goldenen Route, wegen der Aussicht als Ørneveien (Adlerstraße) bekannt, zum Nordquerfjord. Eine Fähre überquert den Fjord nach Valldal, wo der nächste Abschnitt, der Trollstigveien (Trollsteig), mit schwindelerregenden Haarnadelkurven und Aussichtsplätzen nach Åndalsnes *(siehe S. 180)* führt.

Der Tafjord war im Jahr 1934 Schauplatz einer Tragödie, als ein riesiger Fels vom Langhammaren in den Fjord stürzte und eine Flutwelle verursachte, die 40 Menschenleben forderte.

Der Geirangerfjord gilt als Perle unter Norwegens Fjorden

Ålesund ㉓

Regierungsbezirk Møre og Romsdal.
🚶 40 000. ✈ 🚢 🚌 ℹ️ Keiser Wilhelms gate 11, 70 15 76 00.
🎭 Theaterfestspiele Ålesund (März), Drachenbootfestival (Mitte Juni), Historisches Festival (1. Woche im Juli), Bootfestival Ålesund (2. Woche im Juli), Festival der norwegischen Küche (4. Woche im Aug.).
🌐 www.visitalesund.com

Trolltindane, der Legende nach eine Hochzeitsprozession von Trollen

D AS ZENTRUM von Ålesund wurde 1904 von einem verheerenden Brand zerstört. Europa stand glücklicherweise mit Geldmitteln zur Seite. So war es möglich, die Stadt nach nur drei Jahren wieder aufzubauen – fast vollständig im Jugendstil. Aus diesem Grund nimmt Ålesund in der Architekturgeschichte Europas eine ganz besondere Stellung ein. Die Stadt umspannt mehrere Inseln, die mit Brücken verbunden sind. Heute ist es ein wichtiger Fischerhafen, doch Stadtrechte erhielt es erst im Jahr 1848.

Jugendstil, Ålesund

Die Gegend Borgund, heute ein Teil Ålesunds, war ab ca. 1200 Marktstadt und Zentrum der Region Sunnmøre. Von der Berghütte **Fjellstua** überblickt man ganz Ålesund.

Das **Ålesund Museum** hat eine Abteilung über die Stadt und eine über die Arktis. Das **Sunnmøre Museum** präsentiert 40 historische Häuser und Bootshütten sowie 30 verschiedene Fischerboote.

Südwestlich von Ålesund liegt die Insel **Runde**, die für ihre Brutklippen bekannt ist, die Lebensraum für etwa eine Million Seevögel bieten. Es gibt 100 000 Papageitaucher und 50 000 Dreizehenmöwenpaare, und auch den seltenen Basstölpel sieht man hier.

Das Schiff *Akerendam* der Niederländischen Ostindienkompanie ging 1725 vor der Insel mit wertvoller Fracht unter. Taucher fanden in dem Wrack einen Schatz aus Gold- und Silbermünzen.

🏛 Ålesund Museum
Rønnebergs gate 16. 📞 70 12 31 70. 🕐 tägl. ⬤ einige Feiertage. 📷

🏛 Sunnmøre Museum
5 km östlich vom Stadtzentrum.
📞 70 17 44 00. 🕐 Mitte Mai– 23. Juni: So–Fr; 24. Juni–Aug: tägl.; Sep–Mitte Mai: So–Di, Fr.
📷 🎁 Sommer. 🚻 🛒

Blick aus der Vogelperspektive von Fjellstua auf Ålesund

🦅 Runde
30 km südwestlich vom Zentrum. 🚢 nach Fosnavåg. 🚌 ℹ️ 70 01 37 90.

Åndalsnes ㉔

Regierungsbezirk Møre og Romsdal.
🚶 7700. ✈ Molde. 🚢 🚌
🚆 Jernbanegate 1, 71 22 16 22.
🎭 Norwegisches Bergfestival (Mitte Juli), Sinclair-Festival (Mitte Aug).
🌐 www.visitandalsnes.com

D ORT, WO DER FLUSS Rauma in den Romsdalsfjord fließt, liegt Åndalsnes, Endstation der Bahnlinie Raumabanen. An der Ostseite des Tals steht der Berg Romsdalshorn (1554), gegenüber befinden sich die zerklüfteten Gipfel namens **Trolltindane** (1795 m) mit einer fast senkrechten Klippe – einer beliebten Kletterwand.

Der **Trollstigveien** (Trollsteig) führt durch elf atemberaubende Haarnadelkurven von Åndalsnes Richtung Süden nach Valldalen. Unterwegs sieht man die Wasserfälle Stigfossen und Tverrdalsfossen. Im Sommer findet auf dem Trollstigheimen-Pass das Skirennen *Trollstigrennet* statt.

Molde ㉕

Regierungsbezirk Møre og Romsdal.
🚶 24 000. ✈ 🚢 bis Åndalsnes, dann Bus. 🚌 ℹ️ Storgata 31, 71 25 71 33. 🎭 Internationales Jazzfestival Molde (Mitte Juli), Bjørnsson-Festival (Mitte Aug).
🌐 www.visitmolde.com

R OSENGÄRTEN und der üppigen Vegetation verdankt die schöne Fjord-Stadt Molde den Titel »Stadt der Rosen«. »Molde-Panorama« bezeichnet die hiesige Landschaft: Von Varden kann man bei klarem Wetter 87 schneebedeckte Gipfel sehen.

Beim hiesigen Jazzfestival im Juli treten regelmäßig Top-Jazzer aus aller Welt auf.

Im Freilichtmuseum **Romsdalsmuseet** sind neben Holzhäusern auch Trachten zu sehen. Und das **Fiskerimuseet** (Fischereimuseum) auf der Insel Hjertøya erzählt die Kulturgeschichte der Küstenbewohner.

Auf der Halbinsel Molde sollte man außerdem das Fischerdorf **Bud** an einem berüchtigten Küstenabschnitt namens Hustadvika sowie die Marmorhöhle **Trollkyrkja** (Trollkirche), ca. 30 Kilometer weiter im Norden, besuchen.

Am Eresfjorden findet man den **Mardalsfossen**, mit 297 Metern der höchste ununterbrochene Wasserfall Nordeuropas. Am dramatischsten präsentiert er sich vom 20. Juni bis zum 20. August.

Die **Atlanterhavsveien** (Atlantikstraße) von Averøy Richtung Kristiansund ist wahrlich spektakulär. Sie führt über Inselchen und Schären und über zwölf niedrige Brücken direkt aufs Meer hinaus.

🏛 **Romsdalsmuseet**
Per Adams vei 4. 📞 71 20 24 60.
🕐 Juni–Mitte Aug: tägl.
🏛 **Fiskerimuseet**
Hjertøy (im Sommer Boot von Molde).
📞 71 20 24 60. 🕐 Ende Juni–Mitte Aug: tägl.

Kristiansund ㉖

Regierungsbezirk Møre og Romsdal.
👥 17 000. ✈ 🚌 ⛴
ℹ Kongens plass 1, 71 58 54 54.
🎭 Opernfestspiele (Feb), Kinderfestival (Apr), Küstenfestival (Juni/Juli).

V ON DEM HÜGEL auf der Insel Kirkelandet hat man eine wunderbare Sicht über diese und zwei andere Inseln, die zusammen Kristiansund bilden.

Der geschützte Hafen, in dem ständig Boote ein- und ausfahren, war der Grundstein der Küstensiedlung Lille-Fossen oder Fosna. 1742 erhielt sie Stadtstatus und wurde in Kristiansund umbe-

Die Atlantikstraße windet sich über Inseln und Sunde

nannt. Zwischen 1830 und 1872 entwickelte sich die Stadt zum landesweit größten Exporteur von *klippfisk* (gesalzenem, getrocknetem Kabeljau). Im April 1940 wurde Kristiansund von Bomben nahezu völlig zerstört. Der Wiederaufbau gab der Stadt mit modernen, vielfarbigen Bauwerken wie dem Rathaus und der Kirche ein neues Gesicht.

Das **Nordmøre Museum** hat eine eigene Abteilung über archäologische Funde der Fosna-Kultur sowie eine Fischerei-Ausstellung.

Nördlich von Kristiansund liegt die Insel **Grip**, die nur im Sommer bewohnt ist und mit Booten angefahren wird. Alles was von diesem einstigen Fischerdorf noch steht, ist eine Stabkirche (15. Jh.), in der die Gemeinde vor Stürmen Zuflucht suchte.

Vor langer Zeit erreichte man Kristiansund nur mit dem Boot, aber heute gibt es einen Flughafen und Straßenverbindungen zum Festland. Im Südosten verläuft die RV70 durch Tunnel und über Brücken, wo es bergiger wird.
Die **Tingvoll Kirke** von ca. 1200, auch als Nordmøre-Kathedrale bekannt, besitzt ein besonders schönes Altarbild und Runeninschriften an der Kanzelwand.

Am Tingvollfjorden führt die Straße an Ålvundeid vorbei, wo eine Nebenstraße ins herrliche Tal **Innerdalen** mit dem Dalatårnet-Gipfel und den Bergen von Trollheimen abzweigt. Am Ende des Fjords liegt **Sunndalsøra** mit der Mündung des berühmten Lachs- und Forellenflusses Driva.

🏛 **Nordmøre Museum**
2 km nördlich vom Stadtzentrum.
📞 71 58 70 00. 🕐 März–Nov: So, Di–Fr; Dez–Feb: Di–Fr.
♿ teilweise.
🏝 **Grip**
14 km nördlich von Kristiansund.
⛴ von Kristiansund. ℹ Turistinformasjonen, Kristiansund, 71 58 54 54.
⛪ **Tingvoll Kirke**
55 km südöstlich von Kristiansund.
📞 71 53 03 03. 🕐 Mai–Sep: tägl. (Konzerte Sa 17 Uhr).

Kristiansund mit farbenfrohen Häusern und der imposanten Kirche

TRØNDELAG

EINE REISE *über den Dovrefjell nach Trøndelag war einst eine beschwerliche Sache. Könige und Pilger machten sich dennoch auf den Weg vom Süden über die Berge in den Norden des Landes. Wenn sie den berüchtigten Vårstigen (Frühlingsweg) bewältigt hatten, waren sie sicherlich enorm erleichtert. Heute machen Zug- und Straßenverbindungen die Reise wesentlich einfacher.*

Die meisten, die einst den Dovrefjell überwanden, ob Könige, Pilger oder Kaufleute, hatten die Stadt Trondheim (Nidaros, wie sie ursprünglich hieß) als Ziel. Alle Straßen führen nach Trondheim, so sagte man. In seiner ganzen Geschichte war Trondheim die Hauptstadt Mittelnorwegens und eine Zeit lang auch Hauptstadt des Königreichs.

Trondheim wurde von König Olav Tryggvason gegründet, der sich 997 an der Mündung des Flusses Nidelv ein Haus baute. Zur Errichtung der Kristkirken (Christuskirche) führte jedoch das Martyrium des Königs und zukünftigen Heiligen Olav Haraldsson bei der blutigen Schlacht von Stiklestad im Jahr 1030. Aus der Kirche wurde die Kathedrale Nidarosdomen und ein Pilgerziel.

Der Süden von Trøndelag ist eine hauptsächlich landwirtschaftliche Region mit Nadel- und Laubwäldern, die in den Bergen in dürres, eher karges Hochland übergeht. Der Norden Trøndelags wird von Nadelwäldern dominiert. Die hiesige Bauweise der Bauernhöfe ist, besonders um den Trondheimsfjord, einzigartig: Die Hauptgebäude (*trønderlåner*), sind lange, schmale, zweistöckige Häuser, meist weiß bemalt. Sie stehen am höchsten Punkt der Gegend.

Die bergigen Regionen von Børgefjell, Sylene, Rørosvidda, Dovrefjell und dem spektakulären Trollheimen haben Outdoor-Enthusiasten, Anglern und Fischern viel zu bieten. An vielen Flüssen kann man z. B. am Ufer oder von Booten aus hervorragend Lachse fangen.

Die Inseln, besonders der Vikna-Archipel, sind leicht zu erreichen. Sie sind ein Paradies für Vogelbeobachter und Fischer.

Skulpturen an der Westfassade des Nidarosdomen in Trondheim, mit Olav dem Heiligen in der Mitte

◁ Die alte Glocke, *Hyttklokka*, ist ein Wahrzeichen der Bergwerksstadt Røros im südlichen Trøndelag

Überblick: Trøndelag

TRØNDELAG WIRD AUS ZWEI Fylker (Regierungsbezirken) gebildet: Nord-Trøndelag und Sør-Trøndelag, die zusammen 12,7 Prozent des Landes ausmachen. Im Westen schützen Inseln das Festland und die Fjorde am Europäischen Nordmeer. Um den Trondheimsfjord herrscht flaches, fruchtbares Ackerland vor. Im Osten, bei Kjølen und an der schwedischen Grenze, erheben sich Bergplateaus mit hohen Gipfeln wie die Sylene-Kette. Große Waldflächen bedecken das zentrale Gebiet. Seit Jahrhunderten pilgern Wallfahrer zur Kathedrale in Trondheim und nach Stiklestad, wo Olav der Heilige 1030 in einer Schlacht starb.

Der Nidarosdomen in Trondheim wurde über dem Grab von Olav dem Heiligen gebaut

LEGENDE

▬	Hauptstraße
▭	Nebenstraße
—	Eisenbahn
- - -	Fähre

SEHENSWÜRDIGKEITEN AUF EINEN BLICK

Äußerer Trondheimsfjord ❸
Innerer Trondheimsfjord ❺
Levanger ❻
Namsos ❾
Oppdal ❶
Røros ❷
Rørvik ❿
Steinkjer ❽
Stiklestad ❼
Trondheim S. 190–193 ❹

TRØNDELAG 185

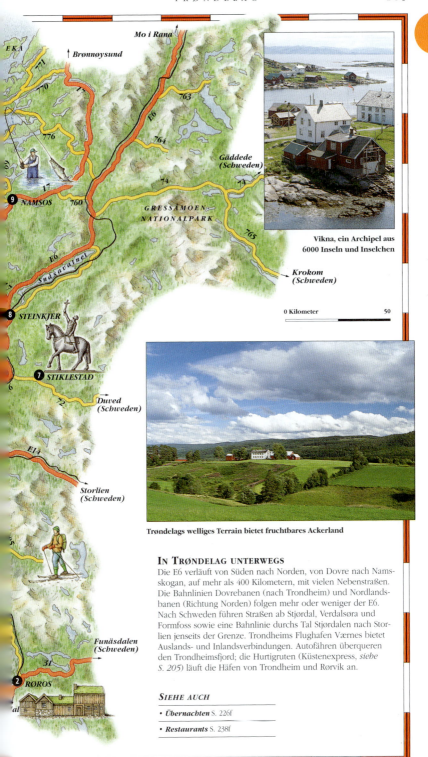

Vikna, ein Archipel aus 6000 Inseln und Inselchen

Trøndelags welliges Terrain bietet fruchtbares Ackerland

IN TRØNDELAG UNTERWEGS

Die E6 verläuft von Süden nach Norden, von Dovre nach Namsskogan, auf mehr als 400 Kilometern, mit vielen Nebenstraßen. Die Bahnlinien Dovrebanen (nach Trondheim) und Nordlandsbanen (Richtung Norden) folgen mehr oder weniger der E6. Nach Schweden führen Straßen ab Stjørdal, Verdalsøra und Formfoss sowie eine Bahnlinie durchs Tal Stjørdalen nach Storlien jenseits der Grenze. Trondheims Flughafen Værnes bietet Auslands- und Inlandsverbindungen. Autofähren überqueren den Trondheimsfjord; die Hurtigruten (Küstenexpress, *siehe* S. 205) läuft die Häfen von Trondheim und Rørvik an.

SIEHE AUCH

- *Übernachten* S. 226f
- *Restaurants* S. 238f

Oppdal ❶

Regierungsbezirk Sør-Trøndelag.
6300. O. Skasliens vei 15, 72 40 04 70. Free-ride-Rennen Oppdal (Ostern), Fell-Markt (Sep), Vintersleppet (1. Woche im Dez). www.oppdal.com

Die Bergbaustadt Røros (17. Jh.) wurde für die Nachwelt erhalten

Oppdal ist das ganze Jahr ein turbulenter Urlaubsort, besonders aber im Winter. Zu den hervorragenden Wintersporteinrichtungen gehören 200 Kilometer Skipisten, eine Gondelbahn und Skilifte, Berghütten, Cafés und Restaurants. Die Saison beginnt mit dem Vintersleppet-Festival; zu Ostern lockt das Free-ride-Rennen abseits der Piste.

Die Stadt in wunderschöner Berglage ist eine wichtige Station der Dovrebanen-Linie mit guten Verbindungen.

Die Freiluftausstellung **Oppdal Bygdemuseum** präsentiert schöne alte, kulturell interessante Häuser. Außerhalb der Stadt, in **Vang**, befindet sich ein großer Grabhügel aus der Eisenzeit.

Oppdal ist Ausgangspunkt der Reise nach Norden zum Vårstigen (Frühlingsweg), der alten Pilgerroute *(siehe S. 183)*, durchs Tal Drivdalen zum Dovrefjell-Nationalpark *(siehe S. 132f)*.

Von der Festa-Brücke im Westen führt die Mautstraße zur **Gjevilvasshytta**, einer eleganten Ferienunterkunft mit Tingstua, dem alten Gerichtshof Meldals.

🏛 Oppdal Bygdemuseum
Museumsveien. 72 40 15 10. Ende Juni–Mitte Aug: Di–So.

Røros ❷

Regierungsbezirk Sør-Trøndelag.
5500. Peder Hiorts gate 2, 72 41 11 65. Røros-Markt (3. Woche im Feb), Winterfestival (Mitte März), Garpvukku-Historienspiel (2. Woche im Aug).

Das Leben in Røros drehte sich um die Kupfermine, die 1644 an einem trostlosen Ort auf 600 Metern Höhe gegründet wurde. Holzhütten mit grasbewachsenen Dächern, die Kirche und Gesellschaftshäuser sind erhalten und werden von der UNESCO als Welterbe geführt.

Das auffälligste Wahrzeichen der Stadt ist die Barockkirche Bergstadens Ziir, die 1780 aus Stein erbaut wurde. Innen sieht man eine imposante Barockorgel, Kanzel und Altar sowie das Kirchengestühl, auf dem die Gemeinde in strenger hierarchischer Ordnung zu sitzen hatte.

Bergskrivergården, das Haus des Direktors des Bergbauunternehmens, steht an der Bergmannsgata, der Straße der Reichen und Angesehenen.

Das Bergbaumuseum, **Rørosmuseet**, in der rekonstruierten Schmelzhütte (Smeltehytte) zeigt Minen- und Schmelzofenmodelle.

13 Kilometer östlich liegt die aufgegebene Mine **Olavsgruva** mit der Bergmannshallen, einem Konzert- und Theatersaal im Berg. Die alten Schächte können besichtigt werden.

Røros wurde in den Büchern Johann Falkebergets (1879–1967) verewigt. Seine Geschichte über ein Bauernmädchen, das Kupfererz beförderte, wurde unter dem Titel *An-Magritt* mit Liv Ullmann verfilmt.

🏛 Rørosmuseet
Malmplassen. 72 40 61 70. tägl. einige Feiertage.

⛏ Olavsgruva
13 km östlich vom Stadtzentrum.
72 41 44 50. nur Führungen. Sa.

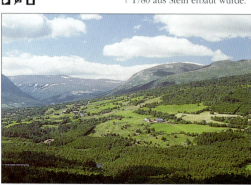

Oppdal, eine Ackerland- und Bergregion, ist bei Wintersportlern beliebt

TRØNDELAG

Äußerer Trondheimsfjord ❸

Regierungsbezirk Sør-Trøndelag.
📋 *Trøndelag Reiseliv, 73 84 24 40.*
🌐 www.trondelag.com

WER VON Westen aus zum Trondheimsfjord fährt, passiert Hitra, die größte Insel Südnorwegens. Der Fjord selbst beginnt an der Landzunge Agdenes.

Nördlich vom Fjordeingang liegt die flache und fruchtbare Region Ørlandet mit der Burg **Austrått**. Das Anwesen gehörte einst der mächtigen Rømer-Familie. Inger Ottesdatter Rømer, die 1555 starb, ist die Protagonistin in Ibsens Stück *Frau Inger auf Østerät*. Durch eine Heirat gelangte das Land dann in den Besitz der Familie Bjelke. Die Burg ließ Kanzler Ove Bjelke – Bruder von Jørgen Bjelke, der 1658 den Bezirk Trondheim von den Schweden zurückeroberte – 1654–56 im Renaissance-Stil erbauen.

Austrått wirkt mit seinem Specksteinportal und Wappen von außen eher streng und nicht gerade einladend. Hinter der Fassade jedoch zieren geschnitzte Säulen («Die klugen und die törichten Jungfrauen») den hell bemalten Innenhof.

Westlich von Trondheim führt ein Ausläufer des Fjords nach Orkanger an der Bahnlinie Thamshavnsjernbanen. Hier sind originale Elektrolokomotiven und Dreipersonen-Waggons von 1908 ausgestellt. Den Ehrenplatz im **Orkla Industrimuseum** nimmt der prächtige Eisenbahnwaggon des Königs ein. Zu diesem Museum gehören auch ein Bergbaumuseum und die alten Minen von Gammelgruva.

🏛 **Austrått**
Opphaug. 📞 72 51 40 36.
🕐 *Juni–Mitte Aug: tägl.*

🏛 **Orkla Industrimuseum**
Løkken Verk (Løkken-Mine).
📞 72 49 91 00. 🕐 *Juni–Aug: tägl.; Sep–Mai: Mo–Fr.* ⬤ *Feiertage.*

Trondheim ❹

Siehe S. 190–193.

Innerer Trondheimsfjord ❺

Regierungsbezirk Nord-Trøndelag.
📋 *Trøndelag Reiseliv, 73 84 24 40.*
🌐 www.trondelag.com

AM INNEREN Trondheimsfjord, auf der Halbinsel Byneset westlich von Trondheim, liegt Gråkallen, ein beliebtes Sport- und Erholungsgebiet. Die Insel **Munkholm** vor dem Fosen-Kai in Trondheim diente als Kloster, Festung und Gefängnis – heute ist sie ein Badeort.

Am breitesten ist der Fjord östlich von Trondheim. Hier hat der Lachsfluss Stordalselva beim Værnes-Flughafen seine Mündung. Im Landesinneren steht am Fluss die **Hegra Festning**. 1940 trotzten hier General Holtermann und seine Soldaten – 248 Männer

Munkeholmen im Trondheimsfjord war einst eine Gefängnisinsel

und eine Frau – 23 Tage lang einem deutschen Angriff. Weiter im Osten, in **Reinå**, erinnert die Engelskstuggu (Englische Hütte) an die englischen Lachsfischer-Pioniere.

Auf dem Inselchen **Steinvikholm** vor der Ostküste des Fjords steht eine Burg, die Erzbischof Olav Engelbrektsson 1525 baute und in die er sich während der Reformation mit dem Sarg Olavs des Heiligen *(siehe S. 194)* flüchtete. Die Halbinsel **Frosta** ist ein alter *tingsted* (Versammlungsort) mit Grabhügeln und Felszeichnungen aus der Bronzezeit.

🏛 **Hegra Festning**
15 km östlich von Stjørdal.
📞 *Stjørdal-Information, 74 83 45 80.*
🕐 *Mitte Mai–Sep: tägl.; sonst nach Vereinbarung.*

Levanger ❻

Regierungsbezirk Nord-Trøndelag.
👥 17 500. ✈ *Værnes, 50 km südwestlich.* 📋 *Levanger, 74 05 25 00.* 🎪 *Levanger-Markt (Anfang Aug).* 🌐 www.levanger.kommune.no

LEVANGER AM INNEREN Trondheimsfjord ist eine Fundstätte eisenzeitlicher Felszeichnungen, Grabhügel und Gräber. Weiter südlich, bei Ekne, steht das Konzentrationslager **Falstad Fangeleir** aus dem Zweiten Weltkrieg.

Hinter der Insel Ytterøy blockiert die Halbinsel Indreøy den Fjord, ehe er bei Steinkjer *(siehe S. 194f)* endet. Strauma auf **Indreøy** ist ein idyllisches Dörfchen mit Holzhäusern.

🏛 **Falstad Fangeleir**
20 km südlich von Levanger.
📞 74 02 28 26. 🕐 *Mitte Mai–Mitte Aug: Mi–So; sonst nach Vereinbarung.*

Der Innenhof von Austrått mit »klugen und törichten Jungfrauen«

Trondheim ❹

Relief, Stiftsgården

Laut Sagenschreiber Snorre verfügte König Olav Tryggvason im Jahr 997, dass es an der Nidelva-Mündung eine Stadt geben sollte. Diese Stadt, damals Nidaros, entwickelte sich rasch zum Mittelpunkt der Region Trøndelag und war eine Zeit lang gar Hauptstadt Norwegens. Nach der Heiligsprechung von König Olav Haraldsson 1031 strömten Pilger zu seinem Schrein an der Stelle der heutigen Nidaros-Kathedrale. Im 17. Jahrhundert fielen Teile der Stadt Bränden und Kriegen zum Opfer. Das heutige Straßenbild entstand nach einem Feuer von 1681.

Blick über Trondheim mit der Nidaros-Kathedrale im Hintergrund

Überblick: Trondheim

Die meisten Sehenswürdigkeiten liegen nahe beieinander. Trondheims Zentrum, Midtbyen, ist fast vollständig vom Fjord und dem gewundenen Fluss Nidelva umgeben. Munkegata, die Hauptstraße, führt direkt durch das Herz der Stadt, vom Nidarosdomen im Süden bis zum berühmten Fischmarkt Ravnkloa im Norden.

Nach dem verheerenden Brand im Jahr 1681 legte der Militäringenieur Johan Caspar de Cicignon das gitterartige Straßennetz an, das noch heute existiert. In den engen Seitenstraßen scheint es jedoch, als hätten auch die Grundstücksbesitzer Einfluss auf den Verlauf der Straßen gehabt.

🏛 Erkebispegården
Kongsgårdsgaten 1B. 📞 73 53 91 60. ⏰ Juni–Aug: tägl.; Sep–Mai: Di–So. ⬤ einige Feiertage. 🎫 ♿ teilweise. 📷

Der Erkesbispegården (Erzbischofspalais) war über Jahrhunderte ein politisches und spirituelles Machtzentrum in Norwegen. Ein Teil vom Nordflügel des Hauptgebäudes wurde bereits im 12. und 13. Jahrhundert als befestigtes Bischofspalais errichtet. Für andere Teile des Bauwerks stammen die Aufträge aus den Jahren 1430 und 1530. Nach der Reformation wurde das Erzbischofspalais die private Residenz des Feudalherrn. Später diente es als Militärstützpunkt, und im 19. Jahrhundert wurden hier die norwegischen Kronjuwelen verwahrt, die sich heute im Nidarosdomen befinden.

Das Museum im restaurierten Südflügel zeigt Originalskulpturen der Kathedrale und Objekte aus dem Palais, darunter die erzbischöfliche Münzwerkstatt.

Es gibt auch eine Rüstkammer (Rustkammeret) mit einer umfangreichen Sammlung an Feuerwaffen und einer Abteilung über die norwegische Widerstandsbewegung im Zweiten Weltkrieg.

🏛 Trondheim Kunstmuseum
Bispegaten 7. 📞 73 53 81 80. ⏰ Juni–Aug: tägl.; Sep–Mai: Di–So. 🎫 ♿ 📷

Das Trondheim Kunstmuseum nahe der Kathedrale und dem Erzbischofspalais besitzt eine gute Sammlung mit Gemälden, die zum Teil noch auf seinen Vorläufer, die 1845 gegründete Trondheimer Kunstgesellschaft, zurückgehen.

Die bedeutendsten Werke sind norwegische Gemälde aus der Zeit vom frühen 19. Jahrhundert bis heute, von der Düsseldorfer Schule bis zu den Modernisten. Es gibt auch eine Sammlung dänischer Malerei, die außerhalb Dänemarks einzigartig ist, sowie eine internationale Grafiksammlung.

🏛 Nordenfjeldske Kunstindustrimuseum
Munkegaten 5. 📞 73 80 89 50. ⏰ Juni–Aug: tägl.; Sep–Mai: Di–So. ⬤ einige Feiertage. 🎫 ♿ 📷

Die roten Ziegelgebäude von Katedralskolen (Kathedralenschule) und Kunstindustrimuseum (Museum für angewandte Kunst) stehen sich in der Nähe der Kathedrale gegenüber. Zu den Sammlungen des Museums gehören Möbel, Silber und Textilien. In einer Abteilung mit dem Titel *Drei Frauen, Drei Künstlerinnen* werden Werke der Gobelinkünstlerinnen Hannah Ryggen und Synnøve Anker sowie des Glasdesigners Benny Motzfeld gezeigt.

🎭 Trøndelag Teater
Prinsens gate 22. 📞 73 80 50 00. **Kartenverkauf** ⏰ Mo–Sa. ♿ 📷 während Vorstellungen.

Der großartige Trøndelag-Teaterkomplex wurde 1997 fertiggestellt. Auf fünf Bühnen mit Sitzplätzen für 50 bis 500 Zuschauer in den Auditorien bietet das Ensemble ein breit gefächertes Repertoire.

Die Hauptbühne des ursprünglichen Theaters aus dem Jahr 1816 wurde in den Komplex integriert – vor 1816 fanden Theateraufführungen übrigens in Privathäusern statt. Ebenfalls aus dem alten Theatergebäude stammt das Jugendstilcafé.

Das Trøndelag Teater bietet fünf Bühnen unter einem Dach

◁ **Trondheims Speicherhäuser am Ufer der Nidelva**

TRONDHEIM

🏛 Vitenskapsmuseet

Erling Skakkes gate 47. 73 59 21 45. tägl.

Die Sammlungen des Museums für Naturgeschichte und Archäologie sind in drei Gebäuden untergebracht, die nach den Gründern der Königlichen Gesellschaft der Wissenschaften (1706) benannt sind.

Das Gerhard-Schøning-Gebäude erzählt Norwegens Kirchengeschichte und zeigt Kircheneinrichtungen und sakrale Kunst. Das Peter-Frederik-Suhms-Gebäude ist dem Mittelalter gewidmet. Im Johan-Ernst-Gunnerus-Bau befinden sich die Abteilungen über Zoologie und Mineralogie. Sonderausstellungen tragen Titel wie »Von der Steinzeit zu den Wikingern« und »Kultur der Süd-Samen«.

🔒 Vår Frue Kirke

Kongens gate 2. 73 53 84 80. Juni–Aug: Mi; Sep–Mai: Sa.

Die Worte »Ich gehöre der heiligen Maria« stehen in Altnorwegisch an den Wänden der Vår Frue Kirke (Liebfrauenkirche), ursprünglich Mariakirken, aus dem 12. Jahrhun-

Die Vår Frue Kirke (12. Jh.) nahe dem Stadtplatz

dert. Sie überstand als einzige Kirche Trondheims die Reformation. Die Kirche wurde mehrmals ausgebaut – der Turm stammt etwa aus dem Jahr 1739, und das Altarbild wurde 1837 aus dem Nidarosdomen hierher gebracht.

🏛 Bryggen

Øvre Elvehavn.

Die Speicherhäuser und Kais an der Nidelva-Mündung sind seit den Anfangstagen der Mittelpunkt für Geschäfts- und Handelsaktivitäten. Einige Male zerstörten Brände die Gebäude.

Die heute restaurierten, farbenfrohen Lagerhäuser säumen beide Flussufer. Auf der Seite des Stadtzentrums,

INFOBOX

Regierungsbezirk Sør-Trøndelag.
152 000. Værnes, 50 km östlich vom Stadtzentrum.
Brattøra. Brattøra.
Pier 2. Munkegata 19, 73 80 76 60. St.-Olav-Fest (4. Woche im Juli), Norfishing (2. Woche im Aug).
W www.trondheim.com

in der Kjøpmannsgata, stehen sie auf einer terrassierten Fläche, von der man Feinde auf dem Fluss bombardieren konnte. Auf der Bakklandet-Seite stehen die Häuser in den Straßen Fjordgata und Sandgata. Der älteste noch erhaltene Kai wurde um 1700 angelegt.

Die Lagerhäuser am Fluss Nidelva wurden nach Bränden restauriert

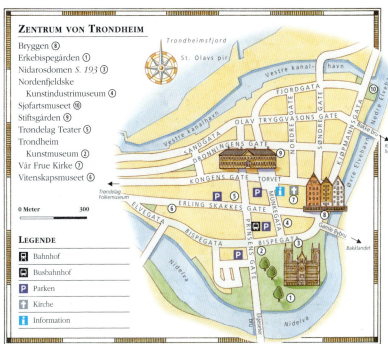

ZENTRUM VON TRONDHEIM

Bryggen ⑧
Erkebispegården ①
Nidarosdomen S. 193 ③
Nordenfjeldske
  Kunstindustrimuseum ④
Sjøfartsmuseet ⑩
Stiftsgården ⑨
Trøndelag Teater ⑤
Trondheim
  Kunstmuseum ②
Vår Frue Kirke ⑦
Vitenskapsmuseet ⑥

0 Meter 300

LEGENDE

🚉 Bahnhof
🚌 Busbahnhof
🅿 Parken
✝ Kirche
ℹ Information

Zimmer der Königin in Stiftsgården, Skandinaviens größtem Holzpalais

🚇 Stiftsgården
Munkegaten 23. 📞 73 80 89 50.
⏰ Juni–Aug: tägl., nur Führungen.
🚫 bei Staatsbesuchen.

Die königliche Residenz Stiftsgården gehört zu Trondheims imposantesten alten Holzvillen. Das 1778 fertiggestellte bedeutende Werk norwegischer Holzarchitektur entwarf General G. F. von Krogh im Rokokostil mit barocken Details.

Ursprünglich gehörte das Palais Cecilie Christine de Schøller, einer Geheimratswitwe. Sie hatte Beziehungen zum Königshof in Kopenhagen, und in ihrem Bestreben, die »First Lady« Trondheims zu werden, wollte sie unbedingt eine hochherrschaftliche Villa erbauen.

Das Gebäude ist 58 Meter lang und hat 64 Zimmer. Den Namen »Stiftsgården« erhielt es, als die Regierung 1800 als Residenz des obersten Angestellten der Diözese, des *Stiftsamtmannen*, erwarb. 1906 wurde es königliche Residenz. Der Speisesaal mit Gemälden J. C. C. Michaelsens von London und Venedig ist besonders sehenswert.

🏛 Trondheims Sjøfartsmuseum
Fjordgata 6A. 📞 73 89 01 10.
⏰ Juni–Aug: tägl. 10–16 Uhr; Sep–Mai: nach Vereinbarung.

Trondheims Seefahrtsmuseum befindet sich in einem Gefängnisgebäude von 1725. Es besitzt eine umfangreiche Sammlung von Segelschiffmodellen, Galionsfiguren und Artefakten aus der maritimen Anfangszeit Trøndelags im frühen 16. Jahrhundert. Zu den Exponaten gehören Objekte von der 1781 gesunkenen Fregatte *Perlen*.

🚇 Bakklandet
1 km östlich vom Stadtzentrum.

Östlich des Flusses Nidelva liegt Bakklandet, ein charmantes Viertel mit um 1650 angelegten engen, gewundenen Straßen. Die Gegend

Detail eines Geländers, Stiftsgården

gehörte ursprünglich zu einem Nonnenkloster, ab 1691 jedoch besaß Jan Wessel, der Vater des Seehelden Tordenskiold, das Areal und betrieb hier ein Wirtshaus. Im Jahr 1658 brannten die Schweden das Bakke-Anwesen nieder, 1718 vernichtete es General Armfeldt beim Versuch, die Stadt zu stürmen. Schnell wurde es wieder aufgebaut, mit Wohnhäusern für Matrosen, Fischer und Handwerker. Die Häuser sind heute restauriert.

Vom Stadtzentrum erreicht man Bakklandet über die Alte Stadtbrücke, Gamle Bybro, die 1861 ihre geschnitzten Tore erhielt. Hoch über Bakklandet steht die 1682 von Johan Caspar de Cicignon gebaute Festung Kristiansten.

🏛 Ringve Museum
Lade allé 60, 4 km nordöstlich vom Stadtzentrum. 📞 73 87 02 80.
⏰ 18. Mai–15. Sep: tägl.; 16. Sep–17. Mai: So.

Das Ringve ist Norwegens Nationalmuseum für Musik und Musikinstrumente. Es wurde 1952 eröffnet, nachdem Victoria und Christian Anker Bachke in ihrem Testament verfügt hatten, dass ihr Landgut und ihre Instrumentensammlung ein Museum werden sollten. Die Instrumente gehörten vordem dem bereits erwähnten Jan Wessel, Vater des Seehelden Peter Wessel Tordenskiold, nach dem das Museumscafé Tordenskiolds Kro benannt ist.

Die Ausstellung führt den Besucher anhand von Instrumenten, Musik und Informationen zu einzelnen Komponisten durch die Musikgeschichte.

Im botanischen Garten von Ringve, der das Haus umgibt, wachsen 2000 verschiedene Pflanzen und Bäume.

🏛 Trøndelag Folkemuseum
Sverresborg allé, 4 km südlich vom Stadtzentrum. 📞 73 89 01 10.
⏰ tägl. auch Feiertage.
♿ teilweise.

Mit mehr als 60 Gebäuden aus Trondheim und Umgebung bietet das Trøndelag Folkemuseum einen einzigartigen Einblick in die Bautraditionen und den Alltag in der Region. Das Museum befindet sich nahe der mittelalterlichen Festung des Königs Sverre, von der man eine tolle Aussicht über die Stadt hat.

Die Gammlebyen (Altstadt) aus dem 18. und 19. Jahrhundert wurde – samt Zahnarztpraxis, Lebensmittelhandlung und Süßigkeitenladen – rekonstruiert. Eine Hütte aus Oppdal, Vikastua, weist innen eine besonders schöne Rosenbemalung auf. Die Stabkirche aus dem Haltdalen stammt aus dem Jahr 1170.

Das Trøndelag Folkemuseum widmet sich regionalen Traditionen

Trondheim: Nidarosdomen

DER ÄLTESTE TEIL der Nidaros-Kathedrale wurde 1320 an der Stelle der Kristkirken – über dem Grab Olavs des Heiligen *(siehe S. 194)* – in normannischem, romanischem und gotischem Stil gebaut. Die 102 Meter lange und 50 Meter breite Kathedrale ist Norwegens größtes Bauwerk aus dem Mittelalter. Sie wurde mehrmals durch Brände beschädigt und lag teilweise in Ruinen, als man 1868 mit der Restauration begann. Heute ist eine gotische Rekonstruktion fertiggestellt. In einer Kapelle liegen die Kronjuwelen, darunter die Kronen von König, Königin und Prinz.

> **INFOBOX**
> Bispegaten 5.
> 73 53 91 60.
> 1. Mai–11. Juni, 14. Aug–14. Sep: Mo–Fr 9–15, Sa 9–14, So 13–16 Uhr; 12. Juni–13. Aug: Mo–Fr 9–18, Sa 9–14, So 13–16 Uhr; 15. Sep–30. Apr: Mo–Fr 12–14.30, Sa 11.30–14, So 13–16 Uhr.
> www.nidarosdomen.no

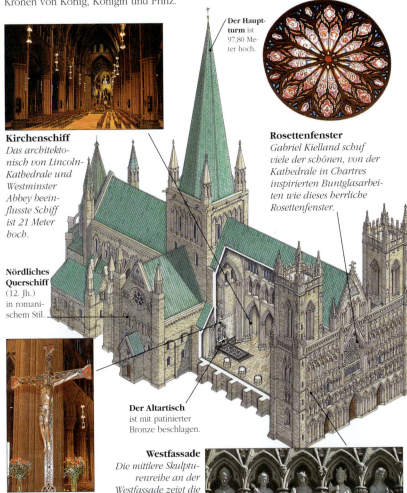

Der Hauptturm ist 97,80 Meter hoch.

Rosettenfenster
Gabriel Kielland schuf viele der schönen, von der Kathedrale in Chartres inspirierten Buntglasarbeiten wie dieses herrliche Rosettenfenster.

Kirchenschiff
Das architektonisch von Lincoln-Kathedrale und Westminster Abbey beeinflusste Schiff ist 21 Meter hoch.

Nördliches Querschiff
(12. Jh.) in romanischem Stil.

Der Altartisch ist mit patinierter Bronze beschlagen.

Silber-Kruzifix
Das Kreuz von W. Rasmussen stifteten Norweger in den USA 1930 anlässlich des 900-jährigen Kathedralenjubiläums.

Westfassade
Die mittlere Skulpturenreihe an der Westfassade zeigt die norwegischen Heiligen Erzbischof Øystein, Hallvard, Sunniva und Olav sowie die himmlische Tugend der Liebe (von links nach rechts).

Die Kirche von Stiklestad wurde 100 Jahre nach der Schlacht gebaut

Stiklestad ❼

Regierungsbezirk Nord-Trøndelag, 4 km östlich vom Zentrum Verdal. 🚆 *bis Verdal, dann Taxi.* 🚌 *beim Olsok-Fest.*

STIKLESTAD GEHÖRT zu den geschichtsträchtigsten Orten des Landes. Hier starb 1030 König Olav Haraldsson, der spätere heilige Olav, in einer Schlacht. Den Schauplatz markiert das **Stiklestad Nasjonale Kultursenter**. Das Olav-Denkmal steht – so sagt es die Legende – genau an dem Platz, wo man den toten König in einem Schuppen versteckte. Später wurden seine sterblichen Überreste in Nidaros (heute Trondheim) bestattet *(siehe S. 193)*.

Alljährlich um die Zeit des St.-Olav-Festes *Olsok* (29. Juli) wird im Amphitheater in Stiklestad vor 20 000 Zuschauern das Stück *Spelet om Heilag Olav (Die Geschichte des heiligen Olav)* von Olav Gullvåg und Paul Okkenhaug aufgeführt. Oben auf dem Theater steht eine Reiterstatue Olavs von Dyre Vaa *(siehe unten)*.

Der Altar der **Stiklestad Kirke** soll über dem Stein, an dem Olav starb, errichtet worden sein. Kurz nach der Schlacht baute man a dem Platz eine Kirche, die 100 Jahre später durch die heutige Langkirche ersetzt wurde.

Das Schaubild in der Kirche stammt aus dem 17. Jahrhundert und ähnelt einer Bildergeschichte aus der Bibel. Die Fresken von Alf Rolfsen im Chorraum zeigen Szenen der Schlacht. Sie wurden anlässlich der Restaurierung zum St.-Olav-Jubiläum 1928 in Auftrag gegeben.

Das **Verdal Museum** nahe der Kirche zeigt u. a. einen typischen Verdal-Bauernhof des 19. Jahrhunderts.

🏛 **Stiklestad Nasjonale Kultursenter**
4 km östlich vom Zentrum Verdal.
📞 74 04 42 00. ⊙ tägl. ● einige Feiertage.

🏛 **Verdal Museum**
4 km östlich vom Zentrum Verdal.
📞 74 04 42 00. ⊙ 10. Juni–10. Aug: tägl.

Bølareinen, eine 6000 Jahre alte Felszeichnung eines Rentiers

Steinkjer ❽

Regierungsbezirk Nord-Trøndelag. 👥 20 400. 🚆 🚌 ℹ️ Namdalsveien 11, 74 16 36 17. 🎪 *Steinkjer-Markt (Aug.)*. 🌐 www.steinkjer-turist.com

ARCHÄOLOGISCHE FUNDE belegen, dass die Gegend von Steinkjer seit 8000 Jahren besiedelt ist. Grabhügel, Steinkreise und Gedenksteine fand man in Eggekvammen, Tingvoll und Egge beim Wasserfall Byafossen. Nahe Bardal gibt es Petroglyphen aus der Stein- und Bronzezeit. Bei Hammer (13 Kilometer westlich der Stadt Steinkjer) entdeckte man ebenfalls Felszeichnungen. Andere Funde weisen darauf hin, dass am Ende des Beitstadfjords ein wichtiges Handels- und Schifffahrtszentrum existierte. Snorre schreibt in seinen Sagen, dass Olav Tryggvason hier 997 eine Marktstadt gründete. Die Steinkjer-Kirche

---

OLAV UND DIE SCHLACHT VON STIKLESTAD

Olav Haraldsson wurde 1016 bei der Versammlung von Øretinget zum König eines vereinten Norwegen ernannt. Er bekehrte das ganze Land zum Christentum und schuf sich damit viele Feinde, besonders unter den Bauern, die fürchteten, der König würde zu mächtig. Sie unterstützten König Canute (Knud) von Dänemark. 1028 schickte Canute 50 Schiffe, um Norwegen einzunehmen. Olav musste fliehen. Im Jahr 1030 kam er zurück, um sein Reich zurückzuerobern. Im Tal Verdalen kam es bei Stiklestad zu einer Schlacht, bei der er am 29. Juli 1030 ums Leben kam. Ein Jahr später exhumierte man seinen nicht verwesten Körper und sprach ihn heilig. Olav wurde von einer Kirche in die andere gebracht, bis er 1090 in der Kristkirken, an der Stelle des späteren Nidarosdomen, die letzte Ruhe fand. Sein Schrein wurde zum Wallfahrtsort, zahlreiche Kirchen wurden ihm geweiht.

Statue Olavs des Heiligen in Stiklestad

TRØNDELAG

steht auf dem Hügel Mærehaugen. Vor Einführung des Christentums war hier ein Tempel für die nordischen Götter. Dies ist nun die dritte Kirche an dieser Stelle. Die erste von 1150 brannte nieder, die zweite zerstörten 1940 Bomben. Die neue, von Olav Platou entworfene Kirche (1965) dekorierten die Künstler Sivert Donali und Jakob Weidemann.

Steinkjer hat gute Verkehrsanbindungen: Die Nordlandsbanen und die E6 verlaufen durch die Stadt, die RV17 führt zu den Küstenorten Flatanger und Osen. Am Ostufer des Snåsavatnet-Sees befindet sich Bølareinen, eine 6000 Jahre alte Felszeichnung eines Rentiers.

Snåsa ist Ausgangspunkt für Ausflüge in den Gressåmoen-Nationalpark und zu den Snåsaheiene-Hügeln, wo man gut angeln kann. In der Stadt befindet sich ein Museum zur Kultur der südlichen Samen: **Samien Sitje**.

Lachse zu angeln ist am Fluss Namsen ein beliebter Zeitvertreib

🏛 Samien Sitje
58 km nordöstlich von Steinkjer.
📞 74 15 15 22. ⏰ 20. Juni–20. Aug: Di–Fr, So; 21. Aug–19. Juni: nach Vereinbarung.

Namsos ❾

Regierungsbezirk Nord-Trøndelag.
👥 12 500. ✈ 🚌 🚢 ℹ Stasjonsgata 3, 74 21 73 13. 🎭 Namsos-Markt (3. Woche im Aug).
🌐 www.namsosinfo.no

Namsos liegt an der innersten Spitze des 35 Kilometer langen Namsenfjords zwischen den Inseln Otterøy und Jøa, die in den Romanen von Olav Duun (1876–1939) vorkommen. Die Stadt wurde 1845 als Holzverladehafen gegründet. Zweimal zerstörten sie Brände, einmal die Bomben des Zweiten Weltkriegs – doch man baute sie wieder auf.

Hier fließt der Fluss Namsen, der längste in Trøndelag, ins Meer. Er ist einer der reichsten Lachsflüsse des Landes. Beliebte Gebiete zum Angeln sind Sellæg, Grong und Overhalla. Man fischt von Booten, *harling*, aber auch vom Ufer aus. Der Wasserfall Fiskumfossen nördlich von Grong hat die längste Lachstreppe (291 m) Nordeuropas.

Im **Namsskogan Familiepark** in Trones kann man nordische Tiere in ihrer natürlichen Umgebung sehen. Weiter im Norden führt eine Nebenstraße nach Røyrvik, Ausgangspunkt für eine Bootsverbindung in den Børgefjell-Nationalpark.

✶ Namsskogan Familiepark
70 km nördlich von Namsos. 🚌 von Namsos. 📞 74 33 37 00. ⏰ Juni–Aug: tägl. 🎭 nach Vereinbarung.

Rørvik ❿

Regierungsbezirk Nord-Trøndelag.
👥 4000. 🚌 🚢 ℹ Vikna, 74 36 16 70. 🎭 Hurtigruten-Tag (1. Woche im Juli), Rørvik-Festival (4. Woche im Juli).

Nördlich von Namsos liegt der Vikna-Archipel mit nahezu 6000 Inseln. Rørvik ist eines der am dichtesten besiedelten Zentren. Das **Nord-Trøndelags Kystmuseum** (Küstenmuseum) präsentiert für Trøndelag typische Ruderboote (19. Jh.), die zum Fischen benutzt wurden.

Ein Großteil des äußeren Vikna-Archipels ist ein Naturschutzgebiet mit Tausenden von brütenden Vögeln sowie Ottern, Tümmlern und mehreren Robbenarten.

Nördlich von Vikna, nahe der Bezirksgrenze mit Nordland, erhebt sich der Berg Lekamøya aus dem Meer. Die *Leka-møya* (Leka-Jungfrau) ist die Hauptfigur einer nordländischen Sage. Die Hauptattraktionen auf Leka sind Höhlenmalereien in Solsemhulen und der Grabhügel Herlagshaugen. Das Kulturgeschichtsmuseum **Leka Bygdemuseum** ist in der Nähe.

🏛 Nord-Trøndelags Kystmuseum
Museumsgata 2. 📞 74 39 04 41.
⏰ tägl.

🏛 Leka Bygdemuseum
1 km nördlich von Leka. 📞 74 38 70 00. ⏰ Juli: tägl.

Eine Krähenscharbe, einer der vielen Vögel auf den Vikna-Inseln

Nordnorwegen und Svalbard

DER SCHRIFTSTELLER KNUT HAMSUN *bezeichnete Nordnorwegen als »das Land, das sich hinter hundert Meilen verbirgt«. Andere Autoren nannten es »Land der Leidenschaften«. Diese Beschreibungen fangen die Quintessenz dieses Landes ein – die großen Entfernungen, die zerklüftete Landschaft, die tanzenden Nordlichter des Winters und die Mitternachtssonne des Sommers.*

Nordnorwegen besteht aus drei Fylker (Regierungsbezirken) – Nordland, Troms und Finnmark –, die etwa ein Drittel des Landes ausmachen. Hafenstädte wie Bodø, Narvik, Tromsø, Hammerfest und Kirkenes liegen in geschützten Buchten oder auf Inseln an der Küste. Im Landesinneren bieten Nationalparks Bären und Wölfen Lebensräume, während Vögel die Klippen am Meer bevölkern. 640 Kilometer nördlich des Festlands befinden sich die Arktisinseln von Svalbard (Spitzbergen), die zu 60 Prozent von Gletschern bedeckt sind.

Nordlands unberührte Helgeland-Küste umfasst viele Inseln, Buchten, Fjorde und schneebedeckte Gipfel. Die Berge der Lofoten ragen im Nordwesten wie eine Wand aus dem Meer voller Inselchen. Die Bevölkerung lebt hier vom Fischen. Weiter im Norden liegt Tromsø, das »Paris des Nordens« und Hauptstadt Nordnorwegens. Hinter Tromsø wird das Terrain dann noch einmal rauer.

Das Ziel vieler Reisen in den Norden des Landes ist das Nordkap. Die steilen Klippen, die den nördlichsten Punkt Europas markieren, wurden von dem englischen Seemann Richard Chancellor 1533 getauft.

Die Finnmark-Städte Alta, Kautokeino und Karasjok bieten viel Samen-Kultur. Karasjok ist Sitz des Parlaments der Samen. In Hjemmeluft fand man herrliche, jahrtausendealte Felszeichnungen und -malereien. In Kirkenes nahe den Grenzen zu Finnland und Russland ist bereits finnischer Einfluss zu spüren.

Kabeljau hängt zum Trocknen an der Sonne, Lofoten

◁ Nordmeeridylle in der Nähe von Eggum im Norden der Lofoten-Insel Vestvågøya

Überblick: Nordnorwegen und Svalbard

BESONDERS DIE LOFOTEN-INSELN, das Nordkapp (Nordkap) und die Helgelandsküsten ziehen das ganze Jahr über Besucher an. Doch auch die Landschaft des restlichen Nordnorwegens und Svalbards (Spitzbergen) mit der Mitternachtssonne im Sommer und den unzähligen Angeboten für Outdoor-Fans macht diesen Teil Norwegens zum beliebten Ferienziel. Viele überqueren den Nördlichen Polarkreis, um im Meer und in den Flüssen zu fischen, Wale und Robben oder Vögel zu beobachten, in die Berge zu fahren oder einfach mal in einer Fischerhütte zu übernachten. Hoch im Norden liegt Svalbard mit typischer arktischer Landschaft, Flora und Fauna.

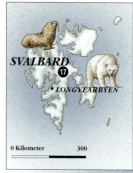

Das Fischerdorf Hamnøy am Vestfjord in den Lofoten-Inseln

Ein Pottwal vor der Insel Andøya in Vesterålen

SIEHE AUCH

- Übernachten S. 227
- Restaurants S. 239

NORDNORWEGEN UND SVALBARD

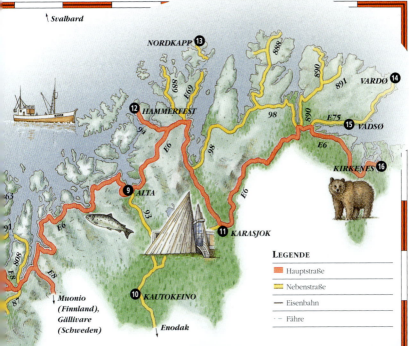

IN NORDNORWEGEN UND SVALBARD UNTERWEGS

Die wichtigste Route durch die drei Fylker ist die E6, die vom Süden Nordlands bis Kirkenes (ca. 1600 km) verläuft. Vier Straßen führen von der E6 nach Schweden: ab Trofors, Mo i Rana, Storjord und Narvik. Nach Finnland gelangt man von Skibotn, Kautokeino, Karasjok und Neiden aus, nach Russland von Kirkenes über Storskog. Die Bahnlinie Nordlandsbanen endet in Bodø. Der Küstenexpress Hurtigruten und einige lokale Boote laufen hiesige Häfen an. Svalbard ist einer der acht Flughäfen der Region.

In einer klaren Winternacht tanzen Nordlichter über den Himmel

Im *lavvo* (traditionelles Zelt) wird Samen-Handwerk verkauft

SEHENSWÜRDIGKEITEN AUF EINEN BLICK

Alta ❾
Bodø ❹
Hammerfest ❿
Helgelandskysten ❶
Karasjok ⓫
Kautokeino ❿
Kirkenes ⓰
Lofoten und Vesterålen S. 202–204 ❺
Mo i Rana ❷

Narvik ❻
Nordkapp ⓭
Saltfjellet-Svartisen-Nationalpark ❸
Senja ❼
Svalbard S. 214f ⓱
Tromsø S. 210f ❽
Vadsø ⓯
Vardø ⓮

Die 1065 Meter hohe Helgeland-Brücke nördlich von Sandessjøen

Helgelandskysten ❶

Regierungsbezirk Nordland. ✈ 🚗
🚌 ⛴ ℹ *Helgelandsgaten 1, Sandnessjøen, 75 04 25 80.*
🌐 www.helgelandskysten.com

DER SCHIFFFAHRTSKANAL von Leka Richtung Norden führt an der Helgelandskysten entlang durch eine wunderschöne Landschaft aus Inseln und Bergen. Ob man die Szenerie nun vom Hurtigruten-Boot *(siehe S. 205)* oder von der RV17 betrachtet – sie lässt sicher keinen kalt.

Die Helgelandskysten ist auch als Gebiet der Nessekonge bekannt, der wohlhabenden Kaufleute, die bis ca. 1900 Nordnorwegen sowohl wirtschaftlich als auch politisch beherrschten. Ihr Vermögen machten sie im Handel mit passierenden Lastschiffen und Fischerbooten.

Auf der Insel **Torget** nahe Brønnøysund erhebt sich der seltsam wirkende Berg Torghatten, durch den eine 160 Meter lange Passage führt. Sie wurde gebildet, als das Land tiefer lag als heute.

An der Nordseite des Vefsfjords, auf der Insel **Alsten**, befindet sich das Gehöft Tjøtta aus mehreren Häuserruinen und Grabhügeln aus der Wikingerzeit. Die Insel wird von der majestätischen, bis zu 1072 Meter hohen Bergkette De Syv Søstre (Die Sieben Schwestern) beherrscht. In der steinernen Alstadhaugkirke (12. Jh.) wirkte einst der Schriftsteller Petter Dass (1647–1707) als Geistlicher. Ihm ist ein Museum im Pfarrhaus gewidmet. Der größte Ort auf der Insel ist Sandnessjøen.

Nahe dem Ausgang des Ranfjords liegt die Insel **Dønna** mit dem aristokratischen Anwesen Dønnes und einer Steinkirche von 1200. Eine weitere Insel, **Lovunden**, ist für ihre große Papageitaucherkolonie bekannt. **Hestemona** auf dem Nördlichen Polarkreis wird vom 568 Meter hohen Hestmannen beherrscht. Der Berg ist nach einem riesigen Troll benannt, der sich – einer alten Sage nach – in Stein verwandelte. Die Insel **Rødøy** schließlich markiert den nördlichsten Punkt an der Helgeland-Küste.

Mo i Rana ❷

Regierungsbezirk Nordland.
🚗 25 000. ✈ 🚌 🚗 ℹ *O. T. Olsens gate 3, 75 13 92 00.*
🎉 *Winterlichtfest (Jan), Sjonstock-Rockfestival (1. Woche im Aug), Open-Air-Festival (4. Woche im Aug).*
🌐 www.arctic-circle.no

ÜBER DIE URSPRÜNGE der Industriestadt Mo i Rana weiß man nur wenig, außer dass es vor 1860 eine Kirche und einen Samen-Markt gab. L. A. Meyer erwarb den Ort, eröffnete eine Pension und initiierte den Handel mit Schweden. Heute dominiert Meyergården, ein Hotel- und Einkaufskomplex, das Zentrum von Mo.

Das Rana Bygdemuseum zeigt die Sammlungen von Hans A. Meyer mit Abteilungen über Geologie, Bergbau und Landkultur. Das Friluftsmuseet, etwa neun Kilometer vom Zentrum entfernt, gehört zum Rana Bygdemuseum.

UMGEBUNG: Von Mo führt die E6 am Ranfjord entlang bis Süden bis **Mosjøen** (75 km südwestlich von Mo) mit dem schönen Vefsn Museum über Werke zeitgenössischer Künstler aus Nordland. Holzgebäude und Lagerhäuser aus dem frühen 19. Jahrhundert säumen die Straße Sjøgata.

Etwa 20 Kilometer nördlich von Mo befindet sich die **Grønligrotten**, eine 107 Meter tiefe Kalksteinhöhle mit einem Fluss, der in der nahe gelegenen Setergrotten wieder auftaucht. In den Höhlen herrscht Helmpflicht; für die Setergrotten braucht man eine Grubenlampe.

Die Grønligrotten mit einem unterirdischen Fluss

NORDNORWEGEN UND SVALBARD **201**

Saltfjellet-Svartisen-Nationalpark ❸

Regierungsbezirk Nordland.
Information Mo i Rana, 75 13 92 00.

HERRLICH UNBERÜHRTE Landschaften kennzeichnen den Nationalpark von Saltfjellet und Svartisen. Im Osten, Richtung Nordlandsbanen, E6 und Schweden, ragen bis zu 1700 Meter hohe Berge vom welligen Terrain auf. Weiter westlich gibt es Bergplateaus und bewaldete Täler.

Zwischen hier und der Küste bilden Østisen und Vestisen Norwegens zweitgrößtes Gletschergebiet, den Svartisen. In die Täler führen mehrere Arme, von denen der südöstliche, Østerdalsisen, seltsame Konturen hat. Um ihn zu sehen, nehmen Sie die 32 Kilometer lange Straße ab Mo, überqueren den Svartisvannet mit der Fähre (nur in der Saison) und gehen drei Kilometer zur Gletscherspitze.

Das **Polarsirkelsenteret** (Polarkreiszentrum) befindet sich in Saltfjellet, direkt am Nördlichen Polarkreis (84 km nördlich von Mo i Rana an der E6). Es gibt ein Informationsbüro, Diashows und ein Restaurant. In der Nähe sind drei Opfersteine der Samen und ein Denkmal für die jugoslawischen Kriegsgefangenen, die im Zweiten Weltkrieg bei Arbeiten an der Eisenbahn ums Leben kamen.

🏛 **Polarsirkelsenteret**
84 km nördlich von Mo i Rana.
📞 75 12 96 96. 📅 Mai–15. Sep: tägl. ⚫ 17. Mai.

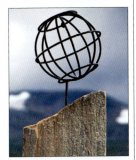
Markierung des Nördlichen Polarkreises, Polarsirkelsenteret

Das Norsk Luftfartsmuseum ist ein nationales Luftfahrtzentrum

Bodø ❹

Regierungsbezirk Nordland.
✈ 42 000. 🚌 🚆 🚢
Sjøgata 3, 75 54 80 00. 🎵 Nordland-Musikwoche (4. Woche im Juli).
🌐 www.visitbodo.com

BODØ, DIE HAUPTSTADT Nordlands, liegt wunderbar: der Saltfjorden und seine Inseln und Klippen im Westen, die Berge von Børvasstindene auf der anderen Fjordseite im Süden und die Insel Landegode im Norden. Vom 1. Juni bis zum 12. Juli scheint die Mitternachtssonne.

Die **Domkirken**, eine moderne, dreischiffige Basilika, entwarfen G. Blakstad und H. Munthe-Kaas. Sie wurde 1956 geweiht. Das Buntglasgemälde über dem Altar schuf Aage Storstein.

Das **Norsk Luftfartsmuseum** über die Geschichte von Norwegens ziviler und militärischer Luftfahrt gehört zu Bodøs Hauptattraktionen. Besonders interessant sind Catalina-Wasserflugzeuge, der Mosquito-Bomber, das US-Spionageflugzeug U2 und die Junkers JU 52.

Kjerringøy, 40 Kilometer nördlich von Bodø, war im 19. Jahrhundert der reichste Handelsposten von Nordland. Heute gehören seine 15 historischen Gebäude samt Interieur zum Regionalmuseum. Die Nyfjøset (Neue Scheune) mit Informationsbüro und Café ist die Kopie einer 1892 abgerissenen Scheune. Das Hauptgebäude des Museums steht bei der Kathedrale.

Kjerringøy gehörte einst Erasmus Zahl (1826–1900), der Knut Hamsun *(siehe S. 22)* in seinem Bestreben, Schriftsteller zu werden, half. In seinen Büchern nannte Hamsun den Ort Sirilund.

Saltstraumen, 33 Kilometer südöstlich von Bodø, ist ein Naturphänomen: eine der stärksten Gezeitenströmungen der Welt. Das Wasser schießt mit 20 Knoten durch eine drei Kilometer lange und 150 Meter breite Enge und ändert alle sechs Stunden die Richtung. Im Opplevelsessentret (mit Aquarium und Robbenbecken) erklärt eine Multimediaschau die Strömung.

🏛 **Norsk Luftfartsmuseum**
Olav V gata. 📞 75 50 78 50.
🕐 tägl.

WALE BEOBACHTEN

Killerwale kann man auf organisierten Safaris *(siehe S. 253)* sehen, besonders im Tysfjord – dem tiefsten Fjord Nordnorwegens – und vor allem zwischen Oktober und Januar, wenn sie in den Fjorden auf Heringsfang sind. Der Killerwal ist ein bezahnter Wal der Delfinfamilie. Weibchen werden bis zu 7,50 Meter lang, Männchen werden bis zu 9 Meter lang und haben eine besonders kräftige, dreieckige Rückenflosse. Der Killerwal ist schnell, wendig und gefräßig. Er lebt von Fischen, frisst aber hie und da auch andere Meerestiere wie andere Wale und Robben.

Auf der Insel Andøya werden Beobachtungen von Robben und den riesigen Pottwalen angeboten.

Ein Killerwal patrouilliert im Tysfjord

Lofoten und Vesterålen ❺

Vom Vestfjord aus, nördlich von Bodø, erheben sich die mächtigen Berge der Lofoten-Inseln wie eine Wand aus dem Meer. Zu den Lofoten gehören sechs große und viele kleinere Inseln. Kare, Rinnen und schroffe Gipfel schaffen einen spektakulären Hintergrund für die Fjorde, Sümpfe, Gehöfte, Kleinstädte und Fischerdörfer. Zwischen Moskenesøya, der südlichsten der großen Inseln, und der abgelegenen Skomvær-Insel erstrecken sich auf 60 Kilometern steile Vogelbrutklippen, *nyker* genannt. Nordöstlich der Lofoten liegt die Inselgruppe Vesterålen, die sich die Inseln Hinnøya und Vestvågøy mit den Lofoten teilt und außerdem Langøya, Andøya und Hadseløya umfasst.

Kabelvåg
Im 19. Jahrhundert war Kabelvåg das bedeutendste Fischerdorf der Lofoten. In der Fachwerkkirche, der »Lofoten-Kathedrale«, haben 1200 Gläubige Platz.

Nusfjord
Im gut erhaltenen Fischerdorf Nusfjord auf Flakstadøya (siehe S. 204) illustrieren viele hübsche Gebäude (19. Jh.) die Entwicklung der Lofoten-Fischerei.

West-Flakstadøya
mit langen, weißen Sandstränden ist im Sommer bei Badegästen beliebt – obwohl es so weit oben im Norden liegt.

Die Moskenesstrømmen
(Moskenes-Strömung) ist ein berüchtigter Strudel, den schon Jules Verne, Edgar Allan Poe, Peder Claussøn Friis und Petter Dass beschrieben haben.

Im Vestvågøy Museum
in Fygle, südlich von Leknes, widmet man sich dem Leben der Fischer im Laufe der Zeit.

Å
Die E10 endet im Süden im Dorf Å, Heimat zweier Fischermuseen: Lofoten Tørrfiskmuseum und Norsk Fiskeværmuseum.

Legende

—	Hauptstraße
=	Nebenstraße
····	Straße im Bau (2007)
—	Hurtigruten-Route (siehe S. 205)
--	Andere Fähre
✈	Inlandsflughafen

LOFOTEN UND VESTERÅLEN

Andenes
In Andenes, im Norden der Vesterålen-Insel Andøya, gibt es ein großes Fischerviertel, ein Polarmuseum und die weltweit nördlichste Startrampe für Raketen und wissenschaftliche Ballons.

INFOBOX
Regierungsbezirke Nordland und Troms. 5000. Leknes; Andenes; Svolvær. Svolvær, 76 06 98 00. Kabeljaufischer-Weltcup (Apr), Codstock-Blues-festival (Pfingsten), Internationales Kammermusik-Festival der Lofoten (Mitte Juli). www.lofoten.info

Trondenes
Die Adolf-Kanone (Kaliber 40,6 cm), ein Relikt aus dem Zweiten Weltkrieg, ist eine der Attraktionen von Trondenes (siehe S. 204).

ANREISE
Von Bodø aus gehen Flüge nach Svolvær und Leknes auf den Lofoten sowie nach Andenes auf den Vesterålen und nach Røst. Hubschrauber fliegen auf die Insel Værøy. Hurtigruten-Boote laufen Stamsund und Svolvær an. Brücken und Tunnel, Busse, Fähren und Expressboote verbinden die vielen Inseln untereinander.

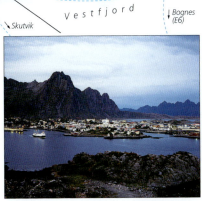

Svolvær
Unterhalb des Svolværgeita (Svolvær-Ziege) liegt Svolvær, Haupt»stadt« und Verkehrsknotenpunkt der Lofoten (siehe S. 204).

Tjeldsundbrua
Die 1001 Meter lange Tjelsund-Brücke verbindet das Festland mit Hinnøya, Norwegens größter und am dichtesten bevölkerter Insel. Die Türme stehen 76 Meter über dem Wasserspiegel.

Überblick: Lofoten und Vesterålen

DIE KÜSTENLINIE DER LOFOTEN und Vesterålen dominieren schroffe Gipfel wie Tinden und Reka auf der Insel Langøya und Møysalen auf Hinnøya. Einige der Kleinstädte und Fischerdörfer an den Ufern sind – wie Nyksund – verlassen, andere – z.B. Myre – sind voller Leben. Auf der nördlichsten Spitze der Vesterålen-Insel Andøya liegt der Hafen Andenes. Svolvær ist die wichtigste Stadt auf den Lofoten.

Gezackte Bergrücken bilden die Kulisse für die Schären der Lofoten

Svolvær

Svolvær erhielt erst 1996 die Stadtrechte, gilt aber dennoch als Hauptstadt der Lofoten. Durch die Lage auf Austvågøya und die guten Transportverbindungen ist es für Besucher das Tor zu den Lofoten. Wirtschaftlich ist die Stadt auf Lofotfisket (Lofoten-Fischerei) angewiesen. Im Februar und März kommt der Kabeljau zum Laichen in den Vestfjord – die Fischerboote folgen.

Neben Fischern und Urlaubern lieben auch Künstler Svolvær, wo denn auch ein Zentrum für nordnorwegische Künste gegründet wurde, das **Nordnorsk Kunstnersentrum**. Das Vågan-Rathaus lohnt einen Besuch wegen Gunter Bergs sieben Gemälden über die Trollfjord-»Schlacht« von 1880, als kleine Fischerboote gegen die Konkurrenz durch neue Dampfschiffe angingen.

Der 569 Meter hohe Berg **Svolværgeita** (Svolvær-Ziege) mit den zwei Hörnern, der sich aus dem Stadtzentrum zu erheben scheint, ist ein Kletterparadies.

🏛 Nordnorsk Kunstnersentrum
Svolvær. 76 06 67 70. ○ Mitte Juni–Mitte Aug: tägl.; Mitte Aug–Mitte Juni: Di–So. ● Feiertage.

Vestvågøya

Von der Insel Austvågøya führt über Gimsøy und zwei Brücken eine Straße auf die Insel Vestvågøya, wo es in Leknes ein Rollfeld und in Stamsund eine Hurtigruten-Anlegestelle gibt. **Stamsund** ist, wie **Ballstad**, eines der größten und malerischsten Fischerdörfer der Lofoten. Auf Vestvågøya wird außerdem bereits seit der Steinzeit Landwirtschaft betrieben.

Das **Vestvågøy Museum** in Fygle zeigt z.B. eine Fischerhütte von 1834. Die Insel ist reich an stein- und eisenzeitlichen Monumenten und Wikingersiedlungen. Das **Lofotr – Vikingmuseet på Borg** (Wikingermuseum in Borg) nördlich von Leknes zeigt die Rekonstruktion eines Häuptlingsgehöfts von 500–900 n.Chr. Das Museum organisiert Wikingerbankette und Handwerksvorführungen.

🏛 Vestvågøy Museum
2 km östlich von Leknes.
76 08 00 43.
○ Juni–Mitte Aug: tägl.

🏛 Lofotr – Vikingmuseet på Borg
Prestegårdsveien 59, Borg.
76 08 49 00.
○ Mitte Mai–Aug: tägl.; Sep–Mitte Mai: Fr. ● Feiertage.

Flakstadøya und Moskenesøya

Die Insel Flakstadøya ist bekannt für ihr Fischerdorf **Nusfjord**, das 1975 im Rahmen des Europäischen Jahres des Naturschutzes zum Pilotprojekt für die Erhaltung von Bautraditionen in Norwegen erklärt wurde.

Auf Moskenesøya gibt es eine Reihe von Fischerdörfern, darunter **Reine** inmitten einer Berglandschaft. Das zauberhafte Dorf **Å** (siehe S. 202) liegt am Südende der Lofoten-Straße. In **Sund** gibt es ein Fischermuseum und eine Kunstschmiede.

Zwischen Moskenesøya und Værøy wirbelt der **Moskensstrømmen**, der größte Strudel der Welt. Wenn Wind und Strömung dieselbe Richtung haben, kann man das Tosen fünf Kilometer weit hören.

Auf **Værøy** und **Røst**, den südlichsten Inseln der Lofoten, nisten Unmengen von Seevögeln in den sonderbar geformten Klippen Trenykenes. Der legendäre Leuchtturm **Skomvær** steht ganz allein am südlichsten Punkt.

Vesterålen-Inseln

Hinnøya ist die größte und einwohnerreichste Insel der Vesterålen und ganz Nordnorwegens. Die größte Ortschaft ist **Harstad**, die 1870 in der Folge der reichen Heringsfänge entstand. Hier findet alljährlich um die Zeit der Sommersonnenwende das Kulturfestival Nordnorwegens statt.

Auf dem nahe gelegenen Trondenes steht eine frühgotische Kirche. Die nördlichste Insel ist Andøya mit der Fischergemeinde **Andenes** (siehe S. 203).

Der alte Handelsposten Sund auf Moskenesøya

Hurtigruten: »Die schönste Reise der Welt«

KAPITÄN RICHARD WITH von der Schifffahrtsgesellschaft Vesteraalske Dampskibsselskab initiierte – gegen alle Kritik – den Küstenexpress. Nur wenige glaubten an die Möglichkeit, ganzjährig einen Expressdienst zu betreiben, am wenigsten an den dunklen Wintertagen, da es von der heimtückischen norwegischen Küste nur schlechte Karten gab. Doch im Mai 1893 kam ein Vertrag zwischen With und der Regierung zustande. Anfangs gab es im Sommer wöchentliche Verbindungen mit neun Anlaufhäfen zwischen Trondheim und Hammerfest; im Winter war schon in Tromsø Endstation. Der Küstenexpress erwies sich bald als Lebensader der Orte an der Route. Heute betreiben zwei Gesellschaften zwölf Schiffe, die täglich in Nord- und Südrichtung unterwegs sind *(siehe S. 267)*. Die Fahrt von Bergen nach Kirkenes mit 34 Stationen wird »die schönste Reise der Welt« genannt.

Kanalbake

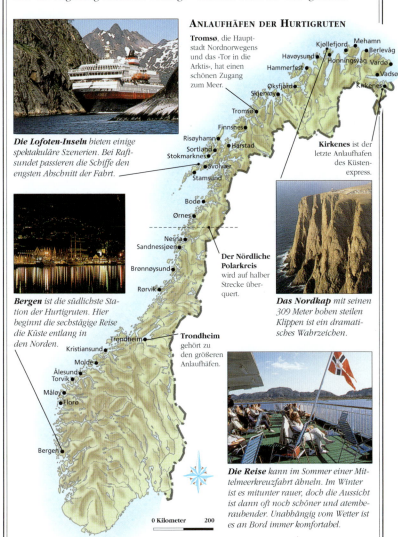

ANLAUFHÄFEN DER HURTIGRUTEN

Tromsø, die Hauptstadt Nordnorwegens und das »Tor in die Arktis«, hat einen schönen Zugang zum Meer.

Die Lofoten-Inseln bieten einige spektakuläre Szenerien. Bei Raftsundet passieren die Schiffe den engsten Abschnitt der Fahrt.

Kirkenes ist der letzte Anlaufhafen des Küstenexpress.

Der Nördliche Polarkreis wird auf halber Strecke überquert.

Bergen ist die südlichste Station der Hurtigruten. Hier beginnt die sechstägige Reise die Küste entlang in den Norden.

Trondheim gehört zu den größeren Anlaufhäfen.

Das Nordkap mit seinen 309 Meter hohen steilen Klippen ist ein dramatisches Wahrzeichen.

Die Reise kann im Sommer einer Mittelmeerkreuzfahrt ähneln. Im Winter ist es mitunter rauer, doch die Aussicht ist dann oft noch schöner und atemberaubender. Unabhängig vom Wetter ist es an Bord immer komfortabel.

0 Kilometer 200

Der verkehrsreiche Hafen von Narvik nahe der schwedischen Grenze

Narvik ❻

Regierungsbezirk Nordland.
18 600. Kongens gate 26, 76 94 33 09. Winterfestival (2. Woche im März), Schwarzbären-Rallye (4. Woche im Juni).
W www.destinationnarvik.com

Narvik entstand als Umschlaghafen für Eisenerz aus Kiruna in Schweden. Als die Ofotbanen-Linie nach Kiruna 1902 fertiggestellt war, bekam Narvik die Stadtrechte.

Fast ganz Narvik wurde im Zweiten Weltkrieg von deutschen Bomben zerstört. Nach dem Krieg jedoch wuchs die Stadt zu Norwegens zweitgrößtem Umladehafen heran. Noch immer bildet Eisenerz ihre wirtschaftliche Grundlage. Die Ofotbanen unterhalb der Berge hoch über dem Rombaksfjord bietet herrliche Ausblicke. Von Oscarsborg aus überwindet die Seilbahn **Fjellheisen** 700 Höhenmeter. Im Sommer fährt sie bis 2 Uhr nachts (Mitternachtssonne vom 31. Mai bis 14. Juli).

Das **Krigsminnesmuseet** (Kriegsmuseum) am Hauptplatz erinnert an die militärischen Kämpfe von 1940. Alliierte und deutsche Soldaten sind auf dem Friedhof neben der Fredskapellet (Friedenskapelle) bestattet.

Von Narvik verläuft die E6 gen Süden, überquert einige Fjorde mit Fähren oder über Brücken wie die 525 Meter lange Brücke über den Skjomenfjord. Auf Hamarøy, ca. 100 Kilometer südlich von Narvik, befinden sich der seltsam geformte Berg Hamarøyskaftet und das Haus, in dem der Literaturnobelpreisträger Knut Hamsun (1859–1952) seine Kindheit verbrachte.

UMGEBUNG: Die landschaftlich reizvolle E10, **Bjørnfjellveien**, beginnt am Rombaksfjord und steigt 520 Meter hoch durch die Ofoten-Berge zur schwedischen Grenze.

🏛 Krigsminnemuseet
Torvhallen. 76 94 44 26.
tägl. Feiertage.
nach Vereinbarung.

Senja ❼

Regierungsbezirk Troms. 9000.
Ringveien 2, Finnsnes, 77 85 07 30. Finnsnes-Fest (4. Woche im Juli), Fest der Hochseefischerei (1. Woche im Aug), Tranøy-Fest (2. Woche im Aug), Husøy-Fest (Aug).

Senja, Norwegens zweitgrößte Insel, erreicht man über die Straße (E6) ab Bardufoss, über die Brücke in Finnsnes. Ihre Landschaft ist auf der Festlandseite grün und einladend, wird aber in Richtung Ozeanküste immer rauer. In der unberührten Natur des

Schwanenfamilie im Ånderdalen Nasjonalpark auf Senja

Ånderdalen Nasjonalpark leben Elche und Adler.

Auf dem Festland, im Süden der Fylke Troms, bewohnen Bären die Wildnis, z. B. im Øvre-Dividal-Nationalpark.

Von Skibotn, etwa 100 Kilometer östlich von Senja, passiert die E8 Treriksrøysa die Stelle, an der sich Finnland, Schweden und Norwegen treffen.

🦌 Ånderdalen Nasjonalpark
35 km südlich von Finnsnes.
Sør-Senja Museum, 77 85 46 77.

Tromsø ❽

Siehe S. 210f.

Detail einer Felsmalerei in Hjemmeluft nahe Alta

Alta ❾

Regierungsbezirk Finnmark.
17 500. Sentrumsparken 4, 78 44 95 55. Borealis-Winterfest (März), Finnmark-Rennen (März).

Das ursprüngliche Dorf Alta an der Mündung des gleichnamigen Flusses wuchs mit seinen Nachbarn zur dichtest besiedelten Fläche der Finnmark zusammen. Sie schließt den traditionsreichen Marktflecken Bossekop ein, wo Samen, Kvæn (Einwanderer finnischer Herkunft) und Norweger mit Waren handelten. Die ganze Gegend – außer der Bossekop-Kirche – wurde beim Rückzug der Deutschen 1944 dem Erdboden gleichgemacht.

Heute ist Alta ein wachsendes Industrie- und Bildungszentrum und eine wichtige Kreuzung an der E6 mit eigenem Flugplatz.

Den unteren Teil des Alta-Tals bilden Fichtenwälder und Ackerland. Der Golfstrom und

◁ Schneebedeckte Landschaft zwischen dem Meer und den Bergen Nordnorwegens

Der Wasserfall Pikefossen auf dem Fluss Kautkeinoelva in der Finnmark

sonnige Sommernächte bilden gute Voraussetzungen für die Landwirtschaft, auch auf 70° nördlicher Breite. Der Altaelvar ist ein bei Fliegenfischern beliebter Fluss. Alljährlich werden über 20 Kilogramm schwere Lachse gefangen.

1973 entdeckte man beim Dorf Hjemmeluft 2000–6000 Jahre alte Felsmalereien, die heute auf der UNESCO-Liste des Welterbes stehen.

Das **Alta Museum**, 1993 Museum des Jahres, steht ebenfalls in Hjemmeluft. Die Exponate über den Fluss Alta stammen aus der Komsa-Kultur (7000–2000 v.Chr.), aber auch aus modernsten Wasserkraftprojekten.

Alta Museum
Altaveien 19, Hjemmeluft.
78 45 63 30. tägl. einige Feiertage.

Kautokeino ❿

Regierungsbezirk Finnmark. 3000.
Siva Bygget, 78 48 65 00.
Osterfestival (Ostern), Herbstfestival (Sep).

DER Name »KAUTOKEINO« ist die norwegische Bezeichnung des Samen-Orts *Guovdageaidnu*. Kautokeino ist eine von trockenen Plateaus umgebene Bergstadt. Haupterwerb ist die Rentierzucht.

Die Stadt hat eine große Samen-Gemeinde und entwickelte sich zum Bildungszentrum mit einer samischen Hochschule, an der auch die Rentierzucht auf dem Stundenplan steht.

Das 1980 eröffnete **Kulturhuset** beherbergt das Sámi Instituhtta, eine Organisation für Politik und Kultur der Samen. Es gibt ein Theater, eine Bibliothek und Ausstellungen.

Ostern ist für die Samen eine Zeit des Übergangs, kurz bevor sie mit den Rentieren auf die Sommerweiden an der Küste ziehen. Die farbenprächtigen Feiern, mit Hochzeiten, einem *Joik*(Samenlieder)-Festival und Rentierrennen, werden von vielen Zuschauern besucht.

Kulturhuset
1 km nördlich vom Stadtzentrum.
78 48 72 16. Mo–Fr (Bibliothek) sowie zu Kino- und Theatervorführungen. einige Feiertage.

Karasjok ⓫

Regierungsbezirk Finnmark. 3000.
Porsangerveien 1, 78 46 88 10. Osterfestival (Ostern).

DIE HAUPTSTADT der Samen ist Karasjok (Kárásjohka auf Sami), der Sitz des Samen-Parlamentes **Sametinget**, das 1989 eröffnet wurde. Sein neues Gebäude weihte König Harald im Jahr 2000 ein. Die Architekten Christian Sundby und Stein Halvorsen, verwendeten Elemente der Rentierzucht als Basis ihres Entwurfs. Ein langer Flur, Vandrehallen, der an die Trennzäune für die Herden erinnert, windet sich durch das Gebäude. Der Plenarsaal ist wie ein *lavvo* (samisches Sommerzelt mit Spitze) geformt und mit einem herrlichen Kunstwerk in Blau und Gold von Hilde Skancke Pedersen dekoriert.

Etwa 80 Prozent der Einwohner Karasjoks sind samischer Herkunft. Ihre Kultur ist auch Thema in **De Samiske Samlinger**, einem Museum über Handwerk, Lebensstil, Kleidung und Bautradition der Samen.

Das hiesige Klima kann extrem sein. Die tiefste je gemessene Temperatur war -51,4 °C, die höchste 32,4 °C.

Sametinget
Kautokeinoveien 50. 78 47 40 00.
Mo–Fr.
De Samiske Samlinger
Museumsgate 17. 78 46 99 50.
tägl. Feiertage.

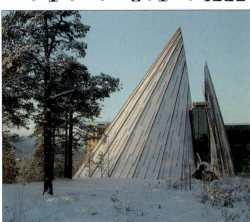

Das auffällige Gebäude des Samen-Parlaments in Karasjok

Tromsø

Roald Amundsens Statue in Tromsø

TROMSØ, GRÖSSTE STADT in der skandinavischen Polarregion, gilt als »Paris des Nordens«. Es liegt 300 Kilometer innerhalb des Nördlichen Polarkreises, auf demselben Breitengrad wie der Norden Alaskas. Das Zentrum nimmt eine Insel im Tromsøy-Sund ein, auf der es schon in Wikingerzeiten einen Bauernhof gab und um 1250 die erste Kirche gebaut wurde. In der Hanse-Ära boomten Handel und Kommerz; offiziell wurde Tromsø 1794 eine Marktstadt. Um 1820 etwickelte es sich zum Hafen für den Seeverkehr ins Nördliche Eismeer. Nansen und Amundsen brachen hier zu ihren Polarexpeditionen auf. 1972 wurde in Tromsø die nördlichste Universität der Welt gegründet.

Der Tromsøy-Sund mit Ishavskatedralen und dem Gipfel Tromsdalstind

Polaria

Hjalmar Johansens gate 12.
77 75 01 00. tägl. einige Feiertage.

Polaria ist ein staatliches Zentrum für Forschung und Informationen zum Thema Polarregionen und ein großartiger Ort, die arktische Landschaft zu erleben. In einem faszinierenden Panoramafilm über Svalbard *(siehe S. 214f)* werden Sie zum Wanderer in einer polaren Szenerie unterm Nordlicht und fühlen geradezu die arktische Wildnis um sich.

In einem Aquarium leben arktische Fische, unter anderem die bis zu zehn Kilogramm schwere Königskrabbe *(Paralithodes camtschaticus)*. Sie stammt ursprünglich aus Russland und breitet sich an der norwegischen Küste immer weiter südlich aus. Eine Attraktion ist das Glasbodenbecken. Hier kann man Robben von unten beobachten.

Tromsø Kunstforening

Muségata 2. 77 64 58 27.
Di–So. einige Feiertage.

Die 1877 gegründete Tromsø Kunstforening ist die älteste Kunstgesellschaft in Nordnorwegen. Sie zeigt norwegische und ausländische moderne Kunst und organisiert jedes Jahr um die 20 Ausstellungen. Sitz der Gesellschaft ist das ehemalige Gebäude (19. Jh.) des Tromsø Museum.

Das Tromsø-Kunstforening-Gebäude wurde 1894 errichtet

Nordnorsk Kunstmuseum

Sjøgata 1. 77 64 70 20. Di–So. einige Feiertage.

Das Kunstmuseum Nordnorwegens wurde 1985 gegründet, um Gemälde und Handwerk der nördlichen Regionen, darunter Skulpturen und Textilkunst, zu präsentieren. Das Museum organisiert auch Wechselausstellungen mit Werken aus Vergangenheit und Gegenwart.

Polarmuseet

Søndre Tollbugata 11. 77 68 43 73.
tägl.

Jagd und Forschungsexpeditionen im Polargebiet sind die Schwerpunkte des Polarmuseet. Die Ausstellungen illustrieren Fridtjof Nansens Reisen zum Nordpol in seinem Schiff *Fram*, das Leben des Antarktis-Erkunders Roald Amundsen *(siehe S. 23)* und Salomon Andrées Versuch, den Nordpol im Heißluftballon zu erreichen (1897).

Andere Ausstellungen sind den ersten Jägern auf Svalbard gewidmet, den Pelzjägern auf den Spuren der Eisbären, Polarfüchse und Robben, die im eisigen Ödland überwinterten. Alltägliche Objekte und Utensilien, die von Jägern, Wal- und Robbenfängern zurückgelassen wurden, gehören zur Sammlung.

Das Museum steht im Hafengebiet Alt-Tromsøs, umgeben von Lagerhäusern und hölzernen Gebäuden aus den 1830er Jahren.

Ishavskatedralen

2 km östlich vom Stadtzentrum.
77 75 34 40. tägl.

Jan Inge Hovig entwarf die Ishavskatedralen (Eismeerkathedrale), die auch als Tromsdalen-Kirche bekannt ist. Das Dach des Betonbaus symbolisiert die Art, wie das Nordlicht Tromsøs dunkle Winternächte erhellt. Im Jahr 1965 wurde die Kirche geweiht.

Ein 23 Meter hohes, dreieckiges Buntglasfenster von Victor Sparre aus dem Jahr 1972 nimmt die gesamte Ostwand ein. Die Glasteile für die 86 Felder sehen aus wie

TROMSØ

Die einzigartige Westwand der Ishavskatedralen besteht ganz aus Buntglasfenstern

Edelsteine und illustrieren die Auferstehung Jesu.

🏛 Nordlysplanetariet

3 km nördlich vom Stadtzentrum.
📞 77 61 00 00 (Information).
⏰ bis auf Weiteres.

Das Nordlysplanetariet (Nordlichtplanetarium) auf dem Universitätscampus in Breivika, nahe dem Tromsø Botaniske Hage (Botanischer Garten) präsentiert den Film *Arktisches Licht*. Er veranschaulicht sehr realistisch sowohl die seltsame, blau schimmernde Aurora borealis (bekannt als Nordlicht) – die man häufig in den dunklen Winternächten am arktischen Himmel sieht – als auch die unglaubliche Mitternachtssonne, die die Sommernächte erhellt.

Das Planetarium (bedauerlicherweise ist es bis auf Weiteres geschlossen) sollte man nicht mit dem Nordlysobservatoriet (Nordlichtobservatorium), einem Forschungszentrum in Skibotn in Lyngen, verwechseln.

🏛 Tromsø Museum, Universitetsmuseet

Lars Thøringsvei 10. 📞 77 64 50 00.
⏰ tägl.

Das Tromsø Museum, heute Teil des Universitätsmuseums, ist das Regionalmuseum Nordnorwegens. Die 1872 gegründete Sammlung besitzt beachtliche Exponate aus Steinzeit, Wikingerära und Mittelalter, darunter ein rekonstruiertes Langhaus der Wikinger. Besonders interessant sind die spätmittelalterlichen Kirchenschnitzereien aus der Hansezeit und jene im Stil des Barock.

Von Anfang an spezialisierte sich das Museum auf die arktische Landschaft und Kultur. Die Geschichte der Samen und verschiedene Aspekte im Leben dieses Volkes werden detailliert illustriert.

Auch für jüngere Besucher hat das Museum viel zu bieten, wie etwa regelmäßige Filmvorführungen und das lebensgroße Modell eines Dinosauriers.

INFOBOX

Regierungsbezirk Troms.
👥 61 000. ✈ 4 km nordwestl. vom Zentrum. ⚓ Prostneset. 🚢 Prostneset. ℹ Storgata 61–63, 77 61 00 00.
🎭 Internationale Filmfestspiele Tromsø (2. Woche im Jan), Nordlichtfestival (3. Woche im Jan), Mitternachtssonnen-Marathon (Mitte Juni), Bierfest (3. Woche im Aug).
🌐 www.destinasjontromso.no

ZENTRUM VON TROMSØ

Ishavskatedralen ⑤
Nordnorsk Kunstmuseum ③
Polaria ①
Polarmuseet ④
Tromsø Kunstforening ②

LEGENDE

🚌 Busbahnhof
⛴ Fähre
🅿 Parken
✝ Kirche
ℹ Information

Die Skulpturengruppe *Verdens Barn* (Kinder der Welt) am Nordkap

Hammerfest ⑫

Regierungsbezirk Finnmark. 9200.
Sjøgata 6, 78 40 62 30.
Hammerfest-Tage (3. Juliwoche), Festival der Polarnacht (3. Woche im Nov). www.hammerfest-turist.no

DER EISBÄR IM STADTWAPPEN erinnert an die Zeit, als Hammerfest ein Jagd- und Pelzzentrum war. Schon im 9. Jahrhundert befand sich hier eine Siedlung, doch Stadtrechte erhielt Hammerfest erst 1789. Laut der Meridiansäule (Meridianstøtten), die die erste genaue Vermessung der Erdkugel im 19. Jahrhundert markiert, ist dies die nördlichste Stadt der Welt (70° 39' 48" nördlicher Breite).

Die Stadt überstand Katastrophen wie einen Orkan 1856 und das Wüten der Deutschen im Zweiten Weltkrieg. Jedesmal wurde sie mit Pioniergeist wieder aufgebaut. 1890 war sie die erste europäische Stadt mit elektrischer Straßenbeleuchtung.

Die Hammerfest-Kirche hat keinen Altar. Stattdessen ziert ein monumentales abstraktes Gemälde in leuchtenden Farben die Stirnwand. Der Eisbärklub, **Isbjørnklubben**, betreibt ein Museum über die Traditionen der Stadt.

🏛 Isbjørnklubben
Rådhusplassen 1. 78 41 31 00.
tägl.

Nordkap (Nordkapp) ⑬

Regierungsbezirk Finnmark. *Sommer.* Nordkapp-Information, 78 47 70 30.

RICHARD CHANCELLOR, ein englischer Seefahrer, versuchte im Jahr 1533, die Nordostpassage nach China zu finden und verwendete dabei als erster die Bezeichnung Nordkap (norwegisch Nordkapp). Viele Besucher kamen seither zu dieser Landspitze, so 1795 der französische König Louis Philippe von Orleans und 1873 Oscar II. Letzterer ermunterte Urlauberschiffe, zum Nordkap zu fahren, was den Tourismus enorm ankurbelte. Eine beeindruckende neue Straße – Teile davon verlaufen unterhalb des Magerøy-Sunds – verbindet Kap und Festland.

Jedes Jahr kommen über 200 000 Besucher zum Kap. Von der **Nordkapphallen** im Berg bietet sich ein Panorama über die Küste. Videografiken auf einem 225°-Bildschirm zeigen die Finnmark im Lauf der Jahreszeiten. Man kann hier auch Mitglied im Königlichen Nordkap-Klub werden.

Von der Spitze des Nordkaps führt ein markierter Weg zur Landzunge **Knivskjellodden**, Europas nördlichstem Punkt auf 71° 11' 08" nördlicher Breite. **Honningsvåg**,

Die Meridiansäule in Hammerfest

35 Kilometer südöstlich des Kaps, ist Hurtigruten-Anlaufhafen *(siehe S. 205)* und Sitz eines Nordkap-Museums.

🏛 Nordkapphallen
35 km nördlich von Honningsvåg.
78 47 68 60. *tägl.*

Vardø ⑭

Regierungsbezirk Finnmark. 2400.
Kaigata 12, 78 98 82 07. *Winterfestival (Apr), Pomor-Festival (4. Woche im Juli), Blues in der Polarnacht (Nov).*

ZWEI EREIGNISSE im frühen 14. Jahrhundert begründeten Vardøs Position als Bastion gegen Überfälle aus dem Osten: Håkon V. baute eine Festung, und Erzbischof Jørund weihte die erste Kirche ein. Die **Vardøhus Festning** wurde im 18. Jahrhundert zum sternförmigen Fort mit Brüstungen aus Erde und Torf, acht Kanonen und Mörser umgebaut. Es gibt Führungen durch die Kommandantengemächer, alten Depots und Kasernen. Vier Könige schrieben ihre Namen auf einen Balken der Originalfestung.

Vardø ist seit 1982 durch einen Tunnel unter der Meerenge Bussedundet mit dem Festland verbunden. Fischfang und -verarbeitung sind die Haupterwerbsquellen.

Das Fischerdorf **Kiberg** im Süden war wegen der Partisanenaktivitäten im Zweiten Weltkrieg als »Klein-Moskau« bekannt. Der verlassene Weiler **Hamningberg** im Norden liegt in einer mondähnlichen Landschaft mit seltsamen Felsformationen.

🏰 Vardøhus Festning
Festningsgata. 78 98 85 02. *tägl.* *nach Vereinbarung.*

Vardøhus Festning: Die Sonne wird jedes Jahr mit Salutschüssen begrüßt

NORDNORWEGEN UND SVALBARD

Vadsø an der Barentssee verdankt seine Entstehung finnischen Einwanderern

Vadsø ⓯

Regierungsbezirk Finnmark. 6200. Kirkegata 15, 78 94 04 44. Varanger Musik-Festival (Mitte Aug).

DIE STADT VADSØ zog um das Jahr 1600 von der Insel Vadsøya aufs Festland um. Auf der Insel sieht man noch Überreste der Gebäude aus dem 15. und 16. Jahrhundert. Auf Vadsøya gibt es außerdem einen Landemast für Luftschiffe, den Amundsens Nordpol-Expedition im Luftschiff *Norge* 1926 sowie Umberto Nobile mit seinem Luftschiff *Italia* 1928 benützte.

Im Lauf der Jahrhunderte ließen sich viele Finnen in Vadsø nieder; die Gebäude sind von finnischer Handwerkerkunst geprägt. Das **Ruija Kvenmuseum** in einem finnischen Bauernhaus (Tuomainengården) widmet sich auch den Kvænene (wie die Finnen genannt werden).

Das **Invandrermonumentet** (Einwanderermonument) des finnischen Bildhauers Ensio Seppänen enthüllte König Olav 1977 in Anwesenheit des schwedischen Königs und des finnischen Präsidenten.

Der sogenannte Pomor-Tauschhandel mit den Russen (Fisch gegen Holz) hatte beträchtlichen Anteil an der Entwicklung der Stadt im 19. und 20. Jahrhundert.

Ruija Kvenmuseum
Hvistendahlsgate 31. 78 94 28 90. 20. Juni–20. Aug: tägl.; 21. Aug– 19. Juni: Mo–Fr. Feiertage. nur im Sommer.

Kirkenes ⓰

Regierungsbezirk Finnmark. 3500. Presteveien 1, 78 99 25 44. Barents-Skirennen (März), Festival der Lachsfischer (1. Woche im Juli). 4. Do im Monat.

AM ENDE DES Bøkfjord liegt Kirkenes, größte Stadt der östlichen Finnmark und letzter Anlaufhafen der Hurtigruten. Eisenerz ist der wirtschaftliche Eckpfeiler der Stadt. Als sie von der deutschen Armee 1944 auf ihrem Rückzug verwüstet wurde, flohen die Bewohner in die Minenschächte.

Die Minen wurden 1996 geschlossen, doch ihr Vermächtnis lebt fort. Offene Gruben in **Bjørnevatn**, südlich der Stadt, bilden ein riesiges künstliches Tal, dessen Boden 70 Meter unter dem Meeresspiegel liegt.

Die Nähe zur russischen Grenze lockt Urlauber in die Region. Ein beliebter Ausflug führt über Storskog (dem offiziellen Grenzübergang), durch Wälder krummer Birken mit Blick auf die Barentssee zum Fluss Grense Jacobselv direkt an der Grenze.

An der Flussmündung steht eine Kapelle, 1869 als spiritueller Wachturm gen Osten gebaut und nach Oscar II. benannt, der die Region 1873 besuchte. Eine Straße führt von Elvenes nach Skafferhullet und zur gräkorussischen Kapelle auf russischer Seite.

Die Kiefernwälder und Sumpfgebiete des **Øvre Pasvik Nasjonalpark** am Fluss Pasvikelva erstrecken sich bis zum Treriksrøysa-Monument, wo Finnland, Russland und Norwegen zusammentreffen. Der Fluss wird zur Wasserkrafterzeugung genutzt.

DIE MITTERNACHTSSONNE

Norwegen und das nördliche Skandinavien werden oftmals als »Land der Mitternachtssonne« bezeichnet. Der Begriff »Mitternachtssonne« bedeutet, dass die Sonne nie ganz untergeht, ein kleiner Teil bleibt auch nachts am Horizont zu sehen. Dies passiert im Sommer nördlich von 66,5° nördlicher Breite. Entsprechend gibt es im Winter eine Zeit andauernder Dunkelheit, wenn die Sonne nie über dem Horizont erscheint. Als »Entschädigung« leuchtet dann manchmal das Nordlicht am Himmel. Die Mitternachtssonne und die dunklen Wintertage werden von der Neigung der Erdachse bei der Rotation der Erde um die Sonne verursacht. Die Mitternachtssonne ist für Besucher ein unvergessliches Erlebnis.

Mitternachtssonne am Nordkap

Svalbard ⑰

SVALBARD, BEKANNT ALS »Land der kalten Küste«, besteht aus den Eismeerinseln Spitzbergen (die größte), Nordaustlandet, Edgeøya, Barentsøya, Prins Karls Forland und mehreren kleineren Inseln. Der Archipel, 640 Kilometer nördlich des Festlands, von Tromsø etwa eine Flugstunde entfernt, wird in einem isländischen Dokument von 1194 zum ersten Mal erwähnt. Der holländische Forscher Willem Barents, der 1596 hierherkam und eine herrliche Landschaft mit zerklüfteten Gipfeln vorfand, nannte ihn Spitzbergen. Im Osten sind die Berge Plateaus ähnlich, Gletscher stürzen unter Getöse ins Meer. Svalbard kam 1925 unter norwegische Oberhoheit, 1935 wurde ein Vertrag mit der Sowjetunion unterzeichnet, der die Kohleschürfrechte regelte.

Walross
Seit den 1950er Jahren steht das Walross unter Artenschutz, und sein Bestand wächst. Vor allem auf der Insel Moffen leben viele Exemplare.

Magdalenefjord
Die Szenerie um den kleinen Magdalenefjord an der Nordwestküste von West-Spitzbergen ist Ehrfurcht gebietend. Zu etwa 60 Prozent ist Svalbard von Gletschern bedeckt.

Newtontoppen und Perriertoppen sind die höchsten Berge (1713 bzw. 1717 Meter).

LEGENDE

- – – Nationalpark
- – – Naturreservat
- ⊠ Inlandsflughafen

Longyearbyen
Die Hauptstadt ist nach dem Amerikaner J. M. Longyear benannt, der 1906 das erste Kohlebergwerk eröffnete. 1500 Einwohner leben hier.

SVALBARD

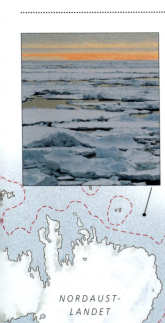

Packeis
Die See um Svalbard ist von Packeis bedeckt, dessen Fläche von Jahreszeit, Wetter und Lage abhängt. Die Fjorde an den Westküsten der Inseln sind von Ende Mai bis zum Spätherbst mit dem Boot zu erreichen. Im Norden und Osten ist das Wasser meist nicht passierbar.

INFOBOX
Næringsbygget, Longyearbyen, 79 02 55 50. Longyearbyen. Polar-Jazz (Ende Jan), Sonnenfest (Anfang März), Skimarathon (Mai), Spitzbergen-Marathon (Anfang Juni), Bluesfestival (Okt). www.svalbard.net

Das Zeltlager der verhängnisvollen Andrée-Expedition fand man 1930 auf Kvitøya, 33 Jahre nachdem Salomon Andrée auf Danskøya in einem Heißluftballon seine Nordpol-Reise begann.

Svalbard-Mohn
Den langstieligen Svalbard-Mohn (Alpinen Mohn) gibt es in Gelb und Weiß.

Polarmöwe
Dies ist eine von 15 Vogelarten (u.a. Trottellumme, Dreizehenmöwe, Eissturmvogel und Krabbentaucher) auf Svalbard.

Eisbär
Der Eisbär ist mit bis zu 800 Kilogramm Gewicht die größte Bärenart. Im Winter ist sein Fell schneeweiß, im Sommer eher beigefarben.

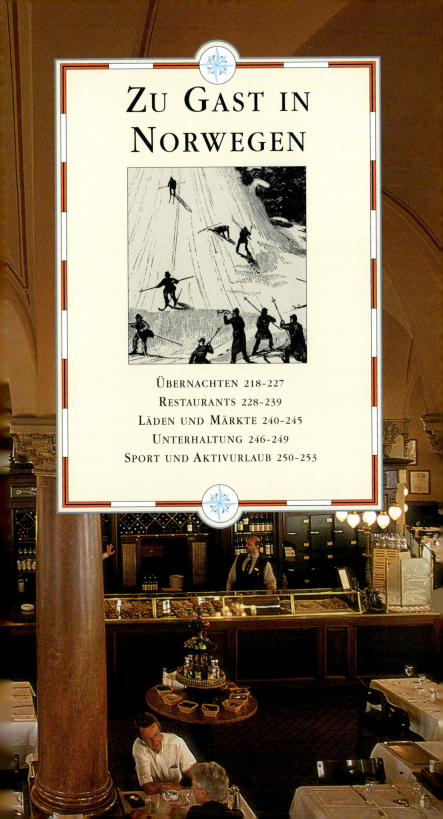

ÜBERNACHTEN

NORWEGEN BIETET in allen Ecken des Landes eine gute Auswahl an Unterkünften für jeden Geldbeutel und jeden Geschmack. Ein Hotelaufenthalt ist nicht immer die beste Art, Norwegen kennen zu lernen. In Nordnorwegen etwa ist es beliebt geworden, in einem *rorbu*, einer Hütte, die einst Fischer benutzten, zu nächtigen. Berghütten, Jugendherbergen und Bauernhöfe sind weitere Möglichkeiten. Entlang den Landstraßen bieten auch oftmals Privathäuser Zimmer an. Viele dieser Pensionen schreiben die Preise für eine Übernachtung mit Frühstück außen an. Wenn Sie auf einer geplanten Route unterwegs sind, empfiehlt es sich, im Voraus entsprechende Unterkünfte zu buchen.

Hotel-Portier

Das auffällige Hotel Radisson SAS Plaza in Oslo (*siehe S. 221*)

HOTELWAHL

DIE AUSWAHL AN Übernachtungsmöglichkeiten in Norwegen ist so vielfältig wie seine Landschaften.

In den größeren Städten gibt es große, elegante Hotels, hoch in den Bergen bieten bescheidene Hütten Betten, an den Hauptstraßen stehen Bed-and-Breakfast-Unterkünfte.

Dazwischen gibt es eine breite Auswahl an Übernachtungsmöglichkeiten für jedes Budget. Alle Hotels des Landes achten sehr auf Sauberkeit; Zimmergröße, -ausstattung und Service können je nach Preis variieren.

Die wichtigen Hotelketten haben Häuser in den größeren Städten. In den Außenbezirken gibt es viele komfortable *turisthoteller* (Urlauberhotels) und Berghotels, zumeist in spektakulärer Umgebung. Vor allem in Vestlandet werden viele Hotels schon seit Generationen von den gleichen Familien betrieben, die auf guten Service meist ganz besonderen Wert legen.

Berghotels und -herbergen findet man an zahlreichen Pässen. Sie sind das ganze Jahr über gute Ausgangspunkte für sportliche Aktivitäten.

In Sachen Preis sind jedoch die Jugendherbergen nicht zu schlagen.

ZIMMERBUCHUNG

ES GIBT IN NORWEGEN keine zentrale Buchungsagentur, und die meisten Hotelketten haben eigene Buchungszentren.

In Städten und größeren Dörfern hilft das örtliche Fremdenverkehrsbüro mit Rat und Tat bei der Unterkunftssuche, auch außerhalb seines Gebietes.

Viele Hotels bieten auf ihrer eigenen Internet-Seite einen Online-Buchungsservice an.

Sie können Zimmer auch telefonisch buchen – nützen Sie dabei die Gelegenheit, nach Spezialangeboten zu fragen oder eventuell einen Preisnachlass auszuhandeln.

Elegante Suite im Radisson SAS Royal in Bergen

HOTELKETTEN

VOR ALLEM IN den Städten gibt es Hotels großer Ketten. Sie richten sich zwar eher an Geschäftsreisende, bieten im Sommer jedoch auch Urlaubern eine Unterkunft zu guten Preisen.

Best Western ist eine Kette aus 20 zusammenarbeitenden privaten Hotels im mittleren Preissegment. Sie sind klein bis mittelgroß, und man findet sie in Stadt und Land.

Die skandinavische Gruppe der **Choice Hotels** besitzt in Norwegen 66 Häuser, die in drei Kategorien unterteilt sind: Comfort-Hotels für Geschäftsleute bieten Zimmer mit Frühstück, Quality-Hotels richten sich an Urlauber und Konferenzbesucher, Clarion sind erstklassige Stadthotels. Die Choice-Gruppe vertreibt den Nordic Hotel Pass, mit dem man im Sommer und an Wochenenden Preisnachlässe bekommt.

Zu den **First Hotels** gehören Business-Hotels der gehobenen Preisklasse, meist mittelgroße Häuser in Städten.

Radisson SAS betreibt in Norwegen 19 Hotels, darunter das Radisson SAS Plaza in Oslo, das mit 674 Zimmern auf 37 Etagen das größte Hotel Nordeuropas ist. Die Gruppe besitzt auch ein Hotel in Svalbard. Radisson SAS richtete sich von jeher an Geschäftsreisende, seit Kurzem auch an Urlauber.

Die norwegisch-schwedische Gruppe der **Rica Hotels** betreibt in Norwegen 60 Häuser, vom Familienhotel Rica Dyreparken in Kristiansand bis zum Grand Hotel in Oslo.

◁ Das Theatercafeen in Oslo mit seiner schönen Jugendstildekoration

Kviknes Hotel *(siehe S. 225)* am Ufer des Sognefjord

Rica vertreibt einen Sommer-Ferien-Pass, mit dem man Anspruch auf Nachlässe im Hotel und bei Sehenswürdigkeiten hat.

Rainbow Hotels ist eine norwegische Kette mit 45 Mittelklassehotels.

Scandic, Teil der Hilton-Gruppe, ist die führende Hotelkette in den nordischen Ländern und betreibt in Norwegen 18 Hotels. Die Kette legt auf Umweltschutz Wert: Alle neu gebauten Hotels bestehen zu 97 Prozent aus recycelten Materialien.

Preise und Bezahlung

Die Preise für Hotels variieren extrem, wobei Zimmer in den Städten im Allgemeinen teurer sind als jene auf dem Land.

Die Mehrheit der Hotels offeriert im Sommer und am Wochenende spezielle Angebote. Viele Hotels bieten Rabatte und Hotelpässe. Der Kauf eines solchen Passes lohnt sich oft schon bei zwei Übernachtungen.

Alle gängigen Kreditkarten werden akzeptiert. Größere Hotels können auch Geld wechseln, jedoch keinesfalls günstiger als eine Bank *(siehe S. 260)*.

Jugend- und Familienherbergen

Die 70 bis 75 Jugend- und Familienherbergen in Norwegen gehören zur Vereinigung **Norske Vandrerhjem**.

Die Herbergen sind übers ganze Land verteilt und können Einzelpersonen und Familien unterbringen. Die größte ist Haraldsheim in Oslo. Je nach Budget können Sie im Schlafsaal für fünf oder sechs Personen oder im Familienzimmer nächtigen.

Die meisten Herbergen bieten guten Standard zu vernünftigen Preisen, und viele befinden sich in attraktiven Gegenden.

Da die Vereinigung keine zentrale Buchungsstelle hat, empfiehlt es sich, über die Website Reservierungen vorzunehmen. Dort erfahren Sie auch, wo Sie die einzelnen Herbergen finden.

DNT-Hütte auf dem Kobberhaugen im Oslomarka-Wald

DNT-Hütten

Den Norske Turistforening (**DNT**, Norwegischer Bergtouren-Verein) besitzt ein Netzwerk aus Berghütten (*hytter*) in schönen Wandergebieten *(siehe S. 250)*.

In vielen Hütten sorgt Personal für Komfort und Verköstigung. Sie bieten Dusche und Toiletten. DNT betreibt auch Hütten für Selbstversorger mit Essensvorräten und dünnen Schlafsäcken. Bezahlt wird nach dem Prinzip »Ehrlich währt am längsten« – man steckt das Geld in einen dafür vorgesehenen Kasten. In einigen Hütten findet man keinen Proviant.

Reservieren kann man nur in Hütten mit Personal, und nur für drei oder mehr Nächte. Rufen Sie dafür direkt in der Hütte an! In der Regel wird jedem ankommenden Besucher ein Schlafplatz zugewiesen.

Auf einen Blick

Hotelketten

Best Western
80 01 16 24 (gebührenfrei).
FAX 22 83 00 49.
www.bestwestern.no

Choice Hotels Scandinavia
22 33 42 00.
FAX 23 10 82 80.
www.choice.no

First Hotels
23 11 60 70.
FAX 23 11 60 99.
www.firsthotels.no

Hilton Scandic Hotels
23 15 50 00.
FAX 23 15 50 01.
www.scandic-hotels.com

Radisson SAS
00 800 33 33 33 33 (gebührenfrei).
FAX +353 1706 0225 (Dublin).
www.radissonsas.com

Rainbow Hotels
23 08 00 00.
FAX 23 08 02 00.
www.rainbow-hotels.no

Rica Hotels
66 85 45 60.
FAX 66 85 45 61.
www.rica.no

Jugendherbergen

Norske Vandrerhjem
Torggata 1, 0181 Oslo. **Stadtplan** 3 D3. 23 12 45 10.
www.vandrerhjem.no

Hütten

Den Norske Turistforening (DNT)
Storgata 3, Oslo. **Stadtplan** 2 E3. 22 82 28 00.
www.turistforeningen.no

Stadtplan Oslo siehe Seiten 98–103

Hotelauswahl

DIE HIER GELISTETEN HOTELS wurden aus einer breiten Preisspanne aufgrund ihrer Ausstattung, Lage oder ihres Charakters ausgewählt – zunächst Hotels in Oslo, gegliedert nach Stadtteilen, anschließend Hotels aus dem restlichen Norwegen. Die Preise sind in Norwegischen Kronen angegeben. Den Stadtplan für Oslo finden Sie auf den Seiten 98–103.

OSLO

Hotel	Kreditkarten	Kinderfreundlich	Parken	Hotelrestaurant	Bar
WESTLICHES ZENTRUM: *Rainbow Hotell Munch* ⓚ Munchs gate 5, 0165 Oslo. **Stadtplan** 3 D2. 📞 23 21 96 00. FAX 23 21 96 01. @ munch@rainbow-hotels.no Das günstige, 2001 renovierte Hotel liegt zentral, aber dennoch ruhig, in der Nähe diverser Restaurants. *Zimmer: 183*	AE DC MC V	●	▪		
WESTLICHES ZENTRUM: *Quality Hotel Savoy* ⓚⓚ Universitetsgate 11, 0164 Oslo. **Stadtplan** 3 D2. 📞 23 35 42 00. FAX 23 35 42 01. Einladendes, beliebtes Hotel in zentraler Lage mit einem netten Restaurant. *Zimmer: 93*	AE DC MC V	●	▪		▪
WESTLICHES ZENTRUM: *Rainbow Hotel Europa* ⓚⓚ St. Olavs gate 31, 0166 Oslo. **Stadtplan** 3 D2. 📞 23 25 63 00. FAX 23 25 63 63. @ europa@rainbow-hotels.no Nahe am Stadtzentrum und seinen Attraktionen. Legeres Ambiente. *Zimmer: 167*	AE DC MC V	●	▪	●	▪
WESTLICHES ZENTRUM: *Rainbow Hotel Stefan* ⓚⓚ Rosenkrantz' gate 1, 0159 Oslo. **Stadtplan** 3 D3. 📞 23 31 55 00. FAX 23 31 55 55. @ stefan@rainbow-hotels.no Das kürzlich renovierte Hotel lockt mit seinem reichhaltigen Mittagsbüfett Hotelgäste und andere Besucher an. *Zimmer: 150*	AE DC MC V	●	▪		▪
WESTLICHES ZENTRUM: *Norlandia Karl Johan Hotell* ⓚⓚⓚ Karl Johans gate 33, 0162 Oslo. **Stadtplan** 3 D2. 📞 23 16 17 00. FAX 22 42 05 19. @ service@karljohan.norlandia.no Zentrales Hotel mit modernem norwegischem Flair in einem Gebäude aus dem 19. Jahrhundert. *Zimmer: 111*	AE DC MC V	●	▪		
WESTLICHES ZENTRUM: *Radisson SAS Scandinavia Hotel* ⓚⓚⓚ Holbergs gate 30, 0166 Oslo. **Stadtplan** 3 D2. 📞 23 29 30 00. FAX 23 29 30 01. ⓦ www.radisson.com/oslono_scandinavia Das Hochhaus-Hotel von 1975 gehört zu Oslos bekanntesten Unterkünften. Es bietet eine gute, breit gefächerte Zimmerauswahl und zahlreiche Einrichtungen wie z.B. Läden. *Zimmer: 488*	AE DC MC V	●	▪	●	▪
WESTLICHES ZENTRUM: *Rainbow Cecil Hotel* ⓚⓚⓚ Stortingsgata 8, 0161 Oslo. **Stadtplan** 3 D3. 📞 23 31 48 00. FAX 23 31 48 50. @ cecil@rainbow-hotels.no Elegantes und dennoch traditionelles, zentral gelegenes Hotel, umgeben von einer guten Auswahl an Restaurants und Unterhaltungsmöglichkeiten. *Zimmer: 111*	AE DC MC V	●	▪		
WESTLICHES ZENTRUM: *Scandic Hotel Ederkoppen* ⓚⓚⓚ St. Olavs plass 1, 0165 Oslo. **Stadtplan** 3 D2. 📞 23 15 56 00. FAX 23 15 56 11. @ ederkoppen@scandic-hotels.com Neu gebautes Hotel an der Stelle eines früheren Theaters. Zimmer tragen Schauspielernamen. Theaterangebote für Gäste. *Zimmer: 241*	AE DC MC V	●	▪	●	▪
WESTLICHES ZENTRUM: *Scandic Hotel KNA* ⓚⓚⓚ Parkveien 68, 0254 Oslo. **Stadtplan** 2 B3. 📞 23 15 57 00. FAX 23 15 57 11. @ kna@scandic-hotels.com Das modernisierte, geschmackvoll eingerichtete Hotel steht in ruhiger Umgebung nahe Aker Brygge und Palast mit Fjordblick. *Zimmer: 189*	AE DC MC V	●	▪	●	▪
WESTLICHES ZENTRUM: *Hotel Bristol* ⓚⓚⓚⓚ Kristian IV. gate 7, 0164 Oslo. **Stadtplan** 3 D2. 📞 22 82 60 00. FAX 22 82 60 01. @ booking@bristol.no Seit 1920 eines der Top-Hotels Oslos. Das 1999 modernisierte Haus hat sich die traditionelle Eleganz erhalten. *Bibliotekbaren* und *Bristol Grill* sind beliebte Treffpunkte zum Essen und Trinken. *Zimmer: 252*	AE DC MC V	●	▪	●	▪

Stadtplan Oslo siehe Seiten 98–103

ÜBERNACHTEN

Preiskategorien für ein Doppelzimmer (nicht pro Person) für eine Nacht, inklusive Steuer, Service und Frühstück.
ⓚ unter 1000 Nkr
ⓚⓚ 1000–1400 Nkr
ⓚⓚⓚ 1400–1800 Nkr
ⓚⓚⓚⓚ über 1800 Nkr
⌂ Jugend-/Familienherberge

KINDERFREUNDLICH
Es gibt Kinderbetten und Hochstühle. In manchen Hotels wird auch Babysitting angeboten.

PARKEN
Zum Hotel gehören Parkplätze – oder man kann den Wagen in einem Parkhaus in der Nähe abstellen.

HOTELRESTAURANT
Das Hotel hat ein Restaurant für Gäste, das auch Nicht-Hotelgästen zur Verfügung steht – normalerweise aber nur am Abend.

BAR
Das Hotel bietet eine Bar – nicht nur für Hotelgäste.

WESTLICHES ZENTRUM: *Hotel Continental* ⓚⓚⓚⓚ
Stortingsgate 24–26, 0161 Oslo. **Stadtplan** 3 D3. 📞 22 82 40 00. FAX 22 42 96 89.
@ booking@hotel-continental.no
Das Hotel in Familienbesitz öffnete im Jahr 1900 und ist Mitglied der Gruppe *Leading Hotels of the World*. Es besitzt zwei preisgekrönte Restaurants: *Theatercafeen* und *Annen Etage*. **Zimmer:** 154

ÖSTLICHES ZENTRUM: *City Hotel* ⓚ
Skippergaten 19, 0106 Oslo. **Stadtplan** 3 E4. 📞 22 41 36 10. FAX 22 42 24 29.
w www.cityhotel.no
Schlichtes Hotel in den oberen Etagen eines Gebäudes im Zentrum. Behagliche, ruhige Atmosphäre. **Zimmer:** 52

ÖSTLICHES ZENTRUM: *Best Western Bondeheimen Hotel* ⓚⓚ
Rosenkrantz' gate 8, 0159 Oslo. **Stadtplan** 3 D3. 📞 23 21 41 00. FAX 23 21 41 01.
@ booking@bondeheimen.com
Das traditionelle Hotel wurde ursprünglich für Besucher vom Lande gebaut. Trotz Modernisierung hat es den einfachen Stil behalten. Das Restaurant *Kaffistova* serviert norwegische Spezialitäten. **Zimmer:** 127

ÖSTLICHES ZENTRUM: *Comfort Hotel Børsparken* ⓚⓚ
Tollbugate 4, 0152 Oslo. **Stadtplan** 3 E4. 📞 22 47 17 17. FAX 22 47 17 18.
@ booking.boersparken@comfort.choicehotels.no
Das moderne Hotel gegenüber der Børs (Börse) legt viel Wert auf eine heimelige Atmosphäre. Kein Restaurant, aber Abendbüfett für Gäste.
Zimmer: 198

ÖSTLICHES ZENTRUM: *Rainbow Hotel Norrøna* ⓚⓚ
Grensen 19, 0159 Oslo. **Stadtplan** 3 E4. 📞 23 31 80 00. FAX 23 31 80 01. @
hotelln@online.no
Ruhiges, familienfreundliches Hotel. Gehört zur Rainbow-Gruppe, wird aber von einer christlichen Organisation betrieben. Kein Alkoholausschank.
Zimmer: 93

ÖSTLICHES ZENTRUM: *First Hotel Noble House* ⓚⓚⓚ
Kongens gate 5, 0153 Oslo. **Stadtplan** 3 D4. 📞 23 10 72 00. FAX 23 10 72 10.
Ein modernes Hotel in Oslos ältestem Viertel nahe Bankplassen und Akershus-Festung. **Zimmer:** 69

ÖSTLICHES ZENTRUM: *Radisson SAS Plaza Hotel Oslo* ⓚⓚⓚ
Sonja Henies plass 3, 0185 Oslo. **Stadtplan** 3 F3. 📞 22 05 80 00. FAX 22 05 80 10.
w www.radissonsas.com
Dieses erstklassige Hotel ist in Oslos Skyline gut sichtbar. Die Gästezimmer sind unterschiedlich dekoriert, von orientalisch bis skandinavisch.
Zimmer: 674

ÖSTLICHES ZENTRUM: *Rica Oslo Hotel* ⓚⓚⓚ
Europarådets Glass 1, 0105 Oslo. **Stadtplan** 3 E3. 📞 23 10 42 00. FAX 23 10 42 10.
w www.rica.no
Modernes Hotel nahe Bahnhof und Jernbanetorget. In allen Gästezimmern hängen norwegische Gemälde. **Zimmer:** 174

ÖSTLICHES ZENTRUM: *Clarion Hotel Royal Christiania* ⓚⓚⓚⓚ
Biskop Gunnerus' gate 3, 0155 Oslo. **Stadtplan** 3 E3. 📞 23 10 80 00. w www.choice.no
First-Class-Hotel nahe Jernbanetorget. Die Zimmer sind nach Feng-Shui-Regeln eingerichtet. **Zimmer:** 503

ÖSTLICHES ZENTRUM: *Grand Hotel* ⓚⓚⓚⓚ
Karl Johans gate 31, 0159 Oslo. **Stadtplan** 3 D3. 📞 23 21 20 00. FAX 23 21 21 00.
@ reservations-grand@rica.no w www.grand.no
Hervorragendes und elegantes Hotel mit guter Auswahl an Bars, Restaurants und Unterhaltungsmöglichkeiten. Beliebt bei den Reichen und Schönen.
Zimmer: 289

Hotel	Kreditkarten	Kinderfreundlich	Parken	Hotelrestaurant	Bar
Hotel Continental	AE DC MC V		■	●	■
City Hotel	DC MC V				
Best Western Bondeheimen Hotel	AE DC MC V		■	●	
Comfort Hotel Børsparken	AE DC MC V	●	■		■
Rainbow Hotel Norrøna	AE DC MC V	●	■		
First Hotel Noble House	AE DC MC V	●			■
Radisson SAS Plaza Hotel Oslo	AE DC MC V	●	■	●	■
Rica Oslo Hotel	AE DC MC V	●	■	●	■
Clarion Hotel Royal Christiania	AE DC MC V	●	■	●	■
Grand Hotel	AE DC MC V	●		●	

Zeichenerklärung siehe hintere Umschlagklappe

222 ZU GAST IN NORWEGEN

Preiskategorien für ein Doppelzimmer (nicht pro Person) für eine Nacht, inklusive Steuer, Service und Frühstück.
(k) unter 1000 Nkr
(k)(k) 1000–1400 Nkr
(k)(k)(k) 1400–1800 Nkr
(k)(k)(k)(k) über 1800 Nkr
Jugend-/Familienherberge

KINDERFREUNDLICH
Es gibt Kinderbetten und Hochstühle. In manchen Hotels wird auch Babysitting angeboten.
PARKEN
Zum Hotel gehören Parkplätze – oder man kann den Wagen in einem Parkhaus in der Nähe abstellen.
HOTELRESTAURANT
Das Hotel hat ein Restaurant für Gäste, das auch Nicht-Hotelgästen zur Verfügung steht – normalerweise aber nur am Abend.
BAR
Das Hotel bietet eine Bar – nicht nur für Hotelgäste.

	KREDITKARTEN	KINDERFREUNDLICH	PARKEN	HOTELRESTAURANT	BAR
UMGEBUNG: *Oslo Vandrerhjem Haraldsheim*	MC V	●	▪		
Haraldsheimveien 4, 0587 Oslo. (22 22 29 65. FAX 22 22 10 25. W www.haraldsheim.oslo.no Jugend-/Familienherberge in schöner Gegend, 4 km vom Zentrum entfernt. Blick über Stadt und Fjord. Meist Vierbettzimmer. **Zimmer: 71**					
UMGEBUNG: *Gardermoen Gjestegård* (k)	AE DC MC V		▪	●	▪
Gardemoveien 2, 060 Gardermoen. (63 94 08 00. FAX 63 94 08 01. W www.gg-gardermoen.no Holzgasthof mit heimeliger Atmosphäre in ländlicher Umgebung, nur vier Autominuten vom Flughafen Gardermoen entfernt. **Zimmer: 72**					
UMGEBUNG: *Holmenkollen Park Hotel Rica* (k)(k)	AE DC MC V		▪	●	▪
Kongeveien 26, 0787 Oslo. (22 92 20 00. FAX 22 14 61 92. W www.holmenkollenparkhotel.no Gut ausgestattetes Hotel mit einem Märchenschloss-Flügel, in ruhiger Lage nahe der Wintersportarena. **Zimmer: 220**					
UMGEBUNG: *Linne Hotel* (k)(k)	AE DC MC V	●	▪	●	▪
Statsråd Mathiesens vei 12, 0598 Oslo. (23 17 00 00. FAX 23 17 00 01. W www.linne.no Anheimelndes Hotel in ländlichem Terrain im Osten der Stadt. Mit der Tunnelbane ist man in zehn Minuten im Zentrum. **Zimmer: 106**					
UMGEBUNG: *Radisson SAS Park Hotel* (k)(k)	AE DC MC V	●	▪	●	▪
Fornebuveien 80, 1366 Lysaker. (67 82 30 00. FAX 67 82 30 01. W www.radissonsas.com Das Hotel mit eigenem Tennisplatz steht am Ufer des Oslofjords, nur 100 Meter vom Strand entfernt. Ins Zentrum fährt man mit dem Auto zehn Minuten. **Zimmer: 252**					
UMGEBUNG: *Rainbow Gyldenløve Hotel* (k)(k)	AE DC MC V	●	▪		▪
Bogstadveien 20, 0355 Oslo. **Stadtplan** 2 B1. (23 33 23 00. FAX 22 60 33 90. @ gyldenloeve@rainbow-hotels.no Hotel an einer der besten Einkaufsmeilen Oslos westlich vom Zentrum. Außerhalb der Geschäftszeiten ist es ruhig. **Zimmer: 168**					
UMGEBUNG: *West Hotel* (k)(k)	AE DC MC V	●	▪		▪
Skoweien 15, 0257 Oslo. **Stadtplan** 2 B2. (22 54 21 60. FAX 22 54 21 65. W www.westhotel.no Das komfortable, 2004 renovierte Hotel, liegt in der Nähe des Königlichen Palasts. Ins Stadtzentrum sind es zu Fuß zehn Minuten. **Zimmer: 56**					
UMGEBUNG: *Anker Hotel* (k)(k)(k)	AE DC MC V		▪		▪
Storgata 55, 0182 Oslo. **Stadtplan** 3 F2. (22 99 75 00. FAX 22 99 75 20. W www.anker.oslo.no Zehn Gehminuten von der Karl Johans gate und nahe Grünerløkka. Im Sommer zusätzliche Zimmer im Albert Sommerhotel. **Zimmer: 48**					
UMGEBUNG: *Frogner House Hotel* (k)(k)(k)	AE DC MC V	●	▪		
Skovveien 8, 0257 Oslo. **Stadtplan** 2 B2. (22 56 00 56. FAX 22 56 05 00. W www.frognerhouse.com Zentral in Frogner gelegenes, exklusives Gebäude, das sich den viktorianischen Stil erhalten hat. **Zimmer: 60**					
UMGEBUNG: *Gabelshus Hotell* (k)(k)(k)	AE DC MC V	●	▪		
Gabels gate 16, 0272 Oslo. **Stadtplan** 2 A3. (23 27 65 00. FAX 23 27 65 60. W www.choice.no In einer ruhigen Straße westlich der Innenstadt. Das altenglische Dekor verleiht eine elegante Atmosphäre. **Zimmer: 114**					
UMGEBUNG: *Radisson SAS Airport Hotel, Gardermoen* (k)(k)(k)(k)	AE DC MC V	●	▪	●	▪
Hotelveien, 2060 Gardermoen. (63 93 30 00. FAX 63 93 30 30. W www.radissonsas.com Das neue Hotel befindet sich nur ein paar Gehminuten vom Flughafenterminal Gardermoen entfernt. **Zimmer: 350**					

Stadtplan Oslo siehe Seiten 98–103

ÜBERNACHTEN

UM DEN OSLOFJORD

FREDRIKSTAD: *Victoria Hotel* (k)(k)
Turngate 3, 1606 Fredrikstad. 69 38 58 00. FAX 69 38 58 01.
W www.victoria-fredrikstad.com
Gemütliches Hotel im Zentrum bei der Domkirken (Kathedrale).
📶 TV 🏊 🛗 **Zimmer:** 65
AE DC MC V

HALDEN: *Grand Hotell* (k)
Jernbanetorget 1, 1767 Halden. 69 18 72 00. FAX 69 18 79 59.
Schlichtes Bed-and-Breakfast-Hotel nahe dem Zentrum von Halden.
📶 TV 🏊 **Zimmer:** 31
AE DC MC V

HORTEN: *Norlandia Grand Ocean Hotell* (k)(k)
Jernbanegate 1, 3187 Horten. 33 04 17 22. FAX 33 04 45 07.
Das moderne Hotel hat das Meer als nächsten Nachbarn. Nur einen Steinwurf
vom Stadtzentrum entfernt. 📶 TV 🏊 🚪 **Zimmer:** 100
AE MC V

LARVIK: *Quality Hotel Grand Farris* (k)(k)
Storgata 38, 3256 Larvik. 33 18 78 00. FAX 33 18 70 45.
W www.choicehotels.no/hotels/no048
Behagliches Hotel u.a mit einer Suite, die nach Larviks großem Forscher Thor
Heyerdahl benannt ist. Blick über Larviks Hafen. 📶 TV 🍸 🏊 🛗 🚪 **Zimmer:** 88
AE DC MC V

MOSS: *Hotel Refsnes Gods* (k)(k)(k)
Godset 5, 1518 Moss. 69 27 83 00. FAX 69 27 83 01. W www.refsnesgods.no
Die ehemalige Landvilla steht in schöner Lage auf der Insel Jeløy. Restaurant mit
guter Küche und gut sortiertem Weinkeller. TV 🍸 🏊 🛗 🏊 **Zimmer:** 61
AE DC MC V

SANDEFJORD: *Rica Park Hotel Sandefjord* (k)(k)(k)
Strandpromenaden 9, 3212 Sandefjord. 33 44 74 00. FAX 33 44 75 00. W www.rica.no
Das Hotel von 1960 ist ein Wahrzeichen der Stadt. Komfortabel, gut ausgestattet
und nahe dem Zentrum. 📶 TV 🍸 🏊 🛗 🍴 🏊 🚪 **Zimmer:** 231
AE DC MC V

STAVERN: *Hotel Wassilioff* (k)(k)
Havnegate 1, 3290 Stavern. 33 11 36 00. FAX 33 11 36 01. W www.wassilioff.no
Behagliches, historisches Hotel aus den 1840er Jahren im Herzen des maleri-
schen Stavern. 📶 TV 🍸 🏊 🛗 🚪 **Zimmer:** 47
AE DC MC V

TØNSBERG: *Hotell Maritim* (k)
Storgata 17, 3126 Tønsberg. 33 00 27 00. FAX 33 31 72 52. W www.hotellmaritim.no
Ruhiges, komfortables Bed-and-Breakfast-Hotel mitten in der Stadt. 📶 TV 🏊
Zimmer: 33
AE DC MC V

TØNSBERG: *Rica Klubben Hotel* (k)
Nedre Langgate 49, 3126 Tønsberg. 33 35 97 00. FAX 33 35 97 97. W www.rica.no
Das Hotel ist für die Sommershows im eigenen Theater, sein Restaurant und
die gut ausgestatteten Zimmer bekannt. 📶 TV 🍸 🏊 🛗 🚪 **Zimmer:** 145
AE DC MC V

OSTNORWEGEN

DRAMMEN: *Rica Park Hotel Drammen* (k)(k)
Gamle Kirkeplass 3, 3019 Drammen. 32 26 36 00. FAX 32 26 37 77. W www.rica.no
Anständiges Hotel mit vollem Service und komfortablen, renovierten Zim-
mern. Nahe beim alten Drammen-Theater. 📶 TV 🍸 🏊 🛗 🚪 **Zimmer:** 100
AE DC MC V

DRAMMEN: *First Hotel Ambassadeur* (k)(k)(k)
Strømsø torg 7, 3044 Drammen. 31 01 21 00. FAX 31 01 21 11. W www.firsthotels.com
Das 2001 von Grund auf modernisierte Hotel befindet sich nahe beim Zen-
trum. 📶 TV 🍸 🏊 🛗 🚪 **Zimmer:** 230
AE DC MC V

ELVESETER: *Elveseter Turisthotell* (k)
2687 Bøverdalen. 61 21 99 00. FAX 61 21 99 01. W www.elveseter.no
Das älteste Gebäude (1640) eines Bauernguts ist heute ein stimmungsvolles,
komfortables Hotel, von der Bauernfamilie betrieben. 📶 🏊 🛗 🏊 **Zimmer:** 130
AE DC MC V

GEILO: *Dr. Holms Hotel* (k)(k)(k)
Timrehaugveien 2, 3580 Geilo. 32 09 57 00. FAX 32 09 16 20. W www.drholms.com
Klassisches Gebäude nahe den Bergen mit hervorragenden Wintersport-
möglichkeiten. 📶 TV 🍸 🏊 🛗 🍴 🏊 **Zimmer:** 127
AE DC MC V

HAMAR: *Quality Hotel Astoria* (k)(k)
Torggata 23, 2317 Hamar. 62 70 70 00. FAX 62 70 70 01. W www.choice.no
Modernes Hotel im Zentrum der Stadt am Mjøsa-See. Renovierte Zimmer mit
gutem Standard. 📶 TV 🍸 🏊 🛗 🚪 **Zimmer:** 78
AE DC MC V

Zeichenerklärung siehe hintere Umschlagklappe

ZU GAST IN NORWEGEN

Preiskategorien für ein Doppelzimmer (nicht pro Person) für eine Nacht, inklusive Steuer, Service und Frühstück.
Ⓚ unter 1000 Nkr
ⓀⓀ 1000–1400 Nkr
ⓀⓀⓀ 1400–1800 Nkr
ⓀⓀⓀⓀ über 1800 Nkr
🛏 Jugend-/Familienherberge

KINDERFREUNDLICH
Es gibt Kinderbetten und Hochstühle. In manchen Hotels wird auch Babysitting angeboten.
PARKEN
Zum Hotel gehören Parkplätze – oder man kann den Wagen in einem Parkhaus in der Nähe abstellen.
HOTELRESTAURANT
Das Hotel hat ein Restaurant für Gäste, das auch Nicht-Hotelgästen zur Verfügung steht – normalerweise aber nur am Abend.
BAR
Das Hotel bietet eine Bar – nicht nur für Hotelgäste.

	KREDITKARTEN	KINDERFREUNDLICH	PARKEN	HOTELRESTAURANT	BAR
HAMAR: *First Hotel Victoria* ⓀⓀⓀ Strandgaten 21, 2317 Hamar. ☏ 62 02 55 00. FAX 62 53 32 23. W www.firsthotels.no Gutes, traditionelles Hotel mit anständigem Restaurant im Stadtzentrum, nahe dem Park mit Sicht auf den Mjøsa-See. 🍴 TV 🏊 🔒 ♿ *Zimmer:* 115	AE DC MC V	●	■	●	■
LILLEHAMMER: *Birkebeineren Hotel/Motel & Apartments* Ⓚ Birkebeinerveien Olympiaparken 24, 2618 Lillehammer. ☏ 61 26 47 00. FAX 61 26 47 50. W www.birkebeineren.no Schön gelegen im Olympiapark, zehn Gehminuten vom Zentrum. Es gibt Apartments, Hotelzimmer und Motelzimmer. TV 🏊 ♿ *Zimmer:* 120	AE DC MC V	●	■		
LILLEHAMMER: *Comfort Hotel Hammer* ⓀⓀ Storgata 108B, 2615 Lillehammer. ☏ 61 26 73 73. FAX 61 26 37 30. W www.choicehotels.no/hotels/no028 Gutes, gemütliches Hotel. Abendessen ist im Preis inbegriffen, Interieur nach Gudbrandsdal-Traditionen. 🍴 TV 🍸 🏊 🔒 ♿ *Zimmer:* 94	AE DC MC V	●	■		
LILLEHAMMER: *First Hotel Breiseth* ⓀⓀ Jernbanegata 1–5, 2609 Lillehammer. ☏ 61 24 77 77. FAX 61 26 95 05. W www.breiseth.com Das hübsche Hotel wurde für die Olympischen Winterspiele von 1994 komplett renoviert. Hoher Standard und gutes Restaurant. 🍴 TV 🏊 🔒 ♿ *Zimmer:* 89	AE DC MC V	●	■	●	■
LOM: *Fossheim Turisthotell* ⓀⓀ 2686 Lom. ☏ 61 21 95 00. FAX 61 21 95 01. W www.fossheimhotel.no Seit Generationen im Familienbesitz. Wurde um Apartments und Hütten in traditionellem Stil erweitert. Ansprechendes Restaurant mit preisgekröntem Küchenchef. Im Januar geschlossen. 🍴 🏊 🔒 ♿ *Zimmer:* 50	AE DC MC V	●	■	●	■

SØRLANDET UND TELEMARK

	KREDITKARTEN	KINDERFREUNDLICH	PARKEN	HOTELRESTAURANT	BAR
ARENDAL: *Scandic Hotel Arendal* ⓀⓀ Friergangen 1, 4836 Arendal. ☏ 37 05 21 50. FAX 37 05 21 51. W www.scandic-arendal.no Hotel am Tyholmen, nicht weit vom Zentrum und vom Hafen. Moderne, vor kurzem renovierte Zimmer. 🍴 TV 🍸 🏊 🔒 *Zimmer* 84	AE DC MC V	●	■	●	■
ARENDAL: *Clarion Hotel Tyholmen* ⓀⓀⓀ Teaterplassen 2, 4836 Arendal. ☏ 37 07 68 00. FAX 37 07 68 01. W www.choice.no Hotel mit Komplettangebot und modernen Einrichtungen in malerischem, preisgekröntem Holzgebäude am Altstadt-Kai. 🍴 TV 🍸 🏊 🔒 ♿ *Zimmer:* 60	AE DC MC V	●	■	●	■
DALEN: *Dalen Hotel* ⓀⓀ 3880 Dalen. ☏ 35 07 70 00. FAX 35 07 70 11. W www.dalenhotel.no Restauriertes Holzhaus, mit Drachenköpfen, Türmchen und Spitztürmen verziert. Großer Garten mit See- und Bergblick. 🍴 🏊 *Zimmer:* 38	AE DC MC V	●	■	●	■
KRISTIANSAND: *Clarion Hotel Ernst* ⓀⓀ Rådhusgaten 2, 4611 Kristiansand. ☏ 38 12 86 00. FAX 38 02 03 07. W www.ernst.no Ehrwürdige Traditionen, die bis 1858 zurückreichen, und eine behutsame Modernisierung schufen ein stilvolles Ambiente. 🍴 TV 🍸 🏊 🔒 ♿ *Zimmer:* 135	AE DC MC V	●	■	●	■
KRISTIANSAND: *Comfort Hotel Skagerak* ⓀⓀ Henrik Wergelands gate 4, 4612 Kristiansand S. ☏ 38 07 94 00. FAX 38 07 02 43. W www.choice.no Modernes Hotel mit behaglicher Atmosphäre, mitten im Kvadraturen-Viertel im Herzen Kristiansands. 🍴 TV 🍸 🏊 ♿ *Zimmer:* 67	AE DC MC V	●	■	●	■
KRISTIANSAND: *Radisson SAS Caledonien Hotel* ⓀⓀ Vestre Strandgate 7, 4610 Kristiansand S. ☏ 38 11 21 00. FAX 38 11 21 11. W www.radissonsas.com Gutes Hotel mit Komplettservice, nahe dem Yachthafen und der Strandpromenade und dennoch mitten im hübschen Kvadraturen-Viertel. 🍴 TV 🍸 🏊 🔒 ♿ *Zimmer:* 205	AE DC MC V	●	■	●	■

ÜBERNACHTEN

KRISTIANSAND: *Scandic Hotel Kristiansand* ⓚⓚ
Markens gate 39, 4612 Kristiansand S. ☎ 21 61 42 00. FAX 21 61 42 11.
@ kristiansand@scandic-hotels.com
Im Zentrum der Stadt, auf einer Seite eine Fußgängerzone. Hotel mit gutem Standard. 🛏 TV 🍸 🏊 👍 *Zimmer:* 112

AE DC MC V

PORSGRUNN: *Hotell Vic* ⓚⓚ
Skolegata 1, 3916 Porsgrunn. ☎ 35 55 55 80. FAX 35 55 72 12. Ⓦ www.vichotel.no
Die Geschichte des Vic reicht bis 1825 zurück. Das Originalgebäude wird, neben einem modernen Flügel, noch benutzt. 🛏 TV 🍸 🏊 🔲 *Zimmer:* 96

AE DC MC V

SKIEN: *Rainbow Høyers Hotell* ⓚⓚⓚ
Kongens gate 5, 3717 Skien. ☎ 35 90 58 00. FAX 35 90 58 05.
@ hoeyers@rainbow-hotels.no
Hinter der klassischen rosa Fassade des ältesten Hotels der Telemark verbergen sich moderne, komfortable Zimmer. 🛏 TV 🍸 🏊 🔲 *Zimmer:* 73

AE DC MC V

VESTLANDET

ÅLESUND: *Scandic Hotel Ålesund* ⓚⓚ
Moloveien 6, 6004 Ålesund. ☎ 21 61 45 00. FAX 21 61 45 11. @ alesund@scandic-hotels.com
Nahe am Zentrum mit dem Meer als nächstem Nachbarn. In maritimem Stil dekoriert. 🛏 TV 🍸 🏊 🔲 👍 *Zimmer:* 118

AE DC MC V

ÅLESUND: *Comfort Hotel Bryggen* ⓚⓚⓚ
Apotekergate 1, 6004 Ålesund. ☎ 70 12 64 00. FAX 70 12 11 80.
@ bryggen@comfort.choicehotels.no
Apartes Stadthotel in umgebautem Lagerhaus am Wasser. Das Abendessen ist im Preis inbegriffen. 🛏 TV 🍸 🏊 🔲 👍 *Zimmer:* 85

AE DC MC V

BALESTRAND: *Kviknes Hotel* ⓚⓚⓚ
6899 Balestrand. ☎ 57 69 42 00. FAX 57 69 42 01. @ booking@kviknes.com
Ⓦ www.kviknes.com
Historisches Hotel in fantastischer Lage auf Balholm, an der Küste des Sognefjords. Es wurde ausgebaut und modernisiert, hat aber noch seinen Alte-Welt-Charme. 🛏 TV 🏊 🔲 📺 👍 *Zimmer:* 210

AE DC MC V

BERGEN: *Neptun Hotell* ⓚⓚ
Valkendorfs gate 8, 5012 Bergen. ☎ 55 30 68 00. FAX 55 30 68 50. Ⓦ www.neptunhotell.no
Die Kunstsammlung des Hotels besteht aus über 700 Werken. Bekanntes Gourmetrestaurant mit guter Weinauswahl. 🛏 TV 🍸 🏊 🔲 👍 *Zimmer:* 124

AE DC MC V

BERGEN: *Rainbow Hotell Bryggen Orion* ⓚⓚ
Bradbenken 3, 5003 Bergen. ☎ 55 30 87 00. FAX 55 32 94 14.
@ bryggenorion@rainbow-hotels.no
Zwischen Bryggen-Kai und Rosenkrantz-Turm, nahe dem Stadtzentrum. Berühmt für sein gutes Frühstück. 🛏 TV 🍸 🏊 🔲 👍 *Zimmer:* 229

AE DC MC V

BERGEN: *Augustin Hotel* ⓚⓚⓚ
Sundts gate 22/24C, 5004 Bergen. ☎ 55 30 40 00. FAX 55 30 40 10. Ⓦ www.augustin.no
Hotel in Familienhand, zentral beim Hafen und Geschäftsviertel. 1999/2000 renoviert und fürs Design ausgezeichnet. 🛏 TV 🏊 🔲 *Zimmer:* 109

AE DC MC V

BERGEN: *Radisson SAS Hotel Norge* ⓚⓚⓚ
Nedre Ole Bulls Plass 4, 5012 Bergen. ☎ 55 57 30 00. FAX 55 57 30 01.
Ⓦ www.radissonsas.no
Das moderne, gut ausgestattete Hotel mitten in Bergen, an der Stelle eines früheren Hotels von 1885, hat sich die Traditionen und Qualität von einst bewahrt. 🛏 TV 🍸 🏊 🔲 📺 👍 *Zimmer:* 345

AE DC MC V

BERGEN: *Clarion Hotel Admiral* ⓚⓚⓚⓚ
C. Sundts gate 9, 5004 Bergen. ☎ 55 23 64 00. FAX 55 23 64 64. Ⓦ www.admiral.no
Umgebautes Lagerhaus auf Bryggen, gegenüber dem Vågen-Hafen. Komfortabel und sehr zentral. 🛏 TV 🍸 🏊 🔲 👍 *Zimmer:* 210

AE DC MC V

HAUGESUND: *Rica Maritim Hotel* ⓚⓚⓚ
Åsbygaten 3, 5528 Haugesund. ☎ 52 86 30 00. FAX 52 86 30 01. Ⓦ www.rica.no
Haugesunds größtes Hotel steht am Kai im Stadtzentrum. Die Zimmer unterscheiden sich in Größe und Ausstattung. 🛏 TV 🍸 🏊 🔲 📺 👍 *Zimmer:* 312

AE DC MC V

KRISTIANSUND: *Comfort Hotel Fosna* ⓚⓚ
Hauggata 16, 6509 Kristiansund N. ☎ 71 67 40 11. FAX 71 67 76 59. Ⓦ www.choicehotels.no
Schlichtes, heimeliges Hotel mit gutem Standard. Blick auf Hafen und den Platz. Abendbüfett ist im Preis inbegriffen. 🛏 TV 🍸 🏊 *Zimmer:* 50

AE DC MC V

Zeichenerklärung siehe hintere Umschlagklappe

ZU GAST IN NORWEGEN

Preiskategorien für ein Doppelzimmer (nicht pro Person) für eine Nacht, inklusive Steuer, Service und Frühstück.
- Ⓚ unter 1000 Nkr
- ⓀⓀ 1000–1400 Nkr
- ⓀⓀⓀ 1400–1800 Nkr
- ⓀⓀⓀⓀ über 1800 Nkr
- 🗪 Jugend-/Familienherberge

KINDERFREUNDLICH
Es gibt Kinderbetten und Hochstühle. In manchen Hotels wird auch Babysitting angeboten.
PARKEN
Zum Hotel gehören Parkplätze – oder man kann den Wagen in einem Parkhaus in der Nähe abstellen.
HOTELRESTAURANT
Das Hotel hat ein Restaurant für Gäste, das auch Nicht-Hotelgästen zur Verfügung steht – normalerweise aber nur am Abend.
BAR
Das Hotel bietet eine Bar – nicht nur für Hotelgäste.

	KREDITKARTEN	KINDERFREUNDLICH	PARKEN	HOTELRESTAURANT	BAR
MOLDE: *Quality Hotel Alexandra* ⓀⓀ Storgata 1–7, 6413 Molde. ☎ 71 20 37 50. FAX 71 20 37 87. W www.choicehotels.no Gut eingerichtetes Hotel mit modernen Zimmern, Restaurant und Nachtklub. Im Stadtzentrum gelegen. 🖳 TV 🍸 🗲 🛄 🛎 🚻 🛗 *Zimmer: 163*	AE DC MC V	●	■	●	■
STAVANGER: *Radisson SAS Atlantic Hotel* ⓀⓀ Olav V. gate 3, 4005 Stavanger. ☎ 51 76 10 00. FAX 51 76 10 01. W www.radissonsas.com Großes Stadthotel mit Blick auf den Breiavannet-See. Gut ausgestattet mit frisch renovierten Zimmern. 🖳 TV 🍸 🗲 🛄 🛗 *Zimmer: 350*	AE DC MC V	●	■	●	■
STAVANGER: *Comfort Hotel Grand* ⓀⓀⓀ Klubbgate 3, 4013 Stavanger. ☎ 51 20 14 00. FAX 51 20 14 01. W www.choicehotels.no Einfaches, legeres und hübsches Hotel im Zentrum. Verschieden große Zimmer. Das Abendessen ist inklusive. 🖳 TV 🍸 🗲 *Zimmer: 90*	AE DC MC V	●			■
STAVANGER: *Skagen Brygge Hotell* ⓀⓀⓀ Skagenkaien 30, 4006 Stavanger. ☎ 51 85 00 00. FAX 51 85 00 01. @ booking@skagenbryggehotell.no Zentrales Hotel mit behaglichen Zimmern. Die Fassade zum Vågen-Hafen passt zu den alten Hafengebäuden. 🖳 TV 🍸 🗲 🛄 🛗 🛗 *Zimmer: 110*	AE DC MC V	●	■		■

TRØNDELAG

	KREDITKARTEN	KINDERFREUNDLICH	PARKEN	HOTELRESTAURANT	BAR
RØROS: *Quality Hotel Røros* ⓀⓀ An-Magrittveien, 7374 Røros. ☎ 72 40 80 00. FAX 72 40 80 01. W www.choicehotels.no/hotels/no045 Ruhiges, freundliches Hotel in ländlicher Umgebung vor der Stadt. Für die Dekorationen im romantischen, bäuerlichen Stil verwendete man natürliche Materialien. Das Restaurant Bergrosa bietet gute Küche. 🖳 TV 🍸 🗲 🛄 🛎 🛗 *Zimmer: 167*	AE DC MC V	●	■	●	■
RØROS: *Bergstadens Hotel* ⓀⓀⓀ Osloveien 2, 7374 Røros. ☎ 72 40 60 80. FAX 72 40 60 81. W www.bergstaden.no Ein einladendes Hotel im Zentrum der alten Bergwerksstadt. Es hat komfortable Zimmer, zwei Restaurants und vier Bars. 🖳 TV 🍸 🗲 🛄 🛎 *Zimmer: 90*	AE DC MC V	●	■	●	■
STEINKJER: *Rainbow Tingvold Park Hotel* ⓀⓀ Gamle Kongeveien 47, 7725 Steinkjer. ☎ 74 16 11 00. FAX 74 14 11 17. W www.rainbow-hotels.no/tingvold Ein Herrenhaus wurde ausgebaut, um ein Hotel mit einer Mischung aus altem und neuem Stil sowie unterschiedlichen Zimmertypen zu schaffen. 🖳 TV 🍸 🗲 🛄 🛗 *Zimmer: 53*	AE DC MC V	●	■	●	■
TRONDHEIM: *Munken Hotell* Ⓚ Kongens gate 44, 7012 Trondheim. ☎ 73 53 45 40. FAX 73 53 42 60. @ munken.hotell@munken.no Heimeliges, preiswertes Hotel in Gehweite zum Zentrum. Die Zimmer bieten guten Standard, einige eine Miniküche. 🖳 TV 🍸 🛗 *Zimmer: 22*	AE DC MC V	●		●	
TRONDHEIM: *Radisson SAS Royal Garden Hotel Trondheim* ⓀⓀ Kjøpmannsgata 73, 7010 Trondheim. ☎ 73 80 30 00. FAX 73 80 30 50. W www.radissonsas.com Gut eingerichtetes Hotel mit hohem Standard. Zwischen den Flügeln große exotische Gärten in verglasten Innenhöfen. Hervorragende Restaurantauswahl. 🖳 TV 🍸 🗲 🛄 🛎 🛗 *Zimmer: 298*	AE DC MC V	●	■	●	■
TRONDHEIM: *Rainbow Trondheim Hotell* ⓀⓀ Kongens gate 15, 7013 Trondheim. ☎ 73 50 50 50. FAX 73 51 60 58. W www.rainbow-hotels.no/trondheim Hübsches, einfaches Bed-and-Breakfast-Hotel an Trondheims Hauptplatz, neben einem großen Einkaufszentrum gelegen. 🖳 TV 🍸 🛗 *Zimmer: 131*	AE DC MC V	●	■		■

ÜBERNACHTEN

TRONDHEIM: *Britannia Hotel* ⓀⓀⓀ
Dronningens gate 5, 7011 Trondheim. 🕿 73 80 08 00. ℻ 73 80 08 01.
@ gjest@britannia.no
Hinter der Barockfassade befindet sich ein elegantes Hotel mit Komfort.
Mehrere Restaurants, u.a. Palm Garden. 🛏 📺 🍸 ✈ 🛁 🍴 ♿ *Zimmer:* 247

AE DC MC V

TRONDHEIM: *Quality Hotel Augustin* ⓀⓀⓀ
Kongens gate 26, 7011 Trondheim. 🕿 73 54 70 00. ℻ 73 54 70 01.
@ hotel-augustin@hotel-augustin.no
Ein gutes Hotel an Trondheims zentralem Platz, nahe den Sehenswürdigkeiten
der Stadt. Das Abendessen ist im Preis enthalten. 🛏 📺 ✈ ♿ *Zimmer:* 138

AE DC MC V

TRONDHEIM: *Scandic Hotel Residence* ⓀⓀⓀ
Munkegata 26, Torvet, 7011 Trondheim. 🕿 73 52 83 80. ℻ 21 61 47 11.
@ residence@scandic-hotels.com
Standard-Businesshotel am Stadtplatz. 🛏 📺 🍸 ♿ *Zimmer:* 66

AE DC MC V

NORDNORWEGEN

BODØ: *Radisson SAS Hotel Bodø* Ⓚ
Storgaten 2, 8039 Bodø. 🕿 75 51 90 00. ℻ 75 51 90 01. 🅦 www.radissonsas.com
Ein gut ausgestattetes First-Class-Hotel im Herzen der Stadt. Mehrere beliebte
Restaurants. 🛏 📺 🍸 ✈ 🛁 🍴 ♿ *Zimmer:* 190

AE DC MC V

BODØ: *Comfort Hotel Grand* ⓀⓀⓀ
Storgaten 3, 8006 Bodø. 🕿 75 54 61 00. ℻ 75 54 61 50.
@ booking.grand@comfort.choicehotels.no
Gutes, einladendes Hotel. An dieser Stelle gibt es seit fast 200 Jahren ein Hotel.
Das heutige Gebäude wurde 1998 renoviert. 🛏 📺 🍸 ✈ 🛁 ♿ *Zimmer:* 97

AE DC MC V

HAMMERFEST: *Quality Hotel Hammerfest* ⓀⓀ
Strandgata 2/4, 9600 Hammerfest. 🕿 78 42 96 00. ℻ 78 42 96 60.
@ hammerfest@quality.choice.no
Modernes, gutes Hotel nahe dem Hafen und dem Stadtplatz. Viele der Zimmer
sind extra groß und haben Meerblick. 🛏 📺 🍸 ✈ 🛁 ♿ *Zimmer:* 50

AE DC MC V

HAMMERFEST: *Rica Hotel Hammerfest* ⓀⓀ
Sørøygata 15, 9600 Hammerfest. 🕿 78 41 13 33. ℻ 78 41 13 11.
@ rica.hotel.hammerfest@rica.no 🅦 www.rica.no
Gut eingerichtetes, gemütliches Hotel im Zentrum der Stadt mit Meerblick.
🛏 📺 🍸 ✈ 🛁 *Zimmer:* 86

AE DC MC V

HARSTAD: *Quality Hotel Arcticus* ⓀⓀ
Havnegata 3, 9480 Harstad. 🕿 77 04 08 00. ℻ 77 04 08 01.
@ arcticus@quality.choicehotels.no
In der Nähe von Kai und Hafenpromenade gelegenes Hotel mit Fjordblick.
Das Kulturzentrum der Stadt befindet sich im selben Gebäude.
🛏 📺 🍸 ✈ 🛁 ♿ *Zimmer:* 75

AE DC MC V

NARVIK: *Nordstjernen Hotell* Ⓚ
Kongens gate 26, 8514 Narvik. 🕿 76 94 41 20. ℻ 76 94 75 06. @ nhnarvik@online.no
Schlichtes, behagliches Hotel an der Hauptstraße. 🛏 📺 ✈ 🛁 *Zimmer:* 25

DC V

NARVIK: *Grand Royal Hotel* ⓀⓀⓀ
Kongens gate 64, 8514 Narvik. 🕿 76 97 70 00. ℻ 76 97 70 07.
@ reservations.narvik@radissonsas.com
Narviks größtes Hotel mit vielen Einrichtungen. 🛏 📺 🍸 ✈ ♿ *Zimmer:* 107

AE DC MC V

TROMSØ: *Rainbow Polar Hotell* Ⓚ
Grønnegata 45, 9008 Tromsø. 🕿 77 75 17 00. ℻ 77 75 17 10. @ polar@rainbow-hotels.no
Komfortables Hotel im Herzen der Stadt. Dazu gehört auch das günstigere Polar
Økonomihotell auf der anderen Straßenseite. 🛏 📺 🍸 ✈ *Zimmer:* 113

AE DC MC V

TROMSØ: *Radisson SAS Hotel Tromsø* ⓀⓀ
Sjøgata 7, 9008 Tromsø. 🕿 77 60 00 00. ℻ 77 65 62 21. 🅦 www.radissonsas.com
Ein gut eingerichtetes, erstklassiges Hotel im Stadtzentrum mit verschieden
großen Zimmern. Das Pub Rorbua ist für die besondere Atmosphäre bekannt.
🛏 📺 🍸 ✈ 🛁 ♿ *Zimmer:* 195

AE DC MC V

TROMSØ: *Rica Isbavshotel* ⓀⓀⓀ
Fr. Langes gate 2, 9008 Tromsø. 🕿 77 66 64 00. ℻ 77 66 64 44. 🅦 www.rica.no
Im Herzen Tromsøs mit Blick auf Tromsøsundet und Eismeerkathedrale. Gut
ausgestattet, hoher Standard.
🛏 📺 🍸 ✈ 🛁 ♿ *Zimmer:* 180

AE DC MC V

Zeichenerklärung siehe hintere Umschlagklappe

Restaurants

Viele neue Restaurants wurden in den letzten 15 Jahren eröffnet – 5000 allein in Oslo. Selbst die Wählerischsten werden hier etwas finden, auch exotische Küchen. Norwegische Spezialitäten wie marinierter Lachs (*gravlaks*), Klöße (*kumle*), Lamm-Kohl-Eintopf, oder Rentier-Medaillons sollte man unbedingt probieren. Die beste Auswahl gibt es in den Städten. Halten Sie Ausschau nach Seafood. Fisch wird täglich frisch von der Barentssee und der Nordsee angeliefert. Von Februar bis April ist laichender Kabeljau der Lofoten (*lofotskrei*) zu empfehlen. Vor Weihnachten wird *lutefisk*, marinierter Kabeljau in Lauge, angeboten. Viele Cafés und Restaurants servieren Gerichte aus aller Welt, und die Küche in weniger prätentiösen Lokalen ist oftmals gut und preiswert. Alkoholische Getränke, auch Bier, sind jedoch teuer.

Smørbrød, ein belegtes Brot

Restauranttypen

Städte haben die größte Restaurantauswahl. Besonders Oslo bietet ein breites Spektrum, von echt norwegischer bis zu exotischer Küche, mit unterschiedlichem Standard und Preisniveau. Es gibt international bekannte Restaurants mit preisgekrönten Küchenchefs. Hier stehen internationale Gerichte auf der Speisekarte, aber auch norwegische Spezialitäten mit dem Schwerpunkt Seafood. Die besten Restaurants bieten auch eine gute Auswahl an Wildbret, darunter Rentier, Elch und Geflügel aus den norwegischen Wald- und Bergregionen.

In den Berg- und Ferienhotels nimmt man im Allgemeinen das Abendessen im hauseigenen Restaurant ein – oft ist es sowieso das einzige in der Nähe. Das Essen ist normalerweise sehr gut. Das Gleiche gilt für die Küche der Berghütten.

In den meisten Städten gibt es zahlreiche internationale Restaurants. Oslo hat eine besonders große Auswahl mit durchweg hohem Standard.

In vielen Ortschaften findet man auch traditionelle Kneipen und Bars, die aber hauptsächlich Getränke anbieten.

Mittagsbüfett

Das norwegische Mittagsbüfett zeichnet sich durch abwechslungsreiche und deftige Speisen aus. Man bedient sich selbst aus einem Angebot, das üppig mit Fleisch- und Fischgerichten aufwartet. Häufig gibt es eine Extra-Auswahl an warmen Speisen.

Restaurantschild, Bergen

Norwegen ist der weltweit größte Lachsproduzent, dementsprechend werden viele Gerichte mit Lachs angeboten. In Berg- und Ferienhotels ist der Mittagstisch mit einem außergewöhnlichen Angebot an Köstlichkeiten einer der Highlights des Aufenthalts. Man sollte ein paar ungeschriebene Gesetze zur Reihenfolge einhalten: Beginnen Sie mit Fisch und Salat, gefolgt von Fleisch- und warmen Gerichten. Zum Schluss gibt es Käse und/oder ein Dessert. Fragen Sie ruhig die Kellner um Rat. Getränke werden am Tisch bestellt.

Essgewohnheiten

Norwegische Essgewohnheiten unterscheiden sich etwas von den unseren, vor allem in puncto Mittag- und Abendessen. Traditionell essen Norweger sehr selten zu Hause warm zu Mittag. Am Arbeitsplatz werden Kantinen, die warme Mahlzeiten servieren, immer populärer. Wenn es keine Kantine gibt, nimmt man sich z.B. belegte Vollkornbrote von zu Hause mit. Cafés und Restaurants bieten zu Mittag warme Gerichte an.

Mittagessen wird meist zwischen 11 und 14 Uhr serviert. Das Abendessen zu Hause findet so gegen 17 Uhr statt. Wenn man auswärts isst, verschiebt man es meist auf 19 oder 20 Uhr. Am Abend öffnen die Restaurants um 17 oder 18 Uhr. Selten ist zu

Das Theatercaféen in Oslo ist seit je ein Künstlertreff (*siehe S. 233*)

Auf dem Fischmarkt in Bergen kann man sich einen Imbiss kaufen

Mittag eine Tischreservierung erforderlich, fürs Abendessen empfiehlt es sich jedoch für beliebte Restaurants, vor allem mittwochs, freitags und samstags.

Fast Food

DER BELIEBTESTE Imbiss ist Hotdog *(pølse)* mit Brötchen oder Kartoffelpfannkuchen *(lompe)*, Würstchen, rohen Zwiebeln und verschiedenen Dressings. Dieser Snack wird häufig an Kiosken oder Imbissständen serviert. Auf einigen Märkten wie dem in Bergen gibt es Imbissstände mit fertig zubereiteten Delikatessen. In den Städten haben meist die üblichen Hamburger-Ketten und Kebab-Häuser Filialen.

An den Hauptstraßen findet man häufig Cafeterias mit normalerweise recht einfachen Gerichten, die so schnell auf den Tisch kommen, dass sie als Fast Food gelten können.

Bezahlen und Trinkgeld

VIELE RESTAURANTS bieten Mittagsgerichte zu vernünftigen Preisen. In Städten kann man für 60 bis 70 Nkr gut zu Mittag essen. Getränke erhöhen den Preis allerdings beträchtlich, ein Mineralwasser kostet 20 oder 30 Nkr. In guten Restaurants kostet ein dreigängiges Menü mit Wein 600 bis 700 Nkr pro Person. Manche Restaurants haben spezielle Angebote, auch zu Abend, die meist draußen angeschrieben sind. Dann kann man oftmals eine gute Hauptmahlzeit für weniger als 100 Nkr bekommen. Die meisten Restaurants hängen ihre Speisekarten am Eingang aus, das ist aber nicht obligatorisch.

Der Service ist immer in der Rechnung enthalten, doch es ist durchaus üblich, dem Kellner ein Trinkgeld (etwa zehn Prozent) zu geben, besonders bei gutem Service. Beschweren Sie sich, wenn das Essen nicht Ihren Erwartungen entspricht. Die Gastwirte selbst ermutigen dazu.

Kinder

KINDER SIND im Allgemeinen in allen Cafés und Restaurants willkommen. Meist gibt es eine separate Kinderkarte und Hochstühle für die Kleinsten. Falls es keine spezielle Karte gibt, kann man den Kellner um Rat bitten. Kinderkarten bieten meist Frikadellen, Würstchen und Pommes oder Spaghetti.

Es ist nicht unbedingt üblich, Kinder abends mit ins Restaurant zu nehmen. Falls Sie es tun, werden Sie zwar kaum abgewiesen, Sie sollten die Kleinen aber unter Kontrolle haben, damit sie am Tisch sitzen bleiben.

Kleidung

ES IST NICHT NÖTIG, extra fürs Restaurant elegante Kleidung einzupacken. Die Norweger kleiden sich eher leger, nur wenige Restaurants erwarten eine Krawatte. Je teurer allerdings ein Restaurant ist, umso besser sollte man sich anziehen – das gilt in Norwegen wie wohl überall sonst auf der Welt.

Alkohol

NORWEGEN HAT restriktive Gesetze bezüglich Alkohol, die Steuer darauf ist die höchste in ganz Europa.

Um Wein oder Bier zu bekommen, muss man 18 Jahre alt sein, für Spirituosen liegt das Mindestalter bei 21 Jahren. Restaurants brauchen eine Lizenz, um Alkohol ausschenken zu dürfen. Manche haben eine Lizenz für Wein und Bier, aber nicht für Härteres. Die großen Restaurants besitzen meist eine volle Lizenz und bieten eine gute Weinauswahl. In Bars bezahlt man für die eigenen Getränke, eine Runde auszugeben ist nicht üblich.

Wein und Spirituosen verkaufen ausschließlich die staatlichen Läden des *Vinmonopolet* (Weinmonopol). Man findet sie nur in größeren Städten, an Sonn- und Feiertagen sind sie geschlossen. In manchen kleineren Ortschaften ist der Ausschank von Alkohol generell verboten.

Rauchen

NORWEGEN HAT AUCH strenge Vorschriften für Raucher. In den letzten Jahren wurden die Restriktionen erweitert. In öffentlichen Gebäuden ist das Rauchen verboten bzw. nur in ausgewiesenen Bereichen erlaubt. Diese Regel wird selten übertreten. Das Rauchverbot gilt ebenfalls auf Bahnsteigen, in Flughafen-Terminals, Büros und Fabrikgebäuden. Auch in Restaurants, Kneipen und Bars ohne abgeschirmtem Raucherbereich ist das Rauchen generell untersagt.

Das Engebret Café von 1857, Oslos ältestes Restaurant *(siehe S. 233)*

Norwegische Spezialitäten

NORWEGEN PRODUZIERT eine Vielfalt an guten, frischen Lebensmitteln, und in den letzten Jahren gewann die hiesige Küche an internationalem Renommee. Auf dem norwegischen Speiseplan steht viel Fisch – Lachs, Kabeljau und Hering werden auf vielfältige Art zubereitet. Auch Wild ist beliebt, besonders Rentier, Elch und Wildgeflügel. Wildbeeren wie Heidel-, Molte- und Himbeeren bilden oftmals die Basis köstlicher Desserts.

Norwegischer Käse
Jarlsberg ist auch jenseits der Grenzen bekannt. Der süße, braune Ziegenkäse geitost wird zum Frühstück gegessen.

SMØRBRØD

Norwegische Brote *(smørbrød)* haben normalerweise üppigen Belag *(pålegg)*. Viele der Zutaten kommen aus dem Meer, aber auch Räucherfleisch und Roastbeef gehören zu den Favoriten.

Garnelen mit Mayonnaise, Zitrone und Salat sind eine ganze Mahlzeit.

Räucherlachs mit Rührei und frischem Dill ist bei den Norwegern sehr beliebt.

Rinderhacksteak wird warm mit gebratenen Zwiebeln und Salat serviert.

Schaltiere mit Mayonnaise auf Salat und Dill.

Leberpastete mit feinen Essiggurkenscheiben und Salat.

Lamm, gekocht und gerollt, wird kalt mit Essiggurke und Salat serviert.

Bergensk fiskesuppe *ist eine Suppe aus Fisch, Schaltieren und Gemüse mit Sahne und Weißwein.*

Gul ertesuppe *besteht aus eingeweichten Erbsen, die mit Schinkenknochen, Thymian und Pfeffer gekocht werden.*

Friske reker, *große Garnelen, werden mit Mayonnaise, Zitrone, Butter und Baguette serviert.*

SPEKESILD

Einst galt marinierter Hering als Armeleute-Essen, heute ist er überall beliebt, vor allem zu Weihnachten. Er wird mit rohen Zwiebeln, saurer Sahne, Preiselbeeren, Butter und Knäckebrot gereicht. Dazu passt Bier oder Aquavit.

Butter

Saure Sahne

Preiselbeeren

Dünnes Knäckebrot

NORWEGISCHE SPEZIALITÄTEN

Gratinert sjøkreps ist gegrillter, mit Käse gratinierter Flusskrebs. Dazu gibt es Salat und Senfsauce. Flusskrebs ist nur eines der vielen Schaltiere aus norwegischen Gewässern, daneben gibt es Garnelen, Krabben, Hummer, Muscheln und Austern. Sie werden auf verschiedene Arten zubereitet und sind aus der hiesigen Küche nicht wegzudenken.

Grillet breiflabb, gegrillter Mönchsfisch, mit Kräutersauce, Gemüsestreifen und Pellkartoffeln. Die Filets können auch gebraten werden.

Kokt torsk, pochierte Kabeljaufilets, werden mit Pellkartoffeln, Karotten und geschmolzener Butter serviert. Dazu gibt es oft Rotwein.

Får-i-kål besteht aus kleinen Stückchen Lamm und Kohl. Es wird gekocht, bis es zart ist, und mit Pellkartoffeln angerichtet.

Reinsdyrstek, rosa gebratenes Rentiersteak, wird mit Pellkartoffeln, einer üppigen Sauce, Brokkoli und Preiselbeeren serviert.

Elgstek ist gebratenes Elchsteak. Zu den Fleischscheiben gibt es Kartoffelgratin, Brokkoli, Preiselbeeren und Rotweinsauce.

Multekrem med krumkaker, Moltebeeren, Schlagsahne und Waffeln – eine köstliche Art, ein Festmahl, z.B. am Heiligabend, zu beenden.

Kransekake, ein traditionsreicher Kuchen für festliche Anlässe, besteht hauptsächlich aus fein gemahlenen Mandeln und Zucker.

GETRÄNKE

Norwegisches Bier (øl) ist international angesehen. Hier produzierter Aquavit (akevitt) ist ein Schnaps auf Kartoffel- oder Getreidebasis in zahlreichen Geschmacksvarianten wie z.B. Kümmel. *Linje-akevitt* altert in Eichenfässern an Bord von Schiffen, die die »Linie«, den Äquator, überquert haben. Farris ist ein Mineralwasser, das an der Farris-Quelle abgefüllt wird, ganz ohne Zusätze oder Kohlensäure. St. Hallvard ist ein süßer Kräuterschnaps, der gut zum Kaffee passt.

Farris-Mineralwasser   **Ringnes-Bier**   **Løitens-Aquavit**   **St.-Hallvard-Schnaps**

Restaurantauswahl

DIE HIER GENANNTEN RESTAURANTS wurden aufgrund ihres guten Preis-Leistungs-Verhältnisses, der guten Küche, der Atmosphäre und ihrer interessanten Lage ausgewählt. Jedes Restaurant wird individuell charakterisiert. Die Restaurants sind nach Regionen aufgelistet, angefangen mit Oslo. Den Stadtplan Oslo finden Sie auf den Seiten 98–103.

OSLO

Restaurant	Kreditkarten	Mittagstisch	Spätabends geöffnet	Tagesmenü	Gute Weinkarte
WESTLICHES ZENTRUM: *Mr Hong* Ⓚ Stortingsgata 8, Eingang Rosenkrantz' gate, 0161 Oslo. **Stadtplan** 3 D3. 22 42 20 08. Ein großes Restaurant ein paar Gehminuten von der Stortingsgata mit reich verziertem Interieur. Chinesische und mongolische Küche.	AE DC MC V		■		
WESTLICHES ZENTRUM: *Vegeta Vertshus* Ⓚ Munkedamsveien 3B, 0161 Oslo. **Stadtplan** 2 C3. 22 83 42 32. Schlichtes vegetarisches Restaurant in einer Seitenstraße beim Nationaltheatret. Wählen Sie an einem Büfett unter Salaten, Suppen, warmen Gerichten und Desserts. Kein Alkoholausschank.	AE DC MC V	●	■		
WESTLICHES ZENTRUM: *Coco Vika* ⓀⓀ Dronning Mauds gate 1, 0250 Oslo. **Stadtplan** 2 C3. 22 83 18 18. Coco Vika liegt zentral in der Nähe von Aker Brygge. Es ist bei den Einheimischen wegen seiner lebhaften Atmosphäre und der orientalischen Fusionküche beliebt.	AE DC MC V	●	■		■
WESTLICHES ZENTRUM: *Egon Karl Johan* ⓀⓀ Karl Johans gate 37, 0162 Oslo. **Stadtplan** 3 D3. 22 41 77 90. Einladendes Restaurant im Einkaufskomplex Paleet an der Karl Johans gate. Das Büfett bietet eine Auswahl günstiger Gerichte (keine Bedienung) und Wein. Die Karte ist in mehrere Sprachen übersetzt.	AE DC MC V	●	■		
WESTLICHES ZENTRUM: *Lorry Restaurant* ⓀⓀ Parkveien 12, 0350 Oslo. **Stadtplan** 2 C2. 22 69 69 04. Legeres, zeitloses Restaurant an der Nordecke des Slottsparken, berühmt für die riesige Bierauswahl. Das Speiseangebot wechselt.	AE DC MC V	●	■		■
WESTLICHES ZENTRUM: *Babette's Gjestehus* ⓀⓀⓀ Fridtjof Nansens plass 2, 0160 Oslo. **Stadtplan** 3 D3. 22 41 64 64. Die Speisekarte dieses Restaurants in den Rådhuspassasjen variiert je nach jahreszeitlichem Marktangebot. Ganz in der Nähe befindet sich das dazugehörige Café. So.	AE DC MC V		■		
WESTLICHES ZENTRUM: *Dinner Bar & Restaurant* ⓀⓀⓀ Stortingsgata 22, 0161 Oslo. **Stadtplan** 3 D3. 23 10 04 66. Exzellentes chinesisches Restaurant, spezialisiert auf die Küche Szechuans und Kantons. In einem modernen, stilvollen Haus gegenüber dem Nationaltheatret.	AE DC MC V		■		
WESTLICHES ZENTRUM: *D/S Louise Restaurant & Bar* ⓀⓀⓀ Stranden 3, 0250 Oslo. **Stadtplan** 2 C4. 22 83 00 60. Das große, einladende Restaurant mit internationalem Speisenangebot befindet sich auf mehreren Etagen mitten in Aker Brygge. Es bietet Aussicht über den Hafen und ist mit nautischem Schnickschnack dekoriert.	AE DC MC V		■	●	■
WESTLICHES ZENTRUM: *Lofoten Fiskerestaurant* ⓀⓀⓀ Stranden 75, 0250 Oslo. **Stadtplan** 2 C4. 22 83 08 08. Seafood-Restaurant mit hervorragenden Gerichten mit jahreszeitlichem Einschlag. Es befindet sich am Aker-Brygge-Kai in einem modernen Gebäude mit Blick über den Fjord und die Stadt. Im Sommer kann man auch im Freien speisen.	AE DC MC V	●	■		■
WESTLICHES ZENTRUM: *Blom* ⓀⓀⓀⓀ Karl Johans gate 41B, 0162 Oslo. **Stadtplan** 3 D3. 22 40 47 10. Künstlertreffpunkt, von der Karl Johans gate etwas zurückgesetzt im Einkaufskomplex Paleet. Alt, ehrwürdig und komfortabel, mit Gemälden, Wappen und Erinnerungsstücken berühmter Künstler. Traditionelle, gute Küche.	AE DC MC V	●	■	●	■

Stadtplan Oslo siehe Seiten 98–103

Preiskategorien für ein Drei-Gänge-Menü für eine Person mit einer halben Flasche Wein, inklusive Service und Steuer.

ⓚ unter 400 Nkr
ⓚⓚ 400–500 Nkr
ⓚⓚⓚ 500–700 Nkr
ⓚⓚⓚⓚ über 700 Nkr

MITTAGSTISCH
Viele Restaurants sind nur abends geöffnet, aber Restaurants in Großstädten und welche mit Bistros servieren auch Mittagessen.

SPÄTABENDS GEÖFFNET
Das Restaurant bietet auch nach 22 Uhr vollen Service.

TAGESMENÜ
Es gibt ein gutes Mittags- und/oder Abendmenü zu einem festen Preis. Es besteht meist aus drei Gängen.

GUTE WEINKARTE
Das Restaurant hat eine umfangreiche oder außergewöhnliche Auswahl an Weinen.

	KREDITKARTEN	MITTAGSTISCH	SPÄTABENDS GEÖFFNET	TAGESMENÜ	GUTE WEINKARTE
WESTLICHES ZENTRUM: *Theatercafeen* ⓚⓚⓚ Stortingsgata 24, 0161 Oslo. **Stadtplan** 3 D3. ☎ 22 82 40 50. Das traditionsreiche Theatercafeen hat eine lebhafte Atmosphäre und zieht Gäste aller Sparten an, von den reichen und berühmten Stammgästen bis hin zu den Urlaubern. Ein Ort zum Sehen und Gesehenwerden – mit internationaler Küche. ♿ ⚡ ♫ ▮ ▮	AE DC MC V	●	■	●	■
ÖSTLICHES ZENTRUM: *Coco Chalet* ⓚ Øvre Slottsgate 8, 0157 Oslo. **Stadtplan** 3 D4. ☎ 22 33 32 66. Ein breites Angebot europäischer Gerichte mit exotischem Touch bieten sowohl das Café als auch das Restaurant. ▮ ▮	MC V	●	■		
ÖSTLICHES ZENTRUM: *Kaffistova* ⓚ Rosenkrantz' gate 8, 0159 Oslo. **Stadtplan** 3 D3. ☎ 23 21 42 10. Büfett mit umfangreicher Auswahl an traditionellen Gerichten. Gehört zum Hotel Bondeheimen, einen Steinwurf von der Karl Johans gate entfernt. Ursprünglich wurde hier für Leute vom Land gekocht, die die Küche von zu Hause vermissten, doch heute ist das Restaurant bei allen beliebt, die norwegische Spezialitäten mögen. Kein Alkoholausschank. Schlichte, moderne Einrichtung in norwegischem Design. ♿ ⚡ ▮	AE DC MC V	●		●	
ÖSTLICHES ZENTRUM: *Kafé Celsius* ⓚⓚ Rådhusgata 19, 0158 Oslo. **Stadtplan** 3 D4. ☎ 22 42 45 39. In Oslos ältestem Gebäude nahe Christiania Torg befinden sich Galerien und ein zauberhaftes Lokal im Hof. Norwegisches wie Fisch und Schaltiere. ⚡ ▮ ▮ ▮	AE DC MC V	●	■		
ÖSTLICHES ZENTRUM: *Brasserie A Touch of France* ⓚⓚⓚ Øvre Slottsgaten 16, 0157 Oslo. **Stadtplan** 3 D3. ☎ 23 10 01 65. Zweifellos ein Touch Frankreich – die unprätentiöse, charmante Brasserie nahe Egertorget bietet klassische französische Küche sowie einige internationale Gerichte. ♿ ⚡ ▮	AE DC MC V		■	●	■
ÖSTLICHES ZENTRUM: *Det Gamle Raadhus Restaurant* ⓚⓚⓚ Nedre Slottsgate 1, 0157 Oslo. **Stadtplan** 3 D4. ☎ 22 42 01 07. Das beliebte Restaurant nahe der Akershus-Festung befindet sich in einem der ältesten Gebäude Oslos (1641). Genießen Sie norwegische und internationale Küche in historischem Ambiente. ⚡ ▮ ▮ ⭕ *So.*	AE DC MC V		■	●	■
ÖSTLICHES ZENTRUM: *Engebret Café* ⓚⓚⓚ Bankplassen 1, 0151 Oslo. **Stadtplan** 3 E4. ☎ 22 82 25 25. Nur wenig scheint sich in diesem historischen Gebäude (1857) in der Nähe der Norges Bank am Bankplassen im Lauf der Zeit geändert zu haben. Das ganze Jahr über ist das Restaurant äußerst beliebt. Im Sommer stehen auch Tische im Freien. ⚡ ▮ ▮ ⭕ *So.*	AE DC MC V	●	■		■
ÖSTLICHES ZENTRUM: *Restaurant Mona Lisa* ⓚⓚⓚ Grensen 10, Eingang Øvre Slottsgate, 0159 Oslo. **Stadtplan** 3 E3. ☎ 22 42 89 14. Traditionelles Restaurant im ersten Stock, nahe Egertorget. Auf der Speisekarte stehen norwegische, italienische und französische Gerichte. Einladendes Interieur. ⚡ ▮ ▮ ▮	AE DC MC V	●	■	●	■
ÖSTLICHES ZENTRUM: *Solsiden Restaurant* ⓚⓚⓚ Søndre Akershus kai 34, 0150 Oslo. **Stadtplan** 3 D5. ☎ 22 33 36 30. Ein altes Seifenlager am Kai unter der Akershus-Festung wurde in ein hervorragendes Fischrestaurant verwandelt. Hier können Sie die Aussicht über den Hafen und ausschließlich Fischgerichte genießen. ♿ ⚡ ▮ ▮ ⭕ *Mai–Sep.*	AE DC MC V		■	●	
ÖSTLICHES ZENTRUM: *Stortorvets Gjestgiveri* ⓚⓚⓚ Grensen 1, 0159 Oslo. **Stadtplan** 3 E3. ☎ 23 35 63 60. Die Fassade des 300-jährigen Gebäudes blieb im Lauf der Zeit nahezu unverändert, und auch im Restaurantbereich mit den vielen bezaubernden Räumen herrscht noch das historische Flair. Schlichte, gute Küche. ⚡ ▮ ♫ ▮	AE DC MC V	●	■	●	■

Zeichenerklärung siehe hintere Umschlagklappe

ZU GAST IN NORWEGEN

Preiskategorien für ein Drei-Gänge-Menü für eine Person mit einer halben Flasche Wein, inklusive Service und Steuer.

(k) unter 400 Nkr
(k)(k) 400–500 Nkr
(k)(k)(k) 500–700 Nkr
(k)(k)(k)(k) über 700 Nkr

MITTAGSTISCH
Viele Restaurants sind nur abends geöffnet, aber Restaurants in Großstädten und welche mit Bistros servieren auch Mittagessen.

SPÄTABENDS GEÖFFNET
Das Restaurant bietet auch nach 22 Uhr vollen Service.

TAGESMENÜ
Es gibt ein gutes Mittags- und/oder Abendmenü zu einem festen Preis. Es besteht meist aus drei Gängen.

GUTE WEINKARTE
Das Restaurant hat eine umfangreiche oder außergewöhnliche Auswahl an Weinen.

ÖSTLICHES ZENTRUM: *Grand Cafe* (k)(k)(k)
Karl Johans gate 31, 0159 Oslo. **Stadtplan** 3 D3. 📞 24 14 53 00.
Etabliertes Café in französischem Stil mit Blick auf die Karl Johans gate. Das beliebte Lokal stammt aus der Boheme-Zeit Ende des 19. Jahrhunderts, als Henrik Ibsen hier Stammgast war. Gutes, vielfältiges Speiseangebot.
🔣 🔣 🔣 V Y

ÖSTLICHES ZENTRUM: *Statholdergaarden* (k)(k)(k)(k)
Rådhusgata 11, 0151 Oslo. **Stadtplan** 3 E4. 📞 22 41 88 00.
Elegantes, 350 Jahre altes Herrenhaus, im 17. Jahrhundert Residenz des *statholder*, eines hochrangigen Politikers. Die vielen kleinen Räume schaffen eine heimelige Atmosphäre, während klassische Gemälde und Stuckdecken von der langen Geschichte zeugen. Die Gourmetküche steht unter der Leitung eines ehemaligen Bocus-d'Or-Gewinners. 🔣 🔣 V ● So.

BYGDØY: *Najaden* (k)(k)(k)
Bygdøynesveien 37, 0286 Oslo. **Stadtplan** 1 C4. 📞 22 43 81 80.
Hier, im Sjøfartsmuseet, kann man eine Mahlzeit und den Blick über den Fjord und die Stadt genießen. Das Ambiente ist nautisch, die skandinavische Speisekarte bietet Fisch- und Fleischgerichte. 🔣 🔣 🔣 V

UMGEBUNG: *Kafe Asylet* (k)(k)
Grønland 28 (Eingang im Hof), 0188 Oslo. 📞 22 17 09 39.
Niedrige Decken, unebene Böden und schiefe Fenster kennzeichnen das alte Holzgebäude in Grønland, nordöstlich von Oslos Hauptbahnhof. Die Küche ist schlicht, aber gut. 🔣 🔣 Y

UMGEBUNG: *Magma* (k)(k)
Bygdøy Allé 53, 0262 Oslo. **Stadtplan** 2 A3. 📞 23 08 58 10.
Eines der wenigen Osloer Restaurants, das Frühstück à la carte serviert. Unter der Woche spätabends geöffnet. Französisch-italienische Küche.
🔣 🔣 V Y 🔣

UMGEBUNG: *Markveien Mat & Vinhus* (k)(k)
Torvbakkgata 12, Eingang Markveien, 0550 Oslo. **Stadtplan** 3 F2. 📞 22 37 22 97.
Das Restaurant, ein schöner Ort mit Kunst an den Wänden, bietet einfache, aber köstliche Gerichte mit einem Augenmerk auf besonders gute Zutaten. Das Personal übersetzt gerne die detaillierte Karte. Gute Weinauswahl.
🔣 V Y

UMGEBUNG: *Sult* (k)(k)
Thorvald Meyers gate 26, 0555 Oslo. 📞 22 87 04 67.
Das Restaurant im eleganten Grünerløkka hat ein norwegisches Speisenangebot aus guten, frischen Produkten. 🔣 V Y ● Mo.

UMGEBUNG: *Big Horn Steak House Majorstua* (k)(k)(k)
Bogstadveien 64, 0366 Oslo. 📞 22 69 03 00.
Das Kellerrestaurant mit dem Thema »Amerikanischer Westen« ist auf Steaks und andere Fleischgerichte spezialisiert. Es befindet sich im lebhaften Majorstua nahe dem Vigelandsparken. 🔣 🔣 Y

UMGEBUNG: *De Fem Stuer* (k)(k)(k)
Kongeveien 26, 0787 Oslo. 📞 22 92 27 34.
Der Speisesaal des Rica Park Hotell Holmenkollen hat eine romantische, ländliche Atmosphäre mit herrlicher Aussicht über die Stadt. Umfangreiches internationales Angebot. 🔣 🔣 🔣 V Y

UMGEBUNG: *Frognerseteren* (k)(k)(k)
Holmenkollveien 200, 0791 Oslo. 📞 22 92 40 40.
Restaurant, Café und Festsaal bieten für jeden Anlass das Richtige, ob Erfrischungen nach einer Waldwanderung oder ein großes Festmahl. Echt norwegisches Ambiente im Stil der nationalen Romantik, mit Blick über die Holmenkollen-Sprungschanze. 🔣 🔣 V

Stadtplan Oslo siehe Seiten 98–103

	KREDITKARTEN	MITTAGSTISCH	SPÄTABENDS GEÖFFNET	TAGESMENÜ	GUTE WEINKARTE
Grand Cafe	AE DC MC V	●	■	●	■
Statholdergaarden	AE DC MC V		■	●	
Najaden	AE DC MC V	●		●	
Kafe Asylet	DC MC V	●	■		
Magma	AE DC MC V	●	■	●	
Markveien Mat & Vinhus	AE DC MC V		■		■
Sult	AE DC MC V		■		
Big Horn Steak House Majorstua	AE DC MC V		■		■
De Fem Stuer	AE DC MC V	●	■		■
Frognerseteren	DC MC V	●	■	●	

RESTAURANTS

UMGEBUNG: *Holmenkollen Restaurant* ⓀⓀⓀ
Holmenkollveien 119, 0787 Oslo. ☎ 22 13 92 00.
Das historische Restaurant mit Blick über die Stadt hat sich den historischen
Charakter bewahrt. Norwegisch inspirierte Küche. 🅱 ⚡ 🚶 Ⓥ
AE DC MC V

UMGEBUNG: *Hos Thea* ⓀⓀⓀ
Gabels gate 11, 0272 Oslo. **Stadtplan** 2 A3. ☎ 22 44 68 74.
Stilvolles Lokal mit heimeligem Flair nahe Drammensveien. Das vielfältige
Angebot enthält Seafood und Fleischgerichte. ⚡ ⚡ 🚶 Ⓥ
AE DC MC V

UMGEBUNG: *Klosteret Restaurant* ⓀⓀⓀ
Fredensborgveien 13, 0177 Oslo. **Stadtplan** 3 E2. ☎ 23 35 49 00.
Alte Ziegelbogen, Schmiedeeisen, Kerzenlicht und gregorianische Choräle
schaffen eine romantische Atmosphäre in diesem Kellerrestaurant. Kontinen-
tale und französische Gerichte. ⚡ Ⓥ ● So.
AE DC MC V

UMGEBUNG: *Bagatelle Restaurant* ⓀⓀⓀⓀ
Bygdøy allé 3, 0257 Oslo. ☎ 22 12 14 40.
Südlich des Vigelandsparken, hinter einer unscheinbaren Fassade, befindet
sich Norwegens einziges Restaurant mit zwei Sternen im *Guide Rouge*. Superbe
Speise- und umfangreiche Weinkarte. 🅱 ⚡ 🚶 Ⓥ ● So.
AE DC MC V

UMGEBUNG: *Feinschmecker Spisested* ⓀⓀⓀⓀ
Balchens gate 5, 0265 Oslo. ☎ 22 12 93 80.
Französisch inspirierte Gourmetküche mit einem Stern im *Guide Rouge*.
Hervorragende Küche in einladendem Ambiente. 🅱 ⚡ 🚶 Ⓥ ● So.
AE DC MC V

UMGEBUNG: *Restaurant Le Canard* ⓀⓀⓀⓀ
President Harbitz gate 4, 0259 Oslo. **Stadtplan** 2 B2. ☎ 22 54 34 00.
Feinschmeckerrestaurant, das nur die besten Zutaten verwendet. Französisch
angehauchte Küche und umfangreiches Weinangebot. ⚡ Ⓥ ● So.
AE DC MC V

UM DEN OSLOFJORD

DRAMMEN: *Café Picasso* Ⓚ
Nedre Storgate 16, 3015 Drammen. ☎ 32 89 07 08.
Das Café serviert Fleisch-, Fisch-, Pasta- und mexikanische Gerichte. Im
Sommer stehen auch Tische im Hinterhof. ⚡ 🚶 Ⓥ Ⓨ
AE DC MC V

DRAMMEN: *Lauritz Restaurant & Bar* Ⓚ
Bragernes Torg 2A, 3017 Drammen. ☎ 32 83 77 22.
In diesem Restaurant am zentralen Platz der Stadt wird gute, einfache Küche
serviert. Am letzten Samstag des Monats gibt es Live-Musik. 🅱 ⚡ Ⓥ Ⓨ
AE DC MC V

DRAMMEN: *Sofus Vertshus – Kro* ⓀⓀⓀ
Øvre Torggate 6, 3017 Drammen. ☎ 32 83 80 05.
Steakhouse mit internationalen Gerichten in einem umgebauten Stall.
Rustikales Ziegel- und Holzinterieur mit Reiter-Accessoires. ⚡ 🚶 Ⓥ
AE DC MC V

FREDRIKSTAD: *Major-Stuen* ⓀⓀ
Voldportgaten 73, 1632 Gamle Fredrikstad. ☎ 69 32 15 55.
Große Auswahl an herzhaften und leichteren Gerichten gibt es in diesem
Restaurant in der Altstadt, Gamle Fredrikstad. 🅱 ⚡ 🚶 Ⓥ Ⓨ
AE DC MC V

FREDRIKSTAD: *Balaklava Gjestgiveri* ⓀⓀⓀ
Færgeportgata 78, 1632 Gamle Fredrikstad. ☎ 69 32 30 40.
Der Schwerpunkt liegt hier auf Feinschmeckergerichten mit internationalem
Einschlag, aus frischen, regionalen Produkten. Der Gasthof umfasst fünf gut
erhaltene Gebäude in der Festung und bietet auch Speisesäle und Hotelzim-
mer. Im Sommer kann man auch draußen speisen.
🅱 ⚡ 🚶 Ⓥ Ⓨ ● Mo.
AE DC MC V

HØVIK: *Bølgen & Moi* ⓀⓀⓀ
Sonja Henies vei 31, 1363 Høvik. ☎ 67 52 10 20.
Herausragende Speisekarte und Atmosphäre. Interieur mit klaren Linien und –
passend zur Tatsache, dass sich das Lokal im Henie-Onstad Kunstsenter befin-
det – regelmäßig wechselnden Kunstausstellungen.
🅱 ⚡ 🚶 Ⓥ ● So, Mo (Cafeteria täglich geöffnet).
AE DC MC V

LARVIK: *Ferdinands Lille Kjøkken* Ⓚ
Storgata 32, 3256 Larvik. ☎ 33 13 05 44.
Das einladende norwegische Restaurant ist vor allem für seine Fischgerichte
bekannt. Es liegt mitten in der Stadt, mit Blick über den Hafen von der Ter-
rasse aus, auf der man im Sommer sitzen kann. ⚡ 🚶 Ⓥ
AE DC MC V

Zeichenerklärung siehe hintere Umschlagklappe

Preiskategorien für ein Drei-Gänge-Menü für eine Person mit einer halben Flasche Wein, inklusive Service und Steuer.

Ⓚ unter 400 Nkr
ⓀⓀ 400–500 Nkr
ⓀⓀⓀ 500–700 Nkr
ⓀⓀⓀⓀ über 700 Nkr

MITTAGSTISCH
Viele Restaurants sind nur abends geöffnet, aber Restaurants in Großstädten und welche mit Bistros servieren auch Mittagessen.

SPÄTABENDS GEÖFFNET
Das Restaurant bietet auch nach 22 Uhr vollen Service.

TAGESMENÜ
Es gibt ein gutes Mittags- und/oder Abendmenü zu einem festen Preis. Es besteht meist aus drei Gängen.

GUTE WEINKARTE
Das Restaurant hat eine umfangreiche oder außergewöhnliche Auswahl an Weinen.

Restaurant	Preis	Kreditkarten	Mittagstisch	Spätabends geöffnet	Tagesmenü	Gute Weinkarte
LARVIK: *Brasserie Vadskjæret* — Havnegata 12, 3263 Larvik. 33 14 10 90. Brasserie an der Nordseite des Hafens mit Blick über den Fjord. Fleisch- und Fischgerichte, darunter Walsteak und -filet – in Erinnerung an den Walfang. Im Sommer Tische im Freien.	ⓀⓀ	DC MC V		■	●	■
SANDEFJORD: *Da Vinci Restaurant* — Klaras vei 9C, 3244 Sandefjord. 33 46 86 80. Das italienische Restaurant im Zentrum bietet unter anderem norwegische Gerichte.	Ⓚ	AE DC MC V	●	■		■
SANDEFJORD: *Mathuset Solvold* — Thor Dahlsgate 9, 3210 Sandefjord. 33 46 27 41. Bekanntes Restaurant mit gut sortiertem Weinkeller. Es gibt einen Bereich für leichte Mahlzeiten und ein Gourmetrestaurant mit französisch inspirierter Küche und spanischen, italienischen und asiatischen Einschlägen. So.	ⓀⓀⓀ	AE DC MC V		■	●	■
TØNSBERG: *Fregatten Restaurant & Bar* — Storgata 17, 3126 Tønsberg. 33 31 47 76. Norwegische und japanische Gerichte mit Fisch- und Schaltierspezialitäten in maritimer Nachbarschaft.	Ⓚ	AE DC MC V		■	●	■
TØNSBERG: *Brygga Restaurant* — Nedre Langgate 32, 3126 Tønsberg. 33 31 12 70. Traditionelles norwegisches Restaurant in neu gebautem Hof am Kai. Vielfältiges Angebot mit Fisch und Fleisch.	ⓀⓀ	AE DC MC V	●	■		■

OSTNORWEGEN

Restaurant	Preis	Kreditkarten	Mittagstisch	Spätabends geöffnet	Tagesmenü	Gute Weinkarte
HAMAR: *Mrs Sippy's Steakhouse* — Torggata 3, 2317 Hamar. 48 20 18 44. Umfangreiche amerikanische, kreolische und mexikanische Karte. Das Lokal in der Nähe des Jernbaneparken ist für seine Spareribs berühmt. Die lockere Atmosphäre lässt an den amerikanischen Süden denken.	ⓀⓀ	AE DC MC V		■		■
HAMAR: *Stallgården Restauranthus* — Torggata 82, 2317 Hamar. 62 54 31 00. Ein umgebauter Scheunenhof von 1849 beherbergt ein Café, eine Bar und einen Nachtklub sowie das stimmungsvolle Restaurant Bykjeller'n mit umfangreichem norwegischem Speiseangebot.	ⓀⓀⓀ	AE DC MC V	●	■	●	■
LILLEHAMMER: *Bryggeriet Restaurant* — Elvegaten 19, 2609 Lillehammer. 61 27 06 60. Als man die Brauerei der Stadt abriss, baute man die Keller von 1855 zu diesem schönen Restaurant um. Steakgerichte sind die Spezialität des Hauses, es gibt aber auch andere Speisen.	Ⓚ	AE DC MC V		■		■
LILLEHAMMER: *Blåmann Restaurant & Bar* — Lilletorget 1, 2615 Lillehammer. 61 26 22 03. Das Restaurant ist, wie der Name vermuten lässt, in Blautönen dekoriert. Die Speisen – von norwegisch bis mexikanisch – werden aus der offenen Küche serviert. Es gibt auch eine Pianobar.	ⓀⓀ	AE DC MC V	●	■		■
LILLEHAMMER: *Nikkers* — Elvegaten 18, 2609 Lillehammer. 61 24 74 30. Restaurant und Speisekarte spiegeln norwegischen ländlichen Stil wider. Im ersten Stock gibt es eine Bar mit mehreren Fernsehern, auf denen ausschließlich Sport läuft.	ⓀⓀ	AE DC MC V	●	■		■
LILLEHAMMER: *Paa Bordet Restaurant* — Bryggerigata 70, 2609 Lillehammer. 61 25 30 00. Kleines Restaurant in altem Holzgebäude einen Block unterhalb der Hauptstraße. Feinschmeckerangebot aus wenigen Gerichten. So.	ⓀⓀⓀ	AE DC MC V		■	●	■

RESTAURANTS

SØRLANDET UND TELEMARK

ARENDAL: *Phileas Fogg* (K)
Nedre Tyholmsveien 2, 4836 Arendal. [37 02 02 02.
Englisch inspiriertes Restaurant mit Speisen aus aller Welt. Zentral gelegen
neben Pollen. 🛢 ⚡ 🏃 ♫ V Y

	AE	●	■		■
	DC				
	MC				
	V				

ARENDAL: *Madam Reiersen* (K)(K)
Nedre Tyholmsveien 3, 4836 Arendal. [37 02 19 00.
Freundliches Restaurant mit angrenzender Bar am Kai, mit Blick zum Yacht-
hafen Pollen. Viele internationale Gerichte. 🛢 ⚡ 🏃 ♫ V Y

	AE	●	■	●	■
	DC				
	MC				
	V				

KRISTIANSAND: *Brasserie Hvide Hus* (K)
Markens gate 29, 4611 Kristiansand S. [38 02 18 84.
Schlichte norwegische Küche in einladendem Ambiente im ersten Stock, mit
Blick auf die Fußgängerzone. ⚡ 🏃 V Y ● So.

	AE	●	■	●	■
	DC				
	MC				
	V				

KRISTIANSAND: *Bakgården Restaurant* (K)(K)(K)
Tollbodgata 5, 4611 Kristiansand S. [38 02 79 55.
Französisch beeinflusste Küche in unprätentiösem Ambiente um einen Hof im
Stadtzentrum. Das Restaurant wird von Paraffinlampen beleuchtet. Keine Speise-
karte, die Kellner informieren über das Angebot. 🛢 ⚡ V Y ● So.

	AE		■		■
	DC				
	MC				
	V				

KRISTIANSAND: *Luihn Restaurant* (K)(K)(K)
Rådhusgata 15, 4611 Kristiansand S. [38 10 66 40.
Ehemaliges Patrizierhaus mit einladender Atmosphäre in einem ruhigen Teil
des Kvadraturen-Viertels. Auf der erstklassigen Karte stehen französisch inspirierte norwegische Speisen. 🛢 ⚡ V ● So.

	AE		■	●	■
	DC				
	MC				
	V				

KRISTIANSAND: *Sjøhuset Restaurant* (K)(K)(K)
Østre Strandgate 12A, 4610 Kristiansand S. [38 02 62 60.
Lokal in einem früheren Salzlager von 1892 am Osthafen mit Meerblick.
Schwerpunkte der Karte sind Fisch- und Schaltiergerichte. Im Sommer kann
man unter freiem Himmel sitzen. 🛢 ⚡ V ● So.

	AE	●	■	●	■
	DC				
	MC				
	V				

SKIEN: *Boden Spiseri* (K)(K)(K)
Langbrygga 5, 3724 Skien. [35 52 61 70.
In dem Hafengebäude aus den 1850er Jahren gibt es zwei Bereiche: Im Erd-
geschoss werden norwegische und internationale Küche in romantisch-länd-
lichem Ambiente serviert, im legereren *Kulcompagnie* im Keller preisgünstige
Snacks und leichte Mahlzeiten. 🛢 ⚡ 🏃

	AE		■		■
	DC				
	MC				
	V				

VESTLANDET

ÅLESUND: *Fjellstua* (K)(K)
Aksla 600, 6004 Ålesund. [70 10 74 00.
Durch die Hanglage mit Blick über den Ålesund lohnt sich ein Besuch im
Fjellstua schon allein der Aussicht wegen. Das Restaurant bietet eine gute Aus-
wahl norwegischer Gerichte in entspannter Atmosphäre.
🛢 ⚡ 🏃 V Y

	AE	●			■
	DC				
	MC				
	V				

ÅLESUND: *Sjøbua Restaurant* (K)(K)(K)
Brunholmgata 1, 6004 Ålesund. [70 12 71 00.
Angenehmes Fischrestaurant in einem ehemaligen Lagerhaus, das nach dem
verheerenden Stadtbrand von 1904 im Jugendstil gebaut wurde. Man
überblickt den Brosundet und das Meer. 🛢 ⚡ 🏃 V Y ● So.

	AE		■		■
	DC				
	MC				
	V				

BERGEN: *Mezzo* (K)
Rosenkrantzgaten 6, 5003 Bergen. [55 55 03 03.
In dem 300 Jahre alten Gebäude befinden sich gleich mehrere Lokale. Die
Brasserie ist mit warmen Farben dekoriert und serviert französisch-norwegi-
sche Küche mit Fisch und Fleisch. Mezzo ist das Gourmetrestaurant; es gibt
auch ein mexikanisches Lokal. 🛢 ⚡ 🏃 V ● So.

	AE		■	●	■
	DC				
	MC				
	V				

BERGEN: *Bryggeloftet & Stuene Restaurant* (K)(K)
Bryggen 11, 5003 Bergen. [55 31 06 30.
Altes, traditionelles Restaurant am Hafen. Auf der Karte stehen Fisch, Fleisch
und Wild. 🛢 ⚡ 🏃 V

	AE	●	■		■
	DC				
	MC				
	V				

BERGEN: *Holbergstuen* (K)(K)
Torgalmenningen 6, 5014 Bergen. [55 55 20 55.
Altes, gut bekanntes Restaurant im Stadtzentrum. Große Auswahl an Speisen
und Getränken. Die Wände sind mit Zitaten des hiesigen Dichters Holberg
und mit Folklorekunst geschmückt. 🛢 ⚡ 🏃 V

	AE	●	■	●	■
	DC				
	MC				
	V				

Zeichenerklärung siehe hintere Umschlagklappe

ZU GAST IN NORWEGEN

Preiskategorien für ein Drei-Gänge-Menü für eine Person mit einer halben Flasche Wein, inklusive Service und Steuer.

Ⓚ unter 400 Nkr
ⓄⓄ 400–500 Nkr
ⓄⓄⓄ 500–700 Nkr
ⓄⓄⓄⓄ über 700 Nkr

MITTAGSTISCH
Viele Restaurants sind nur abends geöffnet, aber Restaurants in Großstädten und welche mit Bistros servieren auch Mittagessen.

SPÄTABENDS GEÖFFNET
Das Restaurant bietet auch nach 22 Uhr vollen Service.

TAGESMENÜ
Es gibt ein gutes Mittags- und/oder Abendmenü zu einem festen Preis. Es besteht meist aus drei Gängen.

GUTE WEINKARTE
Das Restaurant hat eine umfangreiche oder außergewöhnliche Auswahl an Weinen.

	KREDITKARTEN	MITTAGSTISCH	SPÄTABENDS GEÖFFNET	TAGESMENÜ	GUTE WEINKARTE
BERGEN: *Wesselstuen* ⓄⓄ Ole Bulls plass 6, 5012 Bergen. ☎ 55 55 49 49. Eines der traditionsreichsten Restaurants Bergens. Hier treffen sich vom Studenten bis zu Geschäftsleuten alle, die unprätentiöses norwegisches Essen zu schätzen wissen. ♿ ⚡ ♟ Ⓥ ⓨ	AE DC MC V	●	■		■
BERGEN: *Bryggen Tracteursted* ⓄⓄⓄ Bryggestredet 2, 5003 Bergen. ☎ 55 33 69 99. Das Gebäude, nach einem Feuer von 1701 wieder aufgebaut, war schon immer ein Restaurant. Es hat das Flair eines gut erhaltenen Hansekaufmannshauses, das Personal trägt stilechte Kleidung. Die Speisen sind ebenfalls von jenen beeinflusst, die man zu hanseatischen Zeiten aß. ♿ ⚡ Ⓥ ⓨ ● So.	AE DC MC V	●	■		
BERGEN: *Smauet Mat & Vinhus* ⓄⓄⓄ Vaskerelvsmuget 1, 5014 Bergen. ☎ 55 21 07 10. Das gemütliche Interieur erinnert an eine Holzhütte. Der Schwerpunkt liegt auf französischer Küche, aber es gibt auch Italienisches. Gegenüber Torgalmenningen. ♿ ⚡ Ⓥ	AE DC MC V		■	●	■
HAUGESUND: *Bestastuå Mat Prat & Vinhus* ⓄⓄ Strandgata 132, 5527 Haugesund. ☎ 52 86 55 88. Großes Restaurant in einem alten Gebäude im Stadtzentrum mit ausgewählter, traditioneller norwegischer Küche. Die Bar ist auf Cognac und Zigarren spezialisiert. ⚡ ♬ Ⓥ ⓨ ● So.	AE DC MC V	●	■	●	■
HAUGESUND: *Brovingen Mat & Vin* ⓄⓄⓄ Åsbygata 3, 5528 Haugesund. ☎ 52 86 31 48. Klassische provenzalische Gerichte werden in einem modernen Restaurant mit Aussicht über die Meerenge, Smedasundet, serviert. ♿ ⚡ Ⓥ ● So, Mo.	AE DC MC V		■	●	■
STAVANGER: *Antique* ⓄⓄ Olav V. gate 3, 4005 Stavanger. ☎ 51 76 10 00. Das Restaurant im Radisson SAS Atlantic Hotel serviert internationale, preisgünstige Gerichte. ♿ ⚡ ♟ Ⓥ	AE DC MC V	●		●	■
STAVANGER: *Sjøhuset Skagen* ⓄⓄ Skagen 16, 4006 Stavanger. ☎ 51 89 51 80. Das alte restaurierte Gebäude am Kai (Skagenkaien) gleich beim Hafen beherbergt einladende Restaurants mit maritimer Atmosphäre. Kleine Räume und Nischen auf mehreren Ebenen schaffen ein interessantes Ambiente, in dem sich ein Angebot aus norwegischen und internationalen Gerichten genießen lässt. ⚡ Ⓥ ⓨ	AE DC MC V	●	■	●	■
STAVANGER: *Cartellet Restaurant* ⓄⓄⓄ Øvre Holmegate 8, 4006 Stavanger. ☎ 51 89 60 22. Erstklassiges Restaurant im Stadtzentrum Stavangers mit einer großen Auswahl an Gerichten von Meer und Land, basierend auf traditioneller norwegischer Küche, aber mit internationalem Einschlag. Das Restaurant liegt im Keller, dessen Wände mit Steinen des alten Stavanger-Kais eingefasst sind. ⚡ ♟ Ⓥ ⓨ ● So.	AE DC MC V		■	●	■
STAVANGER: *Elisabeth Restaurant* ⓄⓄⓄ Kongsgata 41, 4005 Stavanger. ☎ 51 53 33 00. Traditionelles Restaurant am Ufer des Breiavannet-Sees im Stadtzentrum. Französische Küche mit internationalem Touch. Moderne Elemente ergänzen heute die erhaltenen Originalmöbel. ♿ ⚡ Ⓥ ● So.	AE DC MC V		■	●	■

TRØNDELAG

	KREDITKARTEN	MITTAGSTISCH	SPÄTABENDS GEÖFFNET	TAGESMENÜ	GUTE WEINKARTE
RØROS: *Vertshuset Røros* ⓄⓄ Kjerkgata 34, 7374 Røros. ☎ 72 41 93 50. Typische Kneipe – einladend und herzlich. Das Speiseangebot ist vielfältig und bietet auch lokale Gerichte. ⚡ ♟ Ⓥ ⓨ	AE DC MC V		■		

RESTAURANTS

TRONDHEIM: *Druen Mat og Vinstue* ⓚⓚ
Munkegata 26, 7011 Trondheim. 73 92 26 00.
Trinken Sie ein Glas Wein und genießen Sie eine leichte Mahlzeit oder ein
volles Abendessen aus dem internationalen Angebot. ⬛⬛⬛⬛⬛ So.
AE DC MC V

TRONDHEIM: *Grenaderen* ⓚⓚ
Kongsgårdsgata 1, 7013 Trondheim. 73 51 66 80.
Das 200-jährige Gebäude war einst eine Schmiede. Auf der Karte stehen Fisch
und Fleisch, mit Schwerpunkt auf norwegischen Zutaten. ⬛⬛⬛⬛
AE DC MC V

TRONDHEIM: *Tavern Vertshus* ⓚⓚ
Sverresborg allé 11, 7020 Trondheim. 73 87 80 70.
Traditionelles, herzhaftes Essen in einem altem Gasthof, der seit 1739 unver-
ändert ist. In der Nähe des Trøndelag Folkemuseum. ⬛⬛⬛
AE DC MC V

TRONDHEIM: *Bryggen Restaurant* ⓚⓚⓚ
Øvre Bakklandet 66, 7013 Trondheim. 73 87 42 42.
Gourmet-Restaurant mit guter Auswahl an Fleisch, Fisch und Weinen. In einem
früheren Lagerhaus mit modernem Interieur und Flussblick. ⬛⬛⬛⬛⬛ So.
AE DC MC V

TRONDHEIM: *Emilies Et Spisested* ⓚⓚⓚ
Erling Skakkes gate 45, 7012 Trondheim. 73 92 96 41.
Kleines Lokal, einen Block vom Hauptplatz, mit Fünf-Gänge-Menü und
À-la-carte-Option. ⬛⬛
AE DC MC V

TRONDHEIM: *Havfruen* ⓚⓚⓚ
Kjøpmannsgata 7, 7013 Trondheim. 73 87 40 70.
Seafood-Restaurant mit maritimem Flair, in einem der alten Speicherhäuser am
Kai des Flusses Nidelva, gleich bei der Brücke Gamle Bybro. Erstklassige
Fischgerichte und saisonale Produkte. ⬛⬛⬛⬛ So.
AE DC MC V

TRONDHEIM: *Palmehaven Restaurant* ⓚⓚⓚ
Dronningens gate 5, 7011 Trondheim. 73 80 08 00.
Seit der Eröffnung 1918 ist das Restaurant beliebter Treffpunkt mit guter
französischer Küche. ⬛⬛⬛⬛⬛⬛⬛ So, Mo.
AE DC MC V

NORDNORWEGEN

BODØ: *Blix Restaurant* ⓚⓚ
Sjøgata 23, 8006 Bodø. 75 54 70 99.
Kleine Räume bilden das zauberhafte Restaurant mit Meerblick. Vielfältige,
traditionelle Speisekarte mit Fleisch und Meeresfrüchten. ⬛⬛⬛⬛⬛
AE DC MC V

BODØ: *Taste Cuisine* ⓚⓚ
Havnegata 1, 8001 Bodø. 75 54 01 80.
Internationale und fernöstliche Küche in einem farbenfrohen Art-déco-
Ambiente. ⬛⬛⬛
AE DC MC V

HAMMERFEST: *Odd's Mat og Vinhus* ⓚⓚⓚ
Strandgata 24, 9600 Hammerfest. 78 41 37 66.
Kleines Restaurant an der Strandgata gleich beim Hafen. Landschaftsbilder
schaffen eine maritime Atmosphäre. ⬛⬛⬛⬛⬛ So.
AE DC MC V

TROMSØ: *Arctandria Sjømat Restaurant* ⓚⓚ
Strandtorget 1, 9008 Tromsø. 77 60 07 20.
Lokale Seafood-Spezialitäten sowie Rentier-, Robben- und Walgerichte in
stimmungsvoller Umgebung am Hafen. ⬛⬛⬛⬛⬛ So.
AE DC MC V

TROMSØ: *Aunegården* ⓚⓚ
Sjøgata 29, 9008 Tromsø. 77 65 12 34.
Das Restaurant besteht aus mehreren Räumen mit individuellem Charakter
und Geschichte – einer war einst eine Metzgerei. Es gibt Snacks und leichte
Mahlzeiten, Gourmetküche und Kuchen. ⬛⬛⬛
AE DC MC V

TROMSØ: *Store Norske Fiskekompani* ⓚⓚ
Storgata 73, 9008 Tromsø. 77 68 76 00.
Seafood-Restaurant mit internationaler Küche aus frischen, hiesigen Pro-
dukten. Zentral gelegen in historischem Gebäude. ⬛⬛⬛⬛⬛ So.
AE DC MC V

TROMSØ: *Markens Grøde* ⓚⓚⓚ
Storgata 30, 9008 Tromsø. 77 68 25 50.
Das Restaurant mit Fisch- und Wildgerichten steht südlich der Kathedrale.
Das Interieur ist der Salon einer hiesigen Brauerfamilie nachempfunden.
Ein Café wird abends zur Kneipe. ⬛⬛⬛⬛⬛⬛ Mo.
DC MC V

Zeichenerklärung siehe hintere Umschlagklappe

LÄDEN UND MÄRKTE

Handgestrickte *lusekofte*

Die grösseren Städte Norwegens bieten eine gute Auswahl an Einkaufszentren und Kaufhäusern. Im Allgemeinen sind die Preise hoch, Kleidung jedoch ist günstiger. Bei Gold und Silber, Uhren, Glas- und Lederartikeln kann man häufig Schnäppchen machen. Die Mehrwertsteuer ist besonders hoch, aber ausländische Besucher können 19,35 Prozent Nachlass bekommen, wenn sie in mit »Tax free« gekennzeichneten Läden einkaufen. Sehr günstig sind handgestrickte Pullover und Jacken mit traditionellen Mustern, bekannt als *lusekofte*. Handwerksläden in den Städten bieten ein gutes, hochwertiges Sortiment. Diese Läden verkaufen z.B. schöne handgefertigte Artikel aus Holz, Zinn, Silber und Leinen. Handwerk und Schmuck der Samen sind hervorragende Mitbringsel, aber auch norwegische Delikatessen sowie der berühmte Aquavit kommen immer gut an.

ÖFFNUNGSZEITEN

Die Öffnungszeiten variieren, doch die meisten Läden sind wochentags zwischen 9 und 17 Uhr geöffnet. Einkaufszentren und Kaufhäuser machen um 9 oder 10 Uhr auf und schließen zwischen 18 und 21 Uhr. Am Samstag schließen die Läden früher, in kleineren Orten manchmal schon um 13 Uhr, in Städten meist gegen 14 oder 15 Uhr. Einkaufszentren haben samstags bis 18 Uhr offen. Sonntags sind die Läden zu, nur vor Weihnachten sind Einkaufszentren und Kaufhäuser geöffnet.

Vielerorts gibt es eine Tankstelle, die bis Mitternacht oder gar rund um die Uhr geöffnet hat, was überaus nützlich sein kann, da auch in Norwegen die Tankstellen kleinen Supermärkten gleichen. Sie können hier Lebensmittel, Geschenke, Blumen, CDs und Süßigkeiten kaufen. Manche Tankstellen bieten auch frischen Kaffee und Hotdogs an. Probieren Sie ruhig ein Wiener Würstchen im Kartoffelwrap (*lompe*) mit Senf und Ketchup.

BEZAHLEN

Generell akzeptiert man in Kaufhäusern und Einkaufszentren alle international gängigen Kreditkarten wie Visa, MasterCard, Diners Club und American Express. Reiseschecks werden dagegen nicht überall als Zahlungsmittel akzeptiert. Wenn Sie Reiseschecks verwenden, müssen Sie sich mit Pass oder Führerschein ausweisen können. In allen Einkaufszentren gibt es Geldautomaten auch mit englischen, französischen und deutschen Bedienungsanweisungen.

Seit in zahlreichen europäischen Ländern der Euro eingeführt wurde, erwägen norwegische Einkaufszentren, künftig auch diese Währung zu akzeptieren.

MEHRWERTSTEUER UND STEUERERSTATTUNG

Zurzeit beträgt die Mehrwertsteuer auf Waren bis zu 19,35 Prozent des Einkaufspreises. Da Norwegen kein Mitglied der Europäischen Union ist, können Bürger aus EU- und anderen Staaten (mit Ausnahme Schwedens, Dänemarks und Finnlands) die Mehrwertsteuer für Waren über einem bestimmten Betrag zurückfordern.

Mehr als 3000 Läden bieten Tax-free-Shopping. So können Sie elf bis 19,35 Prozent des Preises zurückerhalten. In

Marktstand mit handgefertigten Waren

Oslo City, eines der Einkaufszentren der Hauptstadt

Restaurants und bei Mietwagenfirmen gibt es solche Regelungen nicht.

So wird Ihnen die Steuer zurückerstattet:
1. Kaufen Sie in Läden mit dem Zeichen für »Global Refund Tax-Free Shopping« an der Tür oder im Fenster.
2. Geben Sie mehr als 315 Nkr aus.
3. Bitten Sie beim Bezahlen um einen Tax-Refund-Bon.
4. Wenn Sie Norwegen verlassen, können Sie sich am entsprechenden Schalter die Steuer erstatten lassen. Die Schalter finden Sie in Oslos Hauptbahnhof, in Flughäfen, an Grenzübergängen sowie auf Kreuzfahrtschiffen und Fähren. Sie müssen Ware, Bon, Quittung und Ihren Pass vorlegen.
5. Wenn Sie den Schalter nicht finden, schicken Sie den Tax-Refund-Bon an die auf der

LÄDEN UND MÄRKTE

Das exklusive Paleet-Einkaufszentrum ist einen Steinwurf von Oslos Königspalast entfernt

Rückseite angegebene Adresse. Vorher müssen Sie ihn aber beim Zoll oder bei der Polizei in Ihrem Land abstempeln lassen. Die Erstattung erfolgt dann auf Ihr Bank- oder Kreditkartenkonto.

VERBRAUCHERRECHTE

NORWEGER SIND sehr bewusste Konsumenten, und schon Kinder kennen ihre entsprechenden Rechte. Dieses Wissen entstammt hauptsächlich zwei Fernsehsendungen, die sich mit Verbraucherrechten beschäftigen.

Läden bieten einen Umtauschservice an, der über gesetzliche Vorschriften hinausgeht. Wenn irgendetwas mit der gekauften Ware nicht in Ordnung ist, haben Sie das Recht, sie umzutauschen oder das Geld zurückzuverlangen. Wenn Sie etwas zurückgeben wollen, nur weil Sie den Kauf bereuen, nehmen die meisten Läden es zurück – obwohl sie dazu gesetzlich nicht verpflichtet sind.

Der Artikel muss unbenutzt und am besten original verpackt sein. In vielen Läden müssen Sie die Quittung vorlegen. Manchmal bekommen Sie das Geld zurück, manchmal wird auf einem Umtausch bestanden.

EINKAUFSZENTREN UND KAUFHÄUSER

DIE NORWEGER lieben das Shopping. Besonders samstags könnte man leicht annehmen, die ganze Bevölkerung sei auf einem gemeinsamen Einkaufsbummel. Straßen, Kaufhäuser und Einkaufszentren quellen schier über. Große Shopping-Komplexe sind relativ neu in Norwegen. Die ersten entstanden an den Stadträndern Anfang der 1990er Jahre. Sie wuchsen so rasch, dass Lokalpolitiker eine Warnung ausgaben, da die kleineren Läden in den Innenstädten wirtschaftlich darunter litten. Heute regulieren Lokalbehörden die Entwicklung von Einkaufszentren, um ein akzeptables Gleichgewicht zwischen den kleinen Läden und den großen Komplexen herzustellen.

Wie fast überall ähneln die Einkaufszentren in Norwegen einander sehr. Sie bestehen meist aus 30 bis 80 Läden, Cafés, Restaurants und Bäckereien. Zu den größten Zentren gehören **Oslo City** in der Hauptstadt, **Kløverhuset** in Bergen und **Trondheim Torg** in Trondheim.

Jedes Shopping-Zentrum bietet sowohl exklusive Designerboutiquen als auch günstige Filialen. Ein Einkaufskomplex jedoch hebt sich von allen anderen ab: **Paleet** in Oslo bietet ausschließlich exklusive Waren von erstklassiger Qualität an. Ebenfalls in der Hauptstadt befindet sich das populäre Einkaufsgebiet **Aker Brygge** *(siehe S. 57)* mit einer Auswahl an Restaurants und vielen Läden.

Der Verkauf von Wein und Spirituosen ist in Norwegen auf die Läden des staatlichen **Vinmonopolet** (Weinmonopol) beschränkt. Hier können Sie sich nicht selbst bedienen. Die Verkäufer sind jedoch meist sehr kenntnisreich und hilfsbereit.

Großer Souvenirladen in Oslo mit einem breiten Sortiment

AUF EINEN BLICK

EINKAUFSZENTREN UND KAUFHÄUSER

Aker Brygge
Oslo. **Stadtplan** 2 C4.
📞 22 83 26 80.

Kløverhuset
Strandgaten 15, Bergen.
📞 55 31 37 90.

Paleet
Karl Johans gate 37–43, Oslo.
Stadtplan 3 D3.
📞 22 03 38 82.

Oslo City
Gegenüber Oslos Hauptbahnhof.
Stadtplan 3 E3.
📞 81 54 41 00.

Trondheim Torg
Kongens gate 11,
Trondheim.
📞 73 80 77 40.

MÄRKTE

APRIL UND MAI sind die Zeiten der Flohmärkte, wenn in praktisch jeder Sporthalle und jedem Schulhof Wohltätigkeitsbasare stattfinden. Mit ihnen soll Geld für Sportvereine und Schulorchester aufgetrieben werden. In den Zeitungen werden die Zeiten bekannt gegeben.

Häufig haben diese Märkte Secondhand- und Antiquitätenbereiche, in denen man durchaus Schnäppchen findet. Die wertvollsten Antiquitäten werden jedoch auf Auktionen versteigert.

Viele sind der Meinung, das Beste an Wohltätigkeitsbasaren seien die selbst gemachten Waffeln und der Kaffee. Darüber hinaus können sie jedoch eine echt norwegische Erfahrung sein, da man auf ungezwungene Weise Einheimische trifft.

In ganz Norwegen gibt es auch Markttage. Mit am bekanntesten ist der Markt in Røros Ende Februar/Anfang März – mit allem, was das Herz begehrt, von Kleidung über Handwerk bis Lebensmittel. Ziehen Sie sich warm an, denn in Røros kann das Thermometer in dieser Zeit bis auf -20 °C fallen.

Stadtplan Oslo siehe Seiten 98–103

Souvenirs

Trolle aus der norwegischen Sagenwelt

Wenn Sie ein Souvenir kaufen möchten, sollten Sie etwas typisch Norwegisches suchen. Das beliebteste Andenken ist die traditionell gestrickte Jacke, *lusekofte*. Außerdem gibt es eine breite Palette handgefertigter Artikel wie Zinn- und Glasobjekte. Wenn in Ihrem Koffer noch viel Platz ist, können Sie ein Rentierfell mitnehmen. Segel- und Outdoor-Enthusiasten finden hochwertige Sportkleidung und -ausrüstung. Als Mitbringsel für kleine Kinder eignen sich z.B. norwegische Trolle oder Kuscheltiere wie schneeweiße Eisbären und kleine Pelzrobben.

Eisbär
Weiche kleine Bären – oder kuschelige Elche – sind hübsche Andenken.

Hausschuhe
Nichts ist so warm wie Filzschuhe aus der Wolle norwegischer Schafe. Die Sohlen sind aus Leder. Solche Schuhe erhalten Sie in vielen Berghütten.

Strickwaren
Stricken hat eine lange Tradition in Norwegen. Alle Kinder, Jungen wie Mädchen, lernen es in der Schule, wenn auch nur wenige lusekofte zustande bringen. Man kann Mützen, Handschuhe und Jacken mit traditionellen und modernen Mustern sowie Ohrenschützer, Fäustlinge und Schals kaufen.

Silber und Zinn
In Norwegen gibt es hervorragende Gold- und Silberschmiede, deren Produkte man z.B. bei Husfliden und Heimen in Oslo findet. Zinnwaren sind besonders beliebt, vor allem authentische Kopien alter Bierkrüge, Teller und Schüsseln. Königin Sonja wählt oft diese Art von Geschenk für ausländische Würdenträger. In manchen Läden findet man vielfältigen modernen Schmuck.

Käsehobel
Den praktischen, in Norwegen erfundenen Käseschneider gibt es in vielen Formen, von traditionell bis modern. Der Griff kann aus Holz, Metall oder aus Rentierhorn gefertigt sein.

Leinen
Es gibt Leinentischdecken, -servietten und -handtücher, oft mit traditionellen Mustern. Im Land wird immer mehr Flachs angebaut.

Handbemaltes Holz und Porzellan
Das Malen von Blumenmotiven auf alle möglichen Objekte vom Kästchen bis zum Schrank ist jahrhundertealt und als »Rosemaling« bekannt. Porzellan erhält man in Glaswarenläden, die auch Geschirr und Dekorationen führen.

Handbemalte Schüssel

Porsgrunn-Porzellan

Weihnachtsfiguren aus Glas
Zwerge für den weihnachtlichen Tischschmuck sind mit roten und blauen Mützen erhältlich.

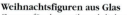

SOUVENIRS

Handwerk der Samen

In ganz Norwegen gibt es Läden mit Produkten der Samen, die besten findet man aber in der Finnmark. Sami-Schuhe (skaller) haben eine nach oben gebogene Spitze, da sie zum Skifahren getragen wurden. Man steckte die Spitze unter einen Riemen an den Skiern. Um keine nassen Füße zu bekommen, füllte man die Schuhe mit Heu.

Skaller – Sami-Schuhe

Messer mit Scheide

Silberlöffel

Rentierfell

Zinnarmband

Silberbrosche

Traditionelle Brosche

Schmuck der Samen

Hochwertige, traditionelle Armbänder bestehen aus dünnem Zinngarn, das auf einer Unterlage aus Rentierhaut zu Mustern geflochten wird. Broschen gibt es in alten und modernen Designs.

NORWEGISCHE SPEZIALITÄTEN

Die Norweger schneiden *geitost*, den braunen Ziegenkäse, mit dem Käsehobel in dünne Scheiben und belegen damit Brote. Den norwegischen Räucherlachs schätzen Feinschmecker in aller Welt. Norwegische Milchschokolade ist ebenfalls ein Dauerbrenner.

Geitost-Käse

Milchschokolade

Räucherlachs

Segeljacke

Helly Hansen steht für Qualität, ob Sie ein dickes Winter-Fleece, eine dünne Sommerjacke oder Segelkleidung brauchen. Es gibt auch eine große Auswahl an wasserfesten Hosen für Sport und Freizeit.

Aquavit in Miniaturflaschen

Aquavit (siehe S. 231) kann man im Miniaturflaschen-Set kaufen, dazu gehören der würzige Gammel mit Eichenaroma, der starke Taffel und der milde Linie-Aquavit.

Schwimmweste

In Norwegen muss jeder an Bord eines Bootes per Gesetz eine Schwimmweste tragen. Diese Westen sind weich und trotz ihrer Dicke bequem.

Oppland-Aquavit | **Gammel-Aquavit** | **Taffel-Aquavit** | **Oslo-Aquavit** | **Linie-Aquavit**

Shopping

KAUFHÄUSER, EINKAUFSZENTREN und Märkte finden Sie in Oslo, Bergen, Trondheim, Kristiansand, Tromsø, Stavanger, Ålesund und den anderen größeren Städten in Norwegen. Sogar Hammerfest im hohen Norden hat zahlreiche Läden zu bieten. In jeder Ortschaft, die etwas auf sich hält, gibt es einen Kunsthandwerksladen, in den Urlaubsgebieten trifft man verstärkt auf Souvenirläden. Im Sommer können Sie auf Open-Air-Märkten nach lokalen Produkten stöbern.

SOUVENIRS

NORWEGISCHE Souvenirs kann man in zwei typische Kategorien einteilen: billige Massenware und handgefertigte, hochwertige Artikel. Zu den in Masse produzierten Souvenirs gehören die üblichen Krüge, Broschen, Kühlschrank-Magneten, Aufnäher, Schlüsselanhänger, Aschenbecher und T-Shirts. Beliebte Mitbringsel sind auch die norwegische Flagge, Trolle, Wikingerschiffe und -helme sowie Elche, Rentiere, Eisbären und Robben (freilich keine echten).

Wald- und Bergtrolle gibt es in vielerlei Gestalt. Die billigsten Versionen sind aus Gummi, die teuersten aus handgeschnitztem heimischem Holz.

Handgefertigtes gibt es in allen größeren Souvenirläden. Beliebt sind Trollfiguren aus Holz, Schüsseln mit Blumenmotiven in traditionellen Mustern, Käsehobel aus diversen Materialien, Strickmützen, -handschuhe und -schals, Porzellan, Leinentischwäsche sowie kleine Silber- und Zinnobjekte.

KUNSTHANDWERK

ÜBERALL IM ländlichen Norwegen gibt es Frauen und Männer, die schnitzen, tischlern, sticken, nähen, weben oder malen. Ihre Produkte kann man in Läden wie **Heimen** und **William Schmidt** in Oslo erstehen. **Husfliden**, eine Kette mit 100 Filialen in Norwegen, verkauft ebenfalls hochwertige Handarbeiten.

Holzartikel mit handgemalten oder -geschnitzten Blumenmotiven, bekannt als *rosemaling*, sind beliebte Geschenke. Die kleinsten Stücke, wie Serviettenringe, kleine Tassen und Schüsselchen, sind nicht kostspielig. *Rosemaling* ist eine uralte Tradition: Im 17. und 18. Jahrhundert reisten Maler in Norwegen von Gut zu Gut und boten an, Schränke, Türen und Decken zu verzieren. Die Muster und Farben sind seit damals die gleichen.

ANTIQUITÄTEN

SOLLTEN SIE versucht sein, in einen alten handverzierten Bierkrug oder Holzkasten zu investieren, müssen Sie sich darauf einstellen, viel Geld auszugeben. Suchen Sie **Kaare Berntsen AS** in Oslo auf, oder fragen Sie nach Antiquitätenläden vor Ort.

Im Sommer präsentieren die Läden ihre Waren oft im Freien. In Hammerfest *(siehe S. 212)* findet jedes Jahr ein Sommertorg, ein ganztägiger Open-Air-Markt statt, auf dem es Souvenirs wie traditionell gestrickte Pullover, Sami-Handwerk, Kunsthandwerk, Rentierfelle und Lebensmittel wie Würste und Lachs zu kaufen gibt. Schnäppchen kann man während der Hammerfestdagene (dem Hammerfest-Festival) im Juli machen.

GLASWAREN

EINE DER BELIEBTESTEN Attraktionen Norwegens ist das **Hadeland Glassverk**, 70 Kilometer nordöstlich von Oslo. Hier kann man einen vergnüglichen Tag verbringen, Kinder dürfen unter der Anleitung von Experten selbst Glas blasen. Die Glasfabrik steht in einer ländlichen Oase mit einer Bäckerei und einem Café. Die Auswahl der hier zum Kauf angebotenen Glaswaren ist enorm, und es gibt viele wunderbare Werke zu bestaunen.

Eine weitere Glasfabrik, die den Besuch lohnt, ist **Magnor Glassverk**, in der man ebenfalls bei der Herstellung zusehen kann. Das Werk liegt ein paar Autostunden östlich von Oslo, nahe an der schwedischen Grenze.

GOLD UND SILBER

GOLD- UND Silberobjekte sind gar nicht mal teuer. In Norwegen gibt es viele talentierte Goldschmiede, die Schmuck nach klassischen und modernen Entwürfen anfertigen.

In den größeren Städten finden Sie mehrere Gold- und Silberläden. In Oslo bieten die Läden **Thune** und **David-Andersen** in Egertorget das größte Sortiment an. In Bergen ist **Bryggen Gull og Sølv** in Bryggen, in Trondheim **Møllers Gullsmedforretning** zu empfehlen.

UHREN

LAUT DER STATISTIK des »Tax-free«-Systems stehen Armbanduhren und andere Uhren auf der Beliebtheitsskala der Souvenirs an vierter Stelle. Da der Urlauber bis zu 19,35 Prozent des Einkaufspreises erstattet bekommt, kann es sich lohnen, Uhren in Norwegen zu kaufen, auch exklusive Schweizer Fabrikate.

Der **Urmaker Bjerke** betreibt mehrere Filialen in Oslo und Bergen.

SAMI-DESIGN UND -HANDWERK

DIE BESTEN ANGEBOTE aus dem Handwerk der Samen findet man häufig in Privathäusern und kleinen Läden an den Straßen der Finnmark.

Beliebte Mitbringsel sind z. B. traditionelle Schuhe, Schmuckstücke und Messer der Samen sowie Produkte aus Rentierfell und -horn.

In Kautokeino *(siehe S. 209)* lohnt es sich, Regine Juhls **Juhls Silver Gallery**, ein großes Schmuck- und Designatelier, zu besuchen. Filialen gibt es in Oslo und Bergen.

SHOPPING

KLEIDUNG

MODE- UND Schuhläden gibt es in jeder Stadt. Die größte Auswahl findet man in Einkaufszentren und Kaufhäusern (siehe S. 241), doch bei einem Bummel durch die Seitenstraßen findet man von Designerboutiquen bis hin zu gut sortierten Modehäusern ebenfalls alles.

Da Norwegen ein Land mit sechsmonatigem Winter ist, liegt das Augenmerk vor allem auf Funktionalität und Wärme. Wenn Sie nach einem Mantel suchen – hier haben Sie eine riesige Auswahl. Dasselbe gilt für stilvolles und wasserfestes Schuhwerk. Der größte Schuhladen von ganz Skandinavien, **Grændsens Skotøimagazin**, befindet sich in Oslo.

Gute Damenkleidung zu vernünftigen Preisen kann man beispielsweise in den **Lindex**-Läden erstehen. Wenn Sie einen Anzug oder einen Blazer kaufen wollen, gehen Sie in eine Filiale der **Dressmann**-Kette. Kindermode gibt es in allen Einkaufszentren – suchen Sie nach **Cubus** oder **Hennes & Mauritz**.

SPORTAUSRÜSTUNG

SCHLECHTE Sportgeschäfte gibt es in Norwegen nicht. Alle Filialen großer Ketten führen ähnliche Produkte. Oft gibt es Sonderangebote. Fragen Sie, ob einer der Sportläden vor Ort gerade einen Sonderverkauf veranstaltet.

Gresvig und Intersport sind die größten Sportgeschäfte. Equipment für spezielle Sportarten finden Sie bei **Villmarkshuset** in Oslo und bei **Skandinavisk Høyfjellsutstyr** mit Filialen in Lillehammer und andernorts. In Oslo gibt es auch einen Discount-Sportladen, **XXL Sport og Villmark**.

Zu den guten norwegischen Marken gehören Helly Hansen, Norrøna, Hjelle (Messer) und die Kollektion der olympischen Langlauf-Champions Vegard Ulvang und Bjørn Dæhlie.

FISCH UND MEERESFRÜCHTE

DER BEKANNTESTE Fischmarkt ist Bryggen in Bergen. Er bietet eine gute Auswahl an Kabeljau, Flunder, Wels, Lachs und Forelle. Hummer ist in den Wintermonaten am besten. Die Norweger essen ihn mit Weißbrot und Mayonnaise. Krabben sind sehr zu empfehlen. Es ist eine typisch norwegische Beschäftigung, am Kai zu sitzen und frische Garnelen zu verspeisen. Alle diese Delikatessen sind kostspielig – aber Sie sollten sie sich unbedingt einmal gönnen.

Frische Fische und Meeresfrüchte werden in den meisten Küstenstädten verkauft. Wenn es keinen Markt oder Laden gibt, suchen Sie nach einem Fischerboot.

Wenn Sie in Oslo sind, lohnt sich ein Ausflug nach Aker Brygge, einer der besten Einkaufsgegenden der Hauptstadt und außerdem Standort des luxuriösen Feinkostladens **Ica Gourmet**.

AUF EINEN BLICK

KUNSTHANDWERK

Heimen
Rosenkrantz' gate 8, Oslo.
Stadtplan 3 D3.
23 21 42 00.

Husfliden
Storgata 47–48,
Lillehammer.
61 26 70 70.

William Schmidt
Fridtjof Nansens plass 9,
Oslo. **Stadtplan** 3 D3.
22 42 02 88.

ANTIQUITÄTEN

Kaare Berntsen AS
Universitetsgaten 12,
Oslo. **Stadtplan** 3 D2.
22 99 10 10.

GLASWAREN

Hadeland Glassverk
Jevnaker, Regierungsbezirk
Oppland.
61 31 64 00.

Magnor Glassverk
Magnor, Regierungsbezirk
Hedmark. 62 83 35 00.

GOLD UND SILBER

Bryggen Gull og Sølv
Bryggen, Bergen.
55 31 56 85.

David-Andersen
Egertorget, Oslo.
Stadtplan 3 B3.
24 14 88 10.

Møllers Gullsmedforretning
Munkegatan 3,
Trondheim.
73 52 04 39.

Thune
Egertorget, Oslo.
Stadtplan 3 B3.
23 31 01 00.

UHREN

Urmaker Bjerke
Karl Johans gate 31, Oslo.
Stadtplan 3 D3.
23 01 02 10.

Urmaker Bjerke
Torgallmenningen 13,
Bergen. 55 23 03 60.

SAMI-DESIGN UND -HANDWERK

Juhls Silver Gallery
Roald Amundsens gate 6,
Oslo. **Stadtplan** 3 D3.
22 42 77 99.
Bryggen 39, Bergen.
55 32 47 40.
Kautokeino.
78 48 43 30.

KLEIDUNG

Cubus
Stenersgata 1, Oslo.
Stadtplan 3 E3.
22 36 76 60.
66 77 32 00.

Dressmann
Stortorget 3, Oslo.
Stadtplan 3 E3.
22 33 71 73.

Grændsens Skotøimagazin
Grensen 12, Oslo.
Stadtplan 3 E4.
22 82 34 00.

Hennes & Mauritz
Nedre Slottsgate 10 B,
Oslo. **Stadtplan** 3 E3.
22 47 30 70.

Lindex
Karl Johans gate 27, Oslo.
Stadtplan 3 D3.
22 33 22 00.

SPORTAUSRÜSTUNG

Skandinavisk Høyfjellsutstyr
Bogstadveien 1, Oslo.
23 33 43 80.

Villmarkshuset
Chr. Kroghsgate 14–16,
Oslo. 22 05 05 50.

XXL Sport og Villmark
Storgata 2–6, Oslo.
Stadtplan 3 E3.
24 08 40 25.

FISCH

Ica Gourmet
Aker Brygge, Oslo.
Stadtplan 2 C4.
22 01 78 60.

Stadtplan Oslo siehe Seiten 98–103

UNTERHALTUNG

NORWEGENS KULTURELLE Szene ist von Vielfalt und Kontrasten geprägt. Da gibt es die regionalen folkloristischen Traditionen auf der einen und Auftritte von Profikünstlern internationalen Rangs auf der anderen Seite. Stand-up-Comedians und Klubmusiker tragen zum turbulenten Nachtleben in den Städten bei. Auch die Jahreszeiten beeinflussen die Art der Veranstaltungen. Während der größeren Theater in den Städten im Sommer schließen (die neue Saison beginnt Ende August oder Anfang September), werden Sommer-Revuen und Historienspiele – sowohl drinnen als auch draußen – aufgeführt. Viele Attraktionen bieten auch die Familienparks, und Festivals sind ein wichtiger Teil des kulturellen Lebens, von Filmfestspielen über Jazz- und Theaterfestivals bis zu Kirchenmusiktagen und jahreszeitlichen Festen. Der Dramaturg Henrik Ibsen und der Komponist Edvard Grieg werden mit dem Ibsen-Festival (Nationaltheatret in Oslo) bzw. dem Bergen-Festival geehrt.

Folkloretänzer

INFORMATIONSQUELLEN

ES GIBT IM LAND 260 autorisierte Fremdenverkehrsbüros. Sie bieten Informationen über Veranstaltungen vor Ort; auf vielen Websites *(siehe S. 257)* findet man eine englischsprachige Liste. In Oslo gibt es auch eine gedruckte Version, *What's On In Oslo*, erhältlich in Hotels und Fremdenverkehrsbüros.

Innovasjon Norge (Innovation Norwegen) beaufsichtigt den Informationsservice, der in folgende Regionen unterteilt ist: Oslo/Oslofjord, Ostnorwegen, Südnorwegen, Westnorwegen und die Fjorde, Zentralnorwegen sowie Nordnorwegen.

Hotels und Reisebüros können ebenfalls Tipps geben, und die meisten Städte bieten in den örtlichen Tageszeitungen aktuelle Informationen zu den Veranstaltungen. Wenn Sie ein Festival, Theater oder Konzert besuchen wollen, kontaktieren Sie den Veranstalter direkt – die meisten planen das Programm schon Monate im Voraus.

KARTENVERKAUF

DIE AUSSICHT, Eintrittskarten zu bekommen, hängt von Größe und Beliebtheit der Veranstaltung ab. Es ist ratsam, im Voraus zu buchen, entweder im Reisebüro, an der Hotelrezeption oder in einer Vorverkaufsstelle.

Professionelle Kartenbüros wie **Billettservice AS** und **Ticnet** berechnen zwar eine Gebühr, verfügen aber häufig über reservierte Ticketkontingente für ihre Kunden.

Mancherorts kann man nicht abgeholte Karten am Abend der Vorstellung kaufen. Nachfragen lohnt sich, auch wenn alle Tickets verkauft sind.

Straßenmusikanten auf dem Spikersuppa-Platz mitten in Oslo

GROSSE THEATER UND KULTURZENTREN

NEBEN ZUMEIST traditionellen Theaterhäusern haben sich in vielen größeren norwegischen Städten im Lauf der Zeit multikulturelle Zentren für darstellende Künste entwickelt, die ein breites Spektrum bieten.

Einige dieser Zentren, wie Bergens **Grieghallen**, Trondheims **Olavshallen**, das **Oslo Konserthus** und das **Stavanger Konserthus**, sind auch Sitz der städtischen Symphonieorchester und haben ein vielfältiges klassisches Musikprogramm. Oslos **Chateau Neuf** und **Sentrum Scene** sind populäre Bühnen für Musical, Schwank, Komödie und Kabarett.

In den größeren Kulturzentren treten – vor großem Publikum – internationale Stars und Musikgruppen auf.

Konzert des Philharmonie-Orchesters im Oslo Konserthus

UNTERHALTUNG

Eine dieser Veranstaltungen mit berühmten Künstlern ist die alljährliche Gala im **Oslo Spektrum** anlässlich der Verleihung des Friedensnobelpreises im Dezember. Zu den sonstigen Produktionen gehören Ballettaufführungen, klassische Konzerte, Musicals, Rockkonzerte oder Unterhaltung für die ganze Familie. Häufig finden Auftritte internationaler Stars und Ensembles statt.

TRADITIONELLES THEATER

Das golden-rote Rokoko-Auditorium von Oslos Nationaltheatret

Henrik Ibsen ist nach William Shakespeare der meistgespielte Dramatiker der Welt, was Ibsen zum Botschafter Nummer eins für norwegisches Theater macht. Seine Stücke werden regelmäßig in Theatern im ganzen Land inszeniert, sodass man häufig die Möglichkeit hat, Ibsen in Originalsprache zu erleben, ganz besonders in seinem »eigenen« Theater, dem **Nationaltheatret** in Oslo. Ibsen war bei der Eröffnung des Theaters 1899 selbst anwesend. Heute steht eine Statue Ibsens vor dem Haupteingang – neben der seines Kollegen Bjørnstjerne Bjørnson.

Das Theater organisiert alle zwei Jahre in vier seiner Säle ein Ibsen-Festival. Das Ibsenmuseet, einen kurzen Spaziergang vom Nationaltheatret entfernt, bietet Vorträge von Literaturexperten und Theaterleuten.

Neben den größten Theatern in Oslo – Nationaltheatret, **Det Norske Teatret** und **Oslo Nye** – bieten auch das Theater in Bergen, **Den Nationale Scene**, das **Rogaland Teater** in Stavanger und das **Trøndelag Teater** in Trondheim ein breites Repertoire mit Werken von Ibsen, Shakespeare und Tschechow sowie Musicals, Comedy und modernere norwegische und internationale Dramen. Alle großen Theater haben neben einem Hauptsaal eine oder zwei kleinere Bühnen. Im Sommer gibt es regelmäßig Freilufttheater in schöner Kulisse.

Zu den Theaterfestivals gehören das **Porsgrunn Internasjonale Teaterfestival** mit vielen Straßenvorführungen und das **Figurteater Festivalen** in Kristiansand. Dieses Figurentheater ist mehr als ein Puppentheater und ermutigt Kinder dazu, ihre Fantasie einzusetzen.

Mehrere Städte besitzen ihre eigenen Comedy-Bühnen, auf denen häufig die bekanntesten Entertainer des Landes auftreten. **Chat Noir** in Oslo ist das älteste Revuetheater im nordischen Raum.

KLASSISCHE MUSIK, BALLETT, TANZ UND OPER

Obwohl in Norwegen erst 1958 eine staatliche Oper mit Ballett gegründet wurde (mit dem Opernstar Kirsten Flagstad als Intendantin), wächst das Interesse an diesem Genre doch sehr schnell. Ein großes neues Opernhaus im Zentrum Oslos soll im Jahr 2008 seine Pforten öffnen.

Den Norske Opera (die Staatsoper) inszeniert viele der weltweit bekanntesten Opern und präsentiert auch drei bis vier neue Werke pro Saison. Die Norwegische Oper hat Verbindungen mit Orchestern außerhalb Oslos und tritt auch in Trondheim, Stavanger, Sandnes und Haugesund auf.

Das **Nasjonalballetten** (Staatsballett) ist Norwegens einzige klassische Balletttruppe. Es inszeniert auch Vorführungen moderner Tanzwerke von Choreografen wie Jiri Kilian, George Balanchine und Mats Ek.

Zeitgenössischer Tanz hat seine Heimat in Bergen im **Studio Bergen**, wo das Ensemble Carte Blanche interessante Werke sowohl norwegischer als auch ausländischer Choreografen auf die Bühne bringt.

Erstklassige Tanz- und Opernaufführungen sowie Klassikkonzerte präsentieren alljährlich Bergens internationale **Festspillene**, in deren Rahmen weltweit bekannte Ensembles und Solisten das Land besuchen.

Kammermusik wird immer populärer. Oslo und die malerische Stadt Risør an der Südküste organisieren jährliche Festivals mit exzellenten Konzertprogrammen.

In Oslo und Bergen geben die Symphonieorchester Oslo-Filharmonien und Musikkselskabet Harmonien regelmäßig Konzerte im **Oslo Konserthus** beziehungsweise in der **Grieghallen**.

Trondheim, Tromsø, Stavanger und Kristiansand leisten sich ebenfalls eigene Orchester und Konzertsäle. Es lohnt sich, nach Kammer- und Mittagskonzerten Ausschau zu halten, da diese häufig an ganz speziellen und unerwarteten Plätzen stattfinden.

Alternativ-Theater zieht in Porsgrunn Menschenscharen an

Sonnenaufgangskonzert bei den Vestfold Festspillene

Rock, Jazz und Country

Wenn die Weltstars aus Pop und Rock Norwegen besuchen, geben sie meist in der großen Halle des **Oslo Spektrum** Konzerte.

Im Sommer ist das **Quart Festival** in Kristiansand ein Muss für alle Rockfans. Die Stadt wird regelrecht auf den Kopf gestellt, um Tag und Nacht Konzerte – sowohl unter freiem Himmel als auch in Sälen – zu veranstalten. Internationale Stars treten auch beim zweiten großen Rockfestival, **Norwegian Wood**, auf, das im Frühsommer in Oslo stattfindet.

In Oslo und Bergen erwachte in den letzten Jahren die Klubszene zu neuem Leben, vor allem in puncto Tanz- und Musikbühnen. In Tageszeitungen gibt es Infos.

Liebhaber des Jazz können sich auf einige Festivals freuen. Im Mai und Juni organisieren Städte im Westen wie Stavanger, Bergen und Ålesund hervorragende Jazzveranstaltungen. Die internationalen Festivals, **Sildajazz** in Haugesund, **Oslo Jazzfestival** und **Molde International Jazz Festival**, sind für Qualität und Vielfalt bekannt. In Molde kann man im Juli einige der größten Namen in der Jazzwelt sehen, wenn zudem Westnorwegens Landschaften am schönsten sind. Es ist anzuraten, Tickets weit im Voraus zu bestellen.

Country-Fans sollten im Sommer einen Ausflug durch die schöne Landschaft der Telemark nach Seljord zum größten Country-Festival im nordischen Raum unternehmen.

Folklore

Die Telemark ist dafür bekannt, norwegische Tanz- und Musiktraditionen am Leben zu erhalten. Das **Telemark Festival** in Bø ist ein alljährliches Folklorefestival, bei dem sich Leute aus dem ganzen Land treffen, um ihre Künste vorzuführen.

Das **Norsk Folkemuseum** *(siehe S. 82f)* in Oslos Bygdøy kann ebenfalls auf eine lange Folklore-Tradition zurückblicken und besitzt seine eigene Volkstanzgruppe. Sowohl Prinz Haakon als auch Prinzessin Märtha Louise tanzen hier eifrig mit.

Viele andere Regionalmuseen, wie das Bryggen Museum in Bergen, arbeiten mit Folkloregruppen zusammen, die in der Urlaubssaison regelmäßig Vorführungen ihrer Kunst im Museum geben.

Traditioneller Tanz im Norsk Folkemuseum, Oslo

Festivals

Eine Vielzahl kleiner und großer Festivals findet im Lauf des Jahres in Norwegen statt, die meisten im Sommer. Die schöne, romantische und dramatische Winterlandschaft kann man in Tromsø beim **Nordlysfestivalen** (Nordlichtfestival) bestaunen, mit dem die Rückkehr der Sonne nach wochenlanger Dunkelheit gefeiert wird. Das nördlichste Sonnenfest der Welt findet in Svalbard statt. Auch Røros feiert ein Winterfest mit Konzerten.

Haugesund im Westen des Landes ist Austragungsort des **Norske Filmfestivalen** (Norwegische Filmfestspiele). Seit 30 Jahren werden Profis und die Öffentlichkeit zu Seminaren und Vorführungen von über 100 neuen – sowohl norwegischen als auch ausländischen – Filmen geladen. Vor der großen Abschlussparty mit Verleihung der »Amandas« kann man Stars und Sternchen bewundern. Eine Marilyn-Monroe-Skulptur ziert die Hafenpromenade.

Eine großartige künstlerische Erfahrung ist im Frühling in Bergen zu machen. Die **Festspillene** sind Norwegens wichtigstes internationales Festival. Das Programm für die zehn Tage dauernden Festspiele bietet Musik, Theater und Ausstellungen der allerersten Güte. Täglich gibt es auch Konzerte im Troldhaugen *(siehe S. 171)*, dem einstigen Wohnhaus des berühmten Komponisten Edvard Grieg.

Oslos **Kirkemusikkfestival** (Festival der Kirchenmusik) lockt jeden März Tausende von Zuhörern in die Kirchen der Hauptstadt.

Bei den **Vestfold Festspillene** (Vestfold-Festspiele) finden alle Arten der darstellenden Künste eine Bühne, oftmals in überraschendem Kontext und zu ungewöhnlichen Tageszeiten. Die Organisatoren wollen eine ungezwungene Sommeratmosphäre erzeugen. Bei etwa 50 Konzerten haben Sie Gelegenheit, Flamenco, Blues, Musicals und vielen anderen Stilrichtungen zu lauschen.

KULTURURLAUB

MIT ETWAS PLANUNG können Ausfüge zu den vielen gut erhaltenen historischen Sehenswürdigkeiten eine schöne Alternative zu Stadturlaub oder körperlich anstrengenden Sportferien sein.

Eine Art, die Kulturlandschaft zu erkunden, ist eine Bergwerksbesichtigung. Es gibt Führungen zu den alten Silberminen in Kongsberg *(siehe S. 137)* und zu den Kobaltminen beim **Blaafarveværket** in Modum. Das Blaafarveværket, 1773 gegründet, produzierte Kobaltblau für die Porzellan- und Glasindustrie in der ganzen Welt. Im Sommer werden hier Kunstausstellungen arrangiert.

Im **Vassfaret Bjørnepark** (Vassfaret-Bärenpark) zwischen den Tälern Hallingdal und Valdres sieht man nicht nur Bären von nahem, sondern kann auch traditionelle Handarbeitstechniken erlernen. Das **Tromsø Villmarkssenter** (Tromsø-Wildniszentrum) bietet Einblick in traditionelle Transportmittel der Arktis. Als Teilnehmer einer Husky-Safari lernen Sie, ein Rudel Hunde über ursprüngliches Terrain zu führen; der Tag endet mit Rentiereintopf in einem Sami-Zelt.

Der **Telemark-Kanal** *(siehe S. 142)* erstreckt sich vom Meer 100 Kilometer landeinwärts zum Fuße des Hoch-

Besucher im Blaafarveværket in Modum

landplateaus Hardangervidda. Im Nøstetangen in Øvre Eiker, wo Anfang der 1740er Jahre Norwegens erste Glasfabrik entstand, wird noch immer Glas geblasen.

Etwas über Norwegens Küstenkultur erfahren Sie in den maritimen Museen und Leuchttürmen. Bitten Sie das regionale Fremdenverkehrsbüro um Tipps.

AUF EINEN BLICK

INFORMATION

Innovasjon Norge
Akersgate 13, Oslo.
24 14 46 00.

KARTENVERKAUF

Billettservice AS
Rådhusgate 26, Oslo.
81 53 31 33.
www.billettservice.no

Ticnet
Karl Johans gate 16B, Oslo.
81 51 15 00.
www.ticnet.no

THEATER UND KULTURZENTREN

Chateau Neuf
Slemdalsveien 7, Oslo.
22 96 15 00.

Grieghallen
Edvard Griegs pl. 1, Bergen.
55 21 61 00.

Olavshallen
Kjøpmannsgata 44, Trondheim. 73 99 40 00.

Oslo Konserthus
Munkedamsveien 14, Oslo.
23 11 31 00.

Oslo Spektrum
Sonja Henies pl. 2, Oslo.
22 05 29 00.

Sentrum Scene
Arbeidersamfunnets Pl. 1, Oslo. 22 98 24 00.

Stavanger Konserthus
Bjergsted, Stavanger.
51 53 70 00.

TRADITIONELLES THEATER

Chat Noir
Klingenberggata 5, Oslo.
22 83 22 02.

Den Nationale Scene
Engen 1, Bergen.
55 54 97 00.

Det Norske Teatret
Kristian IV. gate 8, Oslo.
22 42 43 44.

Figurteater Festivalen
Kongens gate 2A, Kristiansand.
38 07 70 50.

Nationaltheatret
Johanne Dybwads plass 1, Oslo. 81 50 08 11.

Oslo Nye Teater
Rosenkrantz' gate 10, Oslo.
22 34 86 00.

Porsgrunn Teaterfestival
Storgata 143, Porsgrunn.
35 55 66 88.

Rogaland Teater
Teaterveien 1, Stavanger.
51 91 90 00.

Trøndelag Teater
Prinsensgate 18–20, Trondheim. 73 80 50 00.

MUSIK, BALLETT, TANZ UND OPER

Den Norske Opera/ Nasjonalballetten
Storgata 23, Oslo.
23 31 50 00.

Musikkselskabet Harmonien
Grieghallen, Bergen.
55 21 61 00.

Oslo-Filharmonien
Haakon VIIs gate 2, Oslo.
23 11 60 60.

Studio Bergen
Nostegaten 119, Bergen.
55 30 86 80.

ROCK, JAZZ UND COUNTRY

Molde International Jazz Festival
Molde, Møre und Romsdal. 71 20 31 50.

Norwegian Wood Festivalen
Fjellveien 5, Lysaker.
67 10 34 50.

Oslo Jazzfestival
Tollbugata 28, Oslo.
22 42 91 20.

Quart Festival
Bygg 29, Odderøya, Kristiansand. 38 14 69 69.

Seljord Country Music Festival
Seljord, Telemark.
35 05 51 64.

Sildajazz
Knut Knutsens gt. 4, Haugesund. 52 74 33 70.

FESTIVALS

Den Norske Filmfestivalen
Knut Knutsens gt. 4, Haugesund. 52 74 33 75.

Festspillene i Bergen
Vågsallmenningen 1, Bergen. 55 21 06 30.

Nordlysfestivalen
Mellomueien 33, Tromsø.
77 68 90 70.

Oslo Kirkemusikk
Tollbugata 28, Oslo.
22 41 81 13.

Telemark Festival
Gullbringveien 34, Bø.
35 95 19 19.

Vestfold Festspillene
Fjordgatan 13, Tønsberg.
33 30 88 50.

KULTURURLAUB

Blaafarveværket
3340 Åmot.
32 78 67 00.

Tromsø Villmarkssenter
Kvaløysletta, Tromsø.
77 69 60 02.

Vassfaret Bjørnepark
3539 Flå. 32 05 35 10.

Sport und Aktivurlaub

Es heisst, Norweger kämen mit Skiern an den Füßen und einem Rucksack auf dem Rücken zur Welt. Sie lieben die frische Luft und betätigen sich das ganze Jahr über in der freien Natur – wohl mehr als andere Europäer. Die Bedingungen sind fast immer ideal für sportliche Aktivitäten unter freiem Himmel, ob zu Fuß oder per Boot. Es gibt herrliche Nationalparks und unberührte Landschaften. An vielen Orten, vor

Wegweiser, Jotunheimen

allem im Hochland, sind Wanderpfade und Skipisten markiert. Im Süden finden Bootkapitäne zahlreiche Häfen mit allen Annehmlichkeiten. Norwegen ist auch auf waghalsigere Herausforderungen wie Drachenfliegen und Wildwasserfahrten eingerichtet. Obwohl es ein sehr lang gezogenes Land ist, ist es nie weit zum nächsten Wandergebiet oder Bootshafen. Sogar in den Großstädten ist die Natur niemals fern.

Wandern

Norwegen ist ein Paradies für jene, die die Natur zu Fuß erkunden wollen, im Sommer wie im Winter. Die Aufforderung zur *søndagstur* (Sonntagsausflug) lässt Norweger ihre Rucksäcke anschnallen und hinaus in Wald und Flur gehen. Normalerweise führt ihr Weg schmale Waldwege und markierte Wanderpfade entlang. Viele verbringen ihren Urlaub auch mit Wanderungen von Hütte zu Hütte – zu jeder Jahreszeit.

In den beliebtesten Hochfjellgebieten ist der Weg zur nächsten Hütte für die Nacht nie wirklich weit *(siehe S. 219)*. Die Hütten sind durch ein Netzwerk markierter Wege (im Winter Loipen und Pisten) miteinander verbunden. Die meisten dieser Wandererhütten gehören **Den Norske Turistforening** (DNT; Norwegischer Bergtourenverein), dessen 50 Niederlassungen übers Land verteilt sind. Insgesamt gibt es um die 400 Hütten, die in Sachen Standard und Service variieren, von spartanischen Einrichtungen bis zu hotelähnlichen Ausstattungen.

Wenn Sie von Hütte zu Hütte wandern wollen, lohnt es sich eventuell, für 465 Nkr DNT-Mitglied zu werden. Eine Übernachtung in einer Ein- bis Dreibetthütte kostet für Mitglieder 200 Nkr (Kinder 100 Nkr) und für Nicht-Mitglieder 265 Nkr (Kinder 130 Nkr). Frühstück bekommen Mitglieder für 80 Nkr, Abendessen für 195 Nkr. Das Mittagessen besteht normalerweise aus einem Lunch-Paket und Getränken aus der Thermosflasche.

Auf den markierten Wegen und Loipen in den Hochgebirgen bieten sich meist spek-

Heringsfischen, Sysendal im Hardangervidda-Nationalpark

takuläre Aussichten, und das Terrain ist nicht zu schwierig. Fragen Sie immer beim Verlassen einer Hütte nach der Entfernung zur nächsten und dem Schwierigkeitsgrad der Wanderung.

Da der Schnee auf den Hochplateaus lange liegen bleibt, ist die beste Wanderzeit von Mai bis Oktober. Im August und September präsentieren sich die Berge in einem wahren Farbenmeer.

Bei Fjellwanderungen in den Wintermonaten denken Sie daran, Informationen über die Schneebedingungen einzuholen. In den beliebtesten Gebieten werden gleich nach dem ersten Schneefall Loipen angelegt, die normalerweise für durchschnittliche Langläufer geeignet sind.

DNT und die meisten großen Buchläden führen gute Wanderkarten. Sie können dort auch kostenlose Karten für Ihre Routenplanung erhalten.

Trondsbu-Hütte auf dem Hardangervidda-Plateau

Bergwanderer auf dem Besseggen im Jotunheimen-Nationalpark

SICHERHEIT

DIE NATUR KANN wunderschön und freundlich wirken, sich aber als gefährlich erweisen, wenn man ein paar einfache Grundregeln nicht beherzigt. Lesen und befolgen Sie die Richtlinien, bekannt als *fjellvettsreglene*, die empfehlen, wie man sich unter verschiedenen Bedingungen in den Bergen verhält, besonders im Winter. Das Wetter kann schnell von Sonnenschein zu Stürmen wechseln. Der jeweils neueste Wetterbericht wird in Hotels und Hütten ausgehängt.

Nehmen Sie Kleidung mit, mit der Sie gegen schlechtes Wetter gerüstet sind *(siehe S. 259)*. Gute Karten und ein Kompass gehören ins Wandergepäck. Ziehen Sie als unerfahrener Wanderer niemals alleine los.

AUSRÜSTUNG

BEIM WANDERN sollten Sie immer gute Ausrüstung und genügend zu essen und trinken dabeihaben. Zugleich darf Ihr Rucksack nicht zu schwer werden – Sie müssen gut abwägen, was wirklich nötig ist, rechnen Sie aber mit Wetterumschwüngen. Kräftiges Schuhwerk, am besten robuste Stiefel, ist unbedingt erforderlich. Vielleicht müssen Sie sich umziehen, ideal sind Wolle und wind- und regenfeste Kleidung. Packen Sie die Sachen in eine Plastiktüte und dann erst in den Rucksack, damit sie trocken bleiben.

Ein Erste-Hilfe-Set mit Pflaster, Salbe (bei Blasen und Schnitten) und Insektenschutz sollte immer dabei sein, ebenso Sonnenbrille und -creme – im Winter wie im Sommer.

Sehr wichtig sind auch energiereiche Lebensmittel und vor allem genügend zu trinken. Sehr häufig kommt man unterwegs an Bächen vorbei, an denen Sie Ihre Wasserflaschen wieder auffüllen können. In den Hütten können Sie Ihren Proviant ergänzen.

Wenn Sie zelten wollen, müssen Sie die nötige Ausrüstung wie Zelt, Kochutensilien und Schlafsäcke kaufen bzw. schon mitbringen, da es in Norwegen keine speziellen Vermieter von Camping-Equipment gibt.

NATIONALPARKS

AUF DEM NORWEGISCHEN Festland gibt es 23 Nationalparks, auf Svalbard weitere sechs. Zusammen nehmen sie eine Fläche von mehr als 33 250 Quadratkilometern ein. Die Nationalparks wurden eingerichtet, um einzigartige oder besonders schöne Landschaften – auch als Lebensraum von Flora und Fauna – zu schützen. Alles, was sich in irgendeiner Weise negativ auf die Umwelt auswirken könnte, ist hier verboten. Informationen erhalten Sie in DNT-Niederlassungen, Fremdenverkehrsbüros und den Besucherzentren der Parks.

Hardangervidda ist mit einer Fläche von 3422 Quadratkilometern der größte Nationalpark Norwegens *(siehe S. 152f)*. Den größten Teil des Parks bildet ein Hochplateau, das sowohl von Ostnorwegen als auch von Vestlandet per Auto, Bus oder Zug (von Oslo oder Bergen) zugänglich ist. Die Straßen- und Bahnverbindungen zwischen West und Ost führen zu den Ausgangspunkten mittelschwerer Wanderwege.

Anspruchsvoller und noch spektakulärer ist das Bergmassiv des Jotunheimen-Nationalparks *(siehe S. 134f)*. Jotunheimen bietet fünf Berge mit über 2300 Metern Höhe und ist seit der zweiten Hälfte des 19. Jahrhunderts eine beliebte Urlaubsgegend. Die wilde, majestätische Landschaft kann auf einem umfangreichen Netz aus Wanderwegen und Langlaufloipen erkundet werden.

Ruderboot auf einem der vielen Seen im Hardangervidda-Nationalpark

Wintersportler genießen in Rondale die Osterferien

Skifahren

Es gibt gute Gründe, warum Norwegens Skifahrer mehr Goldmedaillen bei Olympischen Spielen und Weltmeisterschaften einheimsen als die jeder anderen Nation. In vielen Teilen des Landes sind die Bedingungen sowohl für Langlauf als auch für Alpin-Ski ideal. Die Entfernungen zwischen den Schlepp- und Sesselliften sind nie groß. Sogar in der Nähe Oslos findet man Skipisten.

Die größten Wintersportzentren befinden sich im Osten des Landes. Beitostølen, Oppdal, Geilo, Hemsedal, Lillehammer und Trysil sind die bekanntesten.

Langlauf (*langren*) ist Norwegens Nationalsport. Die Berge sind weniger zerklüftet als in Mitteleuropa und für diese Sportart sehr gut geeignet. Die präparierten Loipen bestehen meist aus zwei Spuren. Halten Sie sich immer rechts, um Gegenverkehr zu vermeiden. Die Loipen sind gut markiert und umgehen steile Hügel.

Vielerorts kann man abends auf beleuchteten Loipen laufen. Diese sind vier bis fünf Kilometer lang und normalerweise kreisförmig. Einige Langläufer fahren abends mit Lampen an den Mützen auf unbeleuchteten Loipen.

In ganz Norwegen gibt es auch Skipisten, die nach Schwierigkeitsgraden klassifiziert sind. Sie können sich auch in der Telemark-Technik versuchen – mit Tourenskiern auf der Piste. In den größeren Wintersportorten kann man die Ausrüstung für Langlauf, Alpin-Ski, Snowboarding und Telemark ausleihen. Fahren Sie niemals unpräparierte Hänge hinunter, vor allem nicht in unbekanntem Terrain. Sie könnten eine Lawine auslösen.

DNT bietet Informationen über Langlaufbedingungen. Norwegens **Skiforeningen** (Skiverband) unterhält in Oslo und Umgebung 2600 Ski-Kilometer. Er stellt täglich aktuelle Berichte über die Bedingungen auf seine Website.

Bergsteigen

Das bergige Norwegen bietet Klettertouren jeden Schwierigkeitsgrads, für weniger Geübte bis hin zu professionellen Bergsteigern. Die Berge sind zwar nicht so hoch wie die Alpen, können aber ebenso dramatisch sein. Die spitzen Gipfel des Jotunheimen-Nationalparks im Osten Norwegens üben auf Kletterer besondere Anziehungskraft aus. Weiter im Norden sind die Lofoten (siehe S. 204) und Lyngsalpene (Lyngen-Alpen) in Troms beliebte Klettergebiete. Romsdalens steile Felswände wie Trollveggen (Troll-Wand) gehören zu den schwierigsten Kletterstiegen.

Die Saison fürs Sommerklettern ist recht kurz. Stellen Sie sich auch dann in den exponierten Gegenden auf raue Bedingungen wie Schnee und Wind ein. Mancherorts gibt es Übungswände für Kletterer, z. B. in Kolsås, 15 Kilometer westlich von Oslo.

Eine Reihe von Büchern beschreibt Norwegens Berge und Kletterrouten. Der **Norges Klatreforbund** (Norwegischer Kletterbund) hat eine informative Website mit Einzelheiten zum Bergsteigen im ganzen Land.

Freikletterer hoch über einem Fjord

Bootsausflüge und Wildwasserfahrten

Norwegens lange, mit Fjorden und Inseln durchsetzte Küste ist ein Paradies für Freizeitkapitäne. Man kann z. B. Kanus, Kajaks, Segel- und Motorboote mieten. Für kleinere Wasserfahrzeuge brauchen Sie keine besonderen Fähigkeiten, grundlegende Kenntnisse über die Schifffahrt sollten Sie aber besitzen.

Das nationale Zentrum für Flusssport befindet sich in

Snowboarder und Skifahrer im Sommerskigebiet Stryn

Heidal im Gudbrandsdalen. Für Leute ohne eigenes Boot werden geführte Ausflüge organisiert.

Viele norwegische Flüsse sind für Wildwasserfahrten geeignet. Der **Norges Padleforbund** (Norwegischer Kanutenverband) liefert Informationen über die besten Plätze dafür.

ANGELN

ÜBER DIE HÄLFTE der Norweger geht ein- oder mehrmals im Jahr zum Fischen – öfter als in jedem anderen Land. Doch dieses Land hat auch wirklich die besten Voraussetzungen dafür. Freizeitangler fangen meist Kabeljau und Forelle. Daneben gibt es noch 230 Salzwasser- und 40 Süßwasserfischarten.

Als Urlauber dürfen Sie sich mit Schnur, Schleppangel oder Angel als Sportfischer betätigen. Sie dürfen Ihren Fang jedoch nicht verkaufen und nur bis zu 15 Kilogramm Fisch und Fischprodukte aus Norwegen ausführen.

An der Küste kann man in der Regel gute Fänge vom Ufer aus machen. Mit einem Boot gibt es die Möglichkeit, Kabeljau, Seelachs und Makrele zu fischen. In Norwegen gibt es auch eine Reihe hervorragender Lachsflüsse.

Halten Sie sich als Angler immer an die Vorschriften. Im Meer darf jeder angeln. In Seen und Flüssen müssen Sie staatliche oder (auf Privatgrund) individuelle Regelungen befolgen. Finden Sie zunächst heraus, ob Angeln überhaupt erlaubt ist. Angler über 16 Jahre benötigen eine zeitlich und örtlich limitierte Lizenz, die in Läden, Hotels, Fremdenverkehrsbüros und Postämtern erhältlich ist. Lebendige Köder sind verboten.

Informationen liefern der **Norges Jeger-og Fiskerforbund** (Norwegischer Jagd- und Fischereiverband) oder die Fylkesmannens Miljøvernavdeling (Umweltschutzbehörden der Fylker).

WALBEOBACHTUNG

ALLJÄHRLICH IM SOMMER verlassen männliche Pottwale ihre Familien in den südlichen Breitengraden und wandern gen Norden in die Küstengebiete Nordnorwegens. Sie kommen zu den Vesterålen-Inseln, um Fisch und Tintenfisch zu fressen.

Ausflüge zur Walbeobachtung starten – bei gutem Wetter – in Andenes und Tysfjord und dauern sechs bis acht Stunden.

Sehr wahrscheinlich sehen Sie diese bis zu 20 Meter langen Giganten auf dem Ausflug von nahem. Manchmal faulenzen sie an der Oberfläche, ehe sie tief Luft holen und ins Meer abtauchen *(siehe S. 201)*. Vielleicht haben Sie Glück und sehen auch Buckel-, Mink-, Finn- und Killerwale sowie Delfine.

Robben- und Seevögel-Beobachtungen werden ebenfalls angeboten.

JAGEN

DIE WILDJAGD findet in ganz Norwegen statt. Ihr wird großer Nutzen zugeschrieben, und die Jäger schätzen vor allem auch das Gefühl, in der Natur zu sein. Zu den gejagten Tieren gehören Elch, Reh, Hirsch, Kleinwild, Waldvögel und Moorhuhn. Unabhängig davon, ob Sie auf Privatbesitz oder staatlichem Grund jagen wollen, müssen Sie fürs Jagdrecht bezahlen.

Die Jagdsaison wird streng reguliert. Generell dauert sie von August bis Dezember, doch regionale Vorschriften erlauben die Jagd einiger Spezies bis Mai. Beachten Sie: Einige Arten sind das ganze Jahr über geschützt.

AUF EINEN BLICK

NÜTZLICHE ADRESSEN

Den Norske Turistforening DNT
Besucheradresse: Storgata 3, Oslo. **Stadtplan** 2 E3.
22 82 28 00.
www.turistforeningen.no

Norges Jeger-og Fiskerforbund
66 79 22 00.
www.njff.no

Norges Klatreforbund
21 02 98 30.
www.klatring.no

Norges Padleforbund
21 02 98 35.
www.padling.no

Skiforeningen
22 92 32 00.
www.skiforeningen.no

WALBEOBACHTUNG

Hvalsafari
Fyrvika, Andenes. 76 11 56 00.
www.whalesafari.no

Tysfjord Turistsenter AS
Storfjord, Tysfjord.
75 77 53 70.
www.tysfjord-turistsenter.no

Teilnehmer eines Ausflugs zur Walbeobachtung im Tysfjord, Nordland, sehen einen Killerwal

Stadtplan Oslo siehe Seiten 98–103

GRUND-
INFORMATIONEN

Praktische Hinweise 256-263
Reiseinformationen 264-271

PRAKTISCHE HINWEISE

NORWEGEN IST EIN riesiges Land (385 155 km²): Von Oslo bis zum Nordkap ist es genauso weit wie von Oslo nach Rom.

Die meisten Städte stellen Urlaubern Informationszentren und moderne Einrichtungen zur Verfügung. Das Land kann per Auto, Flugzeug, Fähre und Eisenbahn erkundet werden. Das Straßensystem ist gut ausgebaut, Züge fahren bis nach Bodø, nördlich des Polarkreises. Dank eines ausgedehnten Fähren- und Tunnelnetzes kann man die Inseln gut erreichen und die Fjorde an der norwegischen Küste überqueren.

Information für Besucher

Viele landschaftliche Attraktionen wie Nationalparks, Skihänge und -loipen, Wanderwege, Angelstellen und Klettergebiete liegen abseits ausgetretener Pfade. Besorgen Sie sich deshalb eine gute Landkarte!

Das Fremdenverkehrsbüro in Bergen

INFORMATIONEN

AUCH IM AUSLAND gibt es Informationsbüros für den Urlaub in Norwegen. **Innovasjon Norge** (Innovation Norwegen) bietet auf seiner Website praktische Tipps und eine Adressenliste der vielen Büros im Land.

In der Hauptstadt Oslo gibt es zwei große Fremdenverkehrsbüros: **Turistinformasjonen** am Rathaus und Turistinformasjonen im Hauptbahnhof. Sie betreiben eine gemeinsame Website, auf der Sie auch die E-Mail-Adresse für spezielle Anfragen finden. Broschüren und Reisetipps erhalten Sie ebenfalls auf Anfrage per E-Mail – oder direkt in den Informationsbüros im In- und Ausland. In jeder Stadt gibt es ein eigenes Büro, das Auskünfte zu Übernachtungsmöglichkeiten, Restaurants und Sehenswürdigkeiten in der jeweiligen Gegend erteilt.

◁ **Ein Kreuzfahrtschiff fährt in den spektakulären Geirangerfjord ein**

REISEZEIT

DIE BESTE ZEIT für einen Besuch in Norwegen ist die warme Jahreszeit zwischen Mai und September. In Ostnorwegen und der Gegend um Oslo herrschen die stabilsten Wetterbedingungen. Dennoch ist es ratsam, wetterfeste Kleidung einzupacken.

Wenn Sie die Mitternachtssonne erleben wollen, müssen Sie über den nördlichen Polarkreis hinausfahren. In Bodø scheint die Mitternachtssonne vom 20. Mai bis zum 20. Juli, in Tromsø vom 16. Mai bis zum 27. Juli. Am Nordkap ist sie vom 13. Mai bis zum 29. Juli zu sehen. Im Rest des Landes sind zu dieser Zeit die Nächte zumindest sehr kurz und hell.

Der norwegische Sommer ist angenehm. Im Winter ist Norwegen ein Wunderland mit vielerlei Freizeitmöglichkeiten. Die Strenge des Winters zwischen November und April ist von Region zu Region verschieden. Im Norden, in den Bergen und im südlichen Landesinneren herrschen lange Zeit Kälte und Schnee, während es an der Küste milder ist.

In den Monaten Januar und Februar fällt am meisten Schnee. Dann sind Ausflüge in die Berghotels und -hütten besonders beliebt, vor allem wenn man Wintersport betreiben möchte.

PÄSSE UND ZOLLVORSCHRIFTEN

DEUTSCHE, Österreicher und Schweizer dürfen mit einem gültigen Reisepass ohne besondere Genehmigung nach Norwegen einreisen und sich dort bis zu drei Monate aufhalten. Für Deutsche reicht auch der Personalausweis.

Norwegen ist eines der wenigen tollwutfreien Länder Europas. Für Hund oder Katze benötigen Sie den vom Tierarzt ausgestellten, blauen EG-Pass (Heimtierausweis). Er bescheinigt Tollwutimpfungen, Antikörperwerte und Bandwurmbehandlungen.

Zollfrei einführen dürfen Sie zwei Liter Bier, einen Liter Spirituosen, 1,5 Liter Wein und 200 Zigaretten. Das Mindestalter für die Einfuhr von Spirituosen liegt bei 20 Jahren, für Wein und Tabak bei 18 Jahren. Medikamente dürfen Sie ausschließlich für den persönlichen Gebrauch einführen. Lassen Sie sich von Ihrem Arzt eine Bestätigung mitgeben, dass Sie die Medizin brauchen.

ÖFFNUNGSZEITEN UND EINTRITTSPREISE

MUSEEN und Kunstsammlungen verlangen Eintritt. Familien, Studenten, Jugendlichen, Senioren und Gruppen werden meist Nachlässe gewährt, für Kinder ist der Eintritt häufig frei. Der Besuch der Nasjonalgalleriet *(siehe S. 52f)* und des Frognerparken mit Gustav Vigelands Skulpturengarten *(siehe S. 90f)* in Oslo ist gratis.

Die Öffnungszeiten der Museen variieren. In der Regel öffnen sie zwischen 9 und 11 Uhr und schließen zwischen 16 und 19 Uhr. Von September bis Mai können die Öffnungszeiten kürzer sein. Die meisten Attraktionen sind täglich geöffnet, nur manche gönnen sich am Montag einen Ruhetag.

Norwegens protestantische Kirchen sind meist nur zu Gottesdiensten geöffnet. Besonders bedeutende Kathedralen und Stabkirchen können länger besucht werden, vor allem im Sommer.

In der Hauptstadt lohnt sich die Anschaffung der *Oslo Kortet* (Oslo-Karte), die zum Besuch der meisten Museen und Galerien, zur unbeschränkten Nutzung der öffentlichen Verkehrsmittel (außer Nachtbussen und Trambahnen) und zu Nachlässen bei anderen Attraktionen berechtigt. Sie erhalten sie in Informationsbüros, in Hotels und in den Narvesen-Zeitungskiosken *(siehe S. 263)* als Einzel- oder Familienkarte für einen oder mehrere Tage. Eine Variante ist das Oslo-Package, das auch für Hotels gilt. Städte wie Bergen und Trondheim haben ähnliche Angebote.

Die Bergen-Card

BEHINDERTE REISENDE

Hotels richten sich immer besser auf behinderte Gäste ein und bieten Rampen und spezielle Zimmer.

NSB, die Norwegische Staatsbahn, hat Waggons für Passagiere mit eingeschränkter Beweglichkeit. Die neuen Küstenexpress-Schiffe sind ebenfalls dementsprechend ausgestattet. Der **Norges Handikapforbund** (Norwegischer Behindertenverband) liefert detaillierte Informationen.

ETIKETTE

Die Norweger haben es gerne locker und ungezwungen. Nach der Vorstellung spricht man sich meist mit dem Vornamen an. Wenn man jemanden zum ersten Mal trifft, ist es üblich, sich die Hand zu reichen.

Es gibt jedoch zwei spezielle Regelungen. Nach dem Essen dankt man der Gastgeberin bzw. dem Gastgeber mit einem »*takk*«. In einem etwas förmlicheren Rahmen bringt der Gastgeber vor dem Essen einen Toast aus (»*skål*«). Die Höflichkeit gebietet es, vor diesem Trinkspruch das Glas stehen zu lassen. Für einen angenehmen Tag oder Abend bei Freunden bedankt man sich üblicherweise am nächsten oder übernächsten Tag telefonisch (»*takk for sist*«).

ALKOHOL- UND TABAKKONSUM

Die Promillegrenze für Autofahrer liegt in Norwegen bei 0,2. Für die meisten von uns bedeutet das, dass schon ein Glas Wein zu viel sein kann. In der Praxis heißt es also für Autofahrer: Finger weg vom Alkohol!

Seit dem 1. Juni 2004 herrscht in allen öffentlichen Gebäuden in Norwegen absolutes Rauchverbot. Dies gilt auch für Restaurants, Cafés und Kneipen.

Der Verkauf alkoholischer Getränke unterliegt besonderen Restriktionen. Bier kann man zwar fast überall in Läden und Supermärkten kaufen, Wein und Spirituosen gibt es dagegen nur in den Geschäften des staatlichen Weinmonopols *Vinmonopolet (siehe S. 229)*. In einigen wenigen Orten und Städten, z.B. in Tromsø, gibt es auch für Bier eigene Verkaufsstellen.

Wein- und Spirituosenladen des staatlichen *Vinmonopolet*

AUF EINEN BLICK

FREMDENVERKEHRS-INFORMATION

Innovasjon Norge
Akersgate 13, Postboks 440 Sentrum, 0104 Oslo.
Stadtplan 3 E3.
☎ 22 00 25 00.
FAX 22 00 25 01.
W www.visitnorway.com
@ post@invanor.no

Oslo Turistinformasjon Rådhuset
Fridtjofnansens Plass 5, 0160 Oslo.
Stadtplan 3 D3.
☎ 24 14 77 00.
FAX 22 42 92 22.
W www.visitoslo.com
@ info@visitoslo.com

Lillehammer Turistinformasjon
Jernbantorget 2, 2609 Lillehammer.
☎ 61 28 98 00.
FAX 61 28 98 01.
W www.lillehammerturist.no

Kristiansand Turistinformasjon
Vestre Strandgate 32, 4612 Kristiansand.
☎ 38 12 13 14.
FAX 38 02 52 55.
W www.sorlandet.com

Bergen Turistinformasjon
Vågsallmenningen 1, 5014 Bergen.
☎ 55 55 20 00.
FAX 55 55 20 01.
W www.visitbergen.com

Trondheim Turistinformasjon
Munkegata 19, 7411 Trondheim.
☎ 73 80 76 60.
FAX 73 80 76 70.
W www.visit-trondheim.com

Tromsø Turistinformasjon
Storgata 61/63, 9053 Tromsø.
☎ 77 61 00 00.
FAX 77 61 00 01.
W www.destinasjontromso.no

BEHINDERTE REISENDE

Norges Handikapforbund
(Behindertenverband)
Schweigaards gate 12, 0185 Oslo.
Stadtplan 3 F3. ☎ 24 10 24 00.
FAX 24 10 24 99.
W www.nhf.no

Stadtplan Oslo siehe Seiten 98–103

Sicherheit und Notfälle

Polizei-Abzeichen

Norwegen ist ein sicheres Reiseland – auch in den Städten – mit einer der niedrigsten Kriminalitätsraten Europas. Wie überall sonst auch sollten Sie dennoch ein paar grundsätzliche Vorsichtsmaßnahmen treffen. In allen Städten dieser Welt gibt es »verruchtere« Viertel, da bildet Oslo keine Ausnahme. Laut Statistik treffen die wenigen Gewaltakte üblicherweise jedoch nicht gerade harmlose Urlauber, sondern Kriminelle. Nichtsdestotrotz ist es natürlich ratsam, den Wagen abzuschließen und darin nichts Wertvolles offen liegen zu lassen, unabhängig davon, wo Sie sich gerade befinden.

Polizist **Polizistin**

Polizeiwagen

Persönliche Sicherheit

Taschendiebstahl kann in Oslo zum Problem werden. Die Hauptstadt wird regelmäßig von gut organisierten internationalen Banden heimgesucht. Sie treiben sich an überfüllten Plätzen, in vollen Läden und am Flughafen herum. Tragen Sie niemals Ihr Portemonnaie in der Gesäßtasche, und verstauen Sie Wertsachen am besten in einem Brustbeutel. Hängen Sie Ihre Handtasche nie über die Rückenlehne, sondern stellen Sie sie neben sich auf den Boden und einen Fuß auf den Riemen – oder nehmen Sie sie auf den Schoß.

Transportieren Sie Pass und Tickets nicht im Geldbeutel, und halten Sie Kreditkarte und PIN-Nummer getrennt.

Nutzen Sie den Hotelsafe, damit Sie nicht größere Bargeldbeträge herumtragen müssen. Zwar wird selten etwas aus Hotelzimmern entwendet, dennoch sollten Sie auch hier nichts Wertvolles herumliegen lassen.

Auch in Norwegen ist es inzwischen üblich, Geldautomaten zu nutzen. Wenn Sie beim Geldabheben technische Probleme haben und jemand aus der Schlange hinter Ihnen bietet seine »Hilfe« an, sollten Sie höflich ablehnen und sich nach einem anderen Automaten umsehen oder in eine Bank gehen.

Polizei

Norwegen ist in 27 Polizeibezirke mit eigenem Polizeichef (*politimester*) gegliedert. Einige dieser Bezirke haben mehrere kleinere Distrikte (*lensmannskontorer*). Das Polizeipräsidium ist verantwortlicher Sitz der Polizeiverwaltung.

Die Polizisten sind normalerweise unbewaffnet. Sie sind hilfsbereit und höflich – fragen Sie also Polzisten auf Streife ruhig nach dem Weg oder um Rat. Denken Sie daran, dass es gegen das Gesetz verstößt, alkoholisiert Auto zu fahren. Auch ein relativ niedriger Alkoholspiegel kann zu einer hohen Geld- oder sogar Haftstrafe führen. Halten Sie sich auch besser an Verkehrsvorschriften und Tempolimits – sie zu missachten, kann teuer werden.

Schriftzug der norwegischen Polizeiwachen

Verlust von Wertsachen

Melden Sie es sofort der Polizei, wenn Ihnen Wertsachen abhanden kommen oder gestohlen werden. Für Ihre Versicherung brauchen Sie ein Polizeiprotokoll.

Es ist möglich, dass vermisste Gegenstände gefunden und in öffentlichen Fundstellen abgegeben werden. In Busbahnhöfen, am Flughafen und in Bahnhöfen gibt es meist eigene Fundstellen.

Wenn Sie Ihren Pass verloren haben, empfiehlt es sich, sofort Ihre Botschaft oder Ihr Konsulat zu kontaktieren.

Medizinische Behandlung

Das norwegische Gesundheitssystem bietet das ganze Spektrum – von privaten Ärzten bis hin zu großen öffentlichen Krankenhäusern. In Städten gibt es öffentliche wie private Notfallkliniken, bekannt als *legevakt*. Die Wartezeiten sind in privaten Kliniken generell kürzer als in öffentlichen Krankenhäusern, dafür ist die private Behandlung auch teurer. Die Notfallversorgung ist für EU-Bürger

SICHERHEIT UND NOTFÄLLE

kostenlos. Sie deckt nur dringende Maßnahmen ab, mit Ausnahme von Dialyse und dem Auffüllen eigener Sauerstoffzylinder.

Es ist dringend anzuraten, bei Ihrer Krankenkasse die Europäische Versicherungskarte zu beantragen und mitzuführen. Sie gewährleistet Ihre medizinische Versorgung und dass Ihnen die Behandlungskosten erstattet werden. Bürger aus Nicht-EU-Staaten müssen die Kosten einer medizinischen Behandlung selbst übernehmen, falls sie keine Reisekrankenversicherung abgeschlossen haben.

Apotheken

Der Verkauf von Medikamenten ist in Norwegen auf Apotheken beschränkt. Einige Mittel sind nicht verschreibungspflichtig, doch für die meisten benötigen Sie ein vom Arzt ausgestelltes Rezept. Wenn Sie auf ein verschreibungspflichtiges Medikament angewiesen sind, sollten Sie für die Dauer Ihres Aufenthalts vorsorgen. Sie können aber auch eine Arztpraxis aufsuchen und um ein Rezept bitten.

Apotheken haben ähnliche Öffnungszeiten wie andere Läden. In größeren Städten gibt es einen 24-Stunden-Dienstplan, der an allen Apotheken aushängt.

Die Bergwacht ist mit Tragbahren und Ackjas ausgerüstet

Naturgewalten

Norwegen ist ein großes Land mit beträchtlichen geografischen und klimatischen Unterschieden. Sowohl am Meer als auch in den Bergen kann sich das Wetter schnell ändern, und man sollte die Kräfte der Natur stets respektieren.

Leider hat Norwegen viele Ertrinkungsopfer zu verzeichnen, darunter Urlauber, die in nicht seetauglichen Booten oder bei schlechtem Wetter aufs Meer hinausfahren. Fragen Sie Einheimische um Rat, bevor Sie sich in unbekannte Gewässer wagen.

Die Berge sind für plötzliche Wetterumschwünge berüchtigt. Sonniges, ruhiges Wetter kann innerhalb weniger Stunden zu dichtem Nebel, Schneefall oder Sturm werden. Nochmals: Befolgen Sie die Grundregeln und holen Sie den Rat von Personen ein, die mit dem Terrain vertraut sind, ehe Sie losziehen. Das Personal in Ihrer Unterkunft kann Ihnen markierte Wege empfehlen und weiß, wie lang Sie von einem Punkt zum anderen brauchen.

Im Sommer werden in manchen Gegenden Mücken zum Problem. Insektenstifte und -sprays bekommen Sie in Apotheken und Lebensmittelläden.

Obwohl Bären und Wölfe mancherorts frei umherziehen, muss man keine Angst haben. Sie sind scheu und vermeiden den Kontakt mit Menschen. In den letzten Jahren kam es zu keinen ernsthaften Zwischenfällen mit diesen Tieren.

Apothekenschild

Auf einen Blick

Notrufnummern

Feuerwehr ☎ 110.
Polizei ☎ 112.
Ambulanz ☎ 113.
Vergiftungsnotdienst
☎ 22 59 13 00.

Botschaften

Deutschland
Oscars gate 45, Oslo.
Stadtplan 2 B2.
☎ 23 27 54 00.
w www.oslo.diplo.de

Österreich
Thomas Heftyes gate 19–21, Oslo.
Stadtplan 2 A1.
☎ 22 55 23 48.
@ oslo-ob@bmaa.gv.at

Schweiz
Bygdøy allé 78, Oslo.
Stadtplan 1 B1.
☎ 22 54 23 90.
w www.eda.admin.ch/oslo

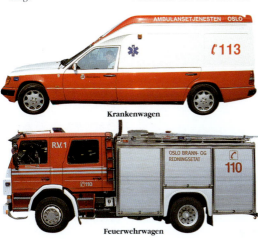

Krankenwagen

Feuerwehrwagen

Stadtplan Oslo siehe Seiten 98–103

Währung und Geldwechsel

NORWEGEN-BESUCHER DÜRFEN beliebige Bargeldsummen ein- und ausführen. Die Norges Bank muss jedoch über Beträge ab 25 000 Nkr in Kenntnis gesetzt werden. Kreditkarten sind weit verbreitet, und mit ihnen kommt man auch leicht an Bares – Reiseschecks sind jedoch sicherer. In allen internationalen Flughäfen gibt es Wechselbüros. Auch viele Hotels wechseln Geld, doch die besten Kurse und die niedrigsten Gebühren bieten die Banken. Beachten Sie, dass Norwegen kein Mitglied der Europäischen (Währungs-)Union ist.

Wechselschalter in Oslos Hauptbahnhof

KREDITKARTEN

DIE NUTZUNG von Kreditkarten ist weit verbreitet. Sie werden in Hotels, Restaurants, Tankstellen und in den meisten Läden akzeptiert. MasterCard und Visa sind die gängigsten Karten. Mancher-

Geldautomat oder »Minibank«

BANKEN UND WECHSELSTUBEN

DIE MEISTEN Banken haben Wechselschalter mit nur geringen Unterschieden im Kurs. Auch Geldautomaten, bekannt als »Minibank«, befinden sich bei den meisten Banken. An ihnen können Sie mit Kreditkarten wie Master-Card und Visa norwegisches Bargeld abheben. Die meisten geben Anweisungen in mehreren Sprachen. Die Gebühren sind von Ihrer Karte abhängig. Normalerweise können Sie innerhalb von vier Tagen bis zu 9900 Nkr abheben, bei maximal sieben Einzelabhebungen. Oder Sie heben mit Visa am Schalter Geld ab. Das kann aber zeitaufwendig sein, da die Bank zunächst die Ermächtigung einholt.

Wechselstuben gibt es an den meisten Flughäfen, an den verkehrsreichsten Grenzübergängen und im *Flytog*-Terminal (für den Expresszug zwischen Oslos Gardermoen-Flughafen und dem Stadtzentrum).

SCHALTERZEITEN

BANKEN ÖFFNEN meist um 9 Uhr und schließen um 15.30 Uhr, im Sommer steht man allerdings schon um 15 Uhr vor verschlossenen Türen.

In Norwegen haben alle Banken samstags und sonntags zu, ein paar haben dafür am Donnerstag bis 17 oder 18 Uhr geöffnet.

Am Tag vor einem Feiertag wie z. B. am Silvestertag, schließen die meisten Banken früher als 15.30 Uhr.

AUF EINEN BLICK

BANKEN

Den Norske Bank (DnB)
Kongens gate 18, 0021 Oslo.
Stadtplan 3 E3. ☎ 22 48 10 50.

DnB NOR
Kirkegata 18, 0153 Oslo.
Stadtplan 3 E3. ☎ 81 50 05 90.

Nordea
Stortorvet 7, 0155 Oslo.
Stadtplan 3 E3. ☎ 22 48 50 00.

WECHSELSTUBEN

Nordea Oslo Lufthavn
Gardermoen Flyplass.
☎ 63 94 88 00.

American Express
Fridtjof Nansens plass 6, Oslo.
Stadtplan 3 D3. ☎ 22 98 37 35.

KREDITKARTENVERLUST

Allgemeiner Notruf
☎ 0049 116 116.

American Express
☎ 22 98 37 50.

Diners Club
☎ 21 01 53 00.

MasterCard
☎ 05 01 26 97.

Visa
☎ 80 01 20 52.

Maestro-/EC-Karten
☎ 0049 69 740 987.

Die Zentrale der Norske Bank, Aker Brygge in Oslo

Stadtplan Oslo siehe Seiten 98–103

WÄHRUNG UND GELDWECHSEL

orts wird – wegen der hohen Gebühren für den Händler – American Express nicht akzeptiert.

In den meisten Banken können Sie mit der Kreditkarte Geld abheben. Und in den meisten Läden bekommen Sie bei Kartenzahlung das Wechselgeld bar.

REISESCHECKS

REISESCHECKS erhalten Sie bei Ihrer Bank. Vergessen Sie nicht, die Schecks zu unterschreiben, sonst sind Sie für eventuellen Missbrauch verantwortlich.

Reiseschecks werden allerdings – anders als Kreditkarten – immer seltener als Zahlungsmittel akzeptiert. In puncto Sicherheit sind sie den Kreditkarten aber immer noch überlegen.

TELEGRAFISCHE ÜBERWEISUNGEN

NORWEGISCHE BANKEN helfen gerne bei telegrafischen Geldüberweisungen. Doch die Transaktion kann langsam und teuer sein. Die Absenderbank schickt Geld zur Partnerbank in Norwegen, die es dann an die Bank vor Ort überweist. Schneller geht es via MoneyGram zu American Express in Oslo.

WÄHRUNG

NORWEGENS Währung ist die norwegische Krone (kr, Nkr oder NOK). Eine Krone entspricht 100 Øre. Die kleinste Münze ist die zu 50 Øre, die größte die zu 20 Nkr.

Banknoten gibt es im Wert von 50 bis 1000 Nkr.

Wenn Sie mit einem 1000-Nkr-Schein bezahlen wollen, kann es gelegentlich Probleme geben. Gehen Sie auf Nummer sicher und bezahlen Sie maximal mit einem 500-Nkr-Schein.

Norwegen ist kein Mitglied der Europäischen Währungsunion und der Euro kein gesetzliches Zahlungsmittel, außer z. B. in Flughäfen und Tax-free-Läden. Doch es steht dem Händler frei, wie er es handhabt. Einkaufszentren erwägen bereits, den Euro zu akzeptieren.

50 Nkr

Banknoten
Norwegische Geldscheine gibt es im Wert von 1000, 500, 200, 100 und 50 Nkr. Jeder Schein trägt das Porträt einer bekannten Persönlichkeit.

100 Nkr

200 Nkr

500 Nkr

1000 Nkr

Münzen
Norwegische Münzen gibt es in den Nennwerten 20, 10, 5 und 1 Nkr sowie 50 Øre. Vorne zeigen sie traditionelle norwegische Muster. Die neuen Münzen zu 1 Nkr und 5 Nkr haben ein Loch in der Mitte.

50 Øre   1 Nkr   5 Nkr   10 Nkr   20 Nkr

Kommunikation

Postlogo

DIE NORWEGISCHEN Telekommunikationsdienste sind auf hohem Niveau. Norwegen gehört zu den Ländern mit der höchsten Handydichte; von den 4,6 Millionen Einwohnern nutzen schon 3,5 Millionen das Mobiltelefon. Auch das Internet und E-Mails ziehen in immer mehr Haushalten und in der Geschäftswelt ein. Das führende Telekommunikationsunternehmen ist die ehemals staatliche Firma Telenor. Sie bietet eine breite Palette von Diensten an. Öffentliche Telefone akzeptieren Bargeld, norwegische Telefonkarten und die meisten Kreditkarten.

ÖFFENTLICHE TELEFONE

ES GIBT ZWEI ARTEN VON öffentlichen Telefonen, die beide von Telenor betrieben werden. Die roten Telefonzellen in den größeren Städten akzeptieren Telefonkarten (*telekort*), eine Reihe Kreditkarten und norwegische Münzen. Telefonkarten erhalten Sie landesweit in den Narvesen-Kiosken. Die grünen Telefonzellen akzeptieren nur Telefon- und Kreditkarten, kein Bargeld.

Man kann sich vom Gesprächspartner zurückrufen lassen. Bitten Sie einfach Ihr Gegenüber, die am Telefon angegebene Nummer zu wählen.

MOBILTELEFONE

DER GEBRAUCH öffentlicher Telefone ging nach der Einführung des Handys, das in Norwegen weit verbreitet ist, deutlich zurück. Im Allgemeinen können Sie Ihr Handy in Norwegen benützen. Wenn Sie eine Prepaid-Karte haben, fragen Sie Ihren Händler nach den Bedingungen in Norwegen.

Telefonzelle

Beachten Sie, dass Sie auch als Empfänger die Telefongebühren zu einem Großteil bezahlen müssen, wenn Sie sich im Ausland aufhalten. Der Anrufer zahlt nur den Ortstarif, der Rest geht auf Ihre Kosten.

Das GSM-Netz deckt ganze 97 Prozent der Bevölkerung auf 70 Prozent der Landesfläche ab. NMT ist ein System, das nur in Norwegen, Schweden und Finnland verwendet wird. Es heißt auch »Wildnis-Telefonnetz« (*villmarkstelefonen*), da es weitere Teile als GSM abdeckt. Mittlerweile sind dank der UMTS-Abdeckung durch nordeuropäische Netzbetreiber auch mobile Breitbanddienste und Videotelefonate möglich.

Handys können nützlich sein, wenn man in entlegene Gebiete reist. Jedoch erreichen die Netze nicht jede Ecke – verlassen Sie sich also nicht darauf, immer und überall Hilfe rufen zu können.

FAX, TELEGRAMM UND E-MAIL

IN NAHEZU ALLEN Unterkünften ist man sehr hilfreich, wenn es ums Senden von Faxen, Telegrammen oder E-Mails geht.

Große Hotels haben oftmals einige Gästezimmer mit ISDN- oder Breitbandanschluss, in denen Sie Ihren Laptop benützen können. Fragen Sie nach solchen Angeboten – und nach dem Preis dafür –, bevor Sie Ihr Zimmer beziehen. Falls Sie ohne Computer reisen, aber dennoch einen

KARTENTELEFON

1 Wählen Sie die von Ihnen bevorzugte Sprache.

2 Heben Sie den Telefonhörer ab.

3 Führen Sie die Kredit- oder Telefonkarte ein und warten Sie aufs Freizeichen.

4 Wählen Sie die Nummer und warten Sie auf die Verbindung. Falls Sie Hilfe oder Informationen zu Gebühren brauchen, wählen Sie 80 08 20 65.

5 Entnehmen Sie Ihre Karte. Falls Sie es vergessen, ertönt ein Warnton.

Telefonkarte zu 40 Nkr

TELEFONIEREN

- Ländervorwahl Norwegen 0047.
- Norwegische Telefonnummern haben acht Ziffern; es gibt keine Vorwahlen.
- Auslandsgespräche: Deutschland 0049 Österreich 0043 Schweiz 0041
- Internationale Vermittlung 115.
- Inlandsauskunft 1881; Auslandsauskunft 1882.
- Telenor-Kundendienst 05000.
- Deutschland Direkt 800 199 49 (R-Gespräch).

KOMMUNIKATION

Norwegische Briefmarken zu 5,50 Nkr, 7 Nkr und 10 Nkr

Zugang zum Internet benötigen – immer mehr Hotels bieten ihren Gästen hierfür eigene Terminals an.

In öffentlichen Bibliotheken und Internet-Cafés haben Sie ebenfalls die Möglichkeit, im Internet zu surfen oder Ihre E-Mails zu checken.

Postdienste

P<small>OSTÄMTER GIBT</small> es in jeder Stadt und in fast allen Dörfern. Außerdem bieten manche Läden Postdienste an.

Die Postämter haben meist wochentags von 9 bis 17 Uhr und samstags von 10 bis 15 Uhr geöffnet. In Läden decken sich die Öffnungszeiten der Postschalter mit denen des Geschäfts.

Briefmarken erhalten Sie in Postämtern, Läden, Kiosken und Buchhandlungen. Das Porto für einen normalen Brief oder eine Postkarte bis zu 20 Gramm in ein europäisches Land kostet 9,50 Nkr. Briefe von 20 bis 50 Gramm kosten 14 Nkr. Sendungen in den Rest der Welt müssen Sie mit 10,50 Nkr bzw. 21 Nkr frankieren. Innerhalb Norwe-

Roter Briefkasten für In- und Auslandspost, gelber für lokale Post

gens müssen Sie eine 6-Nkr-bzw. 9-Nkr-Marke aufkleben, für andere nordische Länder Briefmarken im Wert von 7,50 Nkr bzw. 12 Nkr.

Briefkästen gibt es überall, meist sind sie rot, manchmal gelb. Wenn ein roter Briefkasten allein steht, werden alle Sendungen eingeworfen. Wenn ein roter und ein gelber nebeneinander stehen, ist der rote für landesweite und internationale, der gelbe für örtliche Post – die Postleitzahl ist angegeben. Die Leerungszeiten sind ebenfalls am Briefkasten vermerkt.

Norwegische Postleitzahlen bestehen aus vier Ziffern und stehen vor dem Ortsnamen. Die Hausnummer steht wie bei uns nach dem Straßennamen.

Man kann Sendungen auch postlagernd schicken. Die Adresse sollte dann den Namen des Empfängers sowie den Namen und die Postleitzahl des Postamts enthalten, in dem die Sendung abgeholt wird. Kurierdienste werden von den gängigen internationalen Firmen angeboten.

Fernsehen und Radio

F<small>AST ALLE</small> Hotelzimmer sind mit Farbfernsehern ausgestattet, die sowohl norwegische als auch internationale Sender empfangen. Zu den einheimischen Kanälen zählen die staatlichen, nicht kommerziellen NRK1 und NRK2. Der führende kommerzielle Sender ist TV2 (allmorgendlich laufen hier Wettervorhersagen), daneben gibt es noch TV3 und TV Norge. Auf allen Kanälen werden Filme und Serien in der Originalsprache (meist Englisch) ausgestrahlt.

In Hotels kann man oft internationale Sender wie Eurosport, MTV und CNN empfangen, die größeren bieten auch Pay-TV mit einer Auswahl an Filmen an. Viele Hotels haben ihren eigenen Kanal mit Informationen für ihre Gäste.

Die populärsten Rundfunksender sind P1 und P2, die jede Stunde Nachrichten und Wettervorhersagen bringen. Es gibt zahlreiche weitere Radiosender in Norwegen, die

rund um die Uhr Musikprogramme – klassisch oder modern – senden.

Zeitungen

R<small>ELATIV ZUR</small> Bevölkerung und Größe des Landes gibt es in Norwegen beeindruckend viele Zeitungen. Die meisten Städte haben ein oder mehrere eigene Tagesblätter, landesweit erscheinen *Aftenposten, Verdens Gang* und *Dagbladet*. Von zwei Zeitungen gibt es im Internet englische Versionen: www.aftenposten.no/english und www.norwaypost.com. Internationale Zeitungen sind an den **Narvesen**-Kiosken in größeren Städten erhältlich.

Auf einen Blick

Hauptpostämter

Posten Norge BA
Kirkegata 22, Oslo.
Stadtplan 3 E4. ☎ 23 14 90 00.

Bergen Postkontor
Småstrandgaten 3, Bergen.
☎ 81 00 07 10.

Kurierdienste

DHL
☎ 81 00 13 45.

Federal Express
☎ 63 94 03 00.

TNT
☎ 81 00 08 10.

Internet-Cafés

Accezzo Internettcafé
Galleriet, Torgallmenningen 8, Bergen. ☎ 55 31 11 60.

Studenten
Karl Johans gate 45, Oslo.
Stadtplan 3 D3. ☎ 22 42 56 80.

Ausländische Zeitungen

Narvesen
Stortingsgata 24–26, 0161 Oslo.
Stadtplan 3 D3. ☎ 22 42 95 64.

Bystasjonen (Busbahnhof),
5015 Bergen.
☎ 55 32 59 06.

Hauptbahnhof Trondheim,
7491 Trondheim.
☎ 73 88 30 30.

Stadtplan Oslo siehe Seiten 98–103

REISEINFORMATIONEN

DER GROSSTEIL DER Norwegen-Besucher landet mit dem Flugzeug auf Oslos Flughafen Gardermoen. Internationale Flugverbindungen haben auch Torp in Vestfold und größere Städte in Westnorwegen wie Bergen, Stavanger und Trondheim. Von Norddeutschland, Dänemark und Großbritannien kann man mit der Autofähre nach Südnorwegen und Bergen fahren. Viele Urlauber kommen auch mit Bus, Auto, Zug oder Kreuzfahrtschiff nach Norwegen. Sie können bei Ihrer Reise von und nach Norwegen zollfrei einkaufen, da das Land kein EU-Mitglied ist *(siehe S. 240)*.

Maschine der Scandinavian Airlines (SAS)

Trotz der vielen natürlichen Barrieren wie Fjorde und Bergketten kommt man im Land leicht herum – dank der vielen Fähren, Tunnels und Brücken und eines guten Straßennetzes. Auch die Zug- und Busverbindungen sind gut ausgebaut.

Lufthansa, **Swiss**, **Austrian Airlines**, Finnair, British Airways und Icelandair.

Flugpläne unterliegen ständigen Veränderungen. Fragen Sie am besten kurz vor Ihrer Anreise im Reisebüro nach Einzelheiten. Natürlich geben auch die Fluggesellschaften Auskunft zu Abflug- und Ankunftszeiten. Telefonnummern und Internetadressen finden Sie rechts im Kasten »Auf einen Blick«.

Im neuen Terminal von Oslos Flughafen Gardermoen

ANKUNFT PER FLUGZEUG

VIELE EUROPÄISCHE Städte haben Flugverbindungen nach Norwegen. Von Gardermoen, dem größten internationalen Flughafen des Landes, ist Oslo über Straße und Bahn schnell zu erreichen. Die Busfahrt dauert 35 bis 40 Minuten. Flytoget, der Express-Shuttlezug ins Zentrum, fährt alle zehn Minuten und benötigt für die Fahrt ungefähr 20 Minuten. Taxis sind teuer und langsamer als der »Flugzug«.

SAS (Scandinavian Airlines System) ist die führende Fluggesellschaft in der Region, mit Flügen zu vielen europäischen Städten. Es gibt Direktverbindungen und Flüge mit Zwischenstation in Kopenhagen. SAS fliegt auch täglich in die USA und den Fernen Osten. **SAS Braathens** ist eine Tochtergesellschaft von SAS mit Flugverbindungen von 13 deutschen Flughäfen u.a. nach Oslo, Bergen, Stavanger und Trondheim.

Widerøe fliegt mit seinen Dash-8-Flugzeugen von Aberdeen und Newcastle nach Stavanger, sowie von Manchester nach Bergen mit Verbindungen in viele kleinere Städte Norwegens.

Zu den internationalen Fluglinien, die Flüge nach Oslo anbieten, gehören u.a.

SAS-Logo

FLUGPREISE

PREISE FÜR FLUGTICKETS von und nach Norwegen variieren enorm. Neben allgemeinen günstigen Angeboten der Fluglinien gibt es unterschiedliche Nachlässe für Kinder, Studenten, Familien und für Frühbucher.

Als Daumenregel lässt sich sagen: Je später man bucht, umso seltener bekommt man einen Rabatt. Kurz vor dem Flug gibt es meist nur noch Tickets zum vollen Preis.

APEX-Tickets, die man weit im Voraus buchen sollte, sind recht günstig, können aber nicht umgetauscht oder zurückgegeben werden.

Zwischen den Fluglinien herrscht harte Konkurrenz, weshalb es sich lohnt, nach Angeboten Ausschau zu halten; auf den Websites wird man häufig fündig. Charterflüge sind manchmal sehr viel günstiger als Linienflüge.

Fragen Sie in Ihrem Reisebüro nach den verschiedenen Pauschalangeboten für den Urlaub in Norwegen.

Mit Flytoget erreicht man Oslos Flughafen Gardermoen am schnellsten

REISEINFORMATIONEN

Autofähre im Hafen von Kristiansand im Süden Norwegens

ANREISE PER FÄHRE

Norwegens Küste ist die längste in Europa, und Fähren waren schon immer ein wichtiges Transportmittel.

Fähren von **DFDS Seaways** verkehren u.a. zwischen Kopenhagen und Oslo. Eine Route führt von Newcastle über Stavanger und Haugesund nach Bergen. **Fjord Line** betreibt zwei Fährlinien. Beide – von Newcastle oder von Hanstholm (Dänemark) – laufen Stavanger, Haugesund und Bergen an.

Stena Line verkehrt zwischen Frederikshavn (Dänemark) und Oslo; **Color Line** zwischen Kiel und Oslo, Hirtshals und Oslo, Hirtshals und Kristiansand sowie Frederikshavn und Larvik. Es gibt Überfahrten von Hanstholm nach Bergen und von Strømstad nach Sandefjord.

Alle Überfahrten werden von großen, komfortablen Autofähren mit Kabinen verschiedener Klassen durchgeführt. Meist bieten sie eine gute Auswahl an Restaurants und Tax-free-Läden.

ANREISE PER ZUG UND BUS

Oslo wird täglich von Zügen aus Kopenhagen und Stockholm angefahren. Die Fahrt von Kopenhagen führt entlang Schwedens Westküste.

Busse von **Eurolines** verbinden 20 deutsche Städte mit Oslo und 15 weiteren Orten Norwegens. **NOR-Way Bussekspress** fährt von Hamburg und Flensburg nach Kristiansand und Stavanger bzw. von Göteborg aus nach Oslo. Im Norden gibt es Busverbindun-

gen von Skellefteå in Schweden nach Bodø, von Umeå in Schweden nach Mo i Rana sowie von Rovaniemi in Finnland nach Tromsø, Tana Bru, Lakselv, Karasjok und Kautokeino.

Haupteingang von Oslos Bahnhof

ANREISE PER AUTO

Norwegen grenzt an drei Länder und hat zahlreiche Grenzübergänge, angefangen bei Svinesund im Süden bis hoch zu Grense Jakobselv an der russischen Grenze im hohen Norden.

Alle Grenzübergänge stehen Privatfahrzeugen frei. Die meisten Autos kommen aus Schweden über den verkehrsreichsten Übergang bei Svinesund nach Norwegen.

Es ist nicht anzuraten, am Samstag oder Sonntag von Schweden aus nach Norwegen zu fahren. Da in Schweden die Preise niedriger sind, fahren viele Norweger am Wochenende zum Shoppen. An der Grenze kann es deshalb zu langen Staus kommen.

An den Grenzen gibt es Zollstationen, doch wenn Sie nichts zu deklarieren haben, können Sie einfach durchfahren. Manchmal wird man allerdings herausgewinkt und

---

AUF EINEN BLICK

FLUGGESELLSCHAFTEN

Austrian Airlines
- 05 17 89 (Buchung, A).
- 64 81 86 66 (Buchung, Nor).
- www.aua.at

Lufthansa
- 069 69 60 (Zentrale, D).
- 0180 583 84 26 (Buchung, D).
- 22 33 09 00 (Buchung, Nor).
- www.lufthansa.de

SAS
- 01805 117 002 (Buchung, D).
- 91 50 54 00 (Buchung, Nor).
- www.scandinavian.net

SAS Braathens
- 05 400 (Nor).
- www.sasbraathens.no

Swiss
- 0848 700 700 (Buchung, CH).
- 81 00 00 12 (Buchung, Nor).
- www.swiss.com

Widerøe
- 81 00 12 00 (Nor).
- www.wideroe.no

FÄHRGESELLSCHAFTEN

Color Line
- 81 00 08 11 (Nor).
- www.colorline.no

DFDS Seaways
- 01805 30 43 50 (D).
- 21 62 13 40 (Nor).
- www.dfds.de

Fjord Line
- 03821 709 44 10 (D).
- 81 53 35 00 (Nor).
- www.fjordline.no

Stena Line
- 0211 90 550 (D).
- 02 010 (Nor).
- www.stenaline.de

ZUG- UND BUSGESELLSCHAFTEN

Eurolines (Deutsche Touring)
- 01805 79 03 03 (D).
- www.eurolines.de

NOR-Way Bussekspress
- 81 54 44 44 (Nor).
- www.nor-way.no

überprüft. Das kann übrigens schon in beträchtlicher Entfernung zum eigentlichen Grenzübergang passieren.

Unterwegs mit Flugzeug, Zug, Bus und Schiff

DIE ENTFERNUNGEN IN NORWEGEN sind so groß, dass man für Reisen vom Norden in den Süden des Landes und umgekehrt am besten das Flugzeug nimmt. Zwischen den größeren Städten gibt es gute Flugverbindungen. Um möglichst viel zu sehen, kann man Flüge mit Bahn- oder Fährreisen kombinieren. Speziell in Nordnorwegen bietet eine Kombination aus Flug und Hurtigruten-Fähre *(siehe S. 205)* die Möglichkeit, abgelegenere Gebiete außerhalb des Bahnsystems zu besuchen. Auch Busfahrten sind eine schöne Option.

Eine Widerøe-Maschine in Svolvær auf den Lofoten

MIT DEM ZUG
UNTERWEGS

VON HALDEN IM SÜDEN nach Bodø im Norden erstreckt sich ein exzellentes Bahnsystem, ebenfalls in den Westen des Landes, z. B. nach Stavanger und Bergen.

Norwegens Bahnsystem wird von der staatlichen Eisenbahn **NSB** (Norges Statsbaner) unterhalten. Sowohl Züge als auch Bahnhöfe sind im Allgemeinen auf einem hohen Standard. Alle Waggons sind sauber und komfortabel. Für Behinderte gibt es eigene Einrichtungen. Skier und Fahrräder werden als Gepäck befördert, in Langstreckenzügen jedoch müssen Sie für Ihr Rad wie für sich selbst einen Platz reservieren. Gepäck kann auch vorgeschickt werden. Die Website der NSB liefert Informationen.

Norwegische Bahnen werden in drei Kategorien unterteilt: Lokalzüge in und um Oslo, Bergen, Stavanger, Bodø und Trondheim, Intercityzüge zwischen Städten in Ostnorwegen sowie Langstreckenzüge wie Ekspress und Nattog (Nachtzug). Für Letztere müssen Sie Fahrkarten im Voraus buchen und einen Sitzplatz reservieren. Auf Regionalzügen ist keine Reservierung nötig. Wenn Sie nicht weit vor der Reise buchen wollen, können Sie Ihr Ticket im Bahnhof oder auch erst im Zug kaufen (viele kleine Bahnhöfe beschäftigen kein Personal).

Die spektakulärste Bahnfahrt ist jene auf der steilen

INLANDSFLÜGE

FAST ALLE Provinzstädte haben Flugplätze mit täglichen Inlandsverbindungen. Bei diesem umfassenden Flugnetz befinden Sie sich nie weit von einer Landebahn. Die Flugzeiten sind recht kurz, wenn Sie nicht gerade von Süden nach Norden (oder umgekehrt) fliegen. Von Oslo nach Bergen, Stavanger oder Trondheim ist man ca. 50 bis 60 Minuten unterwegs, von der Hauptstadt nach Tromsø fliegt man in eineinhalb Stunden. Der längste Flug, von Oslo nach Kirkenes im hohen Norden, dauert knapp über zwei Stunden.

SAS, die führende Fluggesellschaft, hat **Braathens** und **Widerøe** übernommen. Jedoch operiert Widerøe weiterhin als unabhängige Gesellschaft. Daneben existieren mehrere kleinere Anbieter mit eingeschränkten Flugplänen.

SAS fliegt 14 Inlandsflughäfen an, SAS Braathens fast ebenso viele. Widerøe hat 35 kleinere Ziele. Zusammen unterhalten die drei Linien ein umfassendes Flugnetz. Flugtickets kann man in Reisebüros oder direkt bei den Gesellschaften kaufen. Inlandsflüge in Norwegen sind nicht billig, aber wenn Sie hinsichtlich der Abflugzeiten flexibel sind, können Sie Nachlässe nutzen. Mit Widerøes »Explore-Norway«-Ticket können Sie 14 Tage lang im Land umherfliegen.

Aktuelle Flugpläne und Informationen über Verzögerungen finden Sie auf der Teletext-Seite 320 des norwegischen Fernsehsenders NRK. SAS bietet ebenfalls einen Textdienst für Ankunfts- und Abflugzeiten. Beachten Sie auf jeden Fall, dass die Pläne in Sommer und Winter unterschiedlich sind.

Flåmsbanen, eine der schönsten Bahnlinien Norwegens

REISEINFORMATIONEN

M/S Telemarken an der Akkerhaugen-Anlegestelle des Telemark-Kanals

und kurvigen Flåmsbanen-Strecke *(siehe S. 176)*. Sie ist Teil der »Norwegen-in-der-Nussschale«-Tour, einer Rundreise von Bergen mit Zug und Bus, zu der auch eine Fjordfahrt gehört. Buchungen bei Fjord Tours (Tel: 81 56 82 22, www.fjordtours.no).

MIT DEM BUS
UNTERWEGS

DIE MEISTEN Städte und Regionen haben eigene Busunternehmen mit regelmäßigen Fahrten in andere Ortschaften und abgelegene Gebiete. Die *Flybusser* (Flughafen-Shuttlebusse) verbinden Oslos Flughafen mit Städten in der Umgebung.

Der **NOR-Way Bussekspress** bedient das größte Busnetz im Land, mit In- und Auslandsrouten. Die Gesellschaft bietet eine Sitzplatzgarantie, die Reservierungen unnötig macht – wenn ein Bus voll ist, wird ein zweiter eingesetzt.

Mit Bussen können Kinder und Senioren verbilligt fahren, ebenso sind Hin- und Rückfahrten günstiger. Zwischen Oslo und Bergen fahren täglich drei Busse in jede Richtung. An Bord werden Kaffee und Tee serviert. In Nachtbussen können die Sitzlehnen zurückgestellt werden. Manchmal gibt es Decken und Kissen.

Viele Busunternehmen arrangieren Rundreisen in Norwegen. Informieren Sie sich über Details in Ihrem Reisebüro.

MIT DER FÄHRE
UNTERWEGS

AUTOFÄHREN UND Expressboote verbinden die Inseln und Fjorde an Norwegens Küste. Sie sind hier wichtige Verkehrsmittel und außerdem eine wunderbare Art, das Land zu erkunden.

Der berühmte Küstenexpress **Hurtigruten** fährt täglich zwischen Bergen und Kirkenes in beiden Richtungen ab *(siehe S. 205)*. Die Boote halten unterwegs an 34 Stellen. Die Hin- und Rückreise dauert elf Tage und ist so angelegt, dass die Abschnitte, die man bei der Hinfahrt tagsüber sieht, bei der Rückfahrt nachts passiert werden. Die Schiffe sind verschieden alt und groß, aber alle sind auf einem hohen Standard.

Einige Bezirke an der Küste haben eigene Unternehmen mit Autofähren *(siehe S. 269)* und Expressbooten, mit denen man die spektakuläre Szenerie der Fjorde erkunden kann. Bei den meisten bezahlen Sie erst an Bord des Schiffs. Häufig sind Tagesausflüge möglich, etwa auf dem Sognefjord, von Bergen nach Flåm oder zwischen Svolvær

Eine Flotte von Ausflugsbussen mit Passagieren, Eidfjord

in den Lofoten und Narvik. Tickets für den Telemark-Kanal, von Skien nach Dalen und Akkerhaugen *(siehe S. 142)*, können Sie sich bei **Telemarkreiser** reservieren lassen.

AUF EINEN BLICK

INLANDSFLÜGE, RESERVIERUNGEN

SAS
91 50 54 00.
www.scandinavian.net

SAS Braathens
05 400.
www.sasbraathens.no

Widerøe
810 01 200.
www.wideroe.no

EISENBAHN-GESELLSCHAFT

NSB
815 00 888.
www.nsb.no

FÄHRREISEN

Hurtigruten
810 30 000.
040 37 69 30 (D).
www.hurtigruten.de

Telemarkreiser
35 90 00 20.
www.telemarkreiser.no

BUSREISEN

NOR-Way Bussekspress
815 44 444.
www.nor-way.no

Mit dem Auto unterwegs

Landschaftlich schöne Strecke

NORWEGEN HAT EIN ausgedehntes Netz aus größtenteils sehr guten Straßen. Die meisten davon sind geteert, in abgelegeneren Gebieten gibt es aber auch Schotterpisten. Viele Autobahnen sind mautpflichtig, doch mit etwas Planung kann man diese vermeiden. Die Fahrt dauert dann zwar etwas länger, dafür sieht man mehr, vor allem auf den mit »Turistveg« gekennzeichneten, landschaftlich besonders schönen Strecken. Im Folgenden finden Sie Informationen zur Maut, über Verkehrs- und Parkvorschriften sowie über sicheres Fahren im Winter.

Automatische Mautstation mit Gebührentafel

VERKEHRSREGELN

DER STRASSENVERKEHR ist gut geregelt, und die Norweger halten sich an die Vorschriften, vielleicht wegen der drastischen Strafen bei Zuwiderhandlungen.

Halten Sie sich insbesondere an Tempolimits. Eine Überschreitung von 20 km/h kann Sie um die 3000 Nkr kosten. Wenn Sie noch schneller fahren, riskieren Sie den sofortigen Führerscheinentzug und außerdem eine hohe Geldstrafe. An vielen Hauptstraßen nehmen Kameras Temposünder auf.

Auf Landstraßen beträgt die Höchstgeschwindigkeit meist 80 km/h, auf Autobahnen 80 bis 90, teils 100 km/h.

Beachten Sie auch die strengen Alkohollimits. Sie dürfen maximal 0,2 Promille im Blut haben, wenn Sie Auto fahren – in der Praxis bedeutet das absolutes Alkoholverbot. 0,2 bis 0,5 Promille haben hohe Geldstrafen zur Folge, bei über 0,5 Promille Blutalkohol bekommen Sie eine Haftstrafe von mindestens 21 Tagen und eine Geldstrafe aufgebrummt. Außerdem wird Ihnen der Führerschein entzogen.

Das Anlegen des Sicherheitsgurts ist Pflicht, auch für Passagiere auf den Rücksitzen. Kleine Kinder müssen in speziellen Kindersitzen angeschnallt sein.

Das Abblendlicht muss zu jeder Tages- und Nachtzeit eingeschaltet sein.

Lassen Sie Ihr Auto vor der Reise in der Werkstatt überprüfen, da es manchmal Sicherheitskontrollen gibt.

Beim Kreisverkehr gilt: Der im Kreisverkehr Fahrende hat Vorfahrt.

Bitte beachten Sie auch die Ampeln! Unter keinen Umständen sollten Sie sich hinreißen lassen, bei Rot einfach durchzufahren, auch wenn weit und breit kein Auto zu sehen ist.

STRASSENGEBÜHREN

MEHRERE GROSSE Ballungsräume sind von Mautstationen umgeben, an denen Sie für die Einfahrt in die Stadt bezahlen müssen. Halten Sie dafür immer ein paar norwegische Münzen parat.

Die meisten Mautstationen sind automatisiert: Sie werfen einfach die Münzen in einen Schlitz. Es gibt auch Schalter mit Kasse, für die Sie aber auch norwegisches Geld benötigen. Die Gebühren liegen zwischen 20 und 30 Nkr.

Auch an vielen Hauptverkehrsstraßen, Tunneln und Brücken muss man Maut bezahlen, und zwar in beiden Richtungen. Die meisten Mautstationen haben sowohl automatische als auch Schalter mit Personal.

Ein paar private Straßen kosten ebenfalls eine Gebühr, vor allem über Bergpässe oder in Gegenden mit Ferienhütten. Das ist aber eher die Ausnahme als die Regel.

Private Mautgebühren bezahlt man, indem man eine Münze in einen Umschlag mit dem Kennzeichen des Autos steckt und diesen in einen Kasten wirft. Umschläge gibt es an der Schranke. Auch hier werden Kontrollen durchgeführt, ob die Gebühr bezahlt wurde. Die Maut variiert zwischen 10 und 150 Nkr.

PARKEN

STÄDTE HABEN MEIST Parkuhren und mehrstöckige Parkhäuser. In Oslo bekommen Sie bei Überschreiten der Zeit an der Parkuhr einen Strafzettel über 500 Nkr – die Politessen sind für ihre Effizienz bekannt! In Parkhäusern bezahlen Sie beim Hinausfahren, sodass Sie kein Risiko eingehen, die erlaubte Zeit zu

Eine der spektakulären Brücken, die Inseln und Schären verbinden

überschreiten. Parkgebühren variieren enorm; in der Hauptstadt kostet die Stunde zwischen 20 und 30 Nkr.

STRASSENZUSTAND

NORWEGENS STRASSEN sind in Europastraßen *(europaveier)*, Staatsstraßen *(riksveier)* und kleinere Straßen unterteilt. Der Standard der *europaveier* ist sehr hoch, besonders im Süden. Die *riksveier* sind ebenfalls gut, der Zustand von Nebenstrecken ist unterschiedlich. Im Westen gibt es viele enge Kurven – passen Sie Ihre Fahrweise an.

MIETAUTOS

MEHRERE LOKALE Firmen und die internationalen Ketten **Avis**, **Budget** und **Hertz** vermieten Autos in Norwegen. Man findet sie in den großen Flughäfen und in den Städten. Sie können entweder vor Ihrer Reise über die Websites der großen Unternehmen oder vor Ort buchen.

Das Mindestalter zum Führen eines Mietwagens liegt bei 19 Jahren. Wenn Sie einen luxuriöseren Wagen oder mit Kreditkarte bezahlen wollen, müssen Sie 25 Jahre alt sein.

Die Mietbedingungen sind die gleichen wie anderswo. Die Preise sind aber im Vergleich zu anderen Ländern meist höher. Doch es gibt eine Reihe spezieller Angebote – fragen Sie ruhig nach.

AUTOFÄHREN

DIE NORWEGISCHE Küste ist von zahlreichen Fjorden unterbrochen, die sich tief ins Landesinnere erstrecken. Mancherorts sind Autofähren ein unentbehrliches Transportmittel. Auf den zahlreichen Linien verkehren Fähren in engen Zeitabständen.

Die Tickets kauft man entweder direkt vorher oder gleich an Bord. In den Sommermonaten bucht man für größere Fähren zu populären Reisezielen wie den Lofoten jedoch am besten im Voraus. Die Reservierung erfolgt über die Fährgesellschaft **OVDS**. Die Kosten für ein Fährticket werden subventioniert und sind entsprechend niedrig. Auf den meisten Fähren gibt es eine Cafeteria.

TANKSTELLEN

MAN IST IN Norwegen nie weit von einer Tankstelle entfernt. In vielen Städten gibt es welche mit 24-Stunden-Dienst, an den meisten kann man an Automaten mit Kreditkarte bezahlen. Für Nachtfahrten sollen Sie dennoch mit einem mindestens halb vollen Tank aufbrechen.

Obwohl Norwegen selbst Öl fördert, sind weder Benzin noch Diesel billig.

NAF (Norges Automobilforbund), **Falken** und **Viking** sind die größten Abschleppdienste. Mitglieder der meisten europäischen Automobilklubs müssen beim NAF nichts bezahlen.

Tankstelle der staatlichen norwegischen Ölgesellschaft

STRASSENSCHILDER

NORWEGEN VERWENDET die internationalen plus ein paar landestypische Schilder: Ein weißes M auf blauem Grund z. B. weist auf eine Ausweichstelle hin.

Nehmen Sie kein Elch-Warnschild als Souvenir mit. Elche sind weit verbreitet, und die Schilder stehen nicht zur Zierde herum. Elche auf der Fahrbahn stellen ein erhebliches Risiko dar. Passen Sie Ihre Geschwindigkeit an. Zusammenstöße von Elch und Auto können zu schweren Schäden – bis hin zu Todesfällen – führen.

AUTOFAHREN IM WINTER

DIE WINTERLICHEN Straßenzustände variieren von Region zu Region. In Oslo und an der Küste Ostnorwegens und Vestlandets sind die Straßen meist das ganze Jahr über eis-

> **AUF EINEN BLICK**
>
> **AUTOVERMIETUNGEN**
>
> **Avis**
> 📞 81 53 30 44.
> 🌐 www.avis.de
>
> **Budget**
> 📞 81 56 06 00.
> 🌐 www.budget.de
>
> **Hertz**
> 📞 67 16 80 00.
> 🌐 www.hertz.de
>
> **ABSCHLEPPDIENSTE**
>
> **Falken** 📞 02222.
> **NAF** 📞 810 00 505.
> **Viking** 📞 06000.
>
> **AUTOFÄHREN**
>
> **OVDS** 📞 769 67 600.

Vorsicht, Elche auf der Fahrbahn

und schneefrei. Sie können jedoch glitschig sein. Winterreifen sind auch hier zwischen November und April zu empfehlen. In den Bergen und im Norden des Landes besteht fünf bis sechs Monate im Jahr die Möglichkeit von Eis und Schnee. Entsprechende Reifen und auch Schneeketten können durchaus notwendig sein.

Die dem Wind und Wetter am meisten ausgesetzten Straßen sind oftmals mit Schranken ausgestattet. Im Falle von nur schwer oder gar nicht passierbaren Strecken werden diese geschlossen. Einige Bergpässe sind fast den ganzen Winter über gesperrt. Dies wird meist schon in einiger Entfernung durch Schilder angezeigt.

Auf den Pässen, die im Winter geöffnet bleiben, behindert oftmals heftiger Schneefall das Fahren. Dann sind Schneepflüge auf der Strecke – gefolgt von Autokonvois.

Es ist immer anzuraten, sich vor dem Losfahren nach dem Straßenzustand zu erkundigen. Nehmen Sie außerdem immer warme Kleidung und ausreichend Proviant mit, wenn Sie im Winter in den Bergen unterwegs sind.

In Oslo unterwegs

ALS URLAUBER IN OSLO HAT man es nicht schwer. Die meisten interessanten Orte sind im oder in der Nähe des Zentrums, und die vielen Museen, Attraktionen und Restaurants liegen nahe beieinander. Am besten erkundet man die Stadt zu Fuß oder mit dem Fahrrad. Von der Hauptdurchgangsstraße, der Karl Johans gate, sind es höchstens ein paar Minuten zu den Sehenswürdigkeiten. Die Hauptstadt hat zudem ein ausgedehntes öffentliches Verkehrsnetz, auch ins Umland. Es empfiehlt sich, nicht in der morgendlichen und nachmittäglichen Rushhour Auto zu fahren, wenn die Verkehrsdichte sehr hoch ist.

Fußgängerüberweg auf Oslos Karl Johans gate

ZU FUSS IN OSLO

ES GIBT KEINE bessere Art, Oslo zu erkunden, als auf den eigenen Füßen. So erleben Sie alles hautnah. Der Straßenverkehr ist für Fußgänger kein Hindernis, im Zentrum gibt es außerdem mehrere Fußgängerzonen.

Beachten Sie, dass es nicht erlaubt ist, bei Rot die Straße zu überqueren, auch wenn kein Auto naht. Mancherorts müssen Sie auch einen Knopf drücken, um grünes Licht zu bekommen. Sobald das grüne Männchen erscheint, können Sie losgehen. Bei einem Zebrastreifen ohne Ampel müssen Autos Fußgänger queren lassen – passen Sie dennoch auf.

Oslos Straßen sind gut beschildert. Mit dem Stadtplan auf den Seiten 98–103 finden Sie sich leicht zurecht.

Die Karl Johans gate (siehe S. 50) ist Norwegens Paradestraße und eine Attraktion für sich. Sie führt vom Hauptbahnhof zum Königspalast, vorbei an Parlament und Nationaltheater. Die Gegend ist Fußgängerzone.

Ein zehnminütiger Spaziergang bringt Sie von hier zum Hafen und zum Geschäftszentrum Aker Brygge. Der lebhafte Hafen ist immer voller Boote und Fähren. Hier hat man auch den besten Blick auf die Akershus Festning, das historische Fort über dem Oslofjord. Von dort oben hat man wiederum herrliche Sicht über den Fjord.

AUTO FAHREN IN OSLO

WENN SIE AN Stadtverkehr gewohnt sind, dürften Sie in Oslo keine Probleme haben. Die Verkehrsdichte ist nicht größer als in anderen Städten. Wie anderswo auch

Der Verkehr zur Rushhour verursacht lange Staus in und um Oslo

gibt es im Zentrum jedoch ein ausgedehntes Einbahnstraßensystem, in dem man sich ohne gute Straßenkarte leicht verfranzt.

Solange Sie die Stoßzeiten (7 bis 10 und 15 bis 18 Uhr) vermeiden, kommen Sie in Oslo gut voran. Die Höchstgeschwindigkeit im Zentrum liegt bei 30 bis 50 km/h. In der Nähe von Schulen und in einigen Wohngebieten darf man nur 30 km/h fahren.

Seien Sie vor Temposchwellen auf der Hut. Auf kleineren Straßen liegen sie nahe beieinander – wenn Sie zu schnell darüberfahren, kann die Erschütterung leicht Ihren Wagen beschädigen.

Tunnel machen die Stadtdurchquerung einfach. Die längsten sind Rådhustunnel (am Fjord unter dem Rådhuset entlang) und Vålerengtunnelen (vom Osten her in nördliche Richtung).

Wie erwähnt gibt es in Oslo zahlreiche mehrstöckige Parkhäuser, z.B. an Østbanen, Grønland, Ibsen und Aker Brygge. Wenn Sie den Wagen zwischen 8 und 17 Uhr in einer Parkbucht im Zentrum abstellen, müssen Sie an einem Automaten einen Parkschein lösen. Sonntags ist das Parken umsonst. Die Parkgebühren werden immer höher, je näher man am Zentrum ist. Vergessen Sie nicht zu vorgeschriebenen Zeiten zu bezahlen – die Strafe ist ansonsten empfindlich hoch. Private Parkplätze und -häuser verlangen zu allen Zeiten eine Gebühr.

Verschließen Sie immer Ihren Wagen und lassen Sie keine Wertsachen offen darin liegen, sondern verwahren Sie sie im Kofferraum.

TAXIS

EIN TAXI IST in Oslo leicht zu bekommen, außer eventuell in der Rushhour. Wenn das Taxischild auf dem Dach leuchtet, ist der Wagen frei. Taxis können herangewinkt werden, oder man geht zu einem Taxistand. Man kann sie auch im Voraus – bis zu 20 Minuten vor der gewünschten Zeit – buchen. Die meisten Taxis nehmen bis zu

REISEINFORMATIONEN

vier Personen mit, man kann aber auch eines mit mehr Sitzplätzen anfordern.

Oslo hat verschiedene Taxiunternehmen: **Oslo Taxi**, **NorgesTaxi** und **Taxi 2**. Es hat sich auch ein Markt für so genannte »Piratentaxis« entwickelt – Privatleute chauffieren Sie für einen vereinbarten Preis. Sie sind aber nicht zu empfehlen.

Ein blauer Wagen der Firma NorgesTaxi

Öffentlicher Verkehr

O SLO HAT EIN effizientes öffentliches Verkehrsnetz – mit Straßenbahnen, Bussen, Zügen und der Tunnelbahn (U-Bahn), auch als T-bane bekannt – mit häufigen Fahrten zwischen Zentrum und Stadtrand. Andere Linien verbinden Außenbezirke, ohne ins Zentrum zu fahren. Die Tunnelbane-Linien gehen strahlenförmig vom Stadtzentrum aus *(siehe Plan hintere Umschlaginnenseite)*. Bei **Trafikanten** bekommen Sie Infos über Linien, Zeitpläne und Verbindungen.

Fahrkarten erhält man an Automaten und beim Tunnelbane-Personal, in Bussen und Trambahnen. Wenn es keinen Schaffner gibt, müssen Sie Ihr Ticket am Automaten abstempeln. Die Geldstrafe fürs Schwarzfahren ist hoch.

Ein einfaches Ticket gilt eine Stunde lang für alle öffentlichen Verkehrsmittel in der Stadt; in dieser Zeit dürfen Sie auch beliebig oft umsteigen.

Es gibt auch Tickets für mehrere Fahrten, eine Tageskarte für 24 Stunden *(dagskort)* sowie eine Wochenkarte, die sieben Tage lang gültig ist.

Die Oslo-Karte *(siehe S. 257)* berechtigt zu kostenlosem öffentlichem Transport (außer mit Nachtbussen und Trambahnen).

Fähre, die Bygdøy mit Oslos Zentrum verbindet

Fährdienste

E IN FÄHRSERVICE, betrieben von **Nesoddbåtene**, verkehrt stündlich (in Stoßzeiten häufiger) zwischen Aker Brygge und der Halbinsel Nesoddtangen im Osten des Oslofjords.

Von Ende April bis Anfang Oktober kann man die **Bygdøyfergene** nach Bygdøy nehmen, um einen tollen Blick zu den Museen auf Bygdøynes *(siehe S. 78f)* zu haben, oder zum Dronningen-Pier, um das Norsk Folkemuseum zu besuchen.

Rad fahren in Oslo

E S IST EINFACH, angenehm und praktisch, Oslo mit dem Fahrrad zu erkunden, vor allem wenn man Strecken durch Parks und ruhige Straßen wählt. Norwegische Autofahrer behandeln Radler mit wenig Respekt – seien Sie auf der Hut und verlassen Sie sich nicht darauf, dass Autofahrer bremsen.

Schild an einem Fahrradweg

Auf Gehsteigen dürfen Sie das Rad schieben oder sogar damit fahren, wenn die Umstände es erfordern und Sie keine Fußgänger behindern.

Fahrräder können Sie bei den Anbietern **Kikutstua** oder **Oslo Bysykkel** mieten.

Sightseeing-Touren

A LTERNATIV ZUR Erkundung allein können Sie an einer Stadtführung teilnehmen. Eine typische dreistündige Bustour, arrangiert von **Båtservice Sightseeing** oder **HMK**, umfasst das Zentrum Oslos, Vigelandsparken, Holmenkollen-Sprungschanze und -Museum sowie die Museen Bygdøys. Individuell zusammengestellte Führungen organisieren Gesellschaften wie **Oslo Guideservice** und **Oslo Guidebureau**. Sie arrangieren sowohl traditionelle Stadtführungen als auch Wander-, Rad- und Themenausflüge.

Zwischen Mai und September werden auch Schifffahrten auf dem Oslofjord angeboten. Mit **Båtservice Sightseeing** können Sie sich auf eine 50-minütige Minikreuzfahrt durch den Hafen oder eine zweistündige Sightseeing-Tour um den inneren Oslofjord (täglich alle drei bis vier Stunden) begeben. Die Boote legen am Kai vor dem Rådhuset (Rathaus; *siehe S. 56f*) ab.

Auf einen Blick

Öffentlicher Verkehr, Information

Trafikanten
℃ 177.
🌐 www.trafikanten.no

Taxis

NorgesTaxi
℃ 08000.

Oslo Taxi
℃ 02323.

Taxi 2
℃ 02202.

Fährdienste

Bygdøyfergene
℃ 23 35 68 90.

Nesoddbåtene
℃ 23 11 52 20.

Sightseeing-Touren

Båtservice Sightseeing
℃ 23 35 68 90.

HMK
℃ 23 15 73 00.

Oslo Guideservice
℃ 22 42 70 20.

Oslo Guidebureau
℃ 22 42 28 18.

Fahrradverleih

Kikutstua
℃ 22 42 01 73.

Oslo Bysykkel
℃ 22 02 34 88.

Textregister

Die norwegischen
Buchstaben Æ, Å und Ø
stehen unter A und O.

Fett gedruckte Seitenzahlen
bezeichnen Haupteinträge.

A

Å 202, 204
Aall, Hans 82
Abenteuerparks *siehe*
  Vergnügungsparks
Åberg, Gösta 58
Abstecher (Oslo) **88–97**
  Hotels 222
  Restaurants 234f
  Übersichtskarte 89
  Vigelandsparken **90f**
Accezzo Internettcafé 263
Agatunet 162, 163
Aker Brygge (Oslo) 44, 47,
  57, 59
Aker Brygge, Einkaufszentrum
  (Oslo) 241
Akershus Slott (Croning) 69
Akershus Slott (Oslo) 45, 63,
  68f
  Detailkarte 65
Akkerhaugen
  Telemark-Kanal-Tour 142
Akvariet (Bergen) **166**
Ålesund **180**
  Festivals 30
  Hotels 226
  Restaurants 238
Alfred der Große, König von
  England 33
Alkohol
  Einkaufen 16, 229, 241, 257
  Restaurants 229
  Verkehrsregeln 257, 258, 268
Alsten 200
Alta 197, **208f**
Alternativmesse (Bergen) 28
Altes Rathaus (Fredrikstad)
  Detailkarte 112
Altes Zuchthaus (Fredrikstad)
  Detailkarte 112
Alvdal 125
American Express 260
Åmli-*bunad* 24
Amundsen, Roald 23, 40
  Frammuseet (Oslo) 79, 81
  Skifahren 26
  Tromsø 210
  Vadsø 213
Åndalsnes **180**
Andenes 203, 204
Ånderdalen Nasjonalpark 208
Andøya 198, 202, 204
Andrée, Salomon 210, 215
Anker, Bernt 92
Anker, Peder 97

Anker, Synnøve 190
Antiquitätenläden **244**, 245
Apotheken 259
Aquarien
  Akvariet (Bergen) **166**
  Polaria (Tromsø) 210
Arbeiterpartei 15, 41, 75
Archer, Colin 81, 119, 158
Arendal **144**
  Hotels 224
  Restaurants 237
Armbanduhren **244**, 245
Armfeldt, General 192
Arneberg, Arnstein 56, 84, 86
Arnesen, Liv 26
Arøyelva, Fluss 176
Ärzte 258f
Asbjørnsen & Moe 143
Astrup Fearnley Museet
  (Oslo) **72**
Astrup, Hans Rasmus 72
Astrup, Nikolai 22, 178
Atlantikküste, Fauna 20
Atlantikstraße 181
Augundsson, Tarjei 150
Aukrust, Kjell 125
Aulestad **126f**
Aurland 175, **176**
Aurlandsdalen 175
Aurlandsvangen 176
Aurora borealis
  siehe Nordlicht
Ausflüge mit dem Auto
  Tour am Telemark-Kanal
    entlang **142**
  Tønsberg nach Verdens
    Ende **118**
Aust-Agder, *bunad* 24
Austbøgrenda 150
Austrått 187
Autofahren **268f**
  Alkohollimits 257, 258, 268
  Anreise per Auto **265**
  Autofahren in Oslo 270
  Autovermietung 269
  Fähren 19, 269
  Mautgebühren 268
  Norsk Kjøretøyhistorisk
    Museum (Lillehammer) **130**
  Parken 268f
  Sicherheit 269
  Straßenverhältnisse 269
  Tankstellen 269
  Verkehrsordnung 268
  siehe auch Ausflüge mit
    dem Auto
Avaldsnes 161
Avis (Autovermietung) 269

B

Bachke, Victoria und
  Christian Anker 192
Backer, Harriet 22, 167

Bacon, Francis 72
Badeparken (Drøbak) 107
Bakklandet (Trondheim) **192**
Balestrand 174, **176**
  Hotels 225
Balke, Peder
  Stetind im Nebel 53
Ballett **247**, 249
Ballstad 204
Banken **260f**
Banknoten 261
Barents, Willem 214
Barentsøya 214
Barentssee 14
Baroniet Rosendal **162**
Båtservice Sightseeing 271
Behinderte Reisende 257
Beitostølen 136
Berg Stetind im Nebel (Balke)
  53
Berg, Gunnar 204
Berge
  Autofahren 269
  Bergsteigen **252**
  Fauna 21
  Sicherheit 251, 259, 269
Bergen 14, 155, 156, **164–171**
  Festivals 28, 31
  Hotels 225
  Hurtigruten 205
  Restaurants 237f
  Wetter 30
  Zentrumskarte 165
Bergen Blues and Roots
  Festival 28
Bergen Kunstmuseum **167**
Bergen Museum:
  De Kulturhistoriske
    Samlinger **169**
Bergen Museum:
  De Naturhistoriske
    Samlinger **168f**
Bergen Postkontor 263
Bergen Turistinformasjon 257
Bergen-Festival 28
Bergens innerer Hafen (Dahl)
  167
Bergens Kunsthall **168**
Bergens Sjøfartsmuseum **169**
Bergens Tekniske Museum
  171
Bergslien, Brynjulf 48
Bergslien, K.
  *Die Birkebeiner Rettung des
    jungen Prinzen Håkon* 26
Bernadotte, Jean Baptiste
  siehe Karl Johan, König
Berühmte Norweger **22f**
Besseggen 135
Best Western 218, 219
Bier 231, 257
Bildnis der Anna Zborowska
  (Modigliani) 53
Billettservice AS 246, 249

TEXTREGISTER

Birkebeiner-Rennen 27, 28
Birkebeiner-Rettung des jungen Prinzen Håkon (Bergslien) 26
Bjelke, Jørgen 187
Bjelke, Ove 187
Bjerkebæk (Lillehammer) **130**
Bjoreia, Fluss 152, 163
Bjørlo, Per Inge
  Innenraum V 70
Bjørnfjellveien 208
Bjørnson, Bjørnstjerne 16, 22, 40, 121
  Aulestad **126f**
  Bjørnstjerne-Bjørnson-Festival (Molde) 29
  Christiania-Theater 67
  Den Nationale Scene (Bergen) 167
  Nationaltheatret (Oslo) 51
  Statue 49
Bjørnson, Karoline 126
Blaafarveværket 249
Blakstad, G 201
Blindleia 144
Blumenthal, Mathias 167
Bø Sommarland **151**
Bodø 197, **201**
  Hotels 227
  Restaurants 239
Bogstad Herregård **97**
Boknafjord 155
Bonnard, Pierre 115
Boote
  Bergens Sjøfartsmuseum (Bergen) **169**
  Bootfahren **252f**
  Christian Radich (Oslo) 64
  Fähren 19, **265**, **267**, 269, 271
  Hurtigruten 205, 267
  Kon-Tiki Museet (Oslo) 79, 80
  Norges Fiskerimuseum (Bergen) **164**
  Norsk Sjøfartsmuseum (Oslo) 79, 81
  Sjøfartsmuseet (Stavanger) **158**
  Vikingskipshuset (Oslo) 44, 77, 78, **84f**
  Wikingerschiffe 34
Børgefjell 183
Borgund Stavkirke 155, **177**, 175
Borre, Nationalpark **115**
Börse (Oslo) *siehe* Børsen
Børsen (Oslo) 72f
Botanisk Hage und Museum (Oslo) **94**
Botschaften 259
Bøverdalen 134
Brautfahrt im Hardanger (Tidemand u. Gude) 10, 22

Brekkstø 144
British Airways 264, 265
Brun, Johan Nordahl 170
Brundtland, Gro Harlem 15, 23, 41
Bryggen (Bergen) 155, 164, **165**
Bryggen (Trondheim) **191**
Bryggen Gull og Sølv (Bergen) 245
Bryggens Museum (Bergen) **164**
Bud 181
Budget (Autovermietung) 269
Buekorpsmuseet (Bergen) **166**
Bukkøya 161
Bull, Georg A 57
Bull, Henrik
  Historisk Museum (Oslo) 54
  Nationaltheatret (Oslo) 49, 51
Bull, Jacob B. 125
Bull, Ole 16, 22, 59
  Den Nationale Scene (Bergen) 167
  Lysøen (Bergen) **171**
  Vestlandske Kunstindustri-museum (Bergen) 167
Bull, Schak 171
Bunad (Tracht) 15, **24f**
Buskerud 121
Busreisen **265**
Busse **267**
  in Oslo 271
Bygdøy (Oslo) 44, **76–87**
  Bygdøynes: Detailkarte 78f
  Norsk Folkemuseum (Oslo) **82f**
  Restaurants 234
  Stadtteilkarte 77
  Vikingskipshuset (Oslo) **84f**
Bygdøy Kongsgård (Oslo) **86f**
Bygdøyfergene 271
Bygdøynes (Oslo)
  Detailkarte 78f

C

Canute (Knud), König von Dänemark 194
Carlsen, Bjørn 72
Centralteateret (Oslo) 74
Chancellor, Richard 197, 212
Chat Noir (Oslo) 249
Chateau Neuf (Oslo) 249
Choice Hotels Scandinavia 218, 219
Christian Frederik, König 38, 86
Christian III., König 36
Christian IV., König **36**, 37
  Akershus Slott (Oslo) 69
  Kongsberg 137
  Korskirken (Bergen) 166

Kristiansand 146
  Oslo 64, 66
Christian Radich (Oslo)
  Detailkarte 64
Christian V., König 113
Christianholm Festning (Kristiansand) **146**
Christiania *siehe* Oslo
Christiania Theatre (Oslo) 67
Christiania torv (Oslo) **67**
  Detailkarte 64
Christie, W. F. K. 168
Cicignon, Johan Caspar de 190, 192
Clan, Der (Vigeland) 91
Coast Air 264, 265
Collet, Fredrik 130
Color Line 265
Coubertin, Pierre de 130
Country-Musik **248**, 249
Croning, Jacob
  Akershus Slott 69
Cubus (Oslo) 245
Curtis, Sylvia Bull 171

D

Dahl, J. C. 22, 53
  Bergen Kunstmuseum 167
  Bergens innerer Hafen 167
  Von Stalheim 49
Dalen
  Hotels 224
  Telemark-Kanal-Tour 142
Dass, Petter 200, 202
David-Andersen (Oslo) 245
DFDS Seaways 265
DHL 263
Diebstahl 258
Digerronden 130
Diners Club 260
DnB NOR 260
DNT-Hütten 219
Døhlen, Anne Sofie 86
Domkirken (Bergen) **166**
Domkirken (Kristiansand) **146**
Domkirken (Stavanger) **159**
Donali, Sivert 195
Dønna 200
Douglas, Kirk 150
Dovrefjell **132f**, 183
Drammen **137**
  Hotels 223
  Restaurants 235
Dreieck (Vigeland) 90
Dreier, J. F. L. 167
Dressmann (Oslo) 245
Drøbak 107, **114**
Drøbaksundet 115
Dronningen (Oslo) **80**
  Detailkarte 79
Dronningparken (Oslo)
  Detailkarte 48
Dukketeateret (Oslo) 74

Duun, Olav 195
Dybwad, Johanne 55

E

E-Mails 262f
Edgeøya 214
EFTA 41
Egersund 155, **160**
Eggum 197
Egner, Thorbjørn 22
Eide 160
Eidfjord **163**
Einfuhr und Ausfuhr von
Waren 256
Einkaufszentren 241
Eintrittsgebühren 256f
Einwohner 10
Eisenbahn *siehe* Züge
Ekofisk, Ölfeld 14
El Greco
Der reuige Petrus 53
Elverum **124**
Festivals 29
Elveseter **133**
Hotels 223
Emanuel Vigeland Museum
(Oslo) **96**
Eng, Turid 58
Engebret Café (Oslo)
Detailkarte 65
Engelbrektsson, Erzbischof
Olav 36, 187
Erich von Pommern 36
Erik der Rote 33, 35
Erkebispegården (Trondheim)
190
Ermäßigungen, Eintrittspreise
256, 257
Erster Weltkrieg 40
Ertrinken 259
Ervik 179
Essen und Trinken
Spezialitäten 230f
siehe auch Restaurants
Estève 115
Etikette 257
Etnografisk Museum (Oslo) 54
Eufemia, Königin 86
Eurolines 265
Europäische Union (EU) 17,
41, 240
Expressionismus 52, 93
Extremsport-Woche (Voss) 29
Eystein, König 133

F

Fagernes **136**
Fähren
Anreise **265**
Hurtigruten (NNDS) **205**, 267
in Oslo 271
Küstenfähren 19, **267**, 269

Falkeberget, Johann 186
Falken 269
Falstad Fangeleir 187
Familienherbergen 219
Fantoft Stavkirke (Bergen)
170
Fartein-Valen-Tage
(Haugesund) 30
Fast Food 229
Fauna 21
Akvariet (Bergen) **166**
Dovrefjell 133
Hardangervidda 152f
Kristiansand Dyrepark **147**
Landschaft und Fauna **20f**
Lofoten 204
Runde 180
Sicherheit 259
Svalbard **214f**
Utsira 161
Vikna 195
Walbeobachtung **201, 253**
Fax-Service 262
Fearnley, Thomas 72
Federal Express 263
Feiertage 31
Felszeichnungen
Alta 209
Hjemmeluft 197
Steinkjer 194, 195
Femunden-See 125
Femundsmarka-Nationalpark
125
Fernsehen **263**
Festivals 28–31, **248**, 249
Bunad (Tracht) **24f**
Festspillene i Bergen (Bergen)
249
Feuerwehr 259
Figurteater Festivalen
(Kristiansand) 249
Filmfestspiele 29
Finnmark 15, 197
Finnmarksvidda 14
First Hotels 218, 219
Fischen 14, **253**
Akvariet (Bergen) **166**
Hardangervidda 152
Jotunheimen 135
Läden und Märkte **245**
Laksestudiet (Suldal) 160
Lofoten 204
Namsos 195
Norges Fiskerimuseum
(Bergen) **164**
Norsk Villakssenter (Lærdal)
175, 176
Fiskevollen 125
Fiskumfossen 195
Fjæreheia Grimstad 29
Fjell, Kai
Nationaltheatret (Oslo) 51
Regjeringskvartalet (Oslo) 75
Stenersenmuseet (Oslo) 58

Fjord Line 265
Fjordane 155
Fjorde 13, **18f**
Fauna 21
Vestlandet 155
Flagstad, Kirsten 23, 75, 247
Flakstad, Nils 74
Flakstadsøya **204**
Flåmsbanen 175, **176**
Flekkefjord **145**
Flintoe, Johannes 51
Fløyen (Bergen) **170**
Fløyfjellet 156
Flugreisen **264**, 265
Inlandsflüge **266**
Folgefonna 162
Folklore, Musik und Tanz 16,
248
Folldal 132
Førde **178**
Forscher **23**
Forsvarmuseet (Oslo) **72**
Fotlandsfossen 160
Fougner, Gunnar 93
Frammuseet (Oslo) **81**
Detailkarte 79
Frederik II., König 112, 113
Frederik III., König 36f
Frederik IV., König 37
Frederik VI., König 37, 50
Fredrikstad
Detailkarte 112f
Hotels 223
Restaurants 235
Fremdenverkehrsbüros 246,
256, 257
Oslo 256, 257
Freud, Lucian 72
Friedensnobelpreis 13, 17
Friis, Peder Claussøn 202
Frognerseteren **97**
Fron 127
Frosta 187
Frühling in Norwegen 28
Fußball 17
Fußgänger
in Oslo 270
siehe auch Wandern

G

Gaarder, Jostein 16, 22
Gade, Niels 171
Gålavann Gudbrandsdalen 29
Galdhøpiggen 133, 134
Galerien *siehe* Museen und
Sammlungen
Gamle Bergen (Bergen) **170**
Gamle Hellesund 144
Gamle Logen, Den (Oslo) **67**
Gamle Stavanger (Stavanger)
158
Gamlebyen (Oslo) 83, **92f**
Detailkarte 78

TEXTREGISTER

Gamlehaugen (Bergen) **170**
Garbarek, Jan 23
Garborg, Arne 22
Gärten *siehe* Parks und
Gärten
Gaustadtoppen 139, 151
Geilo **136**
Hotels 223
Geirangerfjord 155, **179**
Geld **260f**
Geldautomaten 240, 258, **260**
Geologisk Museum (Oslo) **94**
Gerhardsen, Einar 41, 75
Geschichte Norwegens
32–41
Geschwindigkeits-
begrenzungen 268
Gesundheit **258f**
Getränke 229, 231
Gimle Gård (Kristiansand)
146
Gjende, Jo 133
Gjende-See 135
Gjøa 79, 81
Glaswaren, Läden **244**, 245
Gletscher
Fjorde18, 19
Folgefonna 162
Hardangerjøkulen 153
Jostedalsbreen **178**
Norsk Bremuseum
(Jostedalsbreen) 178
Saltfjellet-Svartisen-
Nationalpark 201
Gloger, Gottfried Heinrich 137
Glomma, Fluss 110, 112, 121,
125
Gold- und Silberwaren **244**,
245
Goldene Route 179
Golfstrom 14
Grauer, Johan 97
Grensen Skotøymagasin
(Oslo) 245
Grieg, Edvard 16, 22f, 59,
171, 246
Hotel Ullensvang 163
Peer Gynt 163
Sommerkonzerte in
Troldhaugen 29
Statue 67
Troldhaugen (Bergen) **171**
Grieg, Per 169
Grieghallen (Bergen) **168**, 249
Grimstad 140, **144**
Grip 181
Grøndahl, Agathe Backer 23
Grønligrotten 200
Grosch, Christian H. 72f, 158
Grünerløkka (Oslo) **95**
Gudbrandsdalen 121, 127
Gude, Hans 16, 22
Brautfahrt im Hardanger
10, 22

Gudvangen 176
Guideservice 271
Gulbransen, Wenche
*Handschuh von Christian
IV.* 64, 67
Gullvåg, Olav 194
Gundersen, Gunnar S.
Wintersonne 70
Gunnerus, Johan Ernst 191
Gustav Wasa, König von
Schweden 36
Guttormsgaard, Guttorm 75
Gutulia-Nationalpark 125
Gyldenløve, Ulrik Frederik 119

H

Haakon Magnus, Kronprinz
15, 73
Haakon VII., König 40, 41
Slottet (Oslo) 51
Grab 69
Zweiter Weltkrieg 124
Haaland, Tore 75
Hadeland Glassverk 245
Hadseløya 202
Hafjell-Alpinzentrum
(Lillehammer) 131
Hafrsfjord, Schlacht von 33
Hagen, Else 74
Hagerup, Nina 171
Håkon der Gute 33, 35
Håkon Håkonsson, König 33
Håkonshallen (Bergen) 164
Karmøy 161
Lillehammer 130
Håkon V. Magnusson 33
Akershus Slott (Oslo) 68
Bygdøy Kongsgård (Oslo) 86
Vardø 212
Håkon VI. Magnusson, König
33, 36
Håkonshallen (Bergen) **164**
Halden **110**
Hotels 223
Hallingdal 82, 121, **136**
Bunad 24
Hallvard, hl. 56, 193
Halnefjord 141
Halvorsen, Stein 209
Hamar **126**
Hotels 223f
Restaurants 236
Hammerfest 197, **212**
Hotels 227
Restaurants 239
Hamningberg 212
Hamnøy 198
Hamsun, Knut 22, 197
Grimstad 144
Kjerringøy 201
Narvik 208
Theatercafeen (Oslo) 55
Handball 17

Handschuh von Christian IV.
(Gulbransen) 64, 67
Handwerke 244
Samen 243, **244f**
Hankø **111**
Hanseatisk Museum (Bergen)
165
Hansebund 36, 164, 165
Hansson, Olav 151
Harald Schönhaar (Harald
Hårfagre), König
Elveseter 133
Haraldshaugen
(Haugesund) 161
Schlacht von Hafrsfjord 33
Utstein Kloster 161
Harald V., König 15, 41, 209
Hardanger 82, 155
Hardangerfjord **162**
Hardangerjøkulen 153
Hardangervidda 14, 139, **152f**
Harold II., König von England
35
Harstad 204
Festivals 29
Hotels 227
Hårteigen 152
Haugesund **161**
Festivals 29, 30
Hotels 225
Restaurants 238
Haukland, Lars 75
Heddal **151**
Heddal Stavkirke 139, 151
Hedmark 121
Hegra Festning 187
Heiliger Hallvard 56
Heiliger Hans 29
Heiliger Olav 194
Heimen (Oslo) 245
Helgaland 197
Helgelandskysten 198, **200**
Helgøya 126
Henie Onstad Kunstsenter
114f
Henie, Sonja 115
Hennes & Mauritz (Oslo) 245
Herbergen 219
Herbst in Norwegen 30
Hertz (Autovermietung) 269
Hertzberg, Niels 163
Hestemona 200
Heyerdahl, Thor 16, 23, 40
Kon-Tiki Museum (Oslo) 79,
80
Larvik Sjøfartsmuseum
(Larvik) 119
Hidra 145
Hilton Scandic Hotels 219
Hinnøya 202, 204
Hirst, Damien 72
Historisk Museum (Oslo) **54f**
Detailkarte 49
Hitra 187

Hjemmefrontmuseet (Oslo)
siehe Norges
Hjemmefrontmuseum
Hjemmeluft 197
HMK 271
Høg-Jæren 155
Høgronden 130
Holberg, Ludvig 22, 166
Holm, Bernt 146
Holmenkollen 89, **96**
Holmenkollen-Skifestival 17, 26f, 28
Holtermann, General 187
Holtsmark, Karen 74
Holzbootfestival (Risør) 29
Honningsvåg 212
Hordaland 155
Horten **115**
Hotels 223
Høstens-Promenade (Ravensberg) 58
Hotels **218–227**
Nordnorwegen 227
Oslo 220–222
Ostnorwegen 223f
Sørlandet und Telemark 224f
Trøndelag 226f
Um den Oslofjord 223
Vestlandet 225f
Høvåg 144
Hovedscenen (Oslo) 74
Hovig, Jan Inge 210
Høvik
Restaurants 235
Høymagasinet (Oslo) **66**
Detailkarte 64
Hukodden (Oslo) **86**
Hunderfossen, Abenteuerpark (Lillehammer) **131**
Hurtigruten (NNDS) **205**, 267
Husfliden (Oslo) 245
Hvaler-Archipel 109
Hvalsafari 253

I

Ibsen, Henrik 16, 22, **59**, 121, 246, 247
Bergen Museum:
De Kulturhistoriske Samlinger 169
Christiania Theatre (Oslo) 67
Frau Inger auf Østeråt 187
Grimstad 144
Ibsen Kulturfestival 30
Ibsenmuseet (Oslo) **58f**
Nasjonalgalleriet (Oslo) 52
Den Nationale Scene (Bergen) 167
Nationaltheatret (Oslo) 51
Nora oder: Ein Puppenheim 39

Peer Gynt 127, 171
Skien 142
Ice Gourmet (Oslo) 245
Impressionismus 52
Indreøy 187
Ingstad, Anne Stine 23
Ingstad, Helge 23
Innenraum V (Bjørlo) 70
Innerdalen 181
Innovasjon Norge 246, 249, 257
Insektenschutz 259
Internasjonale Barnekunstmuseet, Det (Oslo) **95**
Internationaler Gerichtshof in Den Haag 40
Internet 262f
Internet-Cafés 263
Ishavskatedralen (Tromsø) **210f**

J

Jæren 155, 160
Jagen **253**
Jarlsberg, Baron Herman Wedel 97
Jazz **248**, 249
Festivals 28, 29
Jenssen, Olav Christopher 72
Jølster **178**
Jomfruland 143
Jondal 162
Jordaiens, J. 69
Jørund, Erzbischof 212
Jostedalsbreen 19, **178**
Jotunheimen **134f**
Jugendherbergen 219
Juhls Silver Gallery (Oslo) 245
Justøy 144
Jutulhogget 125

K

Kaare Berntsen AS (Oslo) 245
Kabakov, Ilya
Der Müllmann 71
Kabelvåg 202
Kalmarer Union 36
Kanufahren **252f**
Karasjok 197, **209**
Karl Johan, König 37, 38, 45
Bygdøy Kongsgård (Oslo) 86
Slottet (Oslo) 51
Statue 48, 51
Karl Johans gate (Oslo) 45, **50**
Detailkarte 48f
Karl XII., König 37
Akershus Slott (Oslo) 68
Halden 110
Karl XIII., König 38
Karmøy **161**
Karten
Bergen 165

Fredrikstad 112f
Hardangervidda 152f
Hurtigruten 205
Jotunheimen 134f
Kristiansand 147
Lillehammer 131
Lofoten und Vesterålen 202f
Nordeuropa 11
Nordnorwegen und Svalbard 198f
Norwegen 10f
Ostnorwegen 122f
Oslo 44f
Oslo: Bygdøy 77
Oslo: Abstecher 89
Oslo: Großraum 11
Oslo: Karl Johans gate 48f
Oslo: Kvadraturen 64f
Oslo: Östliches Zentrum 63
Oslo: Stadtplan 98–103
Oslo: Westliches Zentrum 47
Oslo: Um Bygdøynes 78f
Oslofjord 108f
Sognefjord 174f
Stavanger 159
Svalbard 10, 198, 214f
Sørlandet und Telemark 140f
Tromsø 211
Trondheim 191
Trøndelag 184f
Tønsberg nach Verdens Ende (Tour) 118
Vestlandet 156f
Welt der Wikinger 35
Kathedralen
Domkirken (Kristiansand) **146**
Domkirken (Stavanger) **159**
Ishavskatedralen (Tromsø) **210f**
Nidarosdomen (Trondheim) 14, 183, 184, **193**
Kaufhäuser 241
Kaupanger 176
Kautokeino 15, 197, **209**
Keith Prowse 246, 249
Kiberg 212
Kiefer, Anselm 72
Kielland, Alexander 159
Kielland, Gabriel 193
Kielland, Jens Zetlitz 170
Kinder
Det Internasjonale Barnekunstmuseet (Oslo) **95**
in Restaurants 229
Kino 29
Kirchen
Borgund Stavkirke 155, **177**, 175
Domkirken (Bergen) **166**
Fantoft Stavkirke (Bergen) **170**
Heddal Stavkirke 139, 151

Korskirken (Bergen) **166**
Mariakirken (Bergen) **164**
Oslo Domkirke (Oslo) **73**
Ringebu Stavkirke 123, **127**
Urnes Stavkirke 175, **178**
Uvdal Stavkirke 137
Vår Frue Kirke (Trondheim)
  191
  Öffnungszeiten 257
Kirkenes 197, 213
  Hurtigruten 205
Kitaj, R. B. 72
Kittelsen, Theodor 143
Kjerringøy 201
Kjerulf, Halfdan 22
Klee, Paul 167
Kleidung
  Bunad (Tracht) 14, **24f**
  in Restaurants 229
  Läden **245**
  Traditionelle Kleidung der
  Samen 25
  Wandern 251
Klima 14, **30**, 256
  Sicherheit 259
Klöster
  Utstein Kloster 161
Kløverhuset (Bergen) 241
Knivskjellodden 212
Kolbeinstveit Museum
  (Suldal) 160
Kommunikation **262f**
Komponisten **22f**
Kon-Tiki Museet (Oslo) **80**
  Detailkarte 79
Kongelig Norsk Seilforning 79
Kongens torv (Fredrikstad)
  Detailkarte 113
Kongsberg **137**
Kongsberg Jazzfestival 29
Kongsvinger **124**
Königliches Mausoleum
  (Oslo) 69
Königspalast *siehe* Slottet
Koppang 125
Korskirken (Bergen) **166**
Krag, Vilhelm 145
Kragerø **143**
Krankenhäuser 258f
Krankenwagen 259
Kreditkarten **260f**
  in Hotels 219
  in Läden 240
Kriminalität 258
Kristiansand **146f**
  Festivals 29
  Hotels 224f
  Restaurants 237
  Zentrumskarte 147
Kristiansand Dyrepark **147**
Kristiansand Turistinformasjon
  257
Kristiansund **181**
  Festivals 31

Hotels 225
Krogh, General G. F. von 192
Krohg, Christian
  Bergen Kunstmuseum 167
  Leicht backbord 52
  *Leif Eriksson entdeckt
  Amerika* 34f
  Nationaltheatret (Oslo) 51
  Norsk Sjøfartsmuseum
  (Oslo) 81
  Rådhuset (Oslo) 57
Krohg, Per 58
Krossen 150
Krøyer, P S 51
Kulturfestival in
  Nordnorwegen 29
Kulturhuset USF (Bergen)
  166f
Kulturelaub **249**
Kulturzentren **246f**, 249
Kunsthandwerksläden **244**,
  245
Kunstindustrimuseet (Oslo)
  59
Künstler **22**
Kurierdienste 263
Kurzfilmfestival (Grimstad) 29
Kvadraturen (Oslo)
  Detailkarte 64f
Kvaen, Volk 208
Kvilldal Kraftstasjon 160
Kvinnefossen 174

L

Läden und Märkte **240–245**
  Souvenirs **242f**
Lærdal 19, **176**
Lærdalsøyri 176
Lagmannsstova 162
Laksestudiet (Suldal) 160
Landmark, Ole 168
Landschaft
  Fjorde **18f**
  Landschaft und Fauna **20f**
Langedrag Dyrepark 137
Langfoss 163
Langlet, Emil Victor 74
Langøya 202, 204
Lappen *siehe* Samen
Larsen, Terje Rød 23
Larvik **119**
  Hotels 223
  Restaurants 235f
Låtefoss 157, 163
Lauritsen, Peder 127
Lauritzen, Morten 97
Lebkuchenhäuser (Bergen) 31
Leicht backbord (Krohg) 52
Leif Eriksson 33, 34f
Leirvassbu 134
Leuchttürme
  Lindesnes 139, **145**
  Skomvær 204

Verdens Ende 118
Levanger **187**
LeWitt, Sol
  Tilted Form No. 3 71
Leyniers, E 69
Lie, Trygve 23, 40
Lillehammer **130f**
  Hotels 224
  Klima 30
  Restaurants 236
  Zentrumskarte 131
Lillehammer Kunstmuseum
  (Lillehammer) **130**
Lillehammer Turistinformasjon
  257
Lillehavn 145
Lilleputthammer
  (Lillehammer) **131**
Lillesand 144
Lindesnes 13, **145**
Lindesnes-Leuchtturm 139,
  145
Lindex (Oslo) 245
Lindisfarne 34
Linstow, H. D. F. 48, 50, 51
Literatur 22
Lodalskåpa 178
Loen 179
Lofoten und Vesterålen 13,
  197, 198, **202–204**
  Hurtigruten 205
  Karte 202f
Lofotr – Vikingmuseet på
  Borg 204
Lom **133**
  Hotels 224
Lomnessjøen 125
Londeman, Edvard 162
Longyear, J. M. 214
Longyearbyen 214
Louis Philippe von Orleans
  212
Lovunden 200
Lunde und Løvseth
  (Architekten) 158
Lyngør **143**
Lysefjord 155, **160**, 174
Lyseveien 160
Lysøen (Bergen) **171**

M

Måbøgaldane 163
Madssen, Ada 48
Mælandsgården 161
Maelstrom 202
Magdalenefjord 214
Magnor Glassverk 245
Magnus Lagabøter 164
Maihaugen (Lillehammer) **130**
Malerei **22**
Malling, Christian H. 67
Månafossen 160
Mandal **144f**

Maning, Per 71
Mardalsfossen 181
Margarete, Königin 36
Mariakirken (Bergen) **164**
Marka 27
Märkte 241
Märtha Louise, Prinzessin 15
Martha, Königin 69
MasterCard 260
Matisse, Henri 115
Maud, Königin 40
  Grab 69
  Slottet (Oslo) 51
  Statue 48
May Jazz (Stavanger) 28
Medizinische Behandlung
  258f
Meeressäugetiere 21
  siehe auch Wale
Mehrwertsteuer 240f
Mette-Marit, Kronprinzessin
  15, 73
Meyer, Hans A. 200
Meyer, L. A. 200
Meyer, Rasmus 167
Michaelsen, J. C. C. 192
Michelsen, Christian 39, 40,
  170
Mietwagen 269
Minerbi, Arrigo 73
Miró, Joan 115, 167
Mittagessen 228f
Mitternachtssonne 14, **213**,
  256
Mittsommer 29
Mjøsa-See 121, **126**
Mo i Rana **200**
Mobiltelefone **262**
Modigliani, Amadeo
  Bildnis der Anna
  Zborowska 53
Mohr, Hugo Louis 73
Molde **180f**
  Festivals 29
Molde, International Jazz
  Festival 29, 249
Møllers Gullsmedforretning
  (Trondheim) 245
Monolith (Vigeland) 90
Moore, Henry 86
Møre 155
Morgedal 26
Mosjøen 200
Moskenesøya 202, **204**
Moskenesstrømmen 202, 204
Moss **111**
  Hotels 223
Mosterøy 161
Møsvann
  Festivals 31
Motzfeld, Benny 190
Mowatt, Karen 162
Müllmann, Der (Kabakov) 71
Munch, Edvard 16, 22, **93**

Aula (Oslo) 50
Bergen Kunstmuseum 167
Der Nachtwanderer 93
Der Schrei 52, 93
Lillehammer Kunstmuseum
  (Lillehammer) 130
Munch-museet (Oslo) **93**
Nasjonalgalleriet (Oslo) 52
Stenersenmuseet (Oslo) 58
Theatercafeen (Oslo) 550
Munk, Knud 168
Munkholm 187
Munthe, Gerhard 73, 164
Munthe-Kaas, H. 201
Münzen 261
Museen und Sammlungen 16
Astrup Fearnley Museet
  (Oslo) **72**
Bergen Kunstmuseum **167**
Bergen Museum:
De Kulturhistoriske
  Samlinger **169**
Bergen Museum:
De Naturhistoriske
  Samlinger **168f**
Bergens Kunstforening **168**
Bergens Sjøfartsmuseum
  169
Bergens Tekniske Museum
  171
Bjerkebæk (Lillehammer)
  130
Bogstad Herregård **97**
Bryggens Museum (Bergen)
  164
Buekorpsmuseet (Bergen)
  166
Eintritt 256f
Emanuel Vigeland Museum
  (Oslo) **96**
Erkebispegården
  (Trondheim) **190**
Forsvarmuseet (Oslo) **72**
Frammuseet (Oslo) 79, **81**
Gamle Bergen (Bergen) **170**
Geologisk Museum (Oslo)
  94
Gimle Gård (Kristiansand)
  146
Hanseatiske Museum
  (Bergen) **165**
Henie Onstad Kunstsenter
  114f
Historisk Museum (Oslo)
  49, **54f**
Høymagasinet (Oslo) 64, **66**
Ibsenmuseet (Oslo) **58f**
Internasjonale
Barnekunstmuseet, Det
  (Oslo) 31, **95**
Kon-Tiki Museet (Oslo) 79,
  80
Kunstindustrimuseet (Oslo)
  59

Lillehammer Kunstmuseum
  130
Lysøen (Bergen) **171**
Maihaugen (Lillehammer)
  130
Munch-museet (Oslo) **93**
Museet for Samtidskunst
  (Oslo) 65, **70f**
Nasjonalgalleriet (Oslo) **52f**
Nordenfjeldske
Kunstindustrimuseum
  (Trondheim) **190**
Nordnorsk Kunstmuseum
  (Tromsø) **210**
Norges Fiskerimuseum
  (Bergen) **164**
Norges Hjemmefront-
museum (Oslo) 64, **66**
Norges Olympiske Museum
  (Lillehammer) **130**
Norsk Arkitekturmuseum
  (Oslo) 65, **66**
Norsk Folkemuseum (Oslo)
  29, 44, 78, **82f**
Norsk Hermetikkmuseum
  (Stavanger) **158**
Norsk Kjøretøyhistorisk
Museum (Lillehammer) **130**
Norsk Oljemuseum
  (Stavanger) **158**
Norsk Sjøfartsmuseum
  (Oslo) 79, **81**
Norsk Teknisk Museum
  (Oslo) **95**
Öffnungszeiten 257
Oslo Bymuseum **92**
Oslo Reptilpark **73**
Polaria (Tromsø) **210**
Polarmuseet (Tromsø) **210**
Ringve Museum
  (Trondheim) **192**
Setesdalsbanen
Museumsjernbane
  (Kristiansand) **147**
Skimuseet (Oslo) **96**
Stavanger Museum
  (Stavanger) **159**
Stavanger Sjøfartsmuseum
  (Stavanger) **158**
Stenersenmuseet (Oslo) **58**
Teatermuseet (Oslo) 64, **67**
Teknisk Museum (Oslo) **95**
Troldhaugen (Bergen) **171**
Tromsø Kunstforening **210**
Tromsø Museum,
Universitetsmuseet **211**
Trondheim Kunstmuseum
  190
Trondhjems Sjøfartsmuseum
  (Trondheim) **192**
Trøndelag Folkemuseum
  (Trondheim) **192**
Vest-Agder Fylkesmuseum
  (Kristiansand) **147**

Vestlandske
Kunstindustrimuseum
(Bergen) **167**
Vigelandsmuseet (Oslo) 90,
92
Vikingskipshuset (Oslo) 44,
77, 78, **84f**
Vitenskapsmuseet
(Trondheim) **191**
Zoologisk Museum (Oslo)
94f
Musik **22f**
Festivals 28, 29, 30, 31
Folklore 16, **248**
Klassische Musik, Ballett,
Tanz und Oper **247**, 249
Rock, Jazz und Country-
Musik **248**, 249
Musikkselskabet Harmonien
(Bergen) 249
Myklebust, Einar 93
Myllarheimen 150
Myntkabinettet (Oslo) 54

N
Nachtwanderer, Der (Munch)
93
NAF 269
Namsen, Fluss 195
Namsos **195**
Nansen, Fridtjof 23
Frammuseet (Oslo) 79, 81
Skifahren 26
Staatenbund 40
Tromsø 210
Napoleon I., Kaiser 37
Narvesen 263
Narvik 197, **208**
Hotels 227
Nasjonalballetten (Oslo)
249
Nasjonalgalleriet (Oslo) **52f**
Detailkarte 49
Nationale Romantik 16, 22,
52, 53
Nationale Scene, Den
(Bergen) **167**, 249
Nationalfeiertag 15, 24, 28, 38,
44, 50
Nationalparks
Borre **115**
Dovrefjell 133
Femundsmarka 125
Gutulia 125
Jotunheimen **134f**
Rondane 17, 130, **132**
Saltfjellet-Svartisen **201**
Wandern **251**
Øvre Pasvik 213
Ånderdalen 208
Nationaltheatret (Oslo) 30, **51**,
249
Detailkarte 49

NATO 17, 40, 41
Nebelong, J. H.
Bergen Museum: De
Naturhistoriske Samlinger
168
Oscarshall Slott (Oslo) 87
Slottet (Oslo) 51
Neoromantik 53
Nerdrum, Odd 72
Nesbyen 136
Nesch, Rolf 75
Nesjar, Carl 75
Nesoddbåtene 271
Nessekonge 200
Newtontoppen 214
Nidarosdomen (Trondheim)
14, 183, 184, **193**
Nidelva, Fluss 191
Niederschläge 30
Nielsen, Amaldus 58, 145
Nielsen, Hans 112
Night Jazz Bergen 28
Nobel-Friedenszentrum
(Oslo) **57**
Nobile, Umberto 213
NOR-Way Busekspress 265,
267
Nord-Aurdal 136
Nordaustlandet 214
Nordea 260
Nordea Flytogterminalen
(Oslo) 260
Nordea Oslo Lufthavn 260
Nordenfjeldske
Kunstindustrimuseum
(Trondheim) **190**
Nordfjord 155, 157, **178f**
Nordheim, Arne 23
Nordheimsund 162
Nordische Jagd- und
Fischereitage (Elverum) 29
Nordkapp (Nordkap) 13, 14,
197, 198, **212**
Hurtigruten 205
Nordland 197, 201
Bunad 25
Nördliches Eismeer 197, 214
Nordlicht 14, 199, 213
Festival 31
Nordlysplanetariet (Tromsø)
211
Polaria (Tromsø) 210
Nordlichtfestival (Tromsø) 31
Nordlysfestivalen (Tromsø)
31, 249
Nordlysplanetariet (Tromsø)
211
Nordnorsk Kunstmuseum
(Tromsø) **210**
Nordnorwegen und Svalbard
196–215
Hotels 227
Hurtigruten **205**
Karte 198f

Lofoten und Vesterålen
202–204
Restaurants 239
Svalbard **214f**
Tromsø **210f**
Nordpol 23, 213, 215
Nordraak, Rikard 22
Nordsee-Festival 29
Nordsjkø-Bandak-Kanal 142
Norges Bank 38, 39
Norges Fiskerimuseum
(Bergen) **164**
Norges Handikapforbund 257
Norges Hjemmefrontmuseet
(Oslo) **66**
Detailkarte 64
Norges Jeger-og
Fiskerforbund 253
Norges Klatreforbund 253
Norges Olympiske Museum
(Lillehammer) **130**
Norges Padleforbund 253
Norges Taxi 271
Norheim, Sondre 26
Norland Festival 29
Norsk Arkitekturmuseum
(Oslo) **66**
Detailkarte 65
Norsk Bremuseum
(Jostedalsbreen) 178
Norsk Folkemuseum (Oslo)
29, 44, **82f**
Detailkarte 78
Norsk Hermetikkmuseum
(Stavanger) **158**
Norsk Kjøretøyhistorisk
Museum (Lillehammer) **130**
Norsk Oljemuseum
(Stavanger) **158**
Norsk Sjøfartsmuseum (Oslo)
81
Detailkarte 79
Norsk Teknisk Museum
(Oslo) **95**
Norsk Villakssenter (Lærdal)
175, 176
Norske Bank, Den (DnB) 260
Norske Filmfestivalen, Den
(Haugesund) 249
Norske Opera, Den (Oslo)
75, 249
Norske Selskab, Det 37
Norske Teatret, Det (Oslo) **55**,
249
Norske Turistforening, Den
(DNT) 219, 253
Norske Vandrerhjem 219
Norwegian Wood (Oslo) 29
Norwegian Wood Festivalen
(Lysaker) 249
Norwegische Arbeiter-
vereinigung (NAF) 39
Norwegische Filmfestspiele
(Haugesund) 29

Norwegische Gewerkschafts-
föderation (LO) 39, 75
Norwegischer Bergmarathon
29
Notfälle 259
Notodden Blues-Festival 29
Nøtterøy
Tønsberg nach Verdens
Ende (Tour) 118
Nowgorod-Schule 52
NSB 266, 267
Numedal 121, **136f**
Nusfjord 202, 204
Nygaardsvold, Johan 40

O
Odda 163
Öffnungszeiten 257
Banken 260
Läden 240
Restaurants 228f
Okkenhaug, Paul 194
Öl 14
Norsk Oljemuseum
(Stavanger) **158**
Olav der Heilige (Olav
Haraldsson), König 14, 33
Nidarosdomen (Trondheim)
184, 193
Sarpsborg 110
Schlacht von Stiklestad 184,
194
Steinvikholm 187
Trondheim 183, 190
Olav IV., König 36
Olav Kyrre, König 164
Olav Tryggvason, König 33, 35
Steinkjer 194f
Trondheim 183, 190
Olav V., König 40, 41
Akershus Slott (Oslo) 68
Bygdøy Kongsgård (Oslo)
86
Hankø 111
Holmenkollen 96
Grab 69
Vadsø 213
Olavsgruva 186
Olavshallen (Trondheim) 249
Olsaksamlingen (Oslo) 54
Olsen, Werner 127
Olympiaparken (Lillehammer)
131
Olympische Winterspiele 17,
26, 130f
Onstad, Niels 115
Oper **247**, 249
Den Norske Opera (Oslo)
75
Opernwoche (Kristiansund)
31
Oppdal **186**
Bunad 25

Oppland 121
Orkla Industrimuseum 187
Ørlandet 187
Os 125
Oscar I., König 38
Oscarshall Slott (Oslo) 87
Slottet (Oslo) 45, 51
Oscar II., König 39
Bygdøy Kongsgård (Oslo)
86f
Frognerseteren 97
Kirkenes 213
Nordkapp 212
Norsk Folkemuseum (Oslo)
82
Oscarsborg Festning (Drøbak)
114
Oscarshall Slott (Oslo) **87**
Oslo 13, **44–97**
Abstecher **88–97**
Bygdøy **77f**
Festivals 29, 30
Hotels 220–222
Klima 14, 30
Östliches Zentrum **63–75**
Restaurants 232–235
Stadtplan **98–103**
Überblickskarte 44f
Verkehrsmittel **270f**
Westliches Zentrum **46–61**
Oslo Bymuseum **92**
Oslo City, Einkaufszentrum
241
Oslo Domkirke **73**
Oslo Guidebureau 271
Oslo Jazzfestival 249
Oslo Kammermusikfestival 29
Oslo Kirchenmusikfestival 28
Oslo Kirkemusikk 249
Oslo Konserthus **58**, 249
Oslo Nye Teater **74**, 249
Oslo Pferdeshow 30
Oslo Reptilpark **73**
Oslo Spektrum **75**, 249
Oslo Taxi 271
Oslo Turistinformasjon 257
Oslo-Filharmonien 249
Oslofjord 13, **106–119**
Fredrikstad: Detailkarte 112f
Hotels 223
Karte 108f
Restaurants 235f
Tønsberg bis Verdens Ende
(Tour) 118
Østerdalen 121, **125**
Ostern 28
Östliches Zentrum (Oslo)
62–75
Akershus Slott **68f**
Hotels 221
Kvadraturen: Detailkarte 64f
Museet for Samtidskunst **70f**
Restaurants 233f
Stadtteilkarte 63

Ostnorwegen **120–137**
Hotels 223f
Jotunheimen **134f**
Karte 122f
Lillehammer **130f**
Restaurants 236
Otnes 125
Otra, Fluss 150
Otta **132**
Ottadalen 123
Ottar 33
OVDS 269
Øvre Pasvik Nasjonalpark 213
Øystein, Erzbischof 193
Øystese 162

P
Paläste
Oscarshall Slott (Oslo) **87**
Paleet (Oslo) 241
Parken 268f
in Oslo 270
Parks und Gärten
Bergen Museum:
De Naturhistoriske
Samlinger 168f
Bogstad Herregård 97
Botanischer Garten des
Ringve (Trondheim) 192
Botanisk Hage und Museum
(Oslo) **94**
Dronningparken (Oslo) 48
Vigelandsparken (Oslo) **90f**
Parlament (Oslo) *siehe*
Stortinget
Pässe 256
Pedersen, Hilde Skancke 209
Pederssøn, Geble 166
Peer Gynt **127**
Peer Gynt-samlingen
(Vinstra) 127
Perriertoppen 214
Persönliche Sicherheit **258**
Pest 36
Peterssen, Eilif 37, 146
Picasso, Pablo 75, 115, 167
Pikefossen 209
Planetarium
Nordlysplanetariet (Tromsø)
211
Platou, Olav 195
Poe, Edgar Allan 202
Polar Jazz Svalbard 31
Polaria (Tromsø) **210**
Polarkreis, nördlicher 13
Fauna 21
Hurtigruten 205
Karte 198f
Mitternachtssonne **213**, 256
Polarsirkelsentret 201
Tromsø 210
siehe auch Nordnorwegen
und Svalbard

Polarmuseet (Tromsø) **210**
Polarsirkelsentret 201
Politiker **23**
Polizei **258**, 259
Porsgrunn
Hotel 225
Theaterfestival 249
Posebyen (Kristiansand) **146**
Postbanken 260
Postdienste **263**
Posten Norge BA (Oslo) 263
Poulssøn, Magnus 56
Preikestolen (Felskanzel) 155,
160, 174
Prins Karl Forland 214
Proviänthaus (Fredrikstad)
Detailkarte 112
Prøysen, Alf 126

Q
Quart Festival (Kristiansand)
29, 249
Quisling, Vidkun 41, 67

R
Rad des Lebens (Vigeland) 90
Radfahren, in Oslo 271
Rådhuset (Oslo) **56f**
Radio **263**
Radisson SAS 218, 219
Raftsundet 205
Rail Europe 265
Rainbow Hotels 219
Rakfisk Festival (Valdres) 31
Ramberg, Torstein 74
Rasmussen, W. 193
Rathaus (Oslo) *siehe* Rådhuset
Rauchen 229, 257
Rauland **150**
Festivals 31
Ravensberg, Ludvig O.
Høstens-Promenade 58
Reformation 16, 36
Regjeringskvartalet (Oslo) **74f**
Reichsversammlung von
Eidsvoll (Wergeland) 38, 74
Reimers, Egill 169
Reinå 187
Reinald, Bischof von
Stavanger 159
Reiseinformationen **264–271**
Auto **265**
Bus **267**, 271
Bygdøy (Oslo) 77
Fähre **265**, **267**, 271
Flugzeug **264**, 265, **266**
Lofoten und Vesterålen 203
Nordnorwegen und
Svalbard 199
Oslo **270f**
Oslofjord 109
Ostnorwegen 123

Radfahren 271
Reisebus **265**
Sørlandet und Telemark 140
Taxi 270f
Trambahn 271
Trøndelag 185
Vestlandet 157
Zug **265**, **266f**
Reiseschecks 240, **261**
Rena 125
Rendalen **125**
Restaurants **228–239**
Nordnorwegen 239
Oslo 232–235
Oslofjord 235f
Ostnorwegen 236
Sørlandet und Telemark 237
Spezialitäten 230f
Trøndelag 238f
Vestlandet 237f
Reuige Petrus, Der
(El Greco) 53
Revoldt, Axel 56
Rica Hotels 218f
Richter, Gerhard 72
Ringebu 121, **127**
Ringebu Stavkirke 123, **127**
Ringve Museum (Trondheim)
192
Risør **143**
Festivals 29
Rjukan **150f1**
Rockmusik **248**, 249
Rødøy 200
Rogaland 155
Rogaland Teater (Stavanger)
249
Rolfsen, Alf 194
Rollo 35
Rollstuhlfahrer *siehe*
Behinderte Reisende
Rømer, Inger Ottesdatter
187
Romsdal 155
Romsdalsfjord 155
Romsdalshorn 180
Rondane-Nationalpark 17,
130, **132**
Røros 183, **186**
Festivals 28
Hotels 226
Restaurants 238
Rørosvidda 183
Rørvik **195**
Rose, Knut 72
Rosenkrantz, Erik 164, 166
Rosenkrantz, Ludvig 162
Rosenkrantztårnet (Bergen)
164
Røst 204
Røykjafossen 163
Runde 180
Ryfylkefjellene-Berge 155
Ryggen, Hannah 190

S
Sæverud, Harald 23
Saison des Lachsfischens 29
Salo, Gaspar de 167
Saltfjellet-Svartisen-
Nationalpark **201**
Saltstraumen 201
Samen 197, 199
Alta 208
Handwerk 243, **244f**
Karasjok **209**
Kautokeino 209
Osterfeierlichkeiten und
Hochzeiten 28
Samen-Parlament 41, 209
Samien Sitje (Steinkjer) 195
Sprache 16
Traditionelle Kleidung 25
Tromsø Museum,
Universitetsmuseet 211
Sandefjord **119**
Hotels 223
Restaurants 236
Sandel, Cora 22
Sandnes 155
Sandvig, Anders 130
Sarpsborg **110**
SAS Braathens 264, 265, 266,
267
SAS (Scandinavian Airlines
System) 264, 265, 266, 267
Schiffe *siehe* Boote
Schirmer, Adolf 52
Schirmer, H. E. 51, 52
Schlacht am Marktplatz 38
Schnee 256
Schneeskulpturenfestival
(Vinje) 31
Sicherheit 269
siehe auch Skifahren
Schøller, Cecilie Christine 192
Schøning, Gerhard 191
Schrei, Der (Munch) 52, 93
Schriftsteller **22**
Schuhläden 245
Scott, Robert 23
Seidelin, Jens S. 67
Selje **179**
Seljord Country Music Festival
(Telemark) 249
Senja **208**
Sentrum Scene (Oslo) 249
Seppänen, Ensio 213
Serra, Richard *Shaft* 70
Setesdal 83, **150**
Setesdalen Jernvegsmuseum
(Kristiansand) **147**
Shaft (Serra) 70
Sherman, Cindy 72
Shetland-Inseln 35
Shopping **240–245**
Sicherheit **258**
Autofahren 269
in den Bergen 251, 259, 269

Sightseeing-Touren, Oslo 271
Sigurd Jorsalfar, König 69, 159
Silberwaren **244**, 245
Sildajazz (Haugesund)
  29, 249
Sira-Kvina Kraftselskap 145
Sitter, Inger 75
Sjøfartsmuseet (Stavanger) **158**
Sjømannskirken (Oslo) **86**
Sjøsanden 145
Skagerrak 145
Skandinavisk Høyfjellsutstyr
  (Lillehammer) 245
Ski-Kite (Møsvann) 31
Skien
  Hotels 225
  Restaurants 237
  Telemark-Kanal (Tour) 142
Skien-Nordsjø-Kanal 142
Skienvassdraget 139, 142
Skifahren 17, **26f**, **252**
  Holmenkollen 96
Skiforeningen 253
Skomvær, Insel 202, 204
Skudeneshavn 161
Skulpturen **22**
  siehe auch Vigeland, Gustav
Slingsby, William C. 134
Slottet (Oslo) 45, **51**
  Detailkarte 48
Smith, Anders 159
Smørbrød 230
Snøhetta 132, 133
Snorri Sturluson 22, 190, 194f
Sogn 155
Sogndal 175, **176**
Sognefjord 19, **174–176**
  Karte 174f
Sohlberg, Harald 22
  Winternacht in Rondane 53
Sommer in Norwegen 29
Sommerkonzerte in
  Troldhaugen 29
Son 111
Sonne, Mitternachts- 14, **213**,
  256
Sonnenfest von Svalbard 28
Sonnenschein 30
Sørensen, Henrik 56, 130
Sørfjord **162f**
Sørlandet und Telemark
  138–153
  Hardangervidda **152f**
  Hotels 224f
  Karte 140f
  Kristiansand **146f**
  Restaurants 237
  Stoßtrupp Telemark 150
  Telemark-Kanal (Tour) **142**
SOS-Kinderdörfer 95
Soulages, Pierre 115
Souvenirs **242f**, 244
Sparre, H. J. 168
Sparre, Victor 159, 210f

Spitzbergen 214
Sport 17, **250–253**
Sportausrüstung **245**
Sprachen 16
Springbrunnen (Vigeland) 91
St. Hans Aften 29
Staatenbund 40
Stabkirchen
  Borgund Stavkirke 155, 175,
  177
  Fantoft Stavkirke 171
  Heddal Stavkirke 139, 151
  Ringebu Stavkirke 123, **127**
  Urnes Stavkirke 175, **178**
  Uvdal Stavkirke 137
Stad, Halbinsel 155, **179**
Stamsund 204
Stavanger 14, 155, **158f**
  Festivals 28, 29
  Hotels 225f
  Restaurants 238
  Zentrumskarte 159
Stavanger Konserthus 249
Stavanger Museum **159**
Stavern 108, **119**
  Hotels 223
Stechmücken 259
Steinkjer **194f**
  Hotels 226
Steinvikholm 187
Stena Line 265
Stenersen, Rolf **58**, 167
Stenersenmuseet (Oslo) **58**
Stiftsgården (Trondheim) **192**
Stiklestad **194**
Stoltenberg, Thorvald 23
Store Skagastølstind 134
Storm, Per Palle 51
Storstein, Aage 201
Stortinget (Oslo) 15, 45, **74**
Stoßtrupp Telemark (Film)
  150
Strände
  Hukodden (Oslo) **86**
Straßengebühren 268
Straßenschilder 269
Straßentunnels 19
Stryn 157, 179
Stryn-Sommerskifestival 29
Studenten (Oslo) 263
Studio Bergen (Bergen) 249
Suhms, Peter Fredrik 191
Suldal **160**
Suldalsporten (Suldal) 160
Sund 13, 204
Sundby, Christian 209
Sunndalsøra 181
Sunnfjord 155
Sunniva, Hl. 179, 193
Svalbard **214f**
  Festivals 28, 31
  Karten 10, 198, 214f
  siehe auch Nordnorwegen
  und Svalbard

Svellnosbreen 135
Sverdrup, Otto 81
Sverre Sigurdsson, König 33,
  192
Svolvær 203, **204**
Swithun, Hl. 159
Sylene 183

T
Tafjord 179
Tag der Musik (Oslo) 29
Tag des Tanzes 28
Tandberg, Odd 75
Tankstellen 269
Tanz **247**, 249
  Folklore **248**
Taschendiebstahl 258
Tax-free (steuerfreies
  Einkaufen) 240f
Taxi 2 (Oslo) 271
Taxis, in Oslo 270f
Teatermuseet (Oslo) **67**
  Detailkarte 64
Telefonieren **262**
Telegrafische Geldanweisung
  261
Telegramme 262
Telemark *siehe* Sørlandet und
  Telemark
Telemark-Festival 29, 249
Telemark-Kanal 139, 141
  Tour **142**
Telemarkreiser 267
Tellefsen, Arve 23
Temperaturen 30
Thaulow, Frits 130
Theater 246, **247**, 249
Theatercafeen (Oslo) **55**
Thrane, Marcus 38, 39
Thune (Oslo) 245
Tickets
  für Veranstaltungen 246, 249
  Fahrkarten in Oslo 271
Tidemand, Adolf 10, 16, 22
  Bergen Kunstmuseum 167
  Brautfahrt im Hardanger
  10, 22
  Lillehammer Kunstmuseum
  (Lillehammer) 130
  Oscarshall Slott (Oslo) 87
Tiere, Einfuhr 256
Tilted Form No. 3 (LeWitt) 71
Tjeldsundbrua 203
Tjøme
  Tønsberg bis Verdens Ende
  (Tour) 118
TNT 263
Tolga 125
Tønsberg
  Hotels 223
  Restaurants 236
  Tønsberg bis Verdens Ende
  (Tour) **118**

Tordenskiold, Peter Wessel
37, 192
Torget 200
Torghatten 200
Torriset, Kjell 72
Trafikanten 271
Trambahnen, Oslo 271
Treschow, Familie 119
Trinkgeld 229
Troldhaugen (Bergen) **171**
 Festivals 29
Trollheimen 183
Trollkyrkja 181
Trolltindane 180
Troms 197
 Bunad 25
Tromsø 197, **210f**
 Festivals 31
 Hotels 227
 Hurtigruten 205
 Klima 30
 Restaurants 239
 Zentrumskarte 211
Tromsø Kunstforening **210**
Tromsø Museum,
 Universitetsmuseet **211**
Tromsø Turistinformasjon
 257
Tromsø Villmarksenter 249
Trøndelag **182–195**
 Hotels 226f
 Karte 184f
 Restaurants 238f
 Trondheim **190–193**
Trøndelag Folkemuseum
 (Trondheim) **192**
Trøndelag Teater (Trondheim)
 190, 249
Trondenes 203, 204
Trondheim 183, **190–193**
 Hotels 226f
 Hurtigruten 205
 Klima 30
 Nidarosdomen 14, 183, 184,
 193
 Restaurants 239
 Zentrumskarte 191
Trondheim Kunstmuseum
 190
Trondheim torg 241
Trondheim Turistinformasjon
 257
Trondheimsfjord 183, **187**
Trondhjems Sjøfartsmuseum
 192
Trysil 121, **125**
Trysilfjellet 125
Tunnels, unter Fjorden 19
Turtveit, Gunnar 73
Tusenfryd **114**
Tylldalen 125
Tysfjord 201
Tysfjord Turistcenter AS
 253

U

Uhrenläden **244**, 245
Ulefoss
 Telemark-Kanal (Tour) 142
Ullensvang 162
Ullman, Liv 186
Ultima
 Festival für zeitgenössische
 Musik (Oslo) 30
Ulvik **163**
UN 17, 40
Undredal 176
Undset, Sigrid 22
 Bjerkebæk (Lillehammer)
 130
UNESCO-Welterbestätten
 Alta 209
 Bryggen (Bergen) 165
 Røros 186
 Urnes Stavkirke 175, **178**
Universitetet (Oslo) **50**
 Detailkarte 49
Unterhaltung **246–249**
Urmaker Bjerke (Bergen,
 Oslo) 245
Urne, Christopher 68
Urnes Stavkirke 175, **178**
Utne 162
Utrillo, Maurice 167
Utsira 161
Utstein Kloster **161**
Uvdal Stavkirke 137

V

Vaa, Dyre 150, 194
Vadsø **213**
Værøy 204
Vågå 133
Vågåvatnet-See 123
Vågehavn 145
Valbergstårnet (Stavanger) **158**
Valdres 121, **136**
 Festivals 31
Valen, Fartein
 Fartein-Valen-Tage
 (Haugesund) 30
Vang 186
Vår Frue Kirke (Trondheim)
 191
Vardø **212**
Vassfaret Bjørnepark 249
Vasstulan 137
Verbraucherrechte 241
Verdens Ende (Tour) 118
Vergnügungsparks
 Abenteuerpark Hunder-
 fossen (Lillehammer) **131**
 Bø Sommarland **151**
 Tusenfryd **114**
Verkehrsordnung 268
Verlust von Wertsachen 258
 Kreditkarten 260
Verne, Jules 202

Vesaas, Tarjei 22
Vest-Agder Fylkesmuseum
 (Kristiansand) **147**
Vestbaneplassen Sykkelutleie
 271
Vesterålen-Inseln 198, **204**
Vestfjord 198
Vestfold
 Bunad 24
 Vestfold Festspillene
 (Tønsberg) 29, 249
Vestkapp 179
Vestlandet 14, 16, **154–181**
 Bergen **164–171**
 Borgund Stavkirke **177**
 Hotels 225f
 Karte 156f
 Restaurants 237f
 Sognefjord **174–176**
 Stavanger **158f**
Vestlandske
 Kunstindustrimuseum
 (Bergen) **167**
Vestvågøy Museum (Fygle)
 202, 204
Vestvågøya 197, 202, **204**
Vigeland, Emanuel
 Aurlandsvangen 176
 Emanuel Vigeland Museum
 (Oslo) **96**
 Oslo Domkirke (Oslo) 73
Vigeland, Gustav 22
 Der Clan 91
 Dreieck 90
 Ibsen-Kopf 52
 Monolith 90
Vigeland, Gustav *(Fortsetzung)*
 Nationaltheatret (Oslo) 51
 Rad des Lebens 90
 Springbrunnen 91
 Vigelandsmuseet (Oslo) 90,
 92
 Vigelandsparken (Oslo) **90f**
Vigen, Terje 144
Vik 174
Vik, Ingebrigt 162
Viking (Abschleppdienst) 269
Vikingskipshuset (Oslo) 44,
 77, 78, **84f**
 Detailkarte 78
Vikna 183, 185, 195
Viksjø, Erling 74, 75
Villmarkshuset (Oslo) 245
Vinje
 Festivals 31
Vinmonopolet 16, 229, 241,
 257
Vinstra 122, **127**
Visa (Kreditkarte) 260
Vitenskapsmuseet
 (Trondheim) **191**
Vögel **20f**
 Lofoten 204
 Runde 180

Vikna 195
siehe auch Fauna
Von der Lippe, C. F. 171
Von Stalheim (Dahl) 49
Vøringsfossen 152, 163
Voss **163**
  Bunad 25
  Festivals 29
Vossajazz Hordaland 28
Vrangfoss
  Telemark-Kanal (Tour) 142

W
Währung **261**
Wälder, Tierleben 20
Wale 21
  Walbeobachtung **201, 253**
Walltor (Fredrikstad)
  Detailkarte 113
Wanderausrüstung 251
Wandern **250f**
  Ausrüstung 251
  Hardangervidda 153
  Nationalparks 251
  Sicherheit 251
Wasserfälle 18
  Fiskumfossen 195
  Fotlandsfossen 160
  Kvinnefossen 174
  Låtefoss 157
  Mardalsfossen 181
  Månafossen 160
  Odda 163
  Pikefossen 209
  Røykjafossen 163
  Ulefoss 142
  Vrangfoss 142
  Vøringsfossen 152, 163

Wasserpark
  Bø Sommarland **151**
Wassmo, Herbjørg 16
Wechselstuben 260
Weidemann, Jakob 58, 195
Weihachten 31
  Drøbak **114**
  Weihnachtsmärkte 31
Weinläden 16, 229, 241, 257
Werenskiold, Dagfin 73
Werenskiold, Erik 22, 51, 130
Wergeland, Henrik 22, 38
  Statue 49
Wergeland, Oscar
  *Die Reichsversammlung in
  Eidsvoll* 38, 74
Wergmann, Peter Frederik 51
Wessel, Jan 192
West-Flakstadøya 202
Westliches Zentrum (Oslo)
  46–61
  Historisk Museum **54f**
  Hotels 220f
  Karl Johans gate: Detailkarte
  48f
  Nasjongalleriet **52f**
  Rådhuset **56f**
  Restaurants 232f
  Stadtteilkarte 47
Wetter 14, **30**, 256
  Sicherheit 259
Widerøe 264, 265, 266, 267
Wikinger 13f, 33, **34f, 84f**
Wiklund, Marit 67
Wildenvey, Herman 55
Wildwasserfahrten **252f**
Wilhelm II., Kaiser 97, 174
William Schmidt
  (Oslo) 245

Winter in Norwegen 31
  Sicherheit 269
Winter-Kunstfestival
  (Lillehammer) 31
Winterfestival (Røros) 28
Winternacht in Rondane
  (Sohlberg) 53
Wintersonne
  (Gundersen) 70
With, Kapitän Richard 205

X
XXL Sport og Villmark (Oslo)
  245

Y
Ynglinge-Dynastie 115
Young Jazz Ålesund 30
Young, Jørgen 75
Youngstorget (Oslo) **75**

Z
Zahl, Erasmus 201
Zeitungen 16, **263**
Zoll
  Bestimmungen 256
  Grenzübergänge 265
Zoologisk Museum (Oslo) **94f**
Zugbrücke (Fredrikstad)
  Detailkarte 113
Züge **265, 266f**
  Flåmsbanen 175, **176**
Zweiter Weltkrieg 40f
  Norges Hjemmefrontmuseet
  (Oslo) 64, **66**
  Stoßtrupp Telemark **150**

Danksagung und Bildnachweis

Bei DORLING KINDERSLEY, London:

PUBLISHER
Douglas Amrine

PUBLISHING MANAGER
Anna Streiffert

ART EDITOR
Jane Ewart

DTP-MANAGER
Jason Little

KARTEN-KOORDINATION
Casper Morris

FAKTEN
Sharon A. Bowker.

KORREKTUR
Stewart J Wild

REGISTER
Hilary Bird

ERGÄNZENDE FOTOGRAFIEN
Tim Ridley

DORLING KINDERSLEY dankt allen, deren Beiträge und Mithilfe die Herstellung dieses Buches erst ermöglichten.

AUTOR
SNORRE EVENSBERGET, ehemaliger Chefredakteur bei Gyldendal Norsk Forlag und Autor von *Thor Heyerdahl, Oppdageren (Thor Heyerdahl: Der Forscher)*, 1994, der Nachschlagewerke *Bevingede Ord*, 1967, und *Litterært Leksikon*, 2000. Evensberget veröffentlichte auch Werke auf Norwegisch, darunter *Bygd og By i Norge, 1–19, Norge, Vårt Land, 1–9*, und viele Bücher über norwegische Natur, Jagd und Fischerei.

GENEHMIGUNG FÜR FOTOGRAFIEN
DORLING KINDERSLEY dankt allen Kirchen, Museen, Restaurants, Hotels, Läden, Sammlungen und anderen Institutionen für die freundliche Erlaubnis zu fotografieren.

BILDNACHWEIS
go = ganz oben; gol = ganz oben links; golm = ganz oben links Mitte; gom = ganz oben Mitte; gor = ganz oben rechts; mlo = Mitte links oben; mo = Mitte oben; mro = Mitte rechts oben; ml = Mitte links; m = Mitte; mr = Mitte rechts; mlu = Mitte links unten; mu = Mitte unten; mru = Mitte rechts unten; ul = unten links; u = unten; d = Detail.

Wir haben uns bemüht, alle Urheber zu ermitteln und bitten um Entschuldigung, sollte dies in einzelnen Fällen nicht gelungen sein. Wir werden versäumte Nennungen in folgenden Ausgaben dieses Buches nachholen. Die Herausgeber bedanken sich bei den nachfolgenden Personen, Unternehmen und Bildarchiven für die freundliche Genehmigung, ihre Fotografien oder Kunstwerke zu veröffentlichen:

All Over Press: 22ur, 23gor, 23ml, 23ur, 40m, 41ur, 150ur.

Amarok AB: Magnus Elander, 21ul, 214gor, 215gol 215mro, 215mr, 215ur, 253u.

Tom Arnbom: 201ur.

Liv Arnessen: 26um.

Barnekunstmuseet: 95u.

Bergen Kunstmuseum: *Bergens Våg, 1834*, von J. C. Dahl 167ul.

Bergen Museum: De Naturhistoriske Samlinger: 169ml.

Bergen Tourist Board: 256m.

Studio Lasse Berre AS: 5mlu, 24gol, 24mlo, 24mo, 24mro, 24mlu, 24mu, 24mru, 24ul, 24um, 24ur, 25gol, 25gom, 25gor, 25mlo, 25mo, 25mr, 25mu, 25mru.

© **Bono:** Frits Solvang *Shaft* von Richard Serra 70u, *Einar Gerhardsen* von Nils Aas 75ml, *Monolitten* von Gustav Vigeland 89go, *Sinataggen* von Gustav Vigeland 90gol, *Livshjulet* von Gustav Vigeland 90mo, *Monolittplåtet* von Gustav Vigeland 90mu, *Triangel* von Gustav Vigeland 90u, *Fontenen* von Gustav Vigeland 91mr, *Slekten* von Gustav Vigeland 91go.

British Museum: Peter Anderson 34um, 35um.

C. M. Dixon: 34gor.

English Heritage: 34ml.

Fjellanger-Wideroe: 10ml.

Jiri Havran: 51u, 171gor.

Det Kgl. Bibliotek, København: 36go.

Knudsens Fotosenter: 14go, 14u, 15go, 15u, 17u, 25ul, 28ml, 29ml, 29u, 31gor, 31u, 73o, 111u, 135mro, 137ml, 166ml, 175ul, 178gol, 188–189, 193mlo, 193mro, 193ul, 199mr, 209gol, 212gol, 212m, 213go, 213u, 214ul, 249gor, 252mr, 259go, 266go.

Kunstindustrimuseet i Oslo: *Baldisholteppet* 59go, 59mru.

Kviknes Hotell: 219go.

Håkon Li: 177ml, 177mr, 177ul, 177ur.

Lunds Historiska Museum: 33go.

Munch-museet: *Nattvandreren* von Edvard Munch © Bono 93u.

Museet for Samtidskunst: *Vintersol* von Gunnar S. Gundersen © Bono 70gor, *Indre Rom* von Per Inge Bjørlo © Bono 70ml, *Søppelmannen* von Ilja Kabakov © Bono 71gol, *Form No 3* von Sol Le Witt © Bono 71mro, *Uten titel* von Per Maning © Bono 71u.

Nasjonalbiblioteket: 39ur.

Nasjonalgalleriet: *Brudeferd i Hardanger*

von A. Tidemand und H. Gude 8–9, *Leiv Eirikson Oppdager Amerika* von Christian Krohg 34m, *Fra Hjula Veveri* von Wilhelm Peters 39ml, *Fra Stalheim* von J. C. Dahl 49mro, *Babord Litt* von Christian Krohg 52m, *Portrett av Mme Zborowska* von Amadeo Modigliani 53gom, *Den Angrende St Peter* von El Greco 53mro, *Vinternatt i Rondane* von Harald Sohlberg 53mr, *Stetind i Tåke* von Peder Balke 53u, *Skrik* von Edvard Munch © Bono 52mlu, *Ibsen* von Gustav Vigeland © Bono 52u.

Norgestaxi Oslo AS: 271mlo.

Norsk Folkemuseum: 3, 12, 82mo.

Norsk Hjemmefront Museum: 41mlu, 66ul.

Oslo Bymuseum: *Det Konglige Slott 1845* von O. F. Knudsen 9, *Prøvetur på Eidsvollsbanen* 39gol.

Oslo Spektrum: 75u.

Sametinget: 209ur.

Samfoto: Kim Hart 26m.

Scanpix: 022ml, 027mro, 27ur.

Mick Sharp: 35mr.

Tiu Similä: 21gor.

Skimuseet: 26gor, 26ml.

Statens Historiska Museum, Stockholm: Peter Anderson 34gol, 35gol, 35mru.

Statens Vegvesen: 19ur.

Stenersenmuseet © Bono *Høstens Promenade* von Ludvig O. Ravensberg 58ur.

Tofoto: 205go, 205mlo, 205mr, 205ml, 205u.

Danny Twang: 247ul.

Universitetets Kulturhistoriske Museer:

Ove Holst 34ur.

Universitetets Oldsakssamling: 33u; Peter Anderson 4ur, 034ul, 54ml, 84u, 85ul; Ann Christine Eek 54gor, *Livets Hjul* 55gol, 55u; Ove Holst 84gol; Eirik Irgens Johnsen 49gol, 54mo, 54u, 76, 84ml, 85gol, 85gom.

O. Væring: *Birkebeinerferden* von K. Bergslien 26mlu, *Håkon Håkonsson Krones* von Gerhard Munthe 32, *Bærums Verk* von C. A. Lorentzen 36ur, *Sjøhelten Peter Wessel Tordenskiold* von Balthasar Denners 37m, *En Aften i det Norske Selskap* von Eilif Petersen 37go, *Torvslaget i Christiiania 17.5 1829* von H. E. Reimers 38ur, *Nasjonalforsamlingen på Eidsvoll 1814* von O. Wergeland 38gol, *Christian Michelsen og Kongefamilien 7/6 1905* von H. Ström 40gol, *Akershus Slott* von Jacob Croning 69gol.

Vestfold Festspillene: 248gol.

Linda Whitwam: 104–105, 196, 197u, 210gol, 210ml, 210um.

Staffan Widstrand: 13m, 21uml, 21ur, 214ml.

Vigelandsmuseet: 22gor.

UMSCHLAG
Vorne - CORBIS, Paul A. Souders Hauptbild; DK PICTURE LIBRARY, Linda Whitwam ul; KUNSTINDUSTRIMUSEET, OSLO um; STAFFAN WIDSTRAND mru.
Hinten - DK PICTURE LIBRARY, Rolf Sørensen und Jørn Bøhmer Olsen u; GETTY IMAGES, Paul Souders o.
Rücken - CORBIS, Paul A. Souders.

Alle anderen Bilder © DORLING KINDERSLEY.
Weitere Informationen unter
www.dkimages.com

Sprachführer

Alphabetische Reihenfolge:
In unserem Sprachführer stehen die
norwegischen Buchstaben æ, å, ø
unter a und o.

IM NOTFALL

Hilfe!	Hjelp!
Stopp!	Stopp!
Rufen Sie einen Arzt!	Ring etter lege!
Rufen Sie einen Krankenwagen!	Ring etter ambulanse!
Rufen Sie die Polizei!	Ring til politiet!
Rufen Sie die Feuerwehr!	Ring til brannvesenet!
Wo ist das nächste Telefon?	Hvor er nærmeste telefon?
Wo ist das nächste Krankenhaus?	Hvor er nærmeste sykehus?

GRUNDWORTSCHATZ

Ja/Nein	Ja/nei
Danke	Takk
Nein, danke	Nei takk
Ja, bitte	Ja takk
Bitte (anbietend)	Vær så god
Entschuldigen Sie	Unnskyld
Guten Morgen	Mor'n
Guten Tag	God dag
Guten Abend	God kveld
Gute Nacht	God natt
Auf Wiedersehen	Morn'a; (informell) ha det
Entschuldigung!	Om forlatelse!

NÜTZLICHE REDEWENDUNGEN

Ich verstehe nicht	Jeg forstår ikke
Können Sie bitte langsamer sprechen?	Kan du snakke langsommere
Können Sie das für mich aufschreiben?	Kan du skrive det opp for meg?
Ich heiße ...	Jeg heter ...
Können Sie mir sagen ...?	Kan du si meg ...?
Ich möchte ...	Jeg vil gjerne ha en/et ...
Wo bekomme ich ...?	Hvor kan jeg få ...?
Wie spät ist es?	Hvor mange er klokken?
Ich muss jetzt gehen	Jeg må gå nå
Ich habe mich verlaufen	Jeg har gått meg bort
Prost!	Skål!
Wo ist die Toilette?	Hvor er toalettet?

SHOPPING

Ich möchte ...	Jeg skal ha ...
Haben Sie ...?	Har du ...?
Wie viel kostet das?	Hvor mye koster denne/dette?
Kann ich das bitte umtauschen?	Kan jeg få bytte denne (dette)?
Kann ich eine Quittung haben?	Kan jeg få en kvittering?
Kann ich das anprobieren?	Kan jeg prøve den/dem?
Ich schaue nur	Jeg bare kikker
Nehmen Sie Kreditkarten?	Tar du kredittkort?
billig	billig
teuer	dyrt
Mode	mote
Schlussverkauf	salg

LÄDEN UND MÄRKTE

Antiquitätenladen	antikvitetshandel
Apotheke	apotek
Bäckerei	bakeri
Blumenladen	blomsterbutikk
Buchhandlung	bokhandel
Fischladen	fiskebutikk
Friseur	frisør
Geschenkeladen	gavebutikk
Handwerksladen	husflidsforretning
Kaufhaus	varemagasin
Konditorei	konditori
Lebensmittelladen	dagligvarebutikk
Markt	marked
Metzger	slakter
Postamt	postkontor
Reisebüro	reisebyrå
Schuhladen	skobutikk
Spielzeugladen	leketøysbutikk
Supermarkt	supermarked
Zeitungsladen	avis-og tobakksbutikk

SIGHTSEEING

Berg	fjell
Fjord	fjord
Fremdenverkehrsbüro	turistkontor
Garten	hage
Haus	hus
Kirche	kirke
Kunstgalerie	kunstgalleri
Museum	musem
Platz	plass
Rathaus	rådhus
Straße	gate
wegen Urlaub geschlossen	stengt på grunn av ferie
Busbahnhof	busstasjon
Bahnhof	jernbanestasjon

IM HOTEL

Haben Sie freie Zimmer?	Har dere ledige rom?
Ich habe reserviert	Jeg har reservert rom
Doppelzimmer	dobbeltrom
Zweibettzimmer	tomannsrom
Einzelzimmer	enkeltrom
Zimmer mit Bad	rom med bad
Dusche	dusj
Toilette	toalett
Schlüssel	nøkkel

IM RESTAURANT

Haben Sie einen Tisch für ...?	Kan jeg få et bord til ...
Kann ich die Speisekarte sehen?	Kan jeg få se menyen?
Kann ich die Weinkarte sehen?	Kan jeg få se vinkartet?
Ich bin Vegetarier	Jeg er vegetarianer
Kellner/Bedienung!	Hallo! Unnskyld
Die Rechnung, bitte	Regningen, takk
Bedienung	serveringsdame
belegtes Brot	smørbrød
Bier	øl
Büfett	koldtbordr
Flasche	flaske
Gabel	gaffel
Glas	glasss
Imbiss	smårett
Kaffee	kaffe
Kellner	kelner
Kinderportion	barneporsjon
Kuchen	kake
Löffel	skje
Messer	kniv
Milch	melk
Quittung	kvittering
Schnaps	akevitt
Serviette	serviett
Speisekarte	meny
Suppe	suppe
Tasse	kopp
Tee	te
Teller	tallerk
Trinkgeld	tips
Wasser	vann
Wein	vin
Weinkarte	vinkart
Zucker	sukker

Auf der Speisekarte

ansjos	Sardellen
baguette	Baguette
blåskjell	Muscheln
bringebær	Himbeeren
brød	Brot
dyrestek	Rentierbraten
eddik	Essig
elg	Elch
fenalår	eingelegte Hammelkeule
fisk	Fisch
flatbrød	Fladenbrot (dünnes Knäckebrot)
flyndre	Flunder
fløte	Sahne
fårikål	Lamm-Kohl-Eintopf
gaffelbiter	kleine Heringsfilets in Marinade
geitost	süßer brauner Ziegenkäse
gravlaks	eingelegter Lachs
grovbrød	Vollkornbrot
grønnsaker	Gemüse
hellefisk	Heilbutt
hummer	Hummer
hvalbiff	Walsteak
hvitvin	Weißwein
høns	Hähnchen, Geflügel
is	Eiscreme, Eis
jordbær	Erdbeeren
kalv	Kalb
karbonade	Hacksteak
kjøtt	Fleisch
kjøttkaker	Hackfleischbällchen
kneipbrød	Weizen-Knäckebrot
knekkebrød	Knäckebrot
kokt	gekocht, pochiert
koldtbord	kaltes Büfett
krabbe	Krabbe
kreps	Flusskrebs
kveite	Heilbutt
kylling	Hähnchen
laks	Lachs
lam	Lamm
makrell	Makrele
melk	Milch
mineralvann	Mineralwasser
multer	Moltebeeren
mørbrad	Lende
okse	Rind
oksestek	Rinderbraten
ost	Käse
pannekaker	große, dünne Pfannkuchen
pariserloff	Baguette
pinnekjøtt	getrockneter, gesalzener Lammrücken
pisket krem	Schlagsahne
poteter	Kartoffeln
pølser	Wiener Würstchen
rakørret	fermentierte Forelle
reinsdyr	Rentier
reke(r)	Garnelen
ris	Reis
rogn	Rogen
rugbrød	Roggenbrot
rødspette	Scholle
rødvin	Rotwein
røkelaks	Räucherlachs
rømme	saure Sahne
rå	roh
saus	Sauce
sei	Seelachs
sild	Hering
sjokolade	Schokolade
skalldyr	Schaltiere
skinke	Schinken
skjell	Muscheln
smør	Butter
smørbrød	belegtes Brot
stekt	gebraten, frittiert
sukker	Zucker
suppe	Suppe
surkål	Sauerkraut
svin	Schwein
syltetøy	Marmelade
søt	süß
torsk	Kabeljau
tyttebær	Preiselbeeren
tørr	trocken
vafler	Waffeln
vann	Leitungswasser
varm	warm, heiß
vilt	Wild
vin	Wein
øl	Bier
ørret	Forelle
østers	Austern

Zahlen

0	**null**
1	**en/ett**
2	**to**
3	**tre**
4	**fire**
5	**fem**
6	**seks**
7	**sju/syv**
8	**åtte**
9	**ni**
10	**ti**
11	**elleve**
12	**tolv**
13	**tretten**
14	**fjorten**
15	**femten**
16	**seksten**
17	**sytten**
18	**atten**
19	**nitten**
20	**tjue/tyve**
21	**tjueen/enogtyve**
22	**tjueto/toogtyve**
30	**tretti/tredve**
40	**førti/førrти**
50	**femti**
60	**seksti**
70	**sytti**
80	**åtti**
90	**nitti**
100	**(ett) hundre**
110	**hundre og ti**
200	**to hundre**
300	**tre hundre**
400	**fire hundre**
1000	**(ett) tusen**
10 000	**ti tusen**

Zeit

heute	**i dag**
gestern	**i går**
morgen	**i morgen**
heute Morgen	**i morges**
heute Nachmittag	**i ettermiddag**
heute Abend	**i kveld**
spät	**sent**
früh	**tidlig**
bald	**snart**
später	**senere**
eine Minute	**et minutt**
zwei Minuten	**to minutter**
eine Viertelstunde	**et kvarter**
eine halbe Stunde	**en halv time**
Sonntag	**søndag**
Montag	**mandag**
Dienstag	**tirsdag**
Mittwoch	**onsdag**
Donnerstag	**torsdag**
Freitag	**fredag**
Samstag	**lørdag**